정토불교의 참회사상

초기불교부터 현대까지 인물로 본
정·토·참·회·관

정토불교의 참회사상

이광준(李光濬)

심리학 박사. 동국대를 졸업하고 서울대 학생연 인턴, 고려대 석사를 거쳐 일본 고마자와대학(駒澤大學)에서 박사 학위를 취득했으며, 카운슬링, 치료심리학, 선심리학 등을 전공했다.
백상창 신경정신과 임상심리실장, 한림성심대학 교수, 일본 고마자와대학(駒澤大學) 심리학연구실연구원, 일본 국제일본문화연구센터(國際日本文化硏究センタ-) 외국인연구원(교수), 일본 하나조노대학(花園大學) 국제선학연구소 연구원, 일본 류코쿠대학(龍谷大學) 비상근강사 등을 역임했다. 현재 동서심리학연구소 소장, 일본 불교심리학회 정회원, 일본 류코쿠대학(龍谷大學) 불교문화연구소 객원연구원으로 있다.

■ 저서
『カウンセリングにおける 禪心理學的硏究』
『한국적 치료심리학』・『일본, 그 문화와 사회』・『카운슬링과 심리치료』
『정신분석 해체와 선심리학』・『漢方心理學』・『佛敎의 懺悔思想史』
『韓日佛敎文化交流史』・『佛敎とカウンセリング』(공저, 龍谷叢書)
『佛敎とカウンセリングの理論と實踐』(공저, 龍谷叢書)・『法華思想史』
그밖에 30여 편의 논저와 역서가 있다.

정토불교의 참회사상

| 발행일 · 2014년 12월 15일 초판 1쇄
| 지은이 · 이광준 | 발행인 · 김동금
| 펴낸곳 · 우리출판사 | 등록 · 제9-139호
| 주소 · 서울특별시 서대문구 경기대로 9길 62(충정로3가)
| 전화 (02)313-5047 · 5056 | 팩스 (02)393-9696
| 홈페이지 www.wooribooks.com
| ISBN 978-89-7561-322-7 | 값 23,000원

百劫積集罪
一念頓蕩盡
如火焚枯草
滅盡無有餘

참회진언
옴 살바못자 모지 사다야 사바하

머리말

불교는 크게 보아 성정이문(聖淨二門)으로 주춧돌이 놓여있다고 볼 수 있다. 그 양문(兩門)이 서로 조화와 균형을 이루고 있는 것이다. 불교의 가르침은 법계에 여여하다. 불교는 과학으로도 통하고 미신과도 만난다. 그것이 불교인 것이다.

필자는 선(禪) 중심의 한국불교계에서 정토문(淨土門)의 연구가 너무도 미진함을 언제나 느끼고 있었다. 정토문을 모르고 성도문(聖道門)을 안다고 하는 것은 균형 잡힌 것이라고 볼 수 없다. 정토교의 대표적인 경전에는 『아미타경』과 『무량수경』·『관무량수경』이 있다. 그중에서도 『관무량수경』은 선사상과 정토사상이 균형을 이루고 있는 경전이라 할 수 있다. 선(禪)을 통하여 정토세계로 인도하는 것이다. 그밖에 하나의 경전으로서 선·정 균형을 이루고 있는 대표적인 것으로 『반주삼매경』이나 『법화경』 등을 들 수 있을 것이다. 부처님께서는 "한 길을 가되 편견에 사로잡혀서는 안된다."고 주의를 주셨다.

참회사상으로 말하면 부처님 이래 인도에서는 용수보살(龍樹菩薩, 150~250)이, 중국에서는 선도대사(善導大師, 613~681)가 그 길을 밝혀 주었다. 용수보살은 『십주비바사론』에서 성정이문(聖淨二門)의 난행도(難行道)와 이행도(易行道)를 논하고 있는데, 이행도에서 염불로부터 참회행에 이르러 비로소 정토의 문(門)이 열리게 된다는 것을 논하고 있다. 또 중국의 선도대사는 5세기의 『정주자정행법문』과 6세기의 『자비도량참법』이 나온 후 일생을 바쳐 정토경전을 중심으로 참회관을 논하고 논(論)에 주석을 짓고 스스로 피눈물을 흘리면서 참회의 도를 닦아 놓은 참회불교의 성자(聖者)이다. 그 후 자운준식의 『왕생정토참원의』, 왕자성의 『예념미타도량참법』 등이 나오면서 실로 중국불교는 황제들로부터 필부필부에 이르기까지 참회의 사상으로 물들어 가는 형국이었다. 그러면서 중국은 문명국으로서의 튼튼한 기반을 잡아가게 되는 것이다.

한국에서는 일찍이 신라시대에 발징화상(發徵和尙, ?~796)이 있어 만일염불(萬日念佛)로 반야선을 타고 왕생정토 했다고 전하고, 또한 원효대사(元曉大師, 617~686)는 일생동안 선(禪)과 염불로 자신을 다스리면서 타의 추종을 불허하는 연구로 한국불교를 반석 위에 올려놓았다. 피눈물 나는 인욕수행과 경전연구로 장식된 원효대사의 삶을 보면 실로 참회의 생애라 아니할 수 없으리라. 그러면서 통일신라는 찬란한 문명국으로서의 불국정토를 이루어갔던 것이며, 고려와 조선시대의 고승들 또한 서쪽을 노래하였던 것이다.

근래에 들어서는 청담선사(靑潭禪師)와 자운율사(慈雲律師)가 있으니, 청담선사는 서울의 도선사에 참회도량과 호국참회원을 설치하고 지방출장 중에도 참회도량을 향하여 108참회를 하는 등 108참회의 대중화에 기여하였다. 또 자운율사는 부산의 감로사에 주석하면서 6.25와 같은 전시 중에도 정토의 가르침과 그 자료들을 찾아 '정토참회의식'을 마련해 놓는 등 평생을 정토사상의 터전을 닦고 그 홍포에 진력하였다. 그의 시봉 혜총스님에 따르면, 자운율사는 언제나 정토 육시예불을 하며 입적할 때까지 30여 년간 하루 30만 독의 아미타불종자진언 수행을 했으며, 적멸에 들 것까지도 3개월 전에 예고해 놓는 정토불교의 선지식이었다.

한편 일본에서는 엔닌(圓仁, 794~864)이 서방참법(西方懺法)을 짓고, 겐신(源信, 942~1017)이 『왕생요집(往生要集)』을 지어 정토참법의 길을 닦아 놓았다. 특히 신란(親鸞, 1173~1262)의 경우 특별히 참회논서를 남기지는 않았지만 그의 『교행신증(敎行信證)』이나 여타의 저술과 인생역정을 통하여 보건대, 정토(淨土)와 예토(穢土) 사이에서 정토사상의 진면목을 찾아 몸부림치던 그만큼 정토참회의 생애를 보낸 이는 없을 것이다. 그리고 그는 후대에까지도 일본 제일의 종단과 국민들로부터 추앙을 받는다.

우리 인간은 헤아릴 수 없는 숙업(宿業)으로 인해 전전윤회하면서 4고8고(四苦八苦)와 110종의 괴로움을 당하면서 살아야 하는 존재이다. 그 인생을 참회하는 참회의 도(道)를 열어 놓으신 부처님께 우러러 예배하나이다.

참회를   하는마음 청정심을 찾는마음
청정심이 회복되면 정토문이 열려오네.
선가운데 염불있고 염불속에 선있으니
분수있게 참회하고 이고득락 하여가세.

이고득락(離苦得樂)이란 고해(苦海)의 사바세계를 벗어나서 저 천상낙원(天上樂園)의 극지(極地)인 극락정토에 태어나는 것을 말한다. 중생으로서의 인간은 누구나 과오가 있을 수 있다. 그러나 그 과오를 알아차리고 뉘우치면 인간이요 그 과오를 뉘우치지 못하면 인간이 아니라 금수와 다름이 없다고 참회의 고승들은 말한다. 그러므로 뉘우치지 못하는 인간이라면 앞날 내지는 내생까지도 걱정을 하면서 이고득락하라고 하는 것이 불교이다. 이고득락으로 성불(成佛)하기를 서원하고 계신 부처님께 우러러 예배하나이다.

현대 불교의 신앙형태를 보면 아마도 한국의 불교신도 가운데 90퍼센트 정도는 정토사상에 의지하여 절을 찾지 않을까 싶다. 필자가 『불교의 참회사상사』를 출간한 지도 수년이 흘렀다. 『불교의 참회사상사』를 출간한 후 한국불교의 현실을 나름대로 보면서 정토참회사상의 연구가 필요함을 절실하게 느끼고 있었다. 그로 인해서 필자는 조그마한 사명의식을 가지게 되었고 시간 나는 대로 부처님 당시로부터 인도에서 중국으로 또 한국을 거쳐 일본으로 전개 되어 온 정토사상과 그 참회관 내지는 정토 염불선(念佛禪)의 자료들을 수집하고 참회 중심의 원고를 작성하며, 정토참회의 사상적 흐름을 사적(史的)으로 그 대강을 정리하면서 이미 2~3년 전에 거의 마무리를 해 두었었다. 끊임없이 돌이켜보면서 참회의 논서를 쓸 수 있도록 인도해 주신 부처님의 은총에 우러러 예배하나이다.

이 책을 출간하기까지에는 '108산사 순례기도회' 회주이신 도안사 주지 혜자스님, 조계종 포교원장을 역임했으며 불교사회복지사업으로 날을 지새우는 부산 감로사 주지 혜총스님의 신심어린 응원에 힘입은 바 크다. 이에 감사의 말씀과 더불어 한국에서의 정토참회의식의 전통이 계승발전 되기를 기원해마지 않는다. 또한 출판계의 어려운 사정에도 불구하고 원고의 목차만 보고도 흔쾌히 출판을 결정해 주신 우리출판사의 무구스님께 감사의 말씀을 드린다.

묵혀 두었던 원고가 때가 되어 빛을 보게 되니 마음이 한결 가볍다. 이 책의 출간으로 인하여 보다 많은 분들이 정토사상의 진면목에 접하는 기회를 갖게 되기를 빌어마지 않는다.

2014년 10월 단풍드는 좋은 날
교토(京都)의 서산(西山) 아래에서 이광준 합장

머리말

인도편

제1장 정토사상의 시원과 참회

제1절 정토참법의 접근방향 ········· 25
1. 정토참법淨土懺法이란 ········· 25
2. 참회의 중요성 ········· 27

제2절 정토교의 시원 ········· 29
1. 붓다의 정토사상 ········· 29
2. 성불의 방편 ········· 29
3. 정토교의 기원 ········· 30

제3절 인도에 있어서 정토참회사상의 배태胚胎 ········· 32
1. 『대승기신론』 ········· 32
2. 『십주비바사론』 ········· 32
  (1) 「이행품易行品」 ········· 32
  (2) 「죄업품除業品」과 「분별공덕품分別功德品」 ········· 35
3. 『정토론』 ········· 37
  (1) 세친의 심리사상 ········· 37
  (2) 『정토론』의 사상과 참회 ········· 38
  (3) 세친의 정토참회사상과 오념문 ········· 39

제2장 정토참회의 길

제1절 정토참회 개설 ········· 42
1. 참회의 개념 ········· 42
2. 참회가 의도하는 것 ········· 43
3. 칠종참회심七種懺悔心 ········· 45

제2절 계율과 참회 ········· 46
1. 계戒의 지위 ········· 46
2. 참회멸죄懺悔滅罪 ········· 47
3. 소승계의 참회 ········· 49

   (1) 포살布薩 ································· 49
   (2) 자자自恣 ································· 51
  4. 대승계의 참회 ································· 52
   (1) 북천불교北天佛敎 ···························· 52
   (2) 남천불교南天佛敎 ···························· 54
 제3절 염불과 정토참회 ································· 55
  1. 칭명염불과 참회 ································· 55
  2. 염불의 참회적 의미 ······························· 57
  3. 삼품참회三品懺悔 ································· 59

제3장 정토경전의 참회사상

 제1절 초기불교의 참회사상과 염불 ····················· 60
  1. 초기불교의 참회사상 ······························· 60
  2. 아함경의 염불 ································· 62
   (1) 염불(buddha-anussati) ···················· 62
   (2) 삼념三念: 念佛·念法·念僧 ···················· 65
   (3) 4불괴정四不壞淨 ···························· 67
   (4) 6념六念 ································· 70
   (5) 십념十念 ································· 73
   (6) 부처님께서 보이신 염불의 열 가지 공덕佛示念佛十種功德 ······ 74
 제2절 정토삼부경의 참회사상 ························· 76
  1. 무량수경 ····································· 76
   (1) 무량수경의 내용 ···························· 76
   (2) 무량수경의 참회사상 ························ 76
  2. 관무량수경 ··································· 78
   (1) 관무량수경의 내용 ·························· 78
   (2) 관무량수경의 참회사상 ······················ 79
  3. 아미타경 ····································· 80
   (1) 아미타경의 내용 ···························· 80
   (2) 아미타경의 참회사상 ························ 80

제3절 초기경전의 서원 ·· 81
  1. 업보와 서원 ··· 81
  2. 성도의 결의 ··· 83
  3. 하늘天의 의지 ·· 85
  4. 생천生天의 원願 ·· 86

제4장 정토경문과 진언

제1절 『아미타고음성왕다라니경阿彌陀鼓音聲王陀羅尼經』 ············· 91
  1. 아미타불의 친견을 설함 ·· 91
  2. 아미타불의 청태국淸泰國 ······································· 92
  3. 다라니를 설함 ··· 92
  4. 실천법 ·· 93
제2절 왕생기도진언 ·· 95
  1. 광명진언光明眞言 ·· 95
  2. 해원결진언解怨結眞言 ··· 96
  3. 무량수불설 왕생정토주生淨土呪 ····························· 96
  4. 결정왕생 정토진언決定往生 淨土眞言 ······················· 97
  5. 상품상생진언上品上生眞言 ······································ 97
  6. 선망부모 왕생정토진언先亡父母 往生淨土眞言 ············· 97
  7. 파지옥진언破地獄眞言 ··· 97
  8. 아미타불종자진언 ··· 98
  9. 아미타불본심미묘진언 ··· 98
  10. 발일체업장근본득생정토신주 ································ 99
  11. 해탈주解脫呪 ·· 99
  12. 후출아미타불게後出阿彌陀佛偈 ····························· 100
제3절 『임종지경臨終智經』 ·· 103
  1. 서 ·· 103
  2. 전문역출 내용 ·· 103
  3. 사상적 배경 ··· 104
  4. 남전불교의 강조 ··· 106

중국편

제1장 중국 정토교와 참회

제1절 중국의 불교전래와 정토참회 ················ 111
1. 불교의 전래와 정토경전 ················ 111
2. 초기의 참회유형 ················ 112
3. 정토경전에 있어서의 참회 ················ 114

제2절 중국의 정토사상의 전개 ················ 115
1. 보리유지와 『정토론』의 번역 ················ 115
2. 담란 ················ 116
   (1) 생애 ················ 116
   (2) 저술 ················ 118
   (3) 『찬아미타불게』 ················ 118
3. 도작의 정토참회관 ················ 120
   (1) 도작의 생애와 말법사상 ················ 120
   (2) 정토왕생의 행行과 참회 ················ 121
4. 정영사 혜원·길장의 정토사상 ················ 122
   (1) 혜원 ················ 122
   (2) 길장 ················ 122

제3절 가재의 참회관 ················ 123
1. 가재의 생애 ················ 123
2. 행업관行業觀 ················ 123
3. 참회관懺悔觀 ················ 125

제4절 지의의 정토론과 상행삼매常行三昧 ················ 128
1. 지의의 행장 ················ 128
2. 정토의 분류와 미타정토 ················ 129
   (1) 정토의 분류 ················ 129
   (2) 미타정토 ················ 132
3. 상행삼매설常行三昧說 ················ 132
4. 『정토십의론淨土十疑論』 ················ 134

제2장 정토참회사상의 전개

제1절 선도善導 ·· 137
1. 선도의 생애 ··· 137
2. 저술 ·· 138
3. 지계염불관 ··· 139
4. 정토왕생사상 ··· 141
   (1) 정토사상의 기본 ··· 141
   (2) 오념문五念門 ··· 141
   (3) 육시예찬행 ·· 142
   (4) 육시예찬 후의 발원 ··································· 144

제2절 참법의 전개과정과 염불선 ····························· 145
1. 회감과 그 이후 ·· 145
   (1) 회감懷感 ·· 145
   (2) 소강小康 ·· 145
   (3) 법조法照 ·· 146
   (4) 신라 ··· 146
2. 염불선念佛禪의 성립과정 ································· 146
3. 혜일慧日의 제행왕생설 ····································· 147
4. 영명연수永明延壽의 유심정토설 ······················· 148

제3절 중당(中唐) 이후 ··· 149
1. 선정쌍수禪淨雙修 – 혜일惠日・법조法照・연수延壽 ············· 149
2. 천태정토天台淨土 – 담연湛然・지례知禮・준식遵式 ············· 150
3. 결사염불結社念佛 – 성상省常・종색宗賾・자원子元 ············· 151
4. 선정일치禪淨一致 – 연지蓮池・지욱智旭 ······················ 152

제3장 송대宋代의 참법과 대만・티베트

제1절 송대宋代의 참법 ·· 153
1. 송대의 참법경향 ·· 153
2. 송대의 참법 자료 ·· 154
3. 오회사상五悔思想의 전개 ··································· 156

4. 오회사상五悔思想의 시대적 요구 ················· 158
제2절 준식遵式의 정토참회 ····································· 160
    1. 염불참회발원문 ··· 160
    2. 『왕생정토참원의往生淨土懺願儀』 ························ 161
    3. 『왕생정토결의행원이문往生淨土決疑行願二門』 ········ 163
제3절 대만의 염불법회念佛法會 ································ 165
    1. 대만불교 ·· 165
    2. 염불법회로서의 타불칠打佛七 ························· 165
    3. 타불칠打佛七의 내용 ····································· 169
    4. 염불선念佛禪의 지향 ····································· 175
제4절 티베트의 정토참회淨土懺悔 ····························· 177
    1. 티베트불교의 정토신앙 ·································· 177
    2. 청원請願 ··· 178
    3. 참회懺悔 ··· 182
    4. 회향廻向 ··· 183
    5. 의식전이意識轉移의 의식儀式-뽀와 ················· 185
       (1) 중유의 상태 ·· 185
       (2) 뽀와 의식 ··· 187

제4장 정토참회법의 발전과정

제1절 『정주자정행법문淨住子淨行法門』에 있어서의 참회 ········ 192
    1. 포살布薩과 정주淨住 ····································· 192
    2. 예불참회 ·· 194
    3. 육근참회六根懺悔 ··· 198
제2절 『자비도량참법』의 성립 ································· 199
    1. 서문 ·· 199
    2. 양황참梁皇懺이 의미하는 것 ·························· 199
    3. 자비도량 서원 ··· 201
    4. 『자비도량 참법』의 구성 ································ 205
제3절 『예념미타도량참법禮念彌陀道場懺法』 ················ 215
    1. 서문 ·· 215

2. 중간예념미타도량참법서重刊禮念彌陀道場懺法序 ·················· 218
　　3. 구성 ··· 219
　　4. 참법사상의 백미 ·· 224

제5장　정토논서의 참회문

제1절 『집제경예참의集諸經禮懺儀』 ·· 226
　　1. 해설 ··· 226
　　2. 상권-불교일반 ··· 226
　　3. 하권-왕생예찬 ··· 227

제2절 『광명홍집』의 회죄편悔罪編 ··· 229
　　1. 회죄편悔罪編 서문 ··· 229
　　2. 묘법연화경참문妙法蓮華經懺文 ··································· 230
　　3. 허공장보살참문虛空藏菩薩懺文 ··································· 232
　　4. 약사재참문藥師齋懺文 ··· 233

제3절 『군의론群疑論』에 있어서 참회와 멸죄 ···························· 235
　　1. 『군의론群疑論』 이전의 참회연구 ································ 235
　　2. 『군의론』의 참회설 ·· 237
　　3. 『군의론』의 멸죄설 ·· 239
　　4. 염불멸죄念佛滅罪의 의미 ·· 243

한국편

제1장　신라시대新羅時代

제1절 신라시대의 정토사상 ··· 249
　　1. 정토사상의 유입 ··· 249
　　2. 정토사상의 저술가들 ·· 250
　　　　(1) 법위法位와 현일玄一 ·· 251
　　　　(2) 의적義寂과 경흥憬興 ·· 252
　　3. 발징화상의 만일염불회 ·· 253
　　　　(1) 염불결사 ·· 253
　　　　(2) 발징화상의 왕생 ··· 255

제2절 원효의 정토사상과 참회 ········· 257
  1. 왕생정토문 ········· 257
    (1) 원만문圓滿門 ········· 257
    (2) 일향문一向門 ········· 257
    (3) 순정문純淨門 ········· 258
    (4) 정정취문正定聚門 ········· 259
  2. 염불과 십념十念 ········· 259
  3. 원효의 정토참회관 ········· 264
    (1) 죄의식과 참회 ········· 264
    (2) 역방제취逆謗除取의 문제 ········· 267
    (3) 원효의 참회관懺悔觀 ········· 268

제3절 향가鄕歌에 나타난 정토참회사상 ········· 271
  1. 정토사상과 염불 ········· 272
  2. 원왕생가願往生歌 ········· 273
  3. 제망매가祭亡妹歌 ········· 274
  4. 보현십원가普賢十願歌 ········· 275
    (1) 예경제불가禮敬諸佛歌 ········· 276
    (2) 칭찬여래가稱讚如來歌 ········· 276
    (3) 광수공양가廣修供養歌 ········· 277
    (4) 참회업장가懺悔業障歌 ········· 277
    (5) 수희공덕가隨喜功德歌 ········· 277
    (6) 청전법륜가請轉法輪歌 ········· 278
    (7) 제불주세가諸佛住世歌 ········· 278
    (8) 상수불학가常隨佛學歌 ········· 278
    (9) 항순중생가恒順衆生歌 ········· 279
    (10) 보개회향가普皆廻向歌 ········· 279
    (11) 총결무진가總結無盡歌 ········· 279

제2장 고려시대高麗時代

제1절 고려전기의 정토참회사상 ········· 281
  1. 서 ·········281

2. 만일결사萬日結社와 법화예참 ·················· 282
　　3. 기타의 결사와 예참 ·················· 285
　　　(1) 오대산 수정사의 미타예참 ·················· 285
　　　(2) 지리산 수정사의 점찰참회 ·················· 286
　　　(3) 묘향산 보현사의 염불번경 ·················· 288
　　4. 정토참회와 결사 ·················· 290
제2절 보조국사의 염불요문念佛要門 ·················· 292
　　1. 행장 ·················· 292
　　2. 염불요문 ·················· 293
제3절 나옹화상懶翁和尙의 서왕가西往歌 ·················· 300
　　1. 나옹화상의 행장 ·················· 300
　　2. 서왕가西往歌 ·················· 300
　　3. 염불게 ·················· 302
　　4. 승원가 ·················· 302
제4절 『현행서방경現行西方經』·················· 304
　　1. 『현행서방경』의 성립과 전개 ·················· 304
　　2. 『현행서방경』의 목적 - 정토구생淨土求生 ·················· 306
　　3. 『현행서방경』의 수행 ·················· 307
　　4. 『현행서방경』의 밀교적 성격 ·················· 309

제3장　조선시대朝鮮時代

제1절 함허득통선사의 염불향사와 정토찬 ·················· 312
　　1. 행장 ·················· 312
　　2. 염불향사念佛香社 ·················· 313
　　3. 염불왕생법어念佛往生法語 ·················· 314
　　4. 아미타불·정토·아미타경의 찬탄 ·················· 315
　　　(1) 「미타찬」의 제일 ·················· 315
　　　(2) 「안양찬」의 제일 ·················· 315
　　　(3) 「미타경찬」의 제일 ·················· 315
제2절 허응당 보우대사의 왕생정토관 ·················· 316
　　1. 행장 ·················· 316

2. 저술 ··· 319
        (1) 『권념요록』과 보우 ································· 320
        (2) 「왕랑반혼전」과 보우 ····························· 321
    3. 선정쌍수禪淨雙修 ··· 323
    4. 극락왕생발원極樂往生發願 ··························· 325
  제3절 서산대사의 염불과 참회사상 ···························· 328
    1. 염불문 ·· 328
    2. 사종염불四種念佛 ··· 330
    3. 정토참법淨土懺法의 개요 ··························· 332
  제4절 『백암정토찬栢庵淨土讚』과 『보권염불문』 ············ 334
    1. 『백암정토찬』 ·· 334
        (1) 저자의 행장 ·· 334
        (2) 내용과 성격 ·· 334
    2. 『보권염불문普勸念佛文』 ······························ 338
        (1) 『대미타참약초요람보권염불문』 ·········· 338
        (2) 『신편보권문新編普勸文』 ······················· 339
        (3) 필사본 『보권염불문』 ····························· 339

제4장 근·현대

  제1절 용성선사의 왕생가往生歌 ································ 342
    1. 용성선사의 행장 ·· 342
    2. 왕생가往生歌 ·· 343
  제2절 청담선사의 참회사상과 염불참회 ···················· 346
    1. 청담선사의 행장 ·· 346
    2. 청담선사의 참회사상 ·································· 347
        (1) 사상적 기초 ·· 347
        (2) '호국참회원'의 설립 ······························ 348
    3. 수행으로서의 염불참회 ······························ 349
    4. 인과사상因果思想에 의한 참회론 ·············· 352
        (1) 부부간의 경우 ·· 352
        (2) 전생의 원결怨結의 경우 ······················· 354

제3절 자운율사와 정토예참 ······ 356
  1. 자운율사의 행장과 저술 ······ 356
    (1) 행장 ······ 356
    (2) 저술 ······ 357
  2. 정토예경淨土禮敬 ······ 359
  3. 삼시계념불사 ······ 361
  4. 정토예경참문 ······ 363
    (1) 정토예참 ······ 363
    (2) 연지대사蓮池大師의 서방원문西方願文 ······ 381
    (3) 정념게正念偈 ······ 382
    (4) 찬불게讚佛偈 ······ 382
    (5) 회향게廻向偈 ······ 383

일본편

제1장 정토교의 참회사상

제1절 일본 정토교와 치코우智光의 『무량수경논석』 ······ 387
  1. 서 ······ 387
  2. 신라의 정토사상 ······ 387
    (1) 신라 정토교 ······ 387
    (2) 원효 ······ 388
    (3) 의적 ······ 389
    (4) 현일 ······ 390
    (5) 경흥 ······ 391
  3. 치코우智光의 『논석』 ······ 391
    (1) 『논석』이란 ······ 391
    (2) 왕생인往生因 ······ 392
    (3) 십념十念 ······ 393
    (4) 역방逆謗 ······ 394
제2절 잇펜一遍의 염불참회 ······ 395

1. 잇펜의 생애 ································· 395
    2. 잇펜의 염불 ································· 397
    3. 춤염불踊念佛 ································ 398
    4. 박염불薄念佛 ································ 400
  제3절 엔닌円仁의 참법 ······························ 401
    1. 서방참회법西方懺悔法 ·························· 401
    2. 오회염불법五悔念佛法 ·························· 403
  제4절 아미타참법阿彌陀懺法 ·························· 405
    1. 아미타참법이란 ······························· 405
    2. 아미타참법의 엄수와 그 변천과정 ·············· 406

제2장 정토종의 참회멸죄론

  제1절 호넨法然의 참회와 멸죄 ······················· 410
    1. 『선택집選擇集』의 참회사상 ··················· 410
    2. 칭명稱名에 의한 멸죄 ························ 411
    3. 칭명稱名에 의한 참회 ························ 414
    4. 호넨의 참회의 요점 ·························· 417
  제2절 벤쵸弁長의 참회멸죄론 ························ 418
    1. 오종증상연五種增上緣의 수용 ·················· 418
    2. 왕생업사往生業事의 결정 ······················ 419
    3. 칭명멸죄론稱名滅罪論 ························· 421
    4. 임종내영臨終來迎 ····························· 423
  제3절 쇼쿠証空의 참회멸죄론 ························ 425
    1. 현세現世의 구원 ······························ 425
    2. 칭명염불멸죄설 ······························· 425
    3. 참회멸죄설 ··································· 428

제3장 정토진종의 참회관

  제1절 신란親鸞과 진종眞宗의 참회 ··················· 431
    1. 진종교전에 있어서의 참회문의 인용 ············ 431

2. 죄의식 ·· 432
   3. 신란의 회심回心 ··· 434
   4. 신란의 진면목 - 염불참회 ··· 436
 제2절 렌뇨蓮如의 『어문장御文章』과 참회 ································ 438
   1. 육자석六字釋 ·· 438
   2. 여인왕생女人往生 ·· 439
   3. 무상관無常觀 ·· 441
   4. 평생업성平生業成 ·· 443

제4장 정토참회논서

제1절 겐신源信의 『왕생요집往生要集』과 참회 ························· 445
   1. 서 ·· 445
   2. 『왕생요집』과 참회 ··· 446
   3. 참회와 멸죄 ·· 449
   4. 천태참법과의 비교 ··· 450
 제2절 료겐良源의 『극락정토구품왕생의極樂淨土九品往生儀』 ········· 452
   1. 정토왕생淨土往生 ·· 452
   2. 염불念佛의 강조 ··· 454
   3. 연화화생蓮華化生 ·· 454
   4. 죄장罪障의 소멸과 참회 ··· 456
 제3절 에이칸永觀의 『왕생강식往生講式』 ·································· 458
   1. 강식일반講式一般 ·· 458
   2. 본서의 내용 ·· 458
   3. 참회업장문懺悔業障門 ·· 459

인도편 Ⅰ.

제1장 정토사상의 시원과 참회
제2장 정토참회의 길
제3장 정토경전의 참회사상
제4장 정토경문과 진언

:: 제1장 정토사상의 시원과 참회 ::

제1절 정토참법의 접근방향

1. 정토참법(淨土懺法)이란

여기서 이야기하는 정토(淨土)란 아미타불이 본원을 가지고 건설한 극락세계를 말하고, 예참(禮懺)은 예배와 참회를 줄인 말이다. 즉 예(禮)는 부처님을 향하여 지극한 마음으로 예배하는 것이며, 참(懺)은 경전의 좋은 구절을 찬탄하면서 과거에 지은 죄장(罪障)을 뉘우치는 것이다.

그러면 예참의 목적은 어디에 있는가. 그것은 지금 지니고 있는 무명과 번뇌, 또는 과거에 지은 나쁜 업을 소멸하여 청정심으로 돌아가는데 있다. 용수보살이 이르기를, "청정이란 모든 번뇌로 인한 흐리고 탁한 것을 여의는 것이다"[1])라고 한다. 그러므로 예참의 목적은 마음을 청정하게 하는 것이다.

참법은 수행할 때 의지하는 소의경전에 의거해서 행하는 것이기 때문에 어떤 경전을 의지하느냐에 따라 참법의 종류도 달라진다. 즉 열반, 반야, 법화, 금광명, 아미타 등 여러 가지 참법으로 나뉘는 것이다. 그중에 정토참법을 중심으로 살펴보면, 인도 용수보살의 『십주비바사론』의 「이행품」으로부터 비롯된 참회사상을 비롯하여 중국의 정토예참부에 속하는 다음과 같은 경전이 있다.

---

1) 『십주비바사론』 大正藏 26, p.26a~b, "淸淨者 離諸煩惱垢濁"

찬아미타불게(讚阿彌陀佛偈) / 위, 담란(魏, 曇鸞)
전경행도원왕생정토법사찬(轉經行道願往生淨土法事讚) /
　　　　　　　　　　　　　　　　　　당, 선도(唐, 善導)
왕생찬게(往生讚偈) / 당, 선도(唐, 善導)
의관경등명반주삼매행도왕생찬(依觀經等明般舟三昧行道往生讚) /
　　　　　　　　　　　　　　　　　　당, 선도(唐, 善導)
반주삼매찬(般舟三昧讚) / 당, 혜일(唐, 慧日)
관경십육관찬(觀經十六觀讚) / 당, 정하(唐, 淨遐)
정토오념염불약법사의찬(淨土五念念佛略法事儀讚) /
　　　　　　　　　　　　　　　　　　당, 법조(唐, 法照)
삼시계념의법(三時繫念儀範) / 송, 연수(宋, 延壽)
계도주 무량수불찬주(戒度注 無量壽佛讚註) / 송, 원조(宋, 元照)
예념미타도량참법(禮念彌陀道場懺法) / 원, 왕자성(元, 王子成)
서귀행의(西歸行儀) / 청, 고곤록(淸, 古昆錄)
약사삼매행법(藥師三昧行法) / 명, 수등(明, 受登)
자비도량수참법수문록(慈悲道場水懺法隨聞錄) / 청, 지증(淸, 智証)
자비도량수참법과주(慈悲道場水懺法科註) / 청, 서종(淸, 西宗)

　이밖에 여러 사람이 함께 지은 것과 작자가 미상인『자비도량참법』·『자비수참법』·『자비약사참법』등이 있다.
　눈길을 끄는 것은 이 모든 자료가 예참이 예배와 참회를 따로 나누지 않고 예배하면서 참회하는 형식을 갖추고 있음을 보여준다는 것이다. 예참에서 아미타불에 대해 구체적으로 나타난 것은 담란의『찬아마타불게』와 선도의『왕생예찬』, 왕자성의『예념미타도량참법』이며, 현대에 이르러서는 자운율사의『정토예경』이 아닌가 생각된다.2) 이에 본고에서는 인도로부터 중국의 담란, 선도는 물론 한국 현대의 자운율사와 일본의 정토참회사상의 역사적인 전개에 이르기까지 전반적으로 참회사상에 대해 살펴보고자 한다.

---

2) 이태원, 「淨土諸師의 懺悔에 대한 小考」『정토학연구』제6집, 2003, 참조.

2. 참회의 중요성

「정토참법」 전체를 통하여 가장 중요한 것이 참회멸죄의 개념이다. 참회의 중요성이나 참회의 공덕에 대한 기술이 어떠한 것인지를 살펴보기로 하겠다.

> 대저 참회를 논하면 본래 이것은 지나간 일을 고쳐 올 일을 닦고, 악(惡)을 멸하고 선(善)을 일으키는 것이다. 사람의 세상에서 누가 능히 잘못이 없겠는가. 학인이 정념(正念)을 잃는 것 또한 번뇌를 일으키고, 나한(羅漢)의 결습(結習) 또한 신구업(身口業)을 발동케 한다. 어찌 하물며 범부로서 마땅히 과실이 없겠는가. 다만 지혜로운 자는 먼저 깨닫고 능히 회개한다. 어리석은 자는 덮어 감추고 드디어 나쁜 업(業)이 무성하게 되고 만다. 이런 까닭에 미혹한 채로 오랜 시일을 두고 좋지 않은 악습을 쌓아 가니 깨달을 기약이 없다. 만일 능히 참괴하고 발로참회하면 어찌 이것이 겨우 죄를 멸할 뿐이겠는가. 또한 무량공덕을 증장하고 여래열반의 묘과(妙果)를 수립한다.3)

참회란 과거의 과실을 고쳐 새롭게 하고 미래의 선을 닦아 악을 멸하고 선을 일으키는 것이다. 세상에서 죄나 과실을 범하지 않는 자는 아무도 없다. 그러나 능히 참괴하고 발로참회하면 죄는 멸하고 무량한 공덕이 증장하여 여래열반의 묘과를 건립한다고 한다. 혹은 이종건아(二種健兒)·이종백법(二種白法)의 비유를 들어 다음과 같이 설한다.

> 이제 마땅히 순서를 따라 다시 참회한다. 경(經) 가운데 부처님이 설하시기를, "2종의 건아(健兒)가 있다. 하나는 스스로 죄를 짓지 않고, 둘은 짓고 나서 능히 뉘우친다. 또 이르시되, 2종의 백법(白法)이 있다. 능히 중생을 위해서 중죄를 멸제한다. 하나는 부끄러워 스스로 악을 짓지 않는

---

3) 『열반경』大正藏 45, p.970下

다. 둘은 부끄러워 다른 이로 하여금 짓지 못하게 한다. 참괴 있는 자는 이름하여 사람(人)이라 할 것이다. 만일 참괴하지 않으면 모든 금수(禽獸)와 다르지 않다."4) 그러므로 금일 지성으로 부처님께 귀의하고 여법하게 참회한다.5)

2종의 건아(健兒)란, 하나는 스스로 죄를 짓지 않는 사람이고, 둘은 죄를 지어도 능히 뉘우치는 사람이라고 한다. 또 2종의 백법(白法)이 있으니, 하나는 부끄러워 스스로 악을 짓지 않는 것, 둘은 부끄러워 타인에게 죄를 짓지 못하게 하는 것이다. 참괴 있는 자를 사람이라 하고 참괴 없는 자는 금수와 다름없다고 한다. 이것은 『열반경』의 글을 인용하여 참회의 필요성을 가장 단적으로 나타낸 것으로, 사람들에게 참회할 것을 권하고 있는 것이다.

또 참회하면 무시이래(無始以來)의 죄업을 소멸할 수 있지만, 이에는 칠종심(七種心)6)을 일으켜 지심으로 참회하지 않으면 안된다고 한다. 그 칠종심의 둘째에는 공포심을 설하고 있다. 혹은 번뇌장을 참회하는 곳에서는 탐진치(貪瞋癡)의 업에 의해서 삼악도에 떨어져 고를 받는 것인데, 예컨대 사람으로 태어나도 여러 가지 고보(苦報)를 받는 것을 말하고 있다. 이것은 사람들에게 지심으로 참회를 시키기 위해서 인과법을 설하는 것이다.7)

---

4) 이종백법(二種白法)에 대해서는 『북본열반경』 大正藏 12, p.477中 참조.
5) 『열반경』 大正藏 45, p.976上.
6) 七種心 : 生大慚愧心, 恐怖心, 厭離心, 發菩提心, 冤親平等心, 念報佛恩心, 觀罪性空
7) 坂本道生, 「慈悲の儀禮」『日本佛敎學會年報』第72號, 平成 18年, pp.121~122 참조.

제2절 정토교의 시원

1. 붓다의 정토사상

붓다의 정토교설 중에는 대표적인 것으로 『무량수경』·『관무량수경』·『아미타경』이 있다. 이 경전을 설하여 왕생정토를 관하고, 또 한편 『화엄경』·『법화경』 등을 설하여 왕생정토(往生淨土)를 누리게 하셨다. 그러나 이 왕생정토의 법문 즉 아미타경의 본원공덕을 설하신 것은 붓다 성도의 본래의 서원인 것이다. 원래 붓다를 염(念)하는 것은 초기불교에 있어서 붓다의 인격을 믿는 것이고, 이로써 붓다의 인격에 우주의 진리가 완전히 실현되었다고 하여 진리의 존재로서 이해하는 것이다. 여기에서의 진리란 붓다의 내증(內證)이 된 것 그 자체를 가리킨다.

붓다는 이미 우주의 진리를 체득한 성불자이다. 그러므로 붓다에 대해서 자기도 그러한 붓다를 믿고 따르고 싶다고 하여 부처님께 귀의하는 것을 염불이라고 한다면 염불의 목적은 당연히 성불(成佛)에 있다고 보아야 하는 것이다.

2. 성불의 방편

불교의 목적은 성불에 있다. 그리고 그 도(道)를 이루는 과정은 염불(念佛), 염법(念法), 염승(念僧)으로 출발하여 방편, 정수(正修)를 거쳐 아뇩다라삼막삼보리심을 이루기에, 그 아뇩다라삼막삼보리심에 이르는 데에 방편, 정수의 과정이 있는 것처럼 방법으로서 왕생의 편법(便法)이 있는 것이다. 붓다란 우주의 진리 그 자체를 체득하고자 수행하여 이지명합(理智冥合)의 경지에 이른 분을 칭하는 것이다. 중생은 감정의 동물이라고 하듯이 망정(妄情)의 범부이다. 그러므로 수행하고 지혜의 증진에 노력하여 붓다의 경지에 이르려고 하는 것, 이것이 불도수행이다. 이 수행에 의하여 목적을 이룬 것을 아뇩다라삼먁삼보리의 성취 즉 성불로서의 불과(佛果)를 증득했다고 말하는 것이다.

그런데 성불의 과정은 용이한 과정이 아니므로 이 정수(正修)에 대한 방편으로서 왕생사상이 발생했다고 볼 수가 있다. 성불의 방편으로서 왕생한다는 것은 초주불퇴전(初住不退轉)의 계위에 이르는 과정이 필요하고 이 불퇴전의 살바야해(薩婆若海)에서 성불의 목적을 이루는 것은 멀리 있지 않다고 설한다. 『법화경』「화성유품」의 비유설이 그대로 왕생과 성불을 말하는 것이다. 삼백의 화성(化城)은 오백의 보저(宝渚)에 이르는 도정이고 방편이다.

3. 정토교의 기원

정토교의 기원을 말할 때 보통 붓다께서 이 세상에 출현하신 본회(本懷)가 『법화경』의 성불사상에 있다고 말하고 있다. 정토사상을 밝히고 있는 경전이 붓다의 선교방편으로서의 과정임을 생각해보면 『법화경』의 정토사상은 붓다출세의 본회인 것이다. 붓다출세의 본회란 『법화경』「방편품」의 "일대사인연 출현어세(一大事因緣 出現於世)"란 문구에 기초한 것이다.

그러면 정토교의 왕생을 가지고 석존출세의 본회라고 하는 것은 무슨 뜻인가. 『법화경』에서 설하는 성불은 석존이 이 세상에 출현하신 본래의 뜻이고, 정토교의 왕생은 아미타불 대비심의 본래의 뜻이라고 보는 것이다. 이 문제는 붓다의 설법의 근본으로 돌아가 생각하지 않으면 안된다. 불법은 광활하지만 그 핵심은 마음이 하나(一)로 돌아가는 것이라고 볼 수 있다. 삼계는 일심(一心)이요, 마음 밖에 따로 법이 있는 것이 아니다(心外別無法)라고 한다. 그 심법(心法)이란 이지정(理智情)의 세 방면으로부터 관찰할 수가 있다.

여기에서 이(理)의 본회, 지(智)의 본회, 정(情)의 본회가 있는 것을 생각하게 된다. 이른바 "심불중생 시삼무차별(心佛衆生 是三無差別)"을 설하는 『화엄경』은 이(理)의 본회로 보고, 또 "제불의 지혜는 무량하고, 그 지혜의 문(門)은 이해하기 어렵고 들어가기 어렵다(諸佛智慧 甚深無量 其智慧門 難解難入)."고 설하는 『법화경』은 지(智)의 본회로 보는 것이다. 개시오입 불지지견(開示悟入 佛之知見)을 목적으로 성불사상을 고취하는 붓다의 출세는 『법화경』을 설하기 위한 것이므로 지(智)의 본회로 볼 수 있는 것이다. 또 아미타여래의 한없는 대비(大悲)를 설하는 정토교는 정(情)의 본회이다.

그러므로 이 이지정(理智情)의 세 가지 본회(本懷)는 부처님께서 이 세상에 출현하신 본래의 뜻을 베푸시기 위한 선교방편이지 않으면 안된다. 이로써 성불을 위한 왕생의 방편을 베푸는 부처님의 뜻을 알 수 있는 것이다.8)

---

8) 山口光円, 『天台淨土教史』 法藏館, 昭和 42, pp.3~6 참조.

제3절 인도에 있어서 정토참회사상의 배태(胚胎)

1. 『대승기신론』

불멸후 600년경에 출세한 마명보살(馬鳴菩薩)은 『대승기신론』을 지어 정토교를 다음과 같이 설명하고 있다.

> 마땅히 알아야 하리니, 여래는 수승한 방편력이 있어 신심을 받아들이시고 보호해주신다. 이른바 염불의 뜻을 오로지하여 원에 따라 타방불국토에 왕생할 인연을 맺어 항상 부처님을 뵈옵고 영원히 악도(惡道, 삼악도)를 여의게 되면 수다라(불설 경전)에 설하심과 같으리라. 만약 어떤 사람이 서방극락세계의 아미타불을 전심으로 생각(念)하면 닦은바 선근(善根)으로 원하고 구한바 이와 같이 회향하며 저 피안의 세계에 태어나 즉득 왕생하리라. 항상 부처님을 뵙는 즉 마침내 퇴보하는 일 없으리니, 만약 저 부처님 진여법신을 뵈옵고 항상 닦아 익히면 필경에는 왕생하여 정정취(正定趣)에 주하리라.
> 当知如來 有勝方便 攝護信心 謂以專意 念佛因緣 隨願得生 他方佛土 常見於佛 永離惡道 如說修多羅 若人專念 西方極樂世界 阿彌陀佛 所修善根 回向願求 生彼世界 卽得往生 常見佛故 終無有退 若觀彼佛 眞如法身 常勤修習 畢竟得生 住正定故.[9]

이것이 『기신론』이 방명정토(傍明淨土)의 논서인 이유이다.

2. 『십주비바사론』

(1) 「이행품(易行品)」

용수(龍樹: Nāgārjuna, 150~250)는 인도 대승불교의 대표적 인물이며, 불교 8종의 조사라는 칭호를 받고 있다. 그는 본래 남인도

---

[9] 『대승기신론』 下末

바라문의 출신으로 처음에는 부파불교의 교리를 배웠으나 뒤에는 대승불교사상을 신봉하여 대승경전에 대한 주석서를 만들고 대승불교연구에 힘을 기울였던 까닭에 후세에 대승불교의 대성자로 추앙되었다.

그가 남긴 많은 저술 가운데 정토사상에 관계되는 것이 『십주비바사론(十住毘婆沙論)』이다. 이 논은 『화엄경』의 「십지품(十地品)」을 해석하고 있는데, 그 가운데 「아유월치상품(阿惟越致相品)」과 「이행품(易行品)」의 두 품 속에서 아미타불에 관하여 언급하고 있다. 즉 보살이 수행에서 물러나지 않는 계위인 불퇴전위에 이르는 방법에 두 가지 길이 있으니, 그것은 난행도와 이행도이다. 불법을 신앙하는 인연으로 불명호를 염불함으로써 쉽게 불퇴전의 자리에 들어갈 수 있는 방법이 이행도인데, 이 이행도 가운데서 아미타불의 명호를 칭명하기를 권하고 있다. 용수가 이렇게 아미타불의 명호를 부르기를 권하고 있는 것은 어디까지나 불퇴전위의 자리에 오르기 위한 이행도의 방법으로 설하고 있는 것이다.

용수보살의 전기에 의하면, 용수는 설산의 탑 속에서 늙은 비구로부터 『마하연경(摩訶衍經)』을 받고, 이어서 여러 나라를 두루 다니면서 대승경전을 구하였으나 얻지를 못하였다. 그때에 대룡보살이 나타나 그를 데리고 용궁으로 가서 칠보 보장을 열어서 그곳에 소장되어 있는 심오한 뜻이 담긴 대승경전을 주었다고 하였다.

용수의 저서 가운데 인용하고 있거나 이름이 나와 있는 대승경전을 찾아보면, 『반야바라밀경』을 비롯하여 약 40여 부의 이름이 있다.[10] 용수가 『화엄경』 「십지품」을 주석하여 『십주비바사론』을 지어 난이이도(難易二道)의 판석(判釋)을 설한 것은 불멸후 700년경이

---

10) 한글대장경, 132책, pp.9~10 참조.

다. 용수는 인도에서도 제2의 붓다로 추앙되었는데 대승불교가 그에 의해 발흥하였다고 한다.

『불조통기(佛祖統紀)』에는 그가 정토왕생자인 것을 다음과 같이 기록하고 있다.

> 용수존자는 『입능가경(入楞伽經)』에 이르되, 선서(善逝: 석존) 열반 후에 미래세에 남천축에 비구가 있어 궐호(厥号)를 용수(龍樹)라 할 것이다. 능히 유무종(有無宗)을 파하고, 나의 대승법(大乘法)을 드러내고 초환희지(初歡喜地)를 얻어 안양국(安養國: 극락정토)에 왕생할 것이다.11)

이러한 점에서 보면 용수를 정토교사상의 고조사(高祖師)로서 받드는 것도 당연한 일이다. 특히 『십주비바사론』 가운데 「이행품」을 설하는 모습은, 처음에 보살의 아유월치지(阿惟越致地: 不退轉地)에 이르고자 함에 두 가지의 길(道)이 있다. 하나는 근행정진(勤行精進)을 오래하여 얻는 것을 난행도(難行道)라 하니 육로의 보행 즉 고난의 길과 같다. 둘은 신(信)의 방편을 가지고 쉽게 행(行)하여 속히 아유월치지(阿惟越致地)에 이르는 것을 이행도라 하니 물길로 가는 배에 타고 가는 것이 즐거운 것과 같다. 내지 이 몸으로 아유월치지에 이르고자 하는 자는 마땅히 이들의 제불 및 제보살을 억념하고 공경예배하여 그 명호를 칭해야한다고 설하고 있다. 이에 의해 보건대 제불을 억념하고 불신(佛身)에 공경예배하며 입으로 그 명호를 칭함으로서 아유월치지에 이르는 것을 이행(易行)의 법이라고 본 것이다. 이것이 정토참회사상의 사상적 배경이 되어 있는 것이다.

또 『십주론』 가운데 「미타장」이라 칭해야 할 삼십이행게(三十二行偈)가 있는데 그 전문을 가재(迦才)는 자신이 지은 『정토론』에 인

---

11) 『佛祖統紀』 6의 二丁左

용하고 있다. 가재의 『정토론』 가운데12)에는 "선나굴다(禪那崛多)가 따로 번역한 용수찬아미타불문(龍樹讚阿彌陀佛文) 십이례(十二禮)가 있다. 선도(善導)도 『왕생예찬』에서 용수보살의 「원생예찬게(願生禮讚偈)」라는 제목으로 수록하고 있다.

(2) 「죄업품(除業品)」과 「분별공덕품(分別功德品)」

용수는 『보리자량론(菩提資糧論)』13) · 『보행왕정론(宝行王正論)』14) 등에서 4회(四悔)를 들고 있다. 여기에서는 『십주론』의 주제에 대해 해명한 「이행품」 후에 다시 그 내용을 전개하면서 설한 「제업품」과 「분별공덕품」에 대해 살펴본다.

용수는 제10장 「제업품」의 서두에서 이르기를, "묻되, 다만 아미타 등 제불을 억념(諸佛憶念)하고 남녀보살이 염하여 아유월치(阿惟越致: 不退轉地)를 얻으면 다시 남는 방편이 있는가. 답하되, 아유월치지를 구하는 자는 다만 억념(憶念), 칭명(稱名), 예경(禮敬)으로 끝나지 않고 모든 부처님의 처소에서 참회, 권청, 수희, 회향해야 한다."15)라고 말하고 있다.

요컨대 「제업품」의 의미하는 것은 이행도에 의하여 체득된 '신심청정'은 반드시 참회의 행위로 전개되고, 거기에서 한없는 자력수행을 주장하는 집착과 중생의 업장(業障) 등의 모든 능력을 깨닫고 그것을 깨달을 수 있는 지혜, 즉 자력수행이 난행고행이라는 사실을 아는 지혜로 아미타불의 대비(大悲)에로 전회(轉回)를 취하지 않으면 안된다는 것이다.

그러나 이와 같이 '신심청정'의 궁극에 있어서 죄업(罪業)이 심히

---

12) 일본의 淨土宗全書(이하 淨全) 6의 655
13) 大正藏 32, p.530b 해
14) 大正藏 32, p.504c
15) 大正藏 26, 45a

깊고 중하다는 참회의 느낌이 일어나는 것은, 장부(丈夫)의 뜻을 가지고 자리한 아만심(我慢心) 또는 헛된 자존심이 드러나게 됨에 따라 자신의 참 모습이 얼마나 여리고 겁약하며 열등한 모습으로 쌓여 있는지를 깨닫게 되는 중생으로서 자기의 참 모습을 발견하게 된다는 것이다.

그러나 불도(佛道)에서는 수행이 깊어져 감에 따라 도리어 아만(我慢)의 마음을 쳐부수고 겁약한 중생으로서 자기의 참 모습을 발견해 나가지 않으면 안된다. 「이행품」에서는 아유월치를 구하는 것을 "삼천대천세계를 드는 것보다도 무겁다. 마땅히 신명(身命)을 아끼지 말고 주야정진하여 머리가 타는 것(頭燃)을 구해내는 것과 같이 해야 한다."고 설하고 있다.16)

「제업품」은 서두에서 아유월치지 즉 불퇴전지를 획득하는 도는 「이행품」에 보인 억념·칭명·예경뿐인지를 묻고 나머지 방편으로서 참회·권청·수희·회향의 사회(四悔)를 행해야할 것을 설하고 있다. 나머지 방편이라고 하는 것은 칭명염불 이외의 나머지 수단으로도 볼 수 있지만 그것은 염불에 내포되고 염불로부터 필연적으로 전개되어가는 사회(四悔)를 의미하는 것으로 해석되고 있다.17)

사회(四悔) 가운데에서도 참회가 가장 중시되고 있는 것은 「분별공덕품」18)에 다음과 같이 설하고 있는 것을 보면 알 수 있다.

> 묻기를, 그대는 다만 권청, 수희, 회향 가운데 복덕을 설한다. 어째서 참회 가운데 복덕을 설하지 않는 것인가. 답하기를, 모든 복덕 중에서 참회복덕이 제일 큰 것이다. 업장과 죄를 없애기 때문이다.
> 汝但說勸請隨喜廻向中福德 何故不說懺悔中福德耶 於諸福德中 懺悔福德最大 除業障罪故

---

16) 加茂仰順, 『親鸞思想の研究』永田文昌堂, 1983, pp.468~469
17) 長谷岡一也, 『龍樹の淨土敎思想』p.144.
18) 大正藏 26, p.48 a~b

또 동품(同品)에서 다음과 같이 설하고 있다.

> 만일 어떤 사람이 일체지혜(一切智慧) 불가사의지혜(不可思議智慧) 무애지혜(無礙智慧) 무상지혜(無上智慧)를 얻고자 한다면, 또한 마땅히 이와 같이 죄업을 참회하고 덮어두는바 없이 후에 다시는 죄업을 짓지 않는 것이다(懺悔罪業 無所覆藏 後不更作). 이러하므로 마땅히 알라. 참회는 큰 과보(果報: 善果)가 있는 것이다(是故當知 懺悔有大果報).

그리고 그 참회의 수승함에 대하여 앙굴리마라와 아자세왕, 아쇼카왕의 사적(事跡)을 예증으로 강조하고 있다. 이로 볼 때 「이행품」에 개현된 염불은 「제업품」의 4회(四悔), 「분별공덕품」의 참회의 현양과 밀접한 개연성을 갖고 있으며, 염불이 실제로는 참회의 기본임을 나타내는 것으로 볼 수 있다.[19]

3. 『정토론』

(1) 세친의 심리사상

세친(世親, Vasubandhu. 5세기 무렵)은 북인도 간다라(Gandhāra)에서 출생하였다. 처음에는 부파불교의 20부파 가운데 가장 유력한 설일체유부의 논서인 『대비바사론』을 연구하여 이른바 소승 논서의 으뜸으로 꼽히는 『아비달마구사론』을 저술하였다. 그 후 친형인 무착(無着, Asaṅga)의 권유로 대승불교에 귀의한 뒤로 대승불교에 관한 논서를 많이 저술하여 대승불교 유가파의 기초를 만들고, 후에 구사학(俱舍學)과 유식학(唯識學)의 교학을 조직하여 불교심리학의 토대를 닦았다.

---

[19] 幡谷明, 「淨土敎における懺悔道」大谷大學眞宗學會編, 『親鸞敎學』 1991, p.6 참조.

정토사상에 관한 것으로는 『무량수경우바제사원생게(無量壽經優婆提舍願生偈)』20) 1권이 있는데 이것은 인도에서 정토에 관한 유일한 논서이다. 우바제사(優婆提舍, Upadeśa)란 '사람들이 경전에 대한 기본적 자량의 힘이 없어져서 경전을 이해하기가 어렵게 되었을 때에 경전을 쉽게 이해시키고자 경전의 뜻을 일체중생이 이해할 수 있도록 일체중생의 이해하는 힘에 맞도록 설해준다'는 뜻을 갖고 있다.

(2) 『정토론』의 사상과 참회

세친은 이 『정토론(淨土論)』에서 『무량수경』에 의거하여 5언4구로 된 24항(行)의 「원생게」를 짓고, 다음에 그 낱낱 게송의 뜻을 자세하게 해석한 산문[長行]을 두었다.

게송에서는 안락국(安樂國)에 태어나기를 먼저 표방하였고, 왕생하려고 원하는 정토의 장엄을 말하였다. 그리고 극락장엄의 안락세계의 모양을 관하고 아미타불의 상호를 관함으로써 미타정토에 왕생하기를 발원하였다. 다음에는 아미타불이 계시는 서방정토에 왕생하는 방법으로서 예배 · 찬탄 · 작원 · 관찰 · 회향의 오념문[五念門]을 닦아야 함을 밝혔다. 오념문 가운데서도 가장 중요한 것은 관찰문인데 관찰의 대상이 되는 정토에는 17종의 국토장엄과 8종의 불장엄, 그리고 4종의 보살장엄 등 세 가지 29종의 장엄공덕을 관찰하여야 함을 강조한다. 이 오념문의 행을 성취하면 안락국에 왕생하여 그곳에서 차례로 근문(近門) · 대회집문(大會集門) · 택문(宅門) · 옥문(屋門) · 원림유희지문(園林遊戱地門)의 오과문(五果門)을 얻되, 앞의 4문은 예배 등의 4종의 행에 의하여 연화장세계에 들어가서 법락을 받게 되므로 들어가는 공덕[入功德]이며, 최후의 원림유희지문

---

20) 『往生論』 또는 『淨土論』이라고 한다.

은 다시 중생의 생사번뇌의 세계인 원림으로 돌아 들어가는 과문이므로 나오는 공덕[出功德]이다. 즉 중생세계에 신통자재하게 막힘없이 출입하면서 교화제도하는 것이며, 이와 같이 자리와 이타를 행한다면 속히 보리를 성취한다는 것이다.21)

또한 세친은「원생게」에서 오념문의 수행을 하여 서방왕생을 원구할 것을 권하면서, 오로지 자신이 원왕생자인 것을 논서의 처음에 다음과 같이 설하고 있다.

> "세존이시여, 저는 일심(一心)으로 시방(十方) 세계에 귀명하여 무애광여래(無碍光如來)의 안락국(安樂國)에 태어나기를 원하나이다."

이와 같이 세친은 왕생정토의 법문을 설했던 것이니, 『정토론』이라 칭하는 것도 그 때문이다. 세친의 『정토론』을 시작으로 중국의 선도(善導)가 『왕생예찬』에서 이것을 해석하면서 이 5행 하나하나에 안심(安心)을 갖추고 있으므로 정토에 왕생하는 능입(能入)의 문이라 하여 오념문이라 칭하는 것이다.

이상으로 볼 때 인도에서부터 이미 용수와 세친이 있어 정토사상이 드러났으며 이 사상이 중국에 소개된 역사적 사실을 알 수 있다.22)

(3) 세친의 정토참회사상과 오념문

『정토론』은 세친의 많은 저작 가운데서도 유일한 정토교 논서임과 동시에 인도의 논사에 의한 현존유일의 정토교 논서라고 하는 의미에서도 매우 귀중한 것이다. 『정토론』은 24행에 이르는 게송과 스스로 그 해설을 붙인 장행(長行)으로 구성되어 있다. 그 가운데 오념문

---

21) 한글대장경, 132책, 1994, pp.10~11
22) 山口光円, 『天台淨土教史』法藏館, 昭和 42, pp.36~40 참조.

(五念門)의 수행을 함으로서 정토에 왕생하는 것을 중심문제로 하고 있으며, 정토의 제상(諸相)을 설하는 것으로 채워져 있다. 여기에서는 오념문 및 정토관을 통하여 세친의 정토참회사상의 내용에 대해 살펴보고자 한다.

오념문(五念門)

① 예배문(禮拜門): 예배문이란 정토에 왕생하려는 마음으로 아미타불을 예배하는 것이다. 여기에서는 정토에 왕생하고 싶다는 원(願)을 신구의(身口意)의 삼업 가운데 신업(身業), 즉 자신의 신체를 가지고 예배하는 행동으로 나타내는 수행이 필요하다.

② 찬탄문(讚歎門): 자신의 입으로 아미타불의 공덕을 찬탄하는 것이다. 구체적으로는 아미타불의 명호를 칭하는 것을 말한다. 칭명에 의해 아미타불의 덕(德)과 상응하는 것을 그 수행의 목적으로 하고 있다.

③ 작원문(作願門): 일심전념으로 정토에 왕생하고 싶다고 원하는 것이다. 중요한 것은 왕생원에서 그치는 것이 아니라 마음을 정적(靜寂)한 상태로 한 사마타(奢摩他) 수행으로 진척시키는 것이다. 즉 일심으로 정토왕생을 계속 발원함으로써 그 이외의 망상과 잡념을 그치고 마음을 적정한 상태로 이끄는 것이다.

④ 관찰문(觀察門): 앞의 작원문에 의해서 마음(心)이 적정한 상태로 된 후에 불·보살 및 정토의 장엄상(莊嚴相) 등을 관찰하는 것을 말한다. 즉 올바른 지혜를 가지고 불·보살 및 정토의 다양한 장엄상을 관찰하는 비파샤나의 수행을 권한다. 오념문 가운데 작원문과 관찰문의 2문은 곧 사마타와 비파샤나의 실천이 그 근간이 되는 수행이다. 사마타와 비파샤나는 유식에서 행하는 유가행(瑜伽行)인

데, 이는 세친이 대승불교로 전향한 이래 특히 유식(唯識)의 논사였던 것으로 볼 때 이들 유가행을 왕생정토를 희구하는 정토교의 수행법으로 채용한 것으로 보인다.

⑤ 회향문(回向門): 회향문이란 예배문으로부터 관찰문에 이르는 앞의 사문(四門)의 수행에 의해서 얻어진 공덕을 자신만이 향수(享受)하는 것이 아니라 일체중생에게 돌리고, 그들과 함께 정토에 왕생하려고 하는 것을 말한다. 여기에서는 일체의 고뇌하는 중생을 버리지 않고 회향함으로서 대비심을 성취하는 것을 강조하고 있다. 즉 대승불교의 근본명제인 방편과 자비의 마음을 가지고 일체중생에게 회향하기를 구하는 것이다.

이상에서 살펴본 오념문이란 사마타·비파샤나의 실천을 중심으로 정토를 관찰하고 아미타불을 친견해 뵙는 것 등에 의해서 정토왕생을 구하는 것이라고 할 수 있다.[23] 오념문이 세친 이후 참회사상의 근간이 되었던 것으로 볼 때, 세친의 오념문은 왕생정토의 실천행을 체계화한 그 효시라 볼 수 있다.

---

[23] 「淨土敎の世界」 『Tu選書』 7, 大正大學出版會, 2011, pp.93~96 참조.

:: 제2장 정토참회의 길 ::

제1절 정토참회 개설

1. 참회의 개념

　인간이 허망한 생을 사는 존재인 한, 그 존재의 근원적인 깨달음을 위해서는 필연적으로 회심(回心)이라고 하는 체험이 필요하고, 그 회심에는 자신의 죄업을 자각함으로써 깨달음으로 이끄는 참회가 뒤따른다. 불교에서 참회라고 한역되는 말의 원어로는 kṣama와 āpatti-deśana, pratideśa. deśanā를 들 수 있다. 일반적으로 참회의 원어로 지칭되는 kṣama는 자기 스스로의 업고(業苦)를 견디고 그 죄를 감수하는 것을 의미하지만, 그와 동시에 타인에 대하여 자신이 지은 죄업의 용서를 청한다는 의미를 내포하고 있다. 이에 비해 후자의 용어는 자기의 죄를 감추어 두는 일 없이 고백하고 발로하는 것을 의미하며, 많은 경우 발로참회(發露懺悔)라고 말한다.
　참회와 밀접한 관계를 갖는 용어로는 참괴(慚愧)라는 말이 있다. 참(慚, hrī)과 괴(愧, apatrāpya, optrāpya)는 여러 가지 악과 불선법(不善法)을 부끄러워하는 것이지만, 참(慚)은 자기의 악한 부분을 싫어하는 것이고 괴(愧)는 타인에게 두려워 악을 피하는 것으로 해석하는 것이 통설이다.[24]
　참회와 참괴의 차이에 대해서는 참회에는 반드시 죄업감(罪業感)이 있지만, 참괴에는 지덕(智德)이 충분하지 못한 것에 대한 반성은

---

24) 水野弘元,『パーリ佛敎を中心とした佛敎の心識論』pp.614~619

있어도 반드시 죄업감이 따르는 것은 아니라고 하는 견해가 있기도 하다. 그러나 지의(智顗)는 『금광명경문구』25)에서 참(懺)은 참(慚), 회(悔)는 괴(愧)라고 해설하고 있고, 『열반경』 「범행품」26)에서도 참괴와 참회를 동일시하는 상황으로 볼 때 양자의 구별이 명확한 것은 아니다.27)

2. 참회가 의도하는 것

참회란 종교학사전28)에 의하면 참회란, 자신이 범한 죄과를 뉘우치고 이것을 신·불(神·佛)이나 혹은 다른 사람에게 고백하고 사면을 구함으로서 정신적 부담으로부터 해방되는 것으로 정의하고 있다. 율전(律典)에 있어서의 참회가 이것이었다. 포살이나 자자에 있어서의 참회나 교단 내의 징벌규정으로서의 갈마참회가 그것으로, 불멸후 4인 이상의 비구승단이 구성되었을 때 그들 앞에서 죄과(罪過)의 발로와 그 용서를 청하였던 것이다. 이것을 소집(小集)의 참회라고 한다.

이에 반해 대승계의 참회는 수계(授戒) 전에 방편가행(方便加行)을 하는 것으로서 구별되어오고 있다. 이러한 방편가행은 담무참(曇無讖)에게 대승계를 청한 도진(道進)이, 주야 7일간 참회행을 한 뒤에도 아직 업장(業障)이 남아있기 때문에 예참(禮懺)하기를 3년 만에 겨우 계(戒) 주는 것을 허용하였다고 하는 설29)에 기초하여, 천

---

25) 大正藏 39, p.59c
26) 大正藏 12, p.477b~c
27) 이광준, 「불교의 참회사상사」『親鸞敎學』第57號, 大谷大學眞宗學會編. 1991. p.1 참조.
28) 小口偉一, 堀一郎 監修, 「宗敎學辭典」 東京大學出版會, 懺悔편
29) 佐佐木憲德, 「佛敎の懺悔考」『顯眞學苑論集』 第49號에 자세히 논함.

태지의의 『차제선문(次第禪門)』 이래의 설에 의해 대승에서는 소승의 바라이죄 즉 사죄(死罪)마저 참회에 의해서 멸죄될 수 있다든지, 선정이나 염불에 의해서 죄과소멸이 될 수 있는 취상참회(取相懺悔)나 공무자성(空無自性)을 관하는 것으로 죄장이 소멸하는 무생참회(無生懺悔) 등의 형식으로 전개되었다.30)

그러나 역사적으로 보면 위의 대승계는 유가계(瑜伽戒)나 범망계가 성립된 후의 설이고, 그것들이 중국에 전해지기 훨씬 이전부터 참회멸죄를 말하고 있다. 참회가 구체화되면서 참회구제를 주로 하는 보현보살이 등장한 것이다. 『삼만다라보살경』이나 『법화경』 「보현보살권발품」으로부터 전개된 『보현관경(普賢觀經)』, 그리고 보현의 행원을 중심으로 하는 『사십화엄(四十華嚴)』 등에서 대·소승계와는 다른 참회의 멸죄청정이 나타나고 있는 것이다.31)

이밖에도 참회멸죄를 설하는 경은 다방면에 미치고 있다. 최근의 연구에서는 대승경전 초기의 것으로 보이는 삼품(懺悔·隨喜·勸請)을 설하는 경전이 추정되고, 대승불교에 있어서 참회경전의 의의가 한층 더 중요하게 인식되고 있다.

그러나 참회의 내용을 갖는 수많은 경전이 번역 출간되면서 이들 경전에 나타난 참회의 사례는, 참회하여 죄(罪)를 없앤다는 사상을 중심으로 율(律)과 관계있는 것으로부터 시작하여, 수기(授記)에 관한 것, 치병(治病)에 관한 것, 지송경전에(持誦經典)에 있어서의 참회, 창불명참회(唱佛名懺悔), 대수고참회(代受苦懺悔), 정토왕생을 위한 참회 등 그 내용도 다양하게 전개되었다.

---

30) 『次第禪門』 大正藏 46, 484上~487上. 『마하지관』 大正藏 46, 36上~41下
31) 山口益(『佛敎學セミナ』 第九號)는 참회를 개개의 죄의 구제라고 하는 의미보다 인간존재의 죄의 참회를 지적하고 화엄경 등의 보현의 참회에 미치고 있다.

3. 칠종참회심(七種懺悔心)

칠종참회심이란 참회를 할 때에 일으켜야할 7종의 마음을 말한다.

⑴ 생대참괴심(生大慚愧心): 나(我)와 석가여래는 같은 범부이다. 현금의 석존은 성도 이래 이미 겁수(劫數)가 지나고 나는 생사에 윤회 전전하여 아직 벗어날 기약이 없다고 참괴한다.

⑵ 공포심(恐怖心): 우리들 범부는 신구의(身口意)의 업이 항상 죄와 상응한다. 이 인연을 가지고 명(命)을 마친 후 마땅히 지옥·아귀·축생계에 떨어져 한량없는 고(苦)를 받을 것이라고 두려워한다.

⑶ 염리심(厭離心): 우리들은 생사(生死) 가운데 허가부실(虛假不實)하여 물 위의 거품과 같이 속히 일어나고 속히 멸한다. 왕래유전(往來流轉)하는 것 또한 수레바퀴와 같다. 이 몸은 중고(衆苦)가 모이는 곳으로 일체 모두가 부정(不淨)한 것을 싫어해 생각을 여읜다.

⑷ 발보리심(發菩提心): 여래의 몸을 얻고자 하는 사람은 마땅히 보리심을 발하고 중생을 구제해야 한다. 몸(身)과 목숨(命), 재물(財)에 아까워하는바 없는 것이다.

⑸ 원친평등심(冤親平等心): 일체중생에 있어서 원(冤)없고 친(親)없이 자비심을 일으켜 피아(彼我)의 상(相) 없이 평등하게 구도하는 마음을 가지고 참회하는 것이다.

⑹ 염보불은심(念報佛恩心): 여래는 지나간 무량겁 가운데 우리들을 위하여 모든 고행을 수행하니 이와 같은 은덕은 실로 갚기 어렵다. 모름지기 이 세상에서 용맹정진하여 신명(身命)을 아끼지 않고 널리 중생을 제도하고 정각(正覺)에 들어야 한다고 염한다.

⑺ 관죄성공(觀罪性空): 죄성(罪性)은 본래 공하여 실체가 있는 것이 없다. 다만 인연의 전도(顚倒)에 따라서 생긴다. 마땅히 알아야 하

리니 죄의 성(性)은 안에도 밖에도 있지 않고 중간에도 있지 않으며 본래 공(空)한 것이니 죄 또한 있는 것이 없다고 관한다.[32]

제2절 계율과 참회

1. 계(戒)의 지위

불교의 신(信)과 행(行)은 불이(不二)의 관계에 입각해 있다. 미래의 선과보(善果報)를 초래하기 위해서는 현재에서 붓다가 정한 모든 계율을 지키고 선인(善因)을 쌓는 것이 필요하다. 물론 각 시대, 각 세간에서 선(善)이라고 하는 것은 행해야 하고 악(惡)이라고 하는 것은 물리쳐야하는 것이지만, 불교도덕은 그 가운데 정수이고 근본이어야 하는 것을 내포하고 있다. 붓다 재세 당시는 붓다 자신이 도덕적 규범의 권위이고, 붓다 금구(金口)의 가르침에 따르면 틀림없다고 믿고 있었다. 붓다는 입멸하기 직전에 다음과 같이 말씀하셨다.

> 비구들이여, 내가 멸한 후에 마땅히 바라제목차를 존중하고 공경해야 한다. 어둠 속에 밝음(明)을 만나고 빈인(貧人)이 보배를 얻는 것과 같다. 마땅히 알아야 하리니 이것은 즉 그대들의 큰 스승이다. 만약 내가 세상에 주하더라도 이것 외에 다른 것은 없다.[33]

바라제목차(Pratimokṣa)는 별해탈(別解脫), 처처해탈(處處解脫) 또는 수순해탈(隨順解脫)로 한역된다. 요컨대 계(戒)를 말하는 것이다. 『영락경』에 이르기를, 불가(佛家)에 주재하는 것은 계율을 근본

---

32) 『織田佛敎大辭典』 P.732
33) 『遺敎經』

으로 삼는다고 했으며, 『대지도론』은 "계(戒)는 일체 모든 선(善)의 소주처(所住處)이다. 비유하면 백곡약(百穀藥)이 본래 땅에 의해 생기는 것과 같다. 지계청정하여 능히 모든 깊은 선정실상(禪定實相)의 지혜가 생긴다. 또한 이것은 출가인의 초문(初門)이다."라고 했는데 위 인용문 또한 같은 취지를 담고 있다. 부처님은 이 계율에 의해 제선(諸善)의 공덕이 생길 수 있다고 가르친 것이다.

> 말씀하시기를, 만약 사람이 능히 정계(淨戒)를 지니면 이것이 선법(善法)이다. 만일 정계(淨戒)가 없으면 제선(諸善)의 공덕이 생길 수가 없다. 이것을 가지고 마땅히 알아야 하리니, 계를 제일안은공덕(第一安穩功德)의 소주처(所住處)라고 하는 것임을.[34]

이상으로 볼 때 부처님을 따르는 것은 곧 붓다의 계법을 따르는 것에 다름 아니다. 이것은 동시에 '제악막작(諸惡莫作) 중선봉행(衆善奉行)'이며 '자정기의(自淨其意)' — 즉 불심(佛心) 그 자체가 도(道)이다. 그러므로 계법을 지니면 어쨌건 목적인 성불(해탈, 열반)의 경지 — 에 들 수 있는 것은 물론, 그 과보로서 바람직한 세상을 초래하는 것이다.

2. 참회멸죄(懺悔滅罪)

불교는 중생의 삼시(三時) 악업보를 해결하기 위해서 현재 미래에 걸쳐 괴로움을 근본으로부터 제도하는 문을 열어놓고 있다. 그것이 참회·수계(受戒)의 문(門)이다. 『옥야경』에서 설하는 바와 같이 사람은 어느 누구든 잘못을 저지르지 않을 수 없다. 그러나 능히 회개한다. 선(善)은 이보다 더 큰 것이 없는 것이다. 참회의 마음은 청정

---

34) 『遺敎經』

의 마음이다. 참회하면 이제까지의 죄과를 소멸할 뿐만 아니라 그 공덕이 한이 없어 모든 일에 막힘이 없는 아름다운 마음을 증장케 한다. 즉 나쁜 짓을 하지 않는 지계(持戒)의 마음을 일으키고 이타박애(利他博愛)를 행하는 것이다. 여기에 이르면 우리들은 최초의 범부가 아니다. 제불(諸佛)의 위계에 들기 때문에 우리들은 마땅히 이루어야 할 부처를 실현할 수가 있는 것이다.

참회는 지성심(至誠心)이다. 여념 없이 마음을 오로지한 참회가 아니면 안된다. 그 공덕력은 오로지 성심(誠心)으로 한 참회에 의해서만이 참으로 나타날 수 있기 때문이다.35)

인도에서 이것이 의식으로 행해진 것이 소위 포살(布薩, Upavasatha, Poṣadha ; Uposatha)과 자자(自恣, Pravāraṇa)이다. 포살은 매월, 신월(新月)과 만월(滿月)의 날에 대중이 한곳에 모여 계율을 송하고 각자가 보름 동안에 범한 죄의 유무를 반성하고, 만약 있으면 대중에게 참회 고백하여 선(善)을 기르고 악(惡)을 없애기 위한 의식이다. 그리고 자자(自恣)라고 하는 것은 양기안거(兩期安居: Varṣa-vasana)라 하여 음력 4월 15일부터 90일간 금족(禁足)하고 한 곳에 머물면서 조용히 좌선수학하는 것을 끝낸 7월 15일에 대중이 서로 죄과를 고백 참회하여 신구의(身口意)를 청정케 하는 의식이다. 그러나 후세에는 이들 의식도 형식적으로 흘렀다.

참회에는 물론 법식이 있다. 여법하게 행해야 하는 것이다.『심지관경(心地觀經)』은 다음과 같이 설한다.

> 만약 능히 여법하게 참회하면 모든 번뇌를 모두 다 제한다. 참회는 능히 삼계(三界)의 옥(獄)을 벗어난다. 참회는 능히 보리(菩提)의 꽃을 피운다. 참회는 능히 붓다의 대원경(大圓鏡)을 본다. 참회는 능히 보소(寶所)에 이른다.

---

35) 참회는 梵語 摩(Kṣama), 한역하여 悔過. 그것을 梵漢兼擧하여 참회라고 한 것이다. 原意는 스스로 범한 죄의 용서를 청하는 것이다.

즉 '선불(先佛)이 호지하시고 조사(祖師)가 전래하신' 참회의 궤36)가 있어 심념(心念: 意業의 참회), 신의(身儀: 몸으로 행하는 참회), 발로(發露: 입으로 참회의 문을 창하는 참회)의 세 가지가 갖추어지지 않으면 안된다.

그리고 이때의 문구는 각종(各宗)에서 공통적으로 쓰는 『화엄경』「보현행원품」의 사구(四句)이다.

아석고조제악업(我昔所造諸惡業)
개유무시탐진치(皆由無始貪瞋痴)
종신구의지소생(從身口意之所生)
일체아금개참회(一切我今皆懺悔)
Our evil actions committed in our previous lives are due to our Avarice, Anger, and Folly of old ; evils proceeding whether from Body or from Mouth or from Will, all we confess now. 37)

3. 소승계의 참회

여기에서는 소승 계율에 있어서 참회가 어떻게 취급되고 있는지를 살펴보겠다.

(1) 포살(布薩)

소승율에서는 참회와 관계된 사항으로 이십건도(二十犍度) 가운데 포살과 자자(自恣)가 있다. 『사분율』권35 「설계건도(說戒犍度)」를 보면, "어느 때 세존께서는 한적한 곳에 계실 때 사유(思惟)를 하고 이르시되 …(중략)… 너희들은 잘 듣고 잘 생각하라. 만약 스스로 잘못을 범한 것을 알았을 때는 즉시 스스로 참회해야 한다. …(중

---

36) 『儀軌』
37) 馬場文翁, 『佛敎倫理』 目黑書店(東京), 昭和 10年, pp.197~202.

략)… 붓다는 장도법(障道法)을 설하시되, 만약 비구가 생각해보고 죄가 있고 청정하기를 구하고자 하는 자는 마땅히 참회하라. 참회하면 안락(安樂)을 얻는다."고 적고 있다.

또한 『비니모경』 권3에서도 포살을 설하고 있다. 그런데 포살은 교단에 행하는 정례적인 참회의 회합이고, 자자(自恣)는 안거의 최종일에 행하는 특수적인 참회행사이다. 포살은 15일마다 매월 행하는 것으로 교단 소속의 비구 비구니가 4인 이상 한곳에 집합하여 계(戒)를 설하고 과거 보름 동안의 자신의 행위를 반성하며, 만일 계율에 저촉하는 범행이 있으면 그것을 대중의 앞에 발로(發露)하여 진술하는 작법을 행하는 것이다. 그때에 발로하여 진술하는 죄가 되는 것은 이른바 율(律)을 범한 죄과이므로, 이미 단(壇)에 올라 수계한 비구 비구니로서 계율의 특정 조항에 위범한 행위를 하였을 경우에 구성된 죄이다.

그 율(律)을 범한 죄는 비구일 경우 사바라이(四波羅夷), 십삼승잔(十三僧殘), 이부정(二不定), 삼십사타(三十捨墮), 구십단제(九十單提), 사제사니(四提舍尼), 백중학(百衆學), 칠멸쟁(七滅諍)의 8단으로 구분되고 있다. 8단의 죄 가운데 최초의 사바라이의 죄는 행음(行婬), 투도(偸盜), 살생(殺生), 대망어(大妄語)의 4종인데, 이 4종의 죄를 범하면 참회를 한다하더라도 멸죄의 효과는 없다. 따라서 참회까지도 허용되지 않고 바로 교단으로부터 추방된다. 십삼승잔(十三僧殘)으로부터 이하의 죄는 참회를 유효하다고 인정하는데, 그 범한 죄의 경중과 성질에 따라서 참회의 방법이 다르다. 즉 승잔(僧殘)과 같은 것은 대중 앞에 발로참회하여 대중의 용인(容忍)을 청해야 하고, 사타(捨墮)와 같은 것은 금지되어 있는 재물을 소유한 것이므로 그 재물을 대중 앞에 제공하여 죄상을 발로(發露)하여 진술해야 하며, 단제(單提)와 같은 것은 재물에 관한 것이 아닌 죄이므로 단지 발로구진해야 하고, 또 제사니(提舍尼)와 같은 것은 가벼운 죄이기 때문에 다만 1인의 비구 앞에 고백하면 족하다.

또 주의해야할 것은 참회의 내용에 관한 점이다. 즉 참회의 내용에는 회책(悔責)과 발로구진(發露口陳)의 2요소가 존재한다. 그런데 소승율에서는 발로구진하여 자기가 범한 죄상을 고백하는 것을 주로 하고 있다. 즉 덮어 감추어두지 않고 있는 그대로 밝히는 것에 역점을 두고, 그 발로참회가 완료되는 곳은 대상으로 하는 대중 또는 1인의 비구가 받아들이고 용서함으로써 멸죄하는 그 찰나에 있다. 그러므로 대상으로 하는 승중(僧衆)에 있어서는 허용하기 어렵겠지만 꼭 허용하여 받고 싶다고 하면 용서를 청하는 것이다.

이것은 요컨대 소승율에서의 참회는 수계 이후에 율을 어겨 계를 범한 행위가 있었을 때에 멸죄할 필요에서 시설된 것이고, 그 참회의 범위는 교단 소속의 수도자에 한정되어 있었다. 그러므로『사분율행사초』「권중」에도 명백히 율참(律懺)은 승중(僧衆)에 한한다고 단정하고 있다.

> 지금 참회의 법에는 대략 두 가지가 있다. 초즉이참(初則理懺)과 이즉사참(二則事懺)이다. 이 두 가지 참법은 도(道)에 통하면 속(俗)을 포함하고 만약 율참(律懺)을 논하면 오직 도중(道衆)에 국한되는 것이다.

즉 우바새, 우바이 등 재가신자에게는 수계는 있어도 참회의 작법은 없는 것이다. 이 점에서 소승율은 어디까지나 오직 출가수행자인 비구 비구니 중심의 입장을 지키고 있는 것이다.

(2) 자자(自恣)

자자(自恣)에 대해서는 간략히 소개해 두기로 하겠다. 이것은 하안거의 말일인 7월 15일에 교화를 하고, 받는 사람들이 견(見), 문(聞), 의(疑)의 세 가지 건에 대해 각자 죄과가 있으면 그것을 지적하고 참회멸죄하여 불도(佛道)로 나아가고자 행하는 것이다. 이 하안거에 의해 법랍(法臘) 일세(一歲)를 받게 되는 것이므로 특히 각자의 수행상에 일보진전을 획하도록 내성(內省)하고, 또 다른 이로부터 충고를 받아 악을 고치고 선으로 돌아가고자 행하는 것이다. 『증일아함경』권24에는 불타와 사리불 등의 오백비구와의 사이에 자자(自恣)를 행한 모습이 서술되어 있다. 율전에서는 『십송율』권23 「자자법」에서 자자의 모습이 보이는데, 자자(自恣)는 범어 Pravāraṇa의 의역으로 수의(隨意)라고도 번역한다. 수의에는 승중(僧衆)의 죄과를 들어낸다는 의미가 있다. 세상에 이른바 무례강(無禮講)이라고 하는 것과 같이 상하의 계급을 보지 않고 일률적으로 평등하게 취급하는 방법을 취한 것이다.38)

4. 대승계의 참회

(1) 북천불교(北天佛敎)

대승계는 보통 유가품승(瑜伽稟承)과 범망위종(梵網爲宗)의 2대 계통으로 나누어져 있다. 범망위종(梵網爲宗)의 대승계의 실천은 중국에서 시작되어 우리나라에도 전래된 것이라고 하는 점에는 이론이 없다. 그리고 인도전통의 대승계로서는 먼저 유가품승에 대해서 설하고 있다고 본다. 유가품승은 미륵보살의 『유가사지론』이나 『보살지지경』의 설에 의존하는 대승계로, 그 특징은 삼취정계(三聚淨戒)를 세우고 있다.

『유가사지론』권40은 "보살계(菩薩戒)에는 대략 두 가지가 있다. 재가분계(在家分戒)와 출가분계(出家分戒)가 그 둘이다. 이를 일체계(一切戒)라 이름한다."고 설하고 있다.

---

38) 『顯眞學苑論集』第49號, 顯眞學會(京都), 昭和 33, pp.12~18 참조.

그리고 중품의 악(惡)과 하품의 악에 있어서의 범행은 참회멸죄가 가능한 것으로 정해져 있다. 전자는 대중 앞에 참회하고 후자는 1인의 비구 앞에 고백 사죄하는 것으로 되어 있지만, 이것 역시 소승율의 회과의 규정에 준한 것으로 보인다. 다만 삼품(三品)의 구별은 심(心)과 경(境)과 시(時)의 세 가지 점에서 변별해야 되는 것으로, 계를 범할 때에 맹리(猛利)의 마음인지 아닌지에 의해, 대상으로 하는 대상의 친소(親疎)에 의해, 그리고 욕작(欲作), 정작(正作), 이작(已作)의 3시(時)에 참회의 마음을 따르는지 아닌지에 의해, 상중하(上中下) 3품의 구별이 생기게 되는 것이다.

다음에 참회를 하는 경우에 1인의 비구에게 고백하는 대상을 보면, 소승율에서는 교단의 승중(僧衆)으로 일정하게 정해져 있는데 반하여 대승율의 유가품승(瑜伽稟承)에서는 불보살 또는 이와 동등한 법력자를 지정하고 있다. 이로 볼 때 대승율에서는 현전(現前)하지 않는 불보살을 대상으로 할 것을 주장하고 있음을 알 수 있다.[39]

대승경전 중에는 이와 같이 전연 현전(現前)의 승중(僧衆)을 고려하지 않고 바로 미현전(未現前)의 불보살 앞에서 회과하는 방법을 제창하고 있기도 하다.

참회 그 자체의 중점을 어느 곳에 두고 있는가를 보면, 대승율의 유가(瑜伽)에서는 소승율과 같이 오로지 발로구진하는 고백만을 하지 않고, 또 어느 대승경전과 같이 회책이라고 하는 양심적 자책만을 역설하지 않으며, 발로구진과 회책의 양자를 병용하고 있다.

---

[39] 『유가사지론』 권40에 이르기를, "其未犯者 專意護持 其已犯者 於佛菩薩 同法者所 至心發露 如法悔除"라 하고 있다.

(2) 남천불교(南天佛敎)

북천불교(北天佛敎)인 미륵계의 참회사상은 대체로 위에서 살펴본 바와 같다. 그렇다면 남천불교(南天佛敎)에서 주장하는 참회사상은 어떠할까. 용수의 『대지도론』에서는 보살육도(菩薩六度)를 설명하면서 계율의 문제를 다루고 있다.

『대지도론』에서는 팔계(八戒)에 대해 무상불도계(無上佛道戒)까지 설하고 있다.40) 이 아래의 문장에는 계상(戒相)을 설하는 가운데 살생, 투도, 사음, 망어, 음주의 5계에 대해 설하고 또 나아가 오팔이계(五八二戒)를 같다고 한다.

물론 용수에 있어서도 재가계(在家戒) 이외에 출가계(出家戒)의 존재가 필요한 것은 말하고 있다. 하지만 『대지도론』은 재가와 출가, 곧 양계(兩戒)의 평등을 주장하나 단지 수도상의 환경으로서 적부적(適不適)이 있다는 점에서 재가계 외에 출가계가 있어야 함을 설하고 있는 것이다.41)

그리고 용수는 『대지도론』에서 중관파의 공관(空觀)으로부터 계율의 핵심을 통찰하고 계무계(戒無戒)를 넘어서 계율의 실상에 대한 것까지도 보여주고 있다.42)

---

40) 『대지도론』 권13에 다음과 같이 설하고 있다. "墮三惡道中 若下品持戒生人中 中持戒生六欲天中 上持戒又行四禪四空定 生色無色界淸淨天中 上持戒有三種 下淸淨持戒 得阿羅漢 中淸淨戒 得辟支佛 上淸淨持戒 得佛道."
41) 『대지도론』 권13에 다음과 같이 이르고 있다. "問曰 若居家戒 得生天上 得菩薩道 亦得至涅槃 復何用出家戒. 答曰 雖俱得度 然有難易."
42) 『顯眞學苑論集』 第49號, pp.18~24 참조.

제3절 염불과 정토참회

1. 칭명염불과 참회

『관무량수경』은 '나무아미타불'을 칭하면 오십억겁 내지 팔십억겁의 생사의 죄를 없앤다고 설한다. 참회와 멸죄는 표현은 다르되 서로 떨어질 수 없는 것으로 간주된다. 일반적으로 양적무한(量的無限)이 질적인 차이를 암시하는 경우가 많은 것을 생각해보면, 칭명에 의해서 자기의 기억에 있건 없건 일체의 죄업을 여읠 수가 있다고 하는 사상이 이미 『관경』에 설해진 것이다. 당의 선도(善導)가 『관경』의 해석에 다대한 공헌을 한 것은 주지의 사실이지만 다른 한편 그 이전부터 참회사상은 정토교사상의 백미라고 할 수 있다. 선도에게 『관경』을 소개하였다고 전해지는 그의 스승인 도작(道綽)은 자신의 저술 『안락집』에서 다음과 같이 말하고 있다.

> 오늘날의 중생을 헤아려보건대 즉 붓다가 세상을 떠나신 후의 제4의 오백년에 해당한다. 올바로 이를 참회하고 복을 닦고 마땅히 불의 명호를 칭해야할 때의 자(者)들이다. 일념아미타불을 칭함에 즉 능히 팔십억겁의 생사의 죄를 제거하리라. 일념 이미 그와 같다. 하물며 상념(常念)을 닦는 것 즉 이것은 항상 참회하는 것이다.[43]

여기에는 의도적인 성격을 띤 칭명이라고는 해도 끊임없이 칭명염불을 닦는 것은 동시에 항상 참회하고 있는 것이 된다고 하는 사상이 이미 나타나고 있다. 이 도작(道綽)에게 10여 년간 이십대의 다감한 청춘시대로부터 감화를 입은 선도가 참회사상에 있어서도 깊은 영향을 입었으리란 것은 충분히 이해가 가는 것이다. 선도의 참회사상은

---
43) 『安樂集』 卷上, 『眞宗聖教全書』 1 p.378.

『관경소』「산선의(散善義)」에 가리키는 이종심신(二種深信) 중의 기(機)의 심신(深信)을 나타낸 것으로서 간명하지만, 『반주찬(般舟讚)』이나 『왕생예찬』 등의 여러 저작물에도 농후하게 각인되어 있다.

한편 『열반경』에서는, "참(慚)이란 스스로 죄를 짓지 않고 괴(愧)란 타인으로 하여금 짓지 않게 한다. 참이란 안으로 스스로 수치(羞恥)하고 괴란 발로하여 다른 사람을 향한다. 참이란 사람에게 부끄러워하고 괴란 하늘에 부끄러워한다. 이것을 참괴(慚愧)라 이름한다."44)고 말하고 있다.

또한 바로 이어서, "참괴 없는 자는 이름하여 사람이라 하지 않고 이름하여 축생이라 한다. 참괴가 있으므로 즉 능히 부모사장(父母師長)을 공경한다. 참괴가 있으므로 부모·형제·자매가 있는 것을 말한다."45)고 설하고 있다.

만일 참괴와 참회가 내면적 상황을 가리키는 동일한 의미를 갖고 있다면, 열반경의 위의 말은 참회가 의미하는 바를 명확히 하고 있다고 볼 수 있다. 이것은 참괴, 즉 참회의 심정이 인간을 축생과 구별하는 중요한 덕목일 뿐 아니라 인간이 참다운 인간다움을 확보하는 절대필요조건임을 가리키는 것이다.

경을 설한 장면은, 궁정의 명의(名醫) 기바(耆婆)가 자신이 범한 죄에 떨고 있는 아자세왕에게 교계(敎誡)한 말의 형식을 취하고는 있지만 이 기바의 말은 그대로 세존의 참회관을 보여주는 것이라 할 수 있다.

한편 『반주찬』에는 "오로지 미타의 명호를 염함에는 미치지 못한다. 염념에 칭명하여 항상 참회해야 한다."46)고 말하고 있다.

---

44) 『대반열반경』 제19 「범행품」
45) 大正藏 12, 477 b~c

이와 같이 정토교의 정통에 있어서 참회라는 것은 직접적으로 혹은 간접적으로 칭명염불(稱名念佛)이라는 행(行)과 관련하여 성립하고 있다고 볼 수 있다.

2. 염불의 참회적 의미

그러면 도대체 무엇 때문에 칭명염불이 참회일 수 있는 것일까. 그리고 어떠한 칭명염불로서 참회가 성립될 수 있는 것일까. 그리고 그럴 경우 참회의 성격은 어떠한 것인가. 애초에 참회라는 현상의 발단은 유한한 인간이 자신이 범한 죄악이나 과실 등을 자각하게 됨으로서 그것을 추회(追悔)하거나, 혹은 자기의 죄장에 이제까지 자각하지 못했던 사람이 각자(覺者)의 말을 접함으로써 불지(佛智)에 접하게 되어 죄업감을 깨닫고 일상의 심경이 홀연히 생기하기에 이를 수도 있을 것이다. 이때 뉘우치는 주체와 자각에 이른 대상인 죄장(罪障)과의 실재감이 함께 존재하는 것은 당연하다.

이와 같이 참회는 주객(主客)의 이원대립을 전제로 하고 그것들을 포함하고 있다. 그리고 동시에 참회의 심화(深化)에 따라서 그 대립이 해소된 경지에 이르면 참회라고 하는 의식마저 소실하고 말게 되는 것이다. 참회의 내용이면서 참회의 출발점이었던 이원대립의 경계를 벗어난 차원을 구별하여 이름을 붙인다면 그것이 이른바 '회심(廻心)'이다. 고래로부터 써 온 '회심참회(廻心懺悔)'라는 복합어가 곧 참회인 것이다.

서양에서 '참회'의 의미로 쓰이는 *metanoia*라는 단어에도 '후사(後思)·후회(後悔)'(*meta-noia*)와 '이(理: 性的直觀)의 초월'

---

46) 『眞宗聖敎全書』 1 p.707.

(*meta-noesis*)이란 두 가지 뜻이 내포되어 있다고 한다. 전자는 부정적 측면 즉 자기의 몰락과 방기(放棄)로서의 참회이고, 후자는 긍정적 측면 즉 자기 가치성의 회복 - 회심(廻心, 轉心) - 을 내용으로 한 참회이다. 이와 같이 메타노이아라는 단어는 참회가 자력과 타력, 자기와 자기를 초월한 것의 쌍방으로부터 성립되고 있음을 상징적으로 보여주고 있다.

　이것은 또 불교의 전통에 있어서 '회심(廻心)'이라는 말이 '참회'에 즉하여 별도로 성립된 소식까지도 간접적으로 보여준다. 선도의 말을 빌리면 전자는 죄악생사(罪惡生死)의 존재로서의 일상적인 자아의 죽음, 즉 '전념명종(前念命終)'을 가리키고, 후자는 죄업의 속박을 벗어나 참 자기를 회복하고 이른바 새로운 자기로 다시 살아난 국면, 즉 '후념즉생(後念卽生)'을 의미한다고 볼 수 있는 것이다. 이른바 정토교의 왕생정토의 체험이 바로 이 회심참회(廻心懺悔)를 내용으로 하고 있음을 여기에서 다시금 알 수 있다.[47]

　이상의 고찰에서 알 수 있는 것은 참회는 죄장(罪障)이 해소되지 않은 차원과 해소된 차원을 동시에 지니고 있다는 사실이다. 다시 말하면 참회의 마음은 고뇌하는 범부에게 일어나는 게 사실이지만, 일어난다고 하는 것 자체가 이미 단순하지 않은 사실을 알리고 있는 것이다. 전혀 무자각한 범부에게는 참회(懺悔), 추회(追悔)의 마음 등이 일어날 리가 없다. 하지만 참회의 마음이 일어났다면 그곳에는 이제까지 마음이 동하지 못했던 어떤 인격 내면의 작용이 개시되었다고 볼 수 있다. 이 마음이 동하기에 이른 작용을 '신(信)'이라 부르건 '보리심'이라 부르건 그 작용이 있는 것이 추회이고 참회이다. 따라서 참회라 하면 참회라고 하는 눈에 보이는 현상은 물론 그 배

---

47) 大谷大學佛敎學會編, 『佛敎學セミナ』第23號. 昭和 51, pp.26~29 참조.

후에 있는 눈에 보이지 않는 작용까지도 다 포함한다고 볼 수 있는 것이다.

3. 삼품참회(三品懺悔)

선도(善導)에게는 이른바 '삼품의 참회'의 교설이 있는 것으로 알려져 있다. 즉 『왕생예찬』(日中讚)에는 3종의 참회를 들고 있다.

> 참회에 3품이 있다. 상중하이다. 상품의 참회는 신(身)의 모공으로부터 혈을 흘리고 눈에서 혈을 흘리는 자를 상품의 참회라 한다. 중품의 참회는 온 몸에 뜨거운 땀이 모공에서 나오고 눈에서 혈이 흐르는 자는 중품의 참회라 한다. 하품의 참회는 온몸이 전부 뜨겁고 눈에서 눈물이 흐르는 자를 하품의 참회라 한다.48)

상식적으로 생각하면 아무리 심각한 참회라고 하더라도 뜨거운 눈물을 흘려 전비(前非)를 뉘우치고 또 구제받은 기쁨을 표명하는 것이 그 결과라고 생각되지만, 선도가 여기에서 설하고 있는 참회의 유형에 있어서는 그것은 제일 저열한 하품의 부류에 속하는 참회에 지나지 않는다. 선도가 말하는 참회는 일반 상식으로 생각하는 참회와는 전혀 상상도 할 수 없을 정도로 이질적인 것이다.

다만 여기에서 주목해야할 것은 선도가 이 교설을 설한 후 이르기를, "마땅히 알아야 하리니 눈물을 흘리고 혈(血)을 흘릴 수 없다 하더라도 다만 능히 진심철도(眞心徹到)하는 자는 즉 위와 같다"49)고 하면서 말을 맺고 있다는 점이다.

---

48) 『眞宗聖敎全書』 1. p.680.
49) 大谷大學佛敎學會編, 『佛敎學セミナ』 第23號, 昭和 51, 「念佛と懺悔」 pp.30~31 참조.

:: 제3장 정토경전의 참회사상 ::

제1절 초기불교의 참회사상과 염불

1. 초기불교의 참회사상

초기불교, 소승불교의 교단에서는 출가자에 대하여 250계 혹은 300계라고 하는 엄격한 계율이 제정되었으며, 또 출가자는 월 2회의 포살과 하안거가 끝나는 날 자자(自恣)를 행하여 계율에 비추어 반성하며 죄를 범한 자는 참회하였던 것을 율장에 의해 알 수 있다.
　이러한 소승불교의 계율주의는 대승불교가 발흥하는 한 요인이 되었다. 사리탑을 중심으로 전개된 대승불교는 재가신자들에게도 오계(五戒) 혹은 십선업(十善業)이라고 하는 기본적 윤리가 있었지만 이는 출가자의 계율과는 너무나도 큰 차이가 있었다. 출가자의 입장에서 보면 계율이라는 이름과는 걸맞지 않았던 것이다.
　그럼에도 계(戒)가 인간의 기본적 조건으로 결정지어진다면 그것은 생존 그 자체를 용인하지 않는 것으로 볼 수도 있었다. 대승불교의 최초기에 참회를 중요한 실천덕목으로 설하게 된 것도 이러한 재가보살의 등장과 무관치 않은 것이다.
　예컨대 후한(後漢) 안현역(安玄譯)의 『법경경』[50]은 재가보살의 실천행을, 시방제불의 앞에서 주야 6시에 『삼품경』을 독송하여 과거세로부터의 죄업을 참회하는 것을 설하고 있다. 『삼품경』이 참회(懺悔)・수희(隨喜)・권청(勸請)에 대해 설한 경전이란 것은 『사리불

---

[50] 大正藏 12, p.18c

회과경』·『욱가장자회』·『대지도론』 등의 다른 제경론에 의해서 추찰되고 있다.51) 참회·수희·권청이라고 하는 참회를 중심으로 한 삼회(三悔: 三聚)는 후에 회향(回向)을 더한 사회(四悔)가 되고 여기에 발원(發願)을 더한 오회(五悔)로 전개되었다.

이상과 같이 『법경경』에서 설하듯 대승불교의 초기에 시방제불사상과 관련하여 무시이래의 죄업에 대한 참회가 중요한 실천덕목으로서 설해진 것은, 소승교단의 계율중심에 대응하여 제기된 것이라 볼 수 있다.52)

참회를 주제로 하는 경전으로는 특히 『금광명최승왕경』53)이 유명하다. 이 경전은 『반야경』이나 『법화경』 등과도 밀접한 관련성을 갖는데 그 중심은 「몽견금고참회품」에 있다. 거기에서는 꿈 가운데서 금고(金鼓)의 참회의 음성을 듣고 죄업을 발로하여 죄업이 정화되는 것을 설하고 있다. 요컨대 이 경전의 주제는 일체의 모든 행위가 참회의 마음으로 이루어질 때 그것이 모두 불도(佛道)가 되며, 참회를 통하여 불수(佛壽)의 무량을 염(念)하는 염불삼매의 덕을 나타내는데 있다.54) 이렇듯 불도의 성립근거가 참회에 있다고 하는 『금강명경』의 사상은 대승불교에 있어서 하나의 저류로 되어 있는 것이다.55)

---

51) 平川彰, 『初期大乘佛敎の 硏究』 124, p.518. 靜谷正雄, 『原始大乘佛敎の 成立過程』 p.118~121 참조.
52) 梶山雄一, 『大乘佛典·親鸞』 p.334 참조.
53) 大正藏 16
54) 壬生台舜, 「金光明經 解題」 『佛典講座』 pp.14~25. 金子大榮, 『宗敎的覺醒』 pp.55~61 참조.
55) 大谷大學眞宗學會編, 『親鸞敎學』 第57號, 1991. pp.2~3 참조.

2. 아함경의 염불

(1) 염불(buddha-anussati)

아함경 가운데는 염불만을 독립적으로 설하고 있는 경우는 거의 없으나 잘 살펴보면 몇 가지가 있다. 이를 살펴보겠다.

① 『증일아함경』 권47의 49, 10경[56])에서 '십일과보(十一果報)'라는 것을 설하고 있는데 이에 대응하는 구나발타라역의 단역경전에 『불설십일상사념여래경(佛說十一想思念如來經)』이라는 경전이 있다. 이 『사념여래경(思念如來經)』의 뒷부분이 『증일아함경』 49, 10경과 일치하는데, 앞부분은 경의 제목대로 계의청정(戒意淸淨)으로부터 관불무염족(觀佛無厭足)에 이르는 11가지의 상(想)을 가지고 여래를 사념한다고 설하고 있다. 이 수행을 염불의 수행이라고 하여 현법(現法) 중에서 자재를 얻든지 죽어서는 불환(不還)의 과(果)를 얻는다고 설하고 있다.

② 『잡아함경』 권50, 1349경[57])은 염불만을 설하고 있다. 권50은 『잡아함경』 최종 권으로, 이 가운데 38경은 전부 게문(偈文)이 말미에 붙어있어 똑같은 권22 중의 제경과 함께 남전에서는 제1품의 유게품(有偈品)에 수록되어 있다. 그러나 권50의 경전 가운데 1349경을 포함한 끝의 20경(二十經) 부분은 남전(南傳)에 대응하는 경전이 없다. 1349경의 내용은 다음과 같다.

> 부처님이 구살라국의 숲속에서 머물고 계실 때 어느 천신(天神)이 그 숲속에 있다가 부처님의 행적을 보고 머리를 낮추어 체관(諦觀)하고 불념(佛念)을 닦을 때 우루조(優樓鳥)가 있어 길 가운데 머물다 불족적(佛足跡)을 밟

---

56) 49, 10은 제49품의 중의 제10경을 가리킨다. 이하 같다.
57) 大正藏 권2의 『雜阿含經』, 『別譯雜阿含經』에는 所攝의 諸經에 일련번호가 붙어 있다. 이것은 그 번호이다.

아가고자 할 때, 이때 천신(天神)이 즉 게를 설하여 이르되, "그대 우루조여, 지금 단목서(團目栖) 나무 사이의 여래의 족적 뭉개어 흩지 말라. 나는 부처님의 경지를 염(念)한다." 천신은 이 게송을 설하고 나서 묵묵히 있으면서 염불하다.

위 경문은 당시 염불이라고 하는 수행이 어떻게 행해지고 있었는지를 구체적으로 보여주는 대단히 흥미 있는 경전이다.

③ 염불이란 부처님에 대한 것을 마음(心)에 회상하는 것이다. 부처님에 대한 것이란 대표적으로 십호(十號)를 들게 되지만, 그것이 염불의 가장 원시적인 형태였다고 볼 수 있다. 급고독(給孤獨)에 관한 다음과 같은 흥미 있는 경전이 있다. 한역에서는 『잡아함경』 권22, 592경(『별역잡아함경』 권8, 186경), 남전에서는 상응부의 S.10.8[58]) 수다타-숫타(Sudatta-sutta)경이다. 남전대장경의 수다타-숫타(Sudatta-sutta)를 개략적으로 살펴보면 아래와 같다.

1) 어느 때 세존은 왕사성의 한림(寒林)에 머물고 계셨다.
2) 그때 급고독장자(給孤獨長者)도 어떤 용건이 있어 왕사성에 이르렀다.
3) 급고독장자는 "부처님께서 실로 세상에 나타나셨다."는 말을 듣고 바로 세존을 뵙기 위해서 가려고 하였다.
4) 그때에 급고독장자는 생각하였다. "오늘 세존을 뵙기 위해서 가기에는 너무 늦다. 내일 적합한 때에 세존을 뵙기 위해서 가겠다."고 부처님을 염하면서 누웠다. 그날 밤 세 번을 밤이 밝았다고 생각하고 일어났다.(중략)
5) 그때에 급고독장자는 한림의 세존께 찾아뵈었다. 급고독은 세존께 면회하고 "밤에는 잘 주무셨습니까." 하고 여쭈었다. 급고독의 인사에 대해 세존은 다음과 같이 답하셨다.

---

58) 第十相應, Yakkha-Saṁyuttaṁ의 第八經이라고 하는 것을 의미한다. 이하 같다.

> (번뇌의 불은) 모두 꺼졌다. 바라문은 항상 편안하게 잠든다.
> 애욕에 집착하지 않는 사람은 청량하여 의착(依著)이 없다.
> 모든 집착을 끊고 마음의 고뇌를 조복(調伏)하고
> 고요하고 안온하게 잠들지 않고 마음 고요함에 이를 뿐이다.

남전대장경에서는 이와 같은 게송으로 답하며 이 게송으로 경을 마치고 있다. 그러나 한역경전은 사뭇 다르게 구성되어 있다.

> 바라문은 열반에 이르고 언제나 안락하다. 애욕에 물들지 않고 완전히 해탈하여 있다. 일체의 욕망을 끊고 타오르는 마음을 가라앉히고 마음의 적정(寂靜)을 얻어 언제나 안온하게 잠든다.

그리고 세존은 급고독에게 제법무상, 보시의 복, 지계의 복, 생천(生天)의 복, 욕원리(欲遠離)의 복 등의 법을 설한다. 급고독은 이 법을 듣고 이해하고 믿어 의복을 바로하고, "오늘부터 죽음에 이르기까지 일생동안 부처님께 귀의하고 법에 귀의하고 스승께 귀의하고 우바새로 되고자 생각합니다. 어떻든 허락해 주십시오." 하고 청한다. 세존께서 급고독에게 그대의 이름은 무엇이라 하느냐고 묻자 급고독이 이르기를, "나는 수달다라고 합니다만 의지할 곳 없는 사람들을 돌보고 있으므로 사람들은 저의 이름을 급고독(給孤獨)이라 부르고 있습니다."라고 답한다.

이 남북양전(南北兩傳)을 비교해 보면, 남전이 석존의 게문(偈文)으로 끝나고 있는데 대해, 북전은 그 후로 석존이 시복(施福)과 계복(戒福)과 천복(天福)을 설하였다고 하고, 급고독은 귀불(歸佛) 귀법(歸法) 귀승(歸僧)하여 우바새로 되기를 청하였다고 하고 있다. 이 삼귀(三歸)와 삼복(三福)을 합하면 6념(六念)의 골격이 이루어진다. 경을 각색한 사람이 6념(六念)을 염두에 두고 경을 각색하여 이것을 급고독귀불(給孤獨歸佛)의 이야기 경전으로 한 것이 분명한 것이다. 그리고 이 각색 가운데 '염불(念佛)'이라는 말이 등장하는 것이다.

(2) 삼념(三念: 念佛·念法·念僧)

① 염불·염법·염승을 설하는 경전으로 잘 알려진 「깃대(幢)의 앞을 보라」는 경전이 있다. 『잡아함경』 권35, 981경(= 남전 S. 11. 1, 3), 『증일아함경』 권14, 24, 1경에 그 내용이 들어있는데, 특히 『증일아함경』 24의 1경은 S. 11. 1, 3과 잘 일치한다. 『증일아함경』 에는 「고당품(高幢品)」이라고 하는 품이 설치되어 있고, 이 경은 그 품 중의 제일경(第一經)이다. 『잡아함경』 981경은 전반이 빠져있는데, 그 대신 남전에는 있고 『증일아함경』에는 없다. 여기서는 비구들에게 공포가 생기는 장소로서 공한(空閑), 수하(樹下), 공사(空舍)를 들고 있다. 남전의 경은 앞에 든 경과 같이 유게품(有偈品)에 속하여 있고, 양·한역에 없는 게문(偈文)이 말미에 있다. 남전대장경에 의하면 다음과 같다.

> 숲속 나무 아래 적적한 장소에 있을 때
> 비구들이여, 정등각자를 사념하라. 공포, 그대들에게 있지 않을 것이다.
> 만일 세상의 주(主), 인중(人中)의 우왕(牛王)인
> 부처님(佛)을 억념하지 않으면 잘 설하고 열반으로 인도하는 법(法)을 억념하라.
> 만일 잘 설하고 열반으로 인도하는 법(法)을 억념하지 않으면 무상(無上)의 복전(福田)인 승가(僧伽)를 억념하라.
> 이와 같이 불과 법과 승가를 억념하면,
> 비구들이여, 두려움, 전율함, 모발이 서는 일은 그대들에게 있지 않을 것이다.

여기에서 '사념(思念)하라'는 빠알리어로 anussaretha, '억념하라'

는 sareyyātha이다. 전자의 명사형(名詞形)이 anussati, 후자의 명사형이 sati이다. 6념(六念) 중의 염불의 염(念)과 같은 말이다.

② 이 염불·염법·염승은 공포와 결부시켜 설하는 경우가 많다. 『잡아함경』 권35, 전경(前經)의 일경 앞의 980경도 S 11. 1, 3의 전반부를 그대로 설하고 있어 역시 '염여래사 법사 승사(念如來事 法事 僧事)'를 설하는 같은 유의 경전이다. 경은 전반에 대상(隊商)의 이야기가 나오고 있는데, 제가객(諸賈客) 즉 대상이 광야(이 가운데는 사막도 있을 것이다)의 가운데서 "여러 가지 공포가 있을 때, 마음이 놀라 모발이 서는 것과 같은 때에 여래를 염해야 하고, 법과 승의 일을 염해야 하리니, 그런 즉 공포가 없어지리라."라고 설하고 있다.

③ 또 이 염불·염법·염승은 병고와도 결부되어 있다. 사리불이 아난과 함께 중병이 든 급고독장자를 위문하고, 만일 고통이 가벼워지지 않을 것 같으면 부처님을 생각하고 법을 생각하고 승을 생각하라고 권하고, "만일 염불·염법·염승을 수행하는 자는 그 덕을 가히 헤아릴 수 없다. 감로멸진의 처소를 얻어 …(중략)… 삼악취(三惡趣)에 떨어지는 일 마침내 이런 일이 없다."라고 권하고 있다.[59]

④ 또 '염불·염법·염승의 것(事)을 잊고 말았지만'라고 하는 경전도 있다. 『잡아함경』 권33, 930경 = 『별역잡아함경』 권8, 155경 = S.55, 21 ; S.55, 22 = 『증일아함경』 권35, 41, 1경이다. 『잡아함경』 930경의 개략은 다음과 같다.

> 카피라성에 세존이 머물고 계실 때, 석씨 마하남이 세존을 찾아뵙고 말씀드렸다.
> "카피라성의 거리는 풍요롭고 번영하여 활기가 차 있었으나 어느 날 내가

---

[59] 『증일아함경』 49, 51, 8경(M.143) M.143은 南傳中部第 143경으로 Anātha piṇḍikovāda-suttanta이다.

거리에 나와 보았을 때 코끼리와 사람들, 수레가 일단(一團)이 되어 미친 듯이 달려오는 것을 보았습니다. 그때 나는 그에 말려들어 죽는 것은 아닌가 하고 생각하고 염불·염법·염승의 것을 완전히 잊고 말았습니다. 그리고 만약 그때 죽었다면 어느 곳에 태어났을까하고 생각했습니다."
세존은 답하셨다.
"마하남이여, 걱정할 일이 아니네. '명(命)이 끝난 후, 악취(惡趣)에 태어나지 않을 것이네. 마침에 또한 악(惡)한 일이 없었으니까. 큰 나무를 잘랐을 때 가지가 뻗쳐있는 쪽으로 넘어질 것이네. 그와 같은 것이네. 만약 그때 죽어도 악취에 태어나는 일 같은 것은 없네. 그대는 오랜 동안 평소에 염불·염법·염승을 닦아 익혀왔으니까. 그리고 그대에게는 신(信)과 계(戒)와 문(聞), 시(施), 혜(慧)가 있네. 그들의 힘에 의해서 안락한 곳, 천(天)에 태어날 수가 있는 것이네."

이 경에서 보면 염불·염법·염승을 닦아 익히면 결코 악취에 떨어지는 일은 없고 반드시 천(天)에 태어난다고 생각하고 있었던 것을 알 수 있다. 그런데 S55·21은 염불·염법·염승은 설하지 않고 신·계·문·시·혜(信·戒·聞·施·慧)만을 설하고, 22는 이것 대신에 4예류지(四預流支)를 설하고 있다. 한역에서 염불·염법·염승의 교설로 되어있는 것이 남전(南傳)에서는 4예류지의 교설로 되어 있는 것이다.

(3) 4불괴정(四不壞淨)

아함경에서 가장 많이 설하고 있는 것이 4불괴정(四不壞淨)이다. 불괴정 또는 증정(證淨)이라고 하며 빠알리어로는 aveccappasāda라 한다. aveccappasāda란 확고부동한 신심을 나타내는 말이다. 아함경에서는 이 괴정(壞淨)에 의해서 "다시 악취에 떨어지는 일 없이 천(天)에 태어난다."고 생각했다. 악취에 떨어지는 일 없이 천상에 태어난다는 것은 출가자의 수행의 단계로 보면 예류과(預流果)에 해당한다. 따라서 남전에서는 이 불괴정을 예류지(預流支: sotāpattiyaṅga)라고도 부르며 예류과의 성자가 성취해야할, 또는 성취하고 있는 조건, 또는 요건이라고 하였다.

남전상응부 제55품은 예류상응품으로 되어 있는데, 이 품 74의 여러 경은 거의가 예류지, 증정(證淨)을 설하고 있다.

① 남전의 예류상응품에도 중병이 든 급고독을 사리불과 아난이 위문하는 경전이 있다.60) 여기에서 설하는 것은 4예류지(四預流支), 4증정(四證淨)이다. 이 가운데 불증정(佛證淨)은 염불과 거의 같아서 불의 십호 등을 굳게 믿는 것으로, 이 4증정에 의해서 고수(苦受)를 그치고, 죽어서는 악취에 떨어지는 일 없을 것이고, 명(命)을 마침에 공포가 없으리라고 설하고 있다. 이들의 공덕은 염불·염법·염승의 공덕과 같은 것이다. 급고독천자(給孤獨天子)라는 천자가 등장하는 경전이 있는 것도 이 4증정에 의해서 급고독이 예류가 되고, 천상에 태어난다고 생각했기 때문이다.61)

② 이 4불괴정을 설하는 경전은 특히 「법경(法鏡)의 법문」이라 불리고 있다. 『잡아함경』 권30, 851경 및 852경 = S. 55, 9 ; S. 55, 8 =『장아함경』 권2, 제2, 유행경 = D. 16 62)등이지만, 남전상응부의 경전은 다음과 같이 설하고 있다.

> 아난이여, 성제자, 이 법경의 법문을 성취하면, 만일 원한다면 스스로 기별하여 '지옥 다하고, 축생 다하고, 아귀취(餓鬼趣) 다하고, 악생(惡生), 악취(惡趣), 타처(墮處) 다하고, 예류(預流)로 되어 타법멸(墮法滅)하고, 결정코 등각(等覺)에 향해감'을 얻으리라.

---

60) S.55, 26 ; S.55, 27,『잡아함경』 37, 1032경, 1031경
61)『잡아함경』 권22, 593경.『별역잡아함경』 9, 187경. S. 2. 2, 10
62) 南傳長部 제16경 Mahāparinibbāna-suttanta를 가리킨다.

4불괴정, 4증정, 4예류지에 대한 관심의 목적은 이것을 닦아 익히면 다시 악취에 떨어지는 일 없고, 예류과에 이르러 혹은 천상에 태어나고, 언제인가는 반드시 각(覺)을 얻어 열반에 이를 수가 있다고 하는 것이었다. 4불괴정의 공덕으로 고통이 가벼워지고, 공포가 줄어들고 또는 수(壽), 복(福), 부(富), 호색(好色), 역(力), 변자재(辯自在) 등을 얻게 된다고 설하고 있지만63), 본제(本題)는 어디까지나 악취에 떨어지지 않고 열반으로 향한다고 하는 것이었다.

　③ 4불괴정과 관련해서는 다음의 경전, 『잡아함경』 권33, 936경 =『별역잡아함경』 권8, 160경 = S. 55, 24; S. 55, 25도 또 흥미 있는 경전이다. 남전에 의하여 그 개략을 살펴보면 다음과 같다.

> 카피라성의 석씨 백수(百手)가 명이 끝나자 석존은 말씀하시기를, 그는 예류로 되어 있어 악취에 떨어지는 일이 없이 등각(等覺)으로 향해 가고 있다고 기별하였다. 이를 들은 다른 석씨들은 불만이었다.
> "이런 일은 처음이다. (佛法僧에 대한 不壞의 淨信과 聖戒를 성취하여서야 말로 預流가 될 수 있는 것인데) 그는 계를 파하고 술을 마신 일이 있다. 그래도 예류가 될 수 있다면 누구라도 예류가 될 수 있다."

　이 일로 석씨 마하남이 "이런 불평이 나오고 있습니다만" 하고 석존의 곳으로 찾아갔다. 석존은 이르기를, "백수(百手)는 오랫동안 우바새로서 불에 귀의하고, 법에 귀의하고 승에 귀의하여 온 것이 아닌가. 악취에 떨어질 일은 없네."라고 답하고, 불법승의 3증정(三證淨)을 성취하여 누진해탈(漏盡解脫)한 자, 오하분결(五下分結)을 끊은 자, 삼결(三結)을 끊은 자, 그리고 삼증정을 성취하고 있지 못해도 오근(五根)이 있어 법을 잘 이해하는 자, 오직 여래를 믿고 오직 애락(愛樂)할 뿐인 자, 이들의 자도 모두 삼악취에 떨어지는 일은

---

63) S. 55, 30. 『잡아함경』 30, 833경 등

없다 고 자상하게 설하고, "그러한데 하물며 백수(百手)는 임종(臨終)에 계(戒)를 받았네."라고 맺고 있다.

이것으로 보면 석씨들은, 불법승에 대한 불괴의 정신(淨信)과 성계(聖戒)를 성취했을 때 비로소 예류가 되어 천상에 태어난다는 상식이 있었음을 알 수 있다. 석존은 그 일반적인 사고방식을 부정하고 삼보(三寶)에 귀의한 것만으로, 또는 불을 믿고 불을 애락하는 것만으로, 삼악취에 떨어지는 일은 없다고 설하였던 것이다.

④ 신불(信佛)·신법(信法)·신승(信僧)에 계성취(戒成就)를 더한 것이 4증정(四證淨)인데, 경전 중에는 신불·신법·신승의 3증정에 보시의 행을 더하여 설하는 경전도 있다.64) 이들 가운데 S. 55, 32와 S. 55, 42는 각각 이전의 경, 즉 S. 55, 31과 S. 55, 41 등에 설하는 4증정의 제4성계성취(第四聖戒成就) 대신에 보시의 행을 설하고 있다.

여기에서 중요한 것은 3 또는 4의 불괴(不壞)의 신(信)에 보시의 행을 부가하여 설한다는 것이다. 석존의 설법의 단계에서 남전의 3증정과 보시의 4를 6념(六念)으로 바꾸고 있다. 4증정에 보시의 행을 더하고 또 이 행에 의해 태어나는 곳[天]을 더하면65) 6념(六念)이 성립되는 것이다. 남전에서 3증정과 보시행의 4를 설하는 경전이 한역에서는 6념(六念)을 설하는 경전으로 되어있는 것이다.

(4) 6념(六念)

한역에서는 6념은 주로 『장아함경』, 『잡아함경』에서 설하고, 십념은 『증일아함경』에서 설하고 있다. 남전사부(南傳四部)에서는 6

---

64) S. 55, 6 ; S. 55, 39 ; S. 55, 42
65) 四證淨이 天에 태어나는 道인 것을 특히 강조하는 經典도 있다. S. 55, 34 =『잡아함경』 30, 847경. S. 55, 35 =『잡아함경』 권30, 848 및 849, 850경 등.

념과 십념은 그다지 설하고 있지 않다.

①『장아함경』가운데는『증일아함경』증지부의 성립에 관계있는 법의 항목만을 들고 있는 권8, 제9, 중집경 등에서 6의 법의 그룹 가운데 6념을 들고 있다.

②『장아함경』권2, 제2, 행경(= D.16)에는 다음과 같이 설하고 있다.

> 부처님 이르시기를, 비구여, 또 육불퇴법(六不退法)이 있다. 법으로서 증장하고 손모(損耗)하지 않는다. 일자염불(一者念佛), 이자염법(二者念法), 삼자염승(三者念僧), 사자염계(四者念戒), 오자염시(五者念施), 육자염천(六者念天), 이 6념(六念)을 닦으면 즉 법은 증장(增長)하고 손모(損耗)하지 않는다.[66]

『장아함경』권10, 제12, 삼취경(三聚經)에는 악취로 향하는 육법(六法), 선취(善趣)로 향하는 육법, 열반으로 향하는 육법을 설하고 있고, 열반으로 향하는 육법에 대해서는 아래와 같이 설하고 있다.

> 무엇이 육법인가, 열반으로 향하는 이른바 육사념(六思念)이다. 염불, 염법, 염승, 염계, 염시, 염천.[67]

6념의 공덕도 번창하고 궁극적인 공덕으로서는 4불괴정과 똑같이 열반으로 향한다고 하는 것이었다.『잡아함경』권33, 931경 =『별역잡아함경』권8, 156경 = A. 6, 10[68]도 열반을 얻고 싶다면 6념을 닦으라고 설하며 6념의 하나하나를 상세하게 설하고 있다.『잡아함경』931경은 염불에 대하여 설하고 있는데,『잡아함경』권20, 550경 =

---

66) 大正藏 1, 12, 上
67) 大正藏 1, 59下
68) 南傳增支部 第6集의 제10경을 가리킨다. 이하 같다.

A. 6.26에는 6념이 '고로부터 벗어나는 곳(出苦處), 수승한 곳으로 오름(昇於勝處), 일승도(一乘道)'이고, 6념에 의해서 '중생들을 청정케 하고(淨諸衆生), 뭇 고뇌를 여의고(離諸苦惱), 우비를 모두 멸하고(憂悲悉滅), 진여법을 얻으리라(得眞如法)'고 설하고 있다. 이들 경전에서는 악취에 떨어지는 일 없이 예류(預流)가 되어 천(天)에 태어난다고 하는 것은 확실히 언급하고 있지 않다. 주제는 그들을 모두 포함한 궁극적인 열반에 이른다고 하는 것에 초점을 맞추고 있는 것이다.

③ 4불괴정과 6념을 함께 설하는 경전도 많다. ①『잡아함경』권20, 554경, ②『잡아함경』권37, 1033경, ③『별역잡아함경』권9, 187경, ④『별역잡아함경』권9, 188경 등이다. 이들 경전은 어느 것이나 4불괴정에 의하여 즉 불법승에 대한 불괴(不壞)의 정신(淨信)을 가지고 성계(聖戒)를 잘 지키고, 그 위에 6념을 닦아 익히라고 설하고 있다. 이들 경전에는 4불괴정을 설하는 경전과의 유사성이 있는데, 4불괴정이 6념으로 발전하여 가는 과정에서 성립된 경전으로 추정된다.

이상으로 염불·염법·염승, 4불괴정, 6념에 대하여 개관하여 보았다. 이들 사상은 여러 가지 공포, 병고를 주로 하는 고통 등으로부터 해방을 기점으로 하여 발생하며, 악취에 떨어지는 일 없이 태어나 최후에는 각(覺)을 얻는 것을 목표로 하고 있다. 그러나 염불·염법·염승은 주로 악취(惡趣)에 떨어지지 않는 것을, 4불괴정(四不壞淨)은 예류(預流), 생천(生天), 향열반(向涅槃)을, 6념은 열반에 이르는 것을 목표로 한다고 말할 수 있다. 이들 가운데 제일이 염불이고 염불의 불(佛)이란 석존을 가리키며, 염(念)은 기억, 생각남을 뜻하지만, 아함경의 염불은 후세의 정토교의 염불과 본질적으로 같은 구조를 가지고 있다고 볼 수 있다.

④『잡아함경』권41, 1124경과 대응하는 남전상응부의 S. 55, 36은 Devasabhāgata-suttaṁ라는 경의 제목을 가지고 있다. deva는 '천(天)', sabhāgata는 그 '회합의 방에 집어넣는다'고 하는 의미를 갖고 있다. 남전대장경의 번역자는 '붕배(朋輩)'라는 제명을 달고 있다. 이 경은 ①사위성 인연에 이어서 ②비구들이여, 사법(四法)을 성취하면 제천(諸天) 환희하여 도반이라고 한다. '무엇을 4라 하는가.'라고 하여 4증정(四證淨)을 말하는 것이다. 아함경의 염불에서 볼 수 있는 천상이나 열반이 정토교의 염불 정토로 추정되는 것이다.

(5) 십념(十念)

남전(南傳)에서 십념을 설하는 것은 소부(小部)로부터 논장(論藏)에까지 이른다. 증지부에서 설하는 오직 두 가지 예는 A. 1, 16, 1~10과 A. 1, 20, 93~102이다. 여기에서는 십념으로 정리하지 않고 염불로부터 염휴식(念休息)에 이르는 10가지를 일법(一法)으로서 각기 독립된 것으로 설하고 있다. 전자는 염불을 비롯한 십념의 하나하나를 닦고 이렇게 닦으면 일향세사염리(一向世事厭離), 이탐(離貪), 멸(滅), 적정(寂靜), 지통(智通), 등각(等覺), 열반을 얻을 수 있다고 설하고, 후자에서는 다른 많은 제법과 함께 설한다. 각각의 법은 모두 손가락 한번 튕기는 순간만이라도 닦는다면 그것은 불제자로서 어울리는 일인데, 하물며 누차 닦는다면 말할 것도 없다고 설한다.

염불에 대해서 말하면 이 후자에 대응하는 한역은 없으나 전자인 A. 1, 16, 1~10에는 『증일아함경』 권1, 제2, 십념품의 제1경부터 제10경까지가 대응한다. 품명은 「십념품(十念品)」으로 되어 있으나 경의 본문에는 '십념'이란 용어가 없고 각각 10개의 독립된 일법으로 설한다.

한때 세존은 말씀하시기를, 비구들이여, 마땅히 일법(一法)을 수행하고 마땅히 일법(一法)을 널리 펴라. 즉 신통(神通)을 이루고, 뭇 난잡한 생각 없어지고, 사문과(沙門果)를 얻고, 열반(涅槃) 스스로 이루리라.

이하 염법으로부터 염휴식에 이르기까지 모두 똑같이 설하고 있다. 『증일아함경』 제3품은 「광연품(廣演品)」에서 「십념품」의 십경(十經)을 부연하여 설하고 있다.

염불에 대해서는 "정신정의(正身正意)로 결가부좌하고 재전(在前)에 계념(繫念)하라. 다른 생각을 갖지 말고 오로지 정성껏 염불하고 여래의 형상을 관하되, 계속해서 눈(目)을 떼지 말고 전혀 눈(目)을 떠나지 말고, 즉 여래의 공덕을 생각하라."고 설하고 있다. 6념의 염불이 여기에 이르러 관불(觀佛)로 향하고 있는 것이다. 6념이 십념으로 발전하는 과정에서 염(念)의 의미가 변해 가고 있는 것[69]인데, 이 경전에서 이미 염불이 관불(觀佛)로 변화해 가는 모습을 볼 수 있는 것이다.[70]

(6) 부처님께서 보이신 염불의 열 가지 공덕(佛示念佛十種功德)

어떤 사람이 한 부처님의 명호를 수지하면 현세에 틀림없이 열 가지의 공덕과 이익을 얻을 것이다.

① 모든 하늘의 큰 힘을 가진 신장(神將)과 그 권속들이 형체를

---

69) 六念의 念은 anussati이고, 十念의 끝의 세 가지 念은 항상 sati이다. anussati도 sati도 第一의 意味는 記憶, 回想, 상기(想起)이지만, sati는 anu라고 하는 접두사의 붙지 않는 分만큼 의미가 넓고, 일반적으로 注意, 作意라고 하는 가장 일반적인 心的活動을 의미하는 경우도 많다. 十念 중의 끝의 세 가지 念의 대상은 안반(安般: 出息入息), 身, 死이고, 이들은 그것을 前에서 보거나 듣거나 하고 있어 그 일은 상기하여 항상 마음에 둔다고 하기보다도 단지 그것에 마음을 향한다고하는 對象이다. 이들은 五停心觀, 四念住觀과 관련이 있는 觀法의 대상인 것이다. 여기에서 念은 일반적인 '마음을 向한다', '생각한다'고 하는 의미로 변해있는 것이다.

70) 德岡亮英, 「阿含經の念佛について」『坪井俊映博士 頌壽記念論文集』佛敎大學(京都), 昭和 59, pp.720~738 참조.

숨겨 밤낮으로 항상 염불하는 사람을 지켜 보호하신다.

② 관음보살 같은 25 대보살과 일체 보살이 항상 보호하신다.

③ 모든 부처님이 밤낮으로 항상 호념(護念)하시고 아미타불은 항상 광명을 놓으셔서 섭수(攝受)하신다.

④ 야차나 나찰 같은 일체의 악귀들이 전혀 해를 끼치지 못할 것이고, 모든 독사나 독룡이나 독약들도 다 해를 끼치지 못한다.

⑤ 일체의 화재, 수재, 원적(寃賊)의 칼과 화살, 감옥에서의 횡사를 당하지 않는다.

⑥ 이전에 지은 죄가 모두 소멸되고, 살인의 억울한 운명을 벗어나며, 더 이상 죄목을 다그침 당하는 일이 없다.

⑦ 잠잘 때 좋은 꿈만 꾸며 때때로 빼어나게 아름다운 아미타불의 형상을 본다.

⑧ 마음이 항상 기쁨으로 차 있고 얼굴은 빛이 나며 기력은 왕성하여 하는 일에 행운이 있고 이롭다.

⑨ 언제나 모든 세상 사람들에게 부처님처럼 공경과 공양과 예배를 받는다.

⑩ 임종할 때 마음에 두려움이 없고 바른 생각(正念)이 나타나며, 아미타불과 여러 보살들이 금대(金臺)를 손에 들고 서방정토에 왕생하도록 손을 잡아 인도하고, 미래의 시간이 다하도록 빼어나게 오묘한 즐거움을 누린다.[71]

---

[71] 『한국불교전서』(한글본), 조선2, 정토보서, pp.51~52

제2절 정토삼부경의 참회사상

여기에서는 인간존재에 대한 죄업감(罪業感)을 통하여 심층적으로 탐구하고 구명한 정토경전에 있어서 참회의 문제가 어떻게 전개되고 있는지를 살펴보고자 한다.

1. 무량수경

(1) 무량수경의 내용

『무량수경』은 붓다가 왕사성 기사굴산에서 아미타불을 찬미하는 이야기가 주 내용이다. 경의 대요는 아난존자의 물음에 대하여, 또는 미륵보살에게 설법하는 것으로, 아미타불의 본원선택(本願選擇)의 섭취를 설명하고 무량광(無量光) · 무애광(無碍光)의 대비력을 들어 시간적으로 무한하고 공간적으로 무변한 절대위신력이 내세근생(來世根生)에 상응하는 가르침을 보여주고 있다. 그리고 48원을 하나하나 열거하여 염불왕생은 참 종교이기 때문에 만행제선(万行諸善)도 가문(假門)에 지나지 않으므로 성도권가(聖道權假)의 방편을 버리고 자연의 정토에 왕생해야 한다고 가르치며, 아미타불의 대비원력(大悲願力)에 귀명케 하는 것이다.[72]

(2) 무량수경의 참회사상

『대무량수경』하권의 비화단(悲化段)은 불타의 대비에 의해 지견(知見)하게 된 중생에 있어서의 생사유전(生死流轉)의 모습을, 탐(貪) · 진(瞋) · 치(痴)의 삼독과 그에 기초한 오악(五惡) · 오통(五

---

72) 山口光円, 전게서, 昭和 42, p.12

痛)·오소(五燒)로서 삼세에 걸친 업보 윤회의 상태를 통하여 선명하게 설하고 있다. 생사윤회는 고역(古譯)의 『대아미타경』에서 가장 상세하게 설하고 있는데, 『평등각경』을 거쳐 『대무량수경』에 이르는 사이에 그 내용이 점차로 정비되고 있다. 하지만 그 이후의 『여래회』·『장엄경』·범본·티벳본 등에서는 볼 수 없다. 그런 점에서 이 부분은 중앙아시아에서 부가되었다고 보는 설이 유력하다. 비화단(悲化段)의 소박한 교설을 빠알리경전 증지부 Ⅲ-65는 탐·진·치의 하나하나를 다음과 같이 설하고 있는데, 이 또한 그 근거라 할 것이다.

> 또 가람중(伽籃衆)이여, 탐심이 있는 사람은 탐(貪)에 가리고 마음이 묶이고 생물을 죽이고 주지 않은 것을 취하고 타인의 처와 통하고 허광(虛誑)을 말하고 또 타인에게 이와 같이 하기를 권한다. 이것은 그에게 장야(長夜)에 무익함과 고(苦)를 준다[73]

그러나 『대아미타경』→『대무량수경』은 윤회의 문제를 최대한 상세하게 설명하고 있다. 그것은 실로 아미타의 본원과 석존의 대비에 의해 구제되지 않으면 안되는 번뇌구족의 범부, 화택무상(火宅無常)의 세계라는 현실 때문일 것이다. 『대무량수경』은 이 세상을 벗어날 인연이 없는 범부에게 그 번뇌와 무상의 세계를 벗어나게 하는 요도로서 염불왕생의 길을 설한다. 『대무량수경』에서 생사죄탁(生死罪濁)의 무리들은 아미타의 본원에 있어서나 석존에 의한 본원성취의 교설에 있어서나 "유제오역 비방정법(唯除五逆 誹謗正法)"으로 나타난다. '유제(唯除)'의 밀의에 대해서는 담란(曇鸞)·선도(善導)·신란(親鸞)에 의해서 해명되어온 바이지만, 그것은 궁극적으로 "방법천제 회심개왕(謗法闡提 回心皆往)"이라고 하는 선도의 『법사찬』의

---

73) 香川孝雄, 「罪惡觀の 系譜」 『淨土宗學硏究』 第5卷 p.123. 단, 香川論文은 원시경전에 있어서의 죄의 용례로서 인용되고 있는 것이다.

문구에 보이는 바와 같이 중생에 있어서의 회심참회를 통한 구제의 성취를 분명히 하고 있다.

『대무량수경』에 있어서의 참회도로서 하나 주의할 것은 비화단(悲化段)에 이어서 설한 지혜단(智慧段)의 교설이다. 거기에서는 죄복신(罪福信)에 의한 불지부사의(佛智不思議)의 의혹 때문에 500년간에 걸쳐 의성태궁(疑城胎宮)에 머물러 있는 태생(胎生)의 자에 대하여 삼보를 견문하지 않고 보살의 법식을 알 수가 없으므로 엄히 가르쳐 깨우치고 있다. 불견삼보(不見三寶)는 정토에 있으면서 여래의 승가인 정토를 볼 수가 없는 상태를 상징하고, 보살의 법식을 알지 못한다는 것은 참회·수희·권청의 복덕을 알지 못하는 것을 나타낸다. 거기에 불지(佛智)를 의심하는 중생에 대하여 "식기본죄(識其本罪) 심자회책(深自悔責)"이라고 설하고 있어 냉엄하게 회심참회를 구하고 있는 것을 발견할 수가 있다.[74]

2. 관무량수경

(1) 관무량수경의 내용

『관무량수경』은 아난존자를 주된 질문자로 하고 위제희, 빈비사라왕 등을 조역자로 하여 『무량수경』과 같이 왕사성 기사굴산에서 붓다가 설한 경이다. 희곡적인 설법으로 아미타불의 서원이 얼마나 크고 이 부처님이 얼마나 대위신력을 가지고 널리 중생을 구제하려고 하시는 지를 설하고 있다. 왕사성에 아자세라고 하는 태자가 있어 부왕 빈비사라왕에게 모든 불충불효(不忠不孝)를 하고 모친 위제희 부인을 괴롭히는 등 그 악행이 이루 말할 수 없었다. 이에 빈비사라

---

74) 大谷大學眞宗學會編, 『親鸞敎學』 제57호, 1991. pp.3~4 참조.

왕과 위제희 부인이 어떤 인연으로 이 악과(惡果)로 괴로움을 당해야 하는지를 부처님께 한탄하며, "오직 원하건대 세존이시여, 저희를 위해서 근심 걱정 없는 곳을 널리 설해 주소서."라고 여쭌다. 붓다는 그를 위해 아미타불의 원력을 설하고 오로지 관불(觀佛)의 방법을 설명한다.

정토세계를 흔연히 구하는 관법을 정관(正觀)이라 하고 다른 것을 사관(邪觀)이라고 배척하며, 범우저하(凡愚低下)의 죄인이나 역적의 사람도 빠트림이 없는 미타의 서원을 찬미하고, 자력의 삼심(三心)으로 여래이타(如來利他)의 신심(信心)에 통달하기를 간절히 원해야 한다고 설한다.75)

(2) 관무량수경의 참회사상

정토경전 가운데서도 『관무량수경』은 경전 자체가 '정제업장 생제불전(淨除業障 生諸佛前)'이라는 별명을 듣고 있는 바와 같이 특히 참회사상과 깊은 관계를 가지고 있다. 이 경전은 서분(序分)에서 왕사성의 비극을 설하고, "이제 세존을 향하여 오체투지(五體投地)하고 애처로이 참회를 해야 한다. 오직 원컨대 부처님이시여, 청정업처(淸淨業處)에서 저희를 관해 주소서."라 청원하는 위제희의 고뇌를 나타내고, 그 요청에 답하여 '관극락국토(觀極樂國土) · 무량수불 · 관세음보살 · 대세지보살'의 도(道)를 밝혀간다.

이 해석을 두고 정영사(淨影寺) 혜원을 비롯한 성도문(聖道門)의 고승들과 정토문의 선도 사이에 커다란 차이가 있는 것은 주지의 사실이다. 위제희를 실업(實業)의 범부라고 보고 범부구제의 법인 염불멸죄의 길을 여는 경전으로 받아들인 선도에 의하면 이 경전의 밑바탕에는 참회가 있는 것이 분명하다. 『관무량수경』은 '참괴(慚愧:

---

75) 山口光円, 전게서, p.12

下품三生)하는 일이 없는 중생'이라고 하는 일생동안 악한 짓만 하는 하품 범부의 구제를 설하는 경전이고 범부에 있어서의 회심참회를 분명히 하는 경전인 것이다.76)

3. 아미타경

(1) 아미타경의 내용

『아미타경』은 사리불을 상대로 설한 사위국 기수급고독원에 있어서의 설법이다. 그 대요는 극락과 아미타불을 상세하게 설명한 것으로, 특히 전반은 의보(依報)인 극락국의 미묘한 상을 설하고 후반에 이르러서 정보(正報)인 아미타불 서원이 무변무량(無邊無量)함을 상세하게 설하고 제불을 종자(從者)로 한 아미타불의 위신력을 찬탄한 경이다. 이상과 같이 개설한 '수(壽)·관(觀)·미(彌)'의 정토삼부경은 붓다에 의해 소개된 아미타불 및 극락정토를 설한 경이다.77)

(2) 아미타경의 참회사상

무문자설(無問自說)이라고 하는 형식으로 석존이 이 세상에 출현하신 본 마음의 뜻(本懷)을 개현한『아미타경』은 경전 중에 "일체제불 소호념경"이라고 하는 바와 같이 육방(六方)의 제불의 염불자에 대한 증성호념(証成護念)을 설하고 있다. 여기에서는 참회에 대하여 직접적으로 설하고 있지는 않다. 그러나 항하사와 같은 제불의 권려(勸勵)라고 하는 그 권에 의지하지 않으면 뭇 고(苦)의 세계를 용이하게 벗어날 수가 없다고 하는 것이다.

그러한 안목에서 이 경전을 살펴보면 거기에 여러 가지 선본(善

---

76) 大谷大學眞宗學會編, 상게서, pp.4~5
77) 山口光円,『天台淨土教史』法藏館, 昭和 12. p.13

本)·덕본(德本)으로서의 자력의 염불을 책려하는 자에게 오직 죄업을 제하라고 가르쳐 왕생의 서원을 성취케 하려는 여래의 대비심을 깨닫게 되는 것이다. 그것은 어느 의미에서 우리들에게 있어서 최종적인 참회를 요청하는 것이라고 볼 수가 있다.[78]

제3절 초기경전의 서원

1. 업보와 서원

여기에 초기불교경전이라고 하는 것은, 한역의 4아함(四阿含)과 빠알리의 5부 니카야를 합쳐서 부르기로 한다. 하지만, 『증일아함경』에는, 새로운 요소가 많이 들어있고, 특히 많은 서원이 나와 있기 때문에, 여기에서는 취급하지 않고 장을 새로 해서 논하기로 한다.

본원사상(本願思想)은 대승불교 특히 정토교에서는 빠질 수 없는 중요한 사상이다. 하지만 재가자의 입장과 출가자의 입장을 명확하게 구분한다는 것은 쉬운 일이 아니다. 이에 여기에서는 원시경전의 서원의 용례를 젖혀놓고, 원시불교의 서원의 성격을 생각해보려고 한다.

석존의 서원이 일체중생을 구제하겠다[下化衆生]고 하는 데에서 시작되듯이, 불제자 또는 신자들은 도탈(度脫)하고 싶다[上求菩提]고 하는 서원이 있었을 것이다. 하지만 이것은 본원(本願)이라고 불리지 않고 어디까지나 현세의 서원으로서 말해지고 있을 뿐이다. 이에 대해서 본원은 전세로부터의 서원이기 때문에 본생담의 성립을 기다리지 않으면 안된다. 본생담 성립 이전의 시대에는 본원을 말하

---

78) 大谷大學眞宗學會編, 상게서. p.5.

는 사상적인 기반이 아직 확립되지 않았다고 한다.79) 원시경전 안에서 이들에 대한 설법의 용례를 살펴보고자 한다.

초기경전의 극히 오랜 초기 부분에서는 갑자기 서원에 의해서 업의 흐름을 전환할 수 있다고 설하는 것이 아니라 선행이라는 전제가 있고, 그 위에 서원하는 것이 필요로 하게 된 것 같다. 예를 들어서, 『숫타니파타』 제2장에서는, 한 명의 신이 붓다에게 행복에 대해서 질문하고 있다. 그에 대해서 붓다는 다음과 같이 설하고 있다.

> 적합한 처소에 살고, 전세에 공덕을 쌓고,
> 자기가 맞는 서원을 (일으키는 것), 이것이 최고의 행복이다.80)

이것과 같은 게송은 Khuddaka-patha에도 보이고 있는데, "전세에 공덕을 쌓는다"라는 선업과 "올바른 서원을 일으킨다"고 하는 양자가 서로 어울려, 비로소 최고의 행복한 목적이 성취되는 것이다.

또한 조금 문장은 다르지만 역시 같은 취지를 말한 것으로 『빠알리 장부(長部)』 제34경 Dasuttara-suttanta(『십상경』)에서는 다음과 같이 설한다.

> 크게 해야 할 사법이란 무엇인가?
> (그것은) 사륜이다. 알맞는 장소에 사는 것, 선한 사람에게 친근하는 것,
> 자신이 올바른 서원을 일으키는 것, 전세에 공덕을 쌓는 것, 이것들이
> 크게 해야 할 사법이다.

그 밖에 안세고(安世高)역의 『장아함십보법경』과 같은 안세고역의 『십처삼관경』, 『빠알리증지부』에도 이 사법이 나와 있다. 이처럼 『숫타니파타』의 '알맞는 장소에 사는 것'·'전세에 공덕을 쌓는

---

79) 藤田宏達, 『原始浄土思想の研究』 p.404
80) Sn. Ⅱ, 4, 260, p.46

것'·'서원을 일으키는 것'·'선우에 친근해지는 것'을 더한 사법의 가르침은, 벌써부터 유명한 가르침으로서 널리 유포된 것일 것이다.

또한 이 '십상법'은, 사리불이 모든 비구들에 대해서 설법하는 형식을 취하고 있고, 출가자가 열반을 얻기 위해서 해야 할 행위로서 가르친 경전이기 때문에 대상은 출가비구이다.[81]

Paramatta-jotikā[82]에서는 다음과 같이 주석하고 있다.

> 자신의 올바른 서원이라고 하는 것은, 여기에 어떤 사람이 파계자이었던 자신을 계(戒)를 지키도록 하고, 믿음 없는 (자신)을 믿음이 구족하게 하고, 물질을 아까워하는 (자신)을 보시를 구족하게 하는 것이다. 이것을 자신의 올바른 서원이라고 한다.

그리고 빠알리 증지부(增支部)에는 다음과 같이 설하고 있다.

> 비구들이여, 이것들이 사륜(四輪)이다. 이것들로 성취한 천(天) 또는 인간에게는 사륜(四輪)이 작용한다. 이것으로 성취한 천 또는 인간에게는 머지않아 재산이 큰 것과 넓은 것을 얻는다.
> 사(四)란 무엇인가. 적당한 처소에 사는 것, 선인에 친근한 것, 자신이 올바른 서원을 (일으키는 것), 이전에 공덕을 만든 것이다.[83]

2. 성도의 결의

초기불교경전으로서 꽤 오랜 고층에 속한다고 하는 『테라-가타』에 다음과 같은 모습의 서원이 나와 있다.

---

81) Sn. Ⅱ, 4, 260, p.46
82) vol. Ⅰ. p.134
83) AN. Ⅳ. 4, 31(AN. Ⅱ. p.32)

나는 5일 전에 출가하여 배우는 자로서, 마음이 미완성인 자이다.
나는 정사에 들어갔을 때 마음에 서원이 일어났다. (222게)
갈애의 화살이 근절되지 않는 동안, 나는 먹지 않을 것이다. 마시지 않을
것이다. 정사에서 절대 나가지 않을 것이다. 겨드랑이를 아래로 해서 눕
지 않을 것이다. (223게)[84]

또한, 다른 곳에 이와 같이 닮은 게송이 있다.

그리고 나는 서원을 일으키고, 마음으로 절망하였다.
갈애의 화살이 근절되지 않는 한 나는 잠시도 앉지 않을 것이다.
(514게)[85]

위의 게송은 모든 갈애를 멸하기까지는, 먹거나 마시지 않고 잠을 자지 않겠다는 굳은 결의를 토로하고 있다. 이 경우 단순한 서원만으로 불도가 성취되는 것이 아니라 출가자로서의 엄한 생활을 전제로 하고 있다. 바로 직전의 게에서는 다음과 같이 말하고 있다.

그때 나는 아내와 아이, 재물과 곡물을 버리고,
수염과 머리를 깎고 출가하여, 집이 없는 생활에 들어갔다.
(512게)

생활의 규정을 몸에 지니고, 모든 감관을 잘 제어하여,
정각자를 존경하면서, (모든 것에도) 문제없이 살고 있었다.
(513게)[86]

이러한 결의의 표명은 초발심의 불도 수행자라면 모두가 안고 있던 심정이었겠지만, 초기경전에서 panidhi, panidhana란 용어를 사용하여 설하는 곳은 의외로 적다. 이 게송은 출가 비구가 엄한 출가자의 생활을 참고 행하려고 하는 서원이다.

---

84) Therag. p.29
85) op. cit. p. 53.
86) op. cit. p. 53.

3. 하늘(天)의 의지

모든 천(天)은 자신의 마음의 의지에 의해서 자유롭게 원(願)이 이루어진다고 설한다.

『빠알리상응부』의 「간다바카야 상응」에, 비구가 "어떤 원인, 어떤 연에 의해서 목숨이 끝난 뒤, 간다바카이카천에 태어나는 것입니까?"하고 여쭈었다. 이에 대해 세존께서 말씀하셨다.

> 비구여, 여기에 있는 자는 몸으로 선행을 행하고, 말로 선행을 행하고, 뜻으로 선행을 행한다. [87]

이하, 제천에 태어나기 위해서 비구는 선행을 하고, 후세를 위해 행하는 것을 설하고 있고, 다음의 「운상응」에는 하늘의 심원(ceto-panidhi)이라는 것이 나오는데, 하늘은 심원(心願)에 의해서 자유자재로 되는 것을 말하고 있다.

> 존자여, 무슨 원인, 무슨 연에 의해서 때로는 추운 것입니까.
> 비구여, 한운(寒雲)이라고 이름붙이는 하늘이 있다. 그들에게는 다음과 같은 생각이 있다.
> "우리들은 자신의 기쁨을 가지고 기뻐하려고 할 때, 그 심원(心願)에 따라서 추워진다."[88]

이하, 똑같이 덥고 춥고 바람이 불고 비가 내리는 것도, 각각의 하늘의 심원에 의해서 초래된 것이라고 설하고 있는 것이다. 여기에 사람과 하늘이 대비되고 있는 것처럼 생각된다. 그 목적은 다르지만, 사람(比丘)은 선행에 의해서 하늘에 태어났다고 업보에 의한 것을

---

[87] SN. XXXI(SN. p.250)
[88] SN. XXXII(SN. p.256)

설하는 데에 대해서, 하늘은 심원에 의해서 기상을 어떻게든 할 수 있다고 하는 것처럼 심원을 그 원인으로 하고 있다. 이 심원과 비슷한 말에 의원(意願: mano-paṇidhi)이 있는데, 이 말은 『빠알리장부(長部)』제1경의 『범망경』(Brahma-jāla sutta)에 나와 있다. 즉, 62견 중의 일분상주(一分常主)·일분무상론자의 견해로서 다음과 같은 문장이 있다.

> 그들, 유정(有情)들은 나(범천)에 의해서 만들어졌다(化作). 그것은 왜인가? 이전에 나는 다음과 같은 생각이 일어났다. "아아, 정말 다른 유정들도 여기에 올 수 있기를, 이라고. 이 같은 의원(意願)이 나에게〔일어나서〕. 이들의 유정들은 여기에 온 것이다."[89]라고.

이 문장에서 의원을 일으킨 것은 범천이고, 방금 전의 심원을 일으킨 것도 하늘(天)이라는 것에 공통점이 있다. 하늘은 원(願)을 일으키는 것만으로 자재롭게 원이 성취되는 것이라고 보는 것이다.

4. 생천(生天)의 원(願)

『테라-가타』에는 악마의 말로서 33천, 야마천, 투시타천의 신들과, 화락천의 신들, (타화)자재천의 신들이 다음과 같이 말한다.

> 당신이 이전에 살던 적이 있는 곳에 (태어나고 싶다고) 마음으로 원하시오. (197게)[90]

이와 같은 내용을 설하는 게송이 『빠알리상응부』[91]에도 있다.

---

89) DN. I. Brahmajāla-sutta (DN. I. p. 18)
90) Therig. 197(p.142)
91) SN. I, p.133

또한 내용은 다르지만, 똑같이 "생천을 원하라."라고 하늘에서 권하는 게송을 『빠알리상응부』에서 볼 수 있다. 33천의 1천신, 쟈리니(Jalini)가 아누룻다(Anuruddha)에게 말했다.

> 당신이 이전에 살던 적이 있던 33천에 (태어나고 싶다고) 마음으로 빌어라. (거기는) 모든 애욕이 번성하고 하늘의 딸(天女)들에게 존경받으면서 에워싸여 빛나고 있다. 92)

하늘에 태어나는 것은 고대부터 현대에 이르기까지 인도인들이 안고 있는 원이다. 그것을 마음으로 원하는 것으로 인해서 성취된다고 하는 관념이 이 게송에 보인다. 하지만 생천과 같은 부탁은 오히려 피해야 한다고 설하는 경전이 있다. 즉, 『빠알리장부』의 제33경, Sangiti-suttanta는 다음과 같은 오박(五縛)의 가르침을 설하고 있다.

> 비구는 어느 하늘의 부류에 (태어나려고) 원하여 범행(梵行)을 닦는다. "나는 이들의 금(禁), 계(戒), 고행(苦行), 범행(梵行)에 의해서 천(天) 혹은 하늘의 부류가 될 것이다."라고. … 그 마음은, 열근(熱勤), 전념, 감인(堪忍), 정근(精勤)으로 향해 가지 못한다. … 이것이 제5의 마음의 구속이다. 93)

이상과 같이 하늘에 태어나기(生天)를 빌고 행하는 범행은, 불교의 입장에서 보면, 세속의 결과를 원하는 것이고, 비구의 오박(五縛)의 하나까지 가르쳐 오히려 부정되는 것이다. 초기불교에는 이처럼 부정되어야 할 서원이 많이 나와 있고, 그 대부분은 세속의 결과를 원하는 경우이다. 이것은 아마도 욕계천(欲界天)의 세계밖에 되지

---

92) SN. I, p.200
93) DN. III, p.239

못하므로 그 이상의 경지를 추구하도록 하려는 책려일 것이다.

지계자(持戒者)이기 때문에 그 소원을 성취한다고 설하는 경전에 『빠알리장부』 제33경 「등송경(等誦經)」(Sangiti-suttanata)이 있다.

> 팔시생(八施生)이 있다. 친구여, 여기에 한 종류의 것은 사문(沙門) 또는 바라문에게 먹을 것, 마실 것, 옷, 승물(乘物), 화만(華鬘), 방향, 도유(塗油), 잠자리, 방사(房舍), 등불을 베푼다. 그는 보시하는 (과보를) 기대한다. 그는 크샤트리야의 대가(大家), 바라문의 대가, 자산가의 대가가 충족되고, (뭐든지) 갖추어져 있고, 존경받는 것을 다섯 종류의 욕망을 가지고 본다. 그는 다음과 같은 (염이) 일어났다.
> "아아, 정말로 나는 몸을 버리고 죽은 뒤, 크샤트리야의 대가, 바라문의 대가, 자산가의 대가의 집에 태어나고 싶다."
> 그는 그 마음을 정하고, 그 마음을 결의하고, 그 마음을 (그처럼) 갖게 한다. 그의 그러한 마음은 저차(底次)에서 해탈하였지만 그 이상으로 닦아 익히는 일 없이, (바라는 곳의) 생처에 도달한다. 정말로 나는 그를 지계자라고 하고 파계자(破戒者)라고 하지 않는다. 친구여, 지계자는 심원이 청정하기 때문에 성취한다. 94)

이하 사대왕천, 삼십삼천, 야마천, 투시타천, 화락천, 타화자재천, 범중천에 태어나고 싶다고 원하는 자가 지계자(持戒者), 이탐자(離貪者)라면, 심원(心願)이 청정하기 때문에 성취한다고 말하고 있다. 하지만, 여기서 원하는 '부귀한 집에 태어나고 싶다'든지 '하늘에 태어나고 싶다'라고 하는 것은, 불교의 입장에서 보면 역시 욕계천의 탄생일 뿐, 결코 이상으로 하는 진정한 해탈은 아니다.

이 '팔시생(八施生)'의 설은 『빠알리증지부』에도 같은 문장이 있

---

94) DN. Ⅲ, pp.258-259

고, 또, 『집이문족론』 권18[95])이나 『대지도론』 권7[96])에도 인용되고 있는데, 『대지도론』에서는 사람이 원(願)에 의해서 부유하고 인생이 즐거운 사람들에게 태어나고 하늘에 태어나는 것과 같은 것처럼, 보살은 원(願)에 의해서 정세계(淨世界)를 건립하는 것이라고, 원(願)의 중요성을 말하고 있다.

다음으로, 세속적인 원(願)을 거부하고 불교의 진정한 도리를 설한 것에 칫타거사의 임종 설화가 있다. 『빠알리상응부』(41·10) Gilānadassana(見病)에서는 다음과 같이 말하고 있다.

> 그때 칫타거사는 병에 걸려 괴로워하는 중병인이었다.
> 때로는, 많은 유원(遊園)의 하늘, 삼림(森林)의 하늘, 수목(樹木)의 하늘, 숲속에 깃든 제천은 무리로 모여와서 칫타거사에게 다음과 같이 말했다.
> "거사여, 서원에 의해서 당신은 미래 세상의 전륜왕(轉輪王)이 될 것이다."[97])

하지만 누구나 유일하게 서원하기만 하면 전륜왕이 될 수 있는 것이 아니라, 전제가 되는 조건이 다음에 나타나 있다.

> 이 칫타거사는 계(戒)를 지키는 자이고, 좋은 법을 가진 자이다. 만약 그가, "나는 미래 세상의 전륜왕이 되고 싶다."고 원한다면, 계를 지키는 자의 심원은 청정하기 때문에 성취할 것이다.

칫타거사는 지금까지 계를 잘 지켰으므로 법을 잘 행한 실천자이고 서원하는 것에 의해 전륜왕이 될 수가 있다고 한 것이다. 그러나 칫타거사는 그 권하는 말을 거부한다.

---

95) 大正藏 26, 442c
96) 大正藏 25, 108b
97) SN. Ⅳ, pp.302~304 『잡아함경』 21(大正藏 2, 153a-b)

이와 같이 말했을 때 칫타거사는 그의 동산의 하늘, 삼림의 하늘, 수목의 하늘, 숲속에 깃든 제천에게 다음과 같이 말했다.

> 그것은 무상이다. 그것은 항상하는 것이 아니다. 그것까지도 버려버리지 않으면 안된다.

여기에서 '그것'이라는 것은 전륜왕을 말하는데, 전륜왕이 된다는 것은 세속적인 원이기 때문에 그러한 세속적인 욕구는 버리지 않으면 안된다고 말하며 마지막까지 불교도가 취해야 할 태도를 보이고 있다.

> 거기서 칫타거사는 붕우(朋友), 동료, 친족, 혈연자 등을 불(佛)과 법(法)과 승(僧)에게 정신(淨信)을 일으키게 하고, 시사(施捨)를 권하고 명을 마쳤다.[98]

---

98) 香川孝雄, 『淨土敎の成立史的 硏究』, 山喜房, 1993, pp.367~381 참조

:: 제4장 정토경문과 진언 ::

제1절 『아미타고음성왕다라니경(阿彌陀鼓音聲王陀羅尼經)』

1. 아미타불의 친견을 설함

　이와 같이 나는 들었다. 어느 때 부처님께서 첨파대성(瞻波大城) 가가령(伽伽靈)이라는 못가에서 큰 비구대중 오백 명과 함께 계셨다. 그때 세존께서 여러 비구들에게 말씀하셨다.
　"지금 마땅히 너희들을 위하여 연설하겠다. 서방(西方) 안락세계(安樂世界)에 지금 부처님이 계시는데 그 부처님의 명호는 아미타(阿彌陀)이시다. 만약 사부대중들 중에 누구든 그 부처님의 명호를 바르게 받아 지니는 이가 있다면 그는 이 공덕 때문에 목숨을 마치려고 할 즈음에 아마타부처님께서 곧 대중들과 함께 이 사람의 처소로 가서 그로 하여금 뵐 수 있게 할 것이다. 그가 아미타부처님을 뵙고 나면 금방 경하하고 기뻐하는 마음이 생겨 공덕이 갑절이나 더 불어나게 될 것이다. 이러한 인연으로 그는 태어나는 곳마다 포태(胞胎)로 태어나는 등의 더럽고 탐욕스런 형상을 영영 여의게 되고 순수한 곳인 맑고 묘한 보련화(寶蓮華) 속에서 저절로 화현하여 태어나되 그는 큰 신통을 구족하여 그 광명이 밝게 빛날 것이다. 그때 시방 항하의 모래알만큼 많은 모든 부처님께서 모두 함께 그것을 찬탄할 것이니라. 안락세계에는 불가사의한 부처님 법이 있고, 신통현화(新通現化)하는 갖가지 방편(方便) 또한 불가사의하다. 만약 누구든지 이와 같은 일을 믿는다면 마땅히 이 사람도 불가사의하다는 것을 알아야 할 것이다. 그가 얻는 업보(業報)도 또한 불가사의할 것이다.

2. 아미타불의 청태국(清泰國)

　아미타불이 성문(聲聞)들과 함께 하시는데 그 여래·응공·정변지의 국호는 청태(清泰)라고 한다. 성왕(聖王)이 머물고 있는 그 성은 가로와 세로가 십천(十千) 유순이나 되는데 그 가운데 찰리(刹利)의 종족이 가득 살고 있느니라. 아미타 불·여래·응공·정변지의 아버지 이름은 월상(月上)으로서 전륜성왕이고, 그 어머니의 이름은 수승묘안(殊勝妙顏)이며, 아들의 이름은 월명봉사(月明奉事)이고, 제자의 이름은 무구칭지혜(無垢稱智慧)이며, 또 다른 제자의 이름은 현광신족(賢光神足)이고, 정근(精懃)의 이름은 대화(大化)이다. 그때의 마왕의 이름은 무승(無勝)이고 제바달다가 있으니 그 이름은 적정(寂靜)이다. 그곳에는 아미타부처님께서 큰 비구 육만 사람과 함께 계시느니라. 만약 어떤 사람이 그 부처님의 명호를 받아 지니되 그 마음이 견고하고 늘 기억하고 생각하여 잊지 않으며, 열흘 낮 열흘 밤 내내 산란함을 제거하고 염불삼매를 정근하여 닦아 쌓으면 그 여래께서는 항상 안락세계에 머물고 계시면서 그렇게 계속 기억하고 생각하여 그로 하여금 단절하지 않게 한다는 것을 알아야 한다.

3. 다라니를 설함

　이 고음성왕대다라니(鼓音聲王大陀羅尼)를 받아 지니고 독송하되 열흘 낮 열흘 밤 내내 매일 여섯 시간 동안 전념하고 온몸을 땅에 던져 저 부처님께 예배하되 바른 기억을 굳게 지니고 산란한 마음을 다 제거하라. 만약 마음으로 하여금 생각마다 끊어지지 않게 하면 열흘 안에 반드시 저 아미타부처님을 뵐 수 있을 것이요, 아울러 시방세계와 여래와 그 머무는 곳을 보게 될 것이다. 다만 중한 장애가 있는 둔한 근기의 사람만은 제외되나니 지금같이 짧은 시간으로는 볼 수 없을 것이다.

　일체의 선행으로 다 회향하고 안락세계에 왕생하기를 희망하면 목숨을 마치는 날 아미타부처님께서 여러 대중들과 함께 그 사람 앞에 나타나셔서 편안하게 위로하고 그의 선행을 칭찬하실 것이니, 그러면 이 사람은 즉시 매우 경사스럽게 기쁜 마음이 생겨날 것이다. 이러한 인연 때문에 그가 소원한 대로 머지않아 왕생하게 될 것이다."

　부처님께서 모든 비구들에게 말씀하셨다.

　"어떤 것을 고음성왕대다라니라고 말하는가? 내가 이제 마땅히 말해 줄 터이니 너희들은 잘 들어라."

　"예, 가르침을 받겠습니다."

　그때 세존께서 곧 주문을 설하셨다.

　"다냐타 바리 아바리 사마바리 니디사 니아다녜 니무디 니무이 아라바라서다녜 수거바뎨니디사 아미다유바리 아미다 야가바니아례 아미다야바라사타녜 나부뎨 아가샤니부타 아가샤니뎨사 아가샤니아예 아가샤구샤리 아가샤달사니 아가샤뎨타녜 유바니뎨사 자타리달마바라사타녜 자타리아리야 사뎨야바라사타녜 자타리마가바라바라사타녜 바라비리야바라사타녜 달마신타녜 구샤리 구샤라니뎨사 구사라바라뎨타녜 불타구사리 비불타바라바사 달마가라녜 니뎐뎨 니부뎨 비마리 비라사 라사 라사 라사기 라사가라바리 라사가라타디타녜 구사리 바라뎨구사리 비구사리 타뎨 수타다지뎨 수바라샤다인뎨 슈바라뎨티뎨 슈리 슈목기 달미 달달미 리바 자바리 아누샤바리 불타가샤니구녜 불타가샤구녜 사바라."

4. 실천법

　"이것이 바로 아미타고음성왕대다라니이다. 만약 어떤 비구·비구니·청신사·청신녀든지 늘 지극 정성으로 이 다라니를 받아지니고 독송하거나 말한 대로 닦고 실천해야 한다. 이 다라니를 실천하고 지니는 법은 마땅히 조용하고 고요한 곳에 있으면서 그 몸을 깨끗이 목욕하고 새로 지은 깨끗한 옷을 입어야 하며, 음식은 조촐한 소식(素食)을 해야 하고 술과 고기, 그리고 오신채(五辛菜: 마늘·파·달래·부추·흥거)는 먹지 말아야 하며, 항상 깨끗한 행(梵行)을 닦아야 한다. 그리고 좋은 향과 꽃과 아미타여래와 그 부처님 도량에 있는 큰 보살들께 공양해야 한다. 항상 마땅히 이와 같이 하되 전일(專一)한 마음을 생각에 붙들어 매고 안락세계에 태어나게 해달라고 발원하고 구해야 한다. 이렇게 정근하되 게을리하지 않으면 그가 원하는 대로 반드시 저 부처님 세계에 왕생하게 될 것이다.

그때 아미타부처님께서는 여러 대중들과 함께 보련화(寶蓮花)에 앉아 계시는데, 그 국토의 총림에는 꽃과 과실이 깨끗하게 펼쳐져 있어 그 사이사이를 장엄하게 장식하고 있으며, 또 나무의 왕이 있어서 거기에서는 짙은 향기가 풍겨 나오며 온화하고 맑은 새소리가 흘러나오며 순수한 무상부사의법(無上不思議法)을 설하고 있다. 또 미묘한 향이 있으니 광명(光明)이라 이름하고 약간의 바르는 향이 있는데 그것도 역시 보배향이다.

아마타부처님께서는 큰 보배꽃에 가부(跏趺)를 맺고 앉아계시고 그 옆에는 두 보살이 있는데 한 사람은 관세음(觀世音)이라고 부르고 다른 한 사람은 대세지(大勢至)라고 부른다. 이 두 보살이 아미타부처님을 왼쪽과 오른쪽에서 모시고 서있고 수없이 많은 보살들이 그 주위를 빙 둘러싸고 있다. 이 대중들 중에 어느 누구든 만약 능히 깊은 믿음을 내어 조금도 의심하지 않는 이가 있으면 반드시 아미타 국토에 왕생할 수 있을 것이니, 그 국토에는 진금(眞金)과 칠보(七寶)로 된 연꽃이 저절로 솟아나온다. 만약 사부대중들 중에 어느 누구든 저 부처님의 명호를 받아지니고 독송하는 이가 있으면 그는 끝내 물·불·독약·칼·몽둥이 따위에 대한 두려움이 없을 것이요, 또한 야차(夜叉) 등으로 인한 두려움도 없을 것이며, 과거에 지은 중한 죄와 업장 따위도 다 없어질 것이다. 마침내 그렇게 이레(째99))가 되면 반드시 소원도 이루어질 것이다."

부처님께서 이 '아미타고음성왕다라니'를 설하실 때에 한량없는 중생들이 다 발원하고 마음속으로 저 극락세계에 태어나기를 구하니, 그때 세존께서 찬탄하시며 말씀하셨다.

"착하고 착하구나. 너희들의 소원대로 반드시 거기에 태어날 수 있을 것이니라."

부처님께서 말씀하신 것을 듣고 나서는 천(天)·용(龍) 등 팔부신중이 기뻐서 어쩔 줄 몰라 펄쩍펄쩍 뛰면서 예를 올리고 받들어 실천하였다.100)

제2절 왕생기도진언

1. 광명진언(光明眞言)

옴 아모카 바이로차나 마하무드라 마니 파드마 즈바라 프라파를타 야 훔

→ "만일 어떤 중생이 십악업과 오역죄와 사중죄를 지은 것이 세상에 가득한 먼지처럼 많아 목숨을 마치고 나쁜 세계에 떨어지게 되었을지라도 이 진언을 108번 외운 흙모래를 죽은 이의 시신

---

99) 고려대장경 본문에는 '칠생(七生)'이라고 되어있다. 그러나 신수대장경 각주에 의하면 "송(宋)·원(元)·명(明)본에는 모두 '칠생'이 '칠일(七日)'로 되어 있다."고 하였다. 칠생이라 해도 말이 안되는 것은 아니나 여기에서는 '칠일'이 더 적절한 듯하여 역자도 그렇게 번역하였다.
100) 한글대장경 272책, 1999, pp.494~497. 본 경전은 순번번호 없는 단문경전이다. 그러나 본문은 필자가 독송하면서 이해하기 쉽도록 4단으로 단락을 지어 놓은 것이다.

위에 흩어주거나 묘 위나 탑 위에 흩어주면, 죽은 이가 지옥에 있거나 아귀, 아수라, 축생세계에 있거나 그 모래를 맞게 된다. 그리하여 모든 부처님과 비로자나 부처님 진언의 본원과 광명진언을 외운 흙모래의 힘으로 즉시 몸에 광명을 얻게 되고 모든 죄의 업보를 없애게 된다. 그리하여 고통 받는 몸을 버리고 서방 극락세계에 가게 되어 연화대에 환생할 것이다."(원효대사 「유심안락도」 중에서)

2. 해원결진언(解怨結眞言)

옴 삼다라 가닥 사바하
→ 풀어내지 못한 모든 원한을 풀어주는 진언

3. 무량수불설 왕생정토주(往生淨土呪)

나무 아미타바야 다타가다야 다지야타 아미리도바비 아미리다 싯담바비 아미리다 비가란제 아미리다 비가란다 가미니 가가나 깃다가례 사바하
→ 한량없는 생명과 광명의 아미타부처님께 귀의하여 왕생을 기원드리는 진언.
「용서정토문(龍舒淨土文)」에 말하였다.
"이 주문을 외우는 자는 아미타 부처님께서 그 정수리에 항상 머무셔서 원한 맺은 집의 해를 당하지 않고 현세에 안온하고 목숨이 다할 때 뜻대로 왕생케 하신다. 만약 20만 번을 채우면 보리(菩提)의 싹이 움틀 것이요, 30만 번을 채우면 머지않아 아미타 부처님을 직접 볼 것이다."

연지(蓮池)대사는 이르기를, "이 주문은 여러 책에 구두(句讀)가 조금씩 다르게 나타나는데 이번에 고본(古本)을 참고하여 바로잡았다."라고 하였다.101)

4. 결정왕생 정토진언(決定往生 淨土眞言)

나무 사만다 못다남 옴 아마리 다바베 사바하
→ 반드시 극락정토에 태어나겠다는 서원을 세우고 다지는 진언

5. 상품상생진언(上品上生眞言)

옴 마리다리 훔훔바닥 사바하
→ 극락세계에 태어나길 기원 드리는 진언

6. 선망부모 왕생정토진언(先亡父母 往生淨土眞言)

나무 사만다 못다남 옴 숫제유리 사바하
→ 선망 부모님들께서 정토에 왕생하길 기원 드리는 진언

7. 파지옥진언(破地獄眞言)

① 옴 가라지야 사바하
② 나무 아다시지남 삼먁삼못다 구치남 옴 아자나 바바시 지리지리 훔

---

101) 김종진 옮김, 『정토보서』 한글본 한국불교전서 조선2, 백암성총 지음, 동국대학교 출판부, 2010년. pp.186~187.

→ 지옥문을 열어 고통에 시달리는 모든 영가들이 불보살님의 가피력으로 구제되기를 기원 드리는 진언

8. 아미타불종자진언

옴 바즈라 다르마 흐릳(Om vajra dharma hrih)
→ '흐릳' 자는 4자(四字)를 갖추어 1자(一字)를 이룬 진언이다. ①하자문자(賀字門者)는 일체법인불가득(一切法因不可得)의 뜻이고 ②나자문자(囉字門者)는 일체법이진(一切法離塵)의 뜻이고 ③이자문자(伊字門者)는 자재불가득(自在不可得)이고, 범문 '흐릳'의 두 개의 점은 악자(惡字)의 뜻이라. 악자는 이름이 열반(涅槃)이니 제법은 본래 불생(不生)임을 깨달음으로 말미암아 법계청정(法界淸淨)임을 증득하나니라. 만약 어떤 사람이 이 일자진언(一字眞言)을 지니면 능히 일체의 재화 질병(災禍疾病)을 제거하고 명(命)을 마친 후에는 마땅히 안락국토(安樂國土)에 태어나되 상품상생을 얻으리라.102)

9. 아미타불본심미묘진언

다냐타 옴 아리다라 사바하

---

102)「大樂金剛不空眞實三昧耶經般若波羅蜜多理趣釋」卷下, 不空譯. 大正藏 제19권 제612頁, 불기2531년 慈雲盛祐 펴냄. 『아미타불종자진언』 동국역경원, 불기2531년

10. 발일체업장근본득생정토신주

나무아미타바야 다타가타야 다치야타 아미리도 바비
아미리다 싯탐바비 아미리다 비가란제 아미 리다 비가란다
가미니 갸갸나키 다카례 사바하.

만일 선남자선여인이 능히 이 주를 송(誦)하면 아미타불 항상 그 정수리에 주하여 일야옹호(日夜擁護)하고 원가(怨家)로 하여금 그 편의를 얻지 못하게 하며 현세에 안온을 얻어 명종(命終)에 임하여 운(運)에 맡겨 왕생하리라.(大乘經方等部)

→ 본 주는 제하(題下)에 소무량수경에 나온다고 주하고, 일소다라니(一小陀羅尼)와 47자의 장행문으로 이루어진 책자이다. 불기 1002년 또는 1034년 즉 송 문제(文帝) 원가(元嘉) 13년 또는 명제(明帝) 태시(泰始) 4년의 번역이다.(본 주는 고려본에는 없고 다른 세 가지 장경본에 실려 있다.

11. 해탈주(解脫呪)

나무동방 해탈주세계 허공공덕 청정미진 등목단정 공덕상 광명화 파두마 유리광 보체상 최상향 공양흘 종종장엄정계 무량무변 일월광명 원력장엄 변화장엄 법계출생 무장애왕 여래아라하 삼먁삼불타
(南無東方 解脫呪世界 虛空功德 淸淨微塵 等目端正 功德相 光明華 彼頭摩 琉璃光 寶體相 最上香 供養訖 種種莊嚴頂髻 無量無邊 日月光明 願力莊嚴 變化莊嚴 法界出生 無障碍王 如來阿羅訶 三藐三佛陀)

→ 오천오백불명호경에 제일 먼저 쓰여 있는 동방해탈주 세계에 계시는 부처님의 명호이다. 중생이 만일 사중죄(四重罪)나 오역죄(五逆罪)를 짓던지 삼보를 비방하고 4바라이죄를 범하고

지옥에 들어가서 미진수 겁을 지낼 죄를 지었더라도 팔십이자 밖에 안되는 이 부처님 명호를 한번 부르거나 한번만 예배하여도 그러한 뭇 죄가 모두 소멸된다고 한다.

12. 후출아미타불게(後出阿彌陀佛偈)

실역인명(失譯人名)

생각건대 법비구(法比丘)가
세요왕(世饒王)에 의지해서
모든 부처님과 같아지길 발원하여
이십사장(二十四章)을 서원하였네.

세세토록 부처님 법되
해수(晐數)가 한량없고
숙명행(宿命行)을 잃지 않아
마침내 공덕이 구족히 이루어지이다.

세계의 이름은 청정(淸淨)이고
부처님 명호는 무량(無量)이시며
국계(國界)는 평탄하고 편안하며
즐거움 풍성하며 상인(上人)이 많고

많은 종류 보배나무
줄지어 떨기떨기 나 있고
본 줄기와 가지와 잎과 꽃마다
갖가지 기이한 향기 풍기니

하루 세 번 순풍(順風) 불 때
살며시 꽃처럼 태어나
손을 펼치듯 사뿐히 내려앉고
온갖 배설물 나오자마자 평평히 덮여지이다.

어느 곳에도 산과 바다와
모든 물의 근원지 없이
오직 강만이 흘러
소리가 경을 말하는 듯하며

천인(天人)이 물에 들어가 놀 때
마음으로 원하는 것 있어
겨드랑이나 어깨까지 물에 잠그고
염(念)하면 그대로 원하는 것 얻으며

부처님 수명 시방의 모래 같고
광명은 두루하여 끝이 없으며
보살과 제자 역시
숫자로 헤아릴 수 없도다.

저 부처님 뵙고자 하면
의심치 말고 잊지도 말지니
태중(胎中)에서라도 의심하면
오백 년 동안 만나 뵙지 못하리라.

의심치 않고 연화좌에 태어나
무량(無量) 전(前)에 차수(叉手)하고

시방을 두루 다니다가
잠깐 사이에 되돌아오기 원하나이다.

생각건대 저 보살이
해겁(咳劫)동안 공덕 닦아
본행(本行)이 이에 이르면
세존이란 명칭 얻으리이다.

부처님 만나 뵙기 어렵고
잠시 만나도 법문 듣기 어려우며
강설하는 사람 만나기 어렵고
배우는 사람도 얻기 어려우니

만일 후에 말세 만나
법이 쇠퇴하여 미약해지려 할 때
함께 옹호하고 건립하여
부처님의 무욕법(無欲法) 행하리이다.

부처님께서 능히 이 요의 말씀하시고
각각 부지런히 생각하여 행하라 하셨으니
이 한량없는 복을 받아
세세토록 머리 숙여 행하리이다.

아미타불설주(阿彌陀佛說呪)
　나무못다야 나무달마야 나무승가야 나무아미타바야 다타가다야 아라아제 삼먁삼붓다야 다냐타 아미리제 아미리도바베 아미리다 삼바베 아미리다 비가란제 가미이가 가나게 리디 가리 바라바 파다차 염가리 사바하

제 3 절 『임종지경(臨終智經)』

1. 서

이 『임종지경(臨終智經)』은 티베트대장경 『감수이(甘殊爾)』 가운데 수록되어 있다. 『ḥphags paḥdaḥ kha ye śes shes bya ba theg pa chen poḥi mdo』 즉 범명으로는 『Ārya atyayajñāna nāma mahāyāna sūtra』라고 하는 대승경전이다. 북경판에서는 제경부(諸經部)의 Tu 자함에 수록되어 있고, 데리게판에서는 경부(經部)의 Thu 자함에 수록되어 있다.103)

『임종지경(臨終智經)』이라고 하는 경명이 보여주듯이 이것은 명종(命終)의 때에 임해서 마음의 준비에 대해 설해주는 불과 일매의 편인 분량에 지나지 않는 경전이다. 그러나 그러한 내용의 것이 불설경전으로서 별도로 편집되어 있다고 하는 것은 매우 특이한 일이라 볼 수 있다. 먼저 이 경의 전문을 소개하면 다음과 같다.

2. 전문역출 내용

인도어로 『Ārya atyayajñāna nāma mahāyāna sūtra』, 티베트어로 『성림종지(聖臨終智)』라고 하는 대승경전이다.

> 일체의 불·보살에 경예하나이다. 어느 때 나는 다음과 같이 들었나이다. 세존은 색구경천(色究竟天)의 왕궁에 주하여 모든 권속들에게 교법을 설하고 계셨습니다. 그때 허공장보살마하살이 세존께 예를 올리고 다음과 같이 말씀드렸습니다.

---

103) 『大谷目錄』 No.790, 『東北目錄』 No.122, 북경판영인본 vol. 31.

"세존이시여, 보살이 정말로 죽으려고 할 때의 마음은 어떻게 관찰해야 하는 것이옵니까?"

세존은 이에 답하여 설하셨습니다.

"허공장이여, 보살이 정말로 죽으려고 할 때에는 임종지(臨終智)를 닦아 익혀야한다. 그 보살의 임종지란 ①일체법은 자성청정(自性淸淨, viśuddha)하므로 비유(非有, abhāva)의 상(想)을 잘 닦아 익혀야 한다. ②일체법은 보리심에 화합하기 때문에 대비(大悲, mahā karuṇā)의 상(想)을 잘 닦아 익혀야 한다. ③일체법은 자성광정(自性光淨, ābhāsvarā)하기 때문에 불가득(不可得, anupalambha)의 상(想)을 잘 닦아 익혀야 한다. ④제행은 무상하기 때문에 모든 것에 무집착(無執著, alobha)의 상(想)을 잘 닦아 익혀야 한다. ⑤통달심(通達心, adhigam, gati)이기 때문에 지(智)를 가짐으로써 부처를 다른데서 구하지 않는(aparyeṣṭi) 상(想)을 잘 닦아 익혀야 한다."

세존은 게송을 가지고 (거듭하여) 이것을 설하셨습니다.

제법은 자성청정임을 가지고 비유(非有)의 상(想)을 닦아 익혀라.
보리심을 잘 갖추기 위해서 대비(大悲)의 상을 닦아 익혀라.
제법은 자성광정(自性光淨)하므로 불가득의 상을 닦아 익혀라.
제행은 무상(無常)한 것이므로 무집착(無執著)의 상을 닦아 익혀라.
마음은 지(智)를 발생하는 인(因)이므로 부처를 다른데서 구하는 일 말라.

세존께서 이와 같이 설하시니 허공장보살 등의 모든 회중(會衆)은 마음에 대환희심을 내고서는 세존의 설하신 것을 찬탄하셨습니다.

3. 사상적 배경

『중아함경』「현선게(賢善偈)」(빠알리, 「Bhaddekaratta」)[104]로 대표되는 것과 같은 현법열반(現法涅槃)의 심해탈현성(心解脫現成)을

---

104) 『중아함경』권43 「溫泉林天經」 大正藏 1 p.697上. 「釋中禪室尊經」 同上書 p.698中. 「阿難說經」 同上書 p.700上. M.N.IV, 「Bhaddekaratta」 p.187. 「Ānanda-Bhaddekaratta」 p.189. 「mahākaccāna-Bhaddekaratta」 p.192. 「Lomasakaṅgiya-Bhaddekaratta」 p.199.

지향하는 것이므로 번뇌구결(煩惱垢結)의 멸단(滅斷)을 위한 현재의 일념의 닦아 익힘이 불도의 실천이 된다고 하는 것이다. 따라서 거기에 계정혜의 삼학(三學)이 원만하고 육바라밀이 구족하는 것을 불도의 목적이라 하는 것이고, 그리하여 선근선업을 쌓으면 천계(天界)에 태어나고, 반대로 악근(惡根)이 증장하여 악업을 행하고 있으면 지옥에 떨어진다고 하는 생각이 지배적이다. 다시 말하면 '평생업성(平生業成) 평상심시도(平常心是道)'의 수행을 설하는 것이기 때문에 명종(命終)의 때에는 이미 업과(業果)가 결정되어 있다고 하는 것이고, 명(命)이 끝날 때 그 자체는 그다지 문제로 하지 않는 것이 당연하다.

그러나 중도(中道)를 표방하는 불교에 있어서는 생사·유무 등의 일변(一邊)에 집착하는 것이 배제되지 않으면 안되므로 관념론적으로만이 아니라 체험적으로도 미래의 사(死)는 이미 지금의 생(生) 가운데서 생각하지 않으면 안된다. 또 한편 인도의 윤회전생사상에 있어서는 죽음을 단순한 하나의 접합 또는 교차점이라고밖에 생각하지 않으므로 불교에서는 명(命)이 끝나는 것은 피육근골(皮肉筋骨)의 색멸(色滅)이고, 지수화풍의 사대(四大)가 조화를 이루지 못한 것으로 밖에 그 의의를 두지 않는 것으로 보는 것이다.105)

따라서 불교에서 현법열반(現法涅槃)을 강조하는 것은 현실의 인생을 응시한다면 역시 사(死)의 순간에 있어서의 마음의 준비, 마음의 모습, 즉 이른바 임종정념(臨終正念)을 예컨대 업성(業成)의 결과론으로 생각하지 않으면 안될 것이다. 그런데 서방정토의 건립에 의거하여 차토입증(此土入証)을 부정하고 피토득생(彼土得生)을 기대하는 정토교 계통에서는 사후의 왕생이 목적시 되기 위해서는 명종(命終)

---

105) 『正法念處經』 권66(大正藏 17 p.391下, 동권 67 p.396下) 『雜阿含經』 권33 (『大正藏』 2 p.237中) 『起世經』 권4(『大正藏』 1 p.331中) 등 아함계 경전은 여러 곳에 업과(業果)에 연결시켜 설하는데, 모두 그와 같은 경향이다.

이 극히 중요한 포인트를 형성하는 것이고, 임종염불(臨終念佛), 미타래영(彌陀來迎), 견불문법(見佛聞法)을 설하게 되는 것이다.

4. 남전불교의 강조

이들 정토교 사상 가운데 특히 남전계통의 불교에서는 임종에 있어서의 일념(一念)을 중요시하는 경향이 현저하다. 예컨대『상응부』육처편(六處篇)에서는, "임종상(臨終床)의 갈애(渴愛)가 인업(引業)한다."106)는 것을 강조하고, 또『승천왕반야경』에는 "7일간 일심으로 불타의 공덕을 념하면 명종의 때에 반드시 불타를 본다."107)고 설하고 있다.『화엄경』에도 "임종시에 염불을 권하고 존상을 보여주어 부처님에게 귀의케 해야 한다."108)고 설하고, 같은 '보현행원찬' 즉『문수사리발원경』의 회향게에는 "명종의 때에 임하여 모든 장애를 제멸하고 무량광불을 받들어 모시라."109)고 원생(願生)하고 있는 것이고, 이것은『보성론』이나 세친의『섭대승론석』·『무량수경론』 등의 회향게110)에도 계승되고 있는 것이다. 또한『반야등론석』의 「견미륵(見彌勒)」의 회향게111)나『대보적경론』의 회향게112)에도 연결되고 있다.

이들은 오히려 임종견불사상(臨終見佛思想)을 주조로 하지만, 임종시에 있어서의 마음의 준비를 강조하는 것으로서는『대지도론』의

---

106) S.N.Ⅲ, p.302.
107) 大正藏 8 p.700中
108) 大正藏 10 p.76中
109) 大正藏 10 p.879下, p.881中, p.848上
110)『究竟一乘宝性論』大正藏 31 p.848上,『섭대승론』, 세친석, 진제역본 15 (大正藏 31 p.270上),『무량수경론』, 大正藏 26 p.231中
111) 大正藏 30 p.135下
112) 大正藏 26 p.230下

'나한득도(羅漢得道)의 게'로 "우리들은 생(生)을 탐하지 않고, 또 사(死)를 낙(樂)하지 않고 일심으로 지혜를 가지고 때가 이르는 것을 기다려 그리고 간다."113)고 설하고 있는 것, 또『분별경』에 "악인이 좋은 곳에 태어나고 선인이 악처에 태어나는 것은 왜 그런가하면, 죽음에 임하였을 때 선심(善心)의 법을 내기 때문에 악인이라도 좋은 곳에 태어나는 것이고, 임종에 불선심(不善心)의 법을 내기 때문에 선인이라도 악처에 태어난다."고 하는 경전의 설을 인용하여, "임종시의 약간의 마음이라도 백년의 수행력에 잘 수승되어 있으므로 그 심력(心力)은 결정적인 힘을 가지고 능히 대사(大事)를 이루기 때문에 그 마음을 대심(大心)이라 이름한다."114)고 논하고 있는115) 것을 들 수가 있다.116)

---

113) 大正藏 25 p.230上
114) 大正藏 25 p.238中
115) 그밖에『正法念處經』66, 67,『木槵子經』(大正藏 17 p.726上~中),『대비바사론』69(大正藏 27 p.360上), 동권 125(大正藏 p.652下),『유가사지론』권66(大正藏 30 p.694下) 등에도 임종심(臨終心)에 대해 설하고 있으나, 여기에 다시 인용할 정도의 사상적 의미를 인정하지 않는다.
116) 水谷幸正,『佛敎思想と淨土敎』, 思文閣(京都), 1998, pp.49~55 참조.

中國편 II.

제1장　중국 정토교와 참회
제2장　정토참회사상의 전개
제3장　송대(宋代)의 참법과 대만·티베트
제4장　정토참회법의 발전과정
제5장　정토논서의 참회문

:: 제1장 중국 정토교와 참회 ::

제1절 중국의 불교전래와 정토참회

1. 불교의 전래와 정토경전

　불교가 중천축 사문 섭마등(攝摩騰), 축법란(竺法蘭)에 의해서 공식적으로 중국에 전래된 것은 후한의 명제(明帝) 영평 10년으로 서력 67년이다.『불조통기(佛組統紀)』117)에 의하면 이때 천축국의 계두마사오통(鷄頭摩寺五通)의 작품인 아미타불상을 마등(摩騰)의 누이(姉)가 사문이 되어 그 행(行)에 따라서 지니고 왔다고 한다. 당시의 인도는 대승불교의 외호자 가니색가왕(迦膩色伽王)의 발흥시대로 이미 아육왕 때부터 사방에 용출하기 시작한 불교가 특히 동방 중국에 전해져온 것은 실로 이 당시 동서교통의 은혜라고 해야 할 것이다.
　이에 대해『낙방문류(樂邦文類)』및『법원주림(法苑珠林)』에서는 불교와 함께 아미타불상이 전래했으며 마등(摩騰), 법란(法蘭)의 2인은 백마사(白馬寺)에 거주하면서 불경을 한역하기 시작하였다고 한다.『불조통기(佛組統紀)』에 기록된 경전 번역과 전래과정을 보면 이때 정토교의 근본경전인『무량수경』·『반주삼매경』등이 번역되었는데, 이들 경전의 전래와 번역사업이 중국 정토교 발단의 시초가 되었을 것으로 짐작된다.
　정토교의 근본경전은 후한시대로부터 시작되어 송대(宋代)에 이

---

117)『佛組統紀』36, 9 丁右法運通塞志 第2

르는 약 8백여 년(AD. 2~10)에 걸쳐 번역이 거듭되었다.『무량수경』의 초기 번역자인 안세고(安世高)나 지참(支讖) 같은 이는 2세기에 활동했으니 3세기에 출현한 용수(龍樹)보다도 앞선 후한시대 인물이다. 또 제2기 번역자인 지루가참(支婁迦讖), 강승개(康僧鎧) 같은 이는 3세기의 사람들이니 용수와 때를 같이하고 5세기에 출현한 세친(世親)에 앞선다. 이렇듯 정토경전의 전래와 번역은 용수, 세친의 출현 이전에 이미 멀리 중국에까지 전해졌던 것이다.[118]

2. 초기의 참회유형

『중아함경』이나『증일아함경』의 참회 사례는 거의가 세존 앞에서 오체투지하고 두면예족(頭面禮足)하여 지난날의 죄과를 참회하면 세존이 이를 받아들이고 다시 죄과를 짓지 않도록 하는 것이 참회의 유형이었다. 그러나 다음에 드는 사례는 다양한 요소와 목적이 보인다. 번역 연차로는 아함경전보다 이른 것이지만 역시 대승경전에 전개되는 여러 가지 형태를 볼 수 있다.

중국불교의 특색의 하나로서 예불 혹은 귀의삼보를 예배찬송하여 자기의 죄과를 부처님전에 발로하고 참회하는 행법 내지 의례를 생각할 수 있다. 한역 경론에서 회과(悔過)·회책(悔責)·후회(後悔)·참회(懺悔)·참사(懺謝)·참제(懺除)·참마(懺摩) 등의 번역어는 참회 또는 회과의 방법을 나타내는데, 예참·참법·회과·재참(齋懺)·참사·기성예참(祈誠禮懺) 등으로 표현하는 것을 승전(僧傳)을 비롯한 중국불교사에서 누누이 볼 수 있다. 이러한 용어는 참문(讖文)·재참(齋懺)·예참의(禮懺儀)·참원의(懺願儀)·행법

---

118) 山口光円,『天台淨土敎史』法藏館, 昭和 42. pp.33~35 참조.

(行法)·참법(懺法)·참의(懺儀)·예찬(禮讚)·수증의(修証儀)·선요(禪要)·의궤(儀軌) 등의 의칙으로 많이 남아 있다.

 이들의 행법의칙은 남북조시대를 통하여 발전하고 그 말기 경부터 수(隋)·초당(初唐)에 걸쳐 일정한 형식과 내용을 갖기에 이른 것으로 보인다.[119] 당·송대에는 더욱더 많아지고 또 방대한 의칙류가 만들어지면서 일반대중과 관계를 갖는 법회로 커다란 역할을 하게 되었던 것이다. 이와 같은 오랜 역사를 통하여 전개된 참법의례는 만속장경(卍續藏經)의 예참부에 수록되어 있다.

 그런데 초기 중국불교의 '승전(僧傳)' 등에서 볼 수 있는 회(悔)라든지 참(懺)이라는 표현으로 기술되는 참회나 회과의 행법은 율전에 의거한 것이라고는 볼 수 없다. 이는 수많은 사례에 의해 방증되는데, 아함경전에서 볼 수 있는 참회의 용법의 거의가 불전참회(佛前懺悔)로,[120] 삼품(懺悔·隨喜·勸請)을 설하는 반야경전보다 오랜 경전이 추정되므로[121], 소승률의 참회와 대승참회와의 구별만으로는 판단하기 어려운 참회의 행법이 추정되는 것이다. 이로 볼 때 중국에 전래된 초기 불교에는 현세지향성의 중국인에게 극히 수용하기 쉬운 참회의 행법이나 의례가 행해졌다고 볼 수 있는 것이다.[122]

---

119) 塩入良道, 「中國佛敎における禮懺と佛名經典」結城敎授頌壽記念『佛敎思想史論集』동 「懺法の成立と智顗の 立場」『인도학불교학연구』14호, 동 「中國佛敎儀禮における懺悔の 受用過程』『인도학불교학연구』22호
120) 아함경전에 있어서의 참회·회과의 용법 및 그에 해당되는 빠알리어에 대해서는 塩入良道, 「漢譯阿含經典における悔過懺悔」『壬生博士頌壽記念論文集』참조.
121) 平川 彰,『初期大乘佛敎の硏究』제1장 제4절
122) 大正大學眞言學 智山硏究室編,『佛敎思想論集』那須政隆博士米壽記念, 昭和 59年, pp.531~532 참조.

3. 정토경전에 있어서의 참회

정토삼부경을 정명정토(正明淨土)로서 의거하는 정토교에서는 참회를 언급하는 것은 적지만 어느 의미에서는 참회사상이 응축된 경전이라고 볼 수도 있다. 정토경전의 선구라고 볼 수 있는 『대아미타경』, 즉 『아미타삼야삼불살루불단과도인도경(阿彌陀三耶三佛薩樓佛檀過度人道經)』 및 『무량청정평등각경(無量淸淨平等覺經)』에서 회과에 의해서 아미타불국에 왕생하는 것을 설하고 있는 것이다. 정토교 연구가들은 이 두 경전을 초기의 『무량수경』이라 하여 중시해 왔다. 하지만 회과의 내용이 있는 것을 지적한 연구가는 없다.123)

『대아미타경』에서는 관음(觀音), 세지(勢至)의 양대보살이 신자의 현세위난(現世危難)을 구해주는 것으로 되어 있지만, 『평등각경』에서는 관음보살의 그것만을 들고 세지보살의 구난을 들지 않는 점에서 먼저 세지보살의 그것을 빼고 후기 『무량수경』에서는 모두 말소하였다는 견해124)가 있는데, 이로 보면 회과에 관한 기술도 똑같이 말소되었는지도 모른다. 그러나 이것이 3세기에 번역 출간된 것은 일반적으로 인정되고 있으므로 이 시대에 신앙하던 회과에 의한 아미타불국토에의 왕생을 중국불교사에서 미타신앙의 원초형태라고 말하는 것이다. 지겸(支謙)이 번역한 『아미타삼야삼불살루불단과도인도경』이나 지루가참(支婁迦讖)이 번역한 『무량청정평등각경』에서는 회과를 함으로서 무량청정불국토에 태어나는 것을 설하고 있다.

후기 『무량수경』에 이르면 정토신앙은 미타의 본원(本願)에 전적

---

123) 諸橋轍次, 『大漢和辭典』 권4, p.377.
124) 干潟龍祥, 「南方의 佛敎」 『講座佛敎』 권3 수록. 佐藤密雄, 「原始佛敎敎團의 硏究」 波羅提木叉と 布薩 p.481~486

으로 기울게 되지만 이 두 경전에서는 회과와 작선(作善)을 동시에 생각하고, 이것이 무량청정불국토에 태어나는 인(因)으로 되어 있다. 회과는 없지만 다음에 인용하는 극락국토의 빈궁함이 없는 세계에의 동경은 중국인들이 불교에 가까워진 하나의 요인이 되었던 것인지도 모른다.125)

제2절 중국의 정토사상의 전개

1. 보리유지와 『정토론』의 번역

중국에서는 서력 2세기 말경에 서역지방을 통해서 정토경전이 전래되면서 아미타불을 신앙하고 정토에 왕생하기를 발원하는 정토사상으로 발전하였다. 맨 먼저 여산(廬山)의 혜원(慧遠)법사는 동진 효무제 12년(381)에 여산에 들어가서 반야대정사를 창건하여 염불도량으로 삼고, 염불하는 동지 123인과 함께 염불결사인 백련사(白蓮社)를 결성하여 염불수행에 정진하였다.

그리고 처음으로 정토관계 경론이 번역된 것은 529년, 낙양의 대사원인 영녕사(永寧寺)에서 역경을 하던 보리유지(菩提流支)에 의해서였다. 이후 그를 의지하여 정토사상을 알게 되고 뒤에 중국 정토교의 발전에 커다란 공헌을 이룬 담란(曇鸞, 476~543 혹은 554)이 그에게서 받은 세친의 『정토론』에 주석을 달아서 『왕생론주』를 저술하였다. 담란은 『정토론』에서 5념문(五念門)을 수행함으로써 정토에 왕생한다고 밝혀 조직적으로 아미타불에 대한 신앙을 고취하였다. 그리고 그로부터 대략 약 8백년 후에 중국에서 정토왕생의 신앙

---

125) 塩入良道, 전게서, pp.90~91 참조.

과 수행이 발전하는 가운데 『예념미타도량참법(禮念彌陀道場懺法)』이 이루어지게 되었다. 이렇게 시작된 중국에서의 정토왕생사상은 사람들의 마음을 사로잡았고 이로부터 왕생하기를 발원하며 교학적인 체계를 조직화하는 인물들이 대를 이어서 출현하였다.

그리고 한국에서는 혜원이 결사하여 염불정진한 유풍이 신라로 전래되어 발징(發徵, ?~796)화상이 경덕왕 17년(758) 강원도의 건봉사(乾鳳寺)에서 미타만일회(彌陀萬日會)를 결사하여 지성으로 염불수행한 결사염불(結社念佛)의 첫 시작을 이루었다.

요컨대 중국 정토교사상의 주류를 이루는 계통을 보면, 먼저 6세기경에 북인도에서 북위(北魏, 386~534)시대에 낙양으로 온 보리유지가 세친이 저술한 많은 논서와 함께 정토신앙에 관계되는 근본경론인 『관무량수경』 및 『십지론』과 『정토론』 등을 번역하고 이것에 영향을 받은 담란이 정토사상을 이끌어 중국의 정토교 성립을 인도하였던 것이다.

2. 담란

(1) 생애

담란(曇鸞, 476~542)은 중국 북부의 오대산(五台山)에서 가까운 안문(雁門)에서 출생하였는데, 오대산은 문수보살의 진신이 상주하는 곳이라 하여 그 당시부터 중국인들이 신성시한 곳이다. 담란은 본디 북지사론(北地四論)에 속하는 학승으로 오대산에서 수행하고 있었으나 『대집경』 60권을 읽고 그 뜻이 깊고 비밀스러워서 쉽게 알기가 어려움을 한탄하다가 중병에 걸리게 되었다. 그는 생각하기를 석가세존 일대의 설법을 배우는 사람이 단명하고서는 도저히 그것을 바로 다 알기가 어려우니, 늙지 않고 오래 사는 불로신선(不老神仙)

의 법이 있다면 그것을 배우겠다고 하여 당시의 고명한 도사 도홍경(陶弘景)에게서 선경(仙經)을 받게 되었다.

그 후에 보리유지를 만나게 된 그는 "불법 가운데 이 같은 장생불로의 법을 이 선경보다 더 뛰어나게 설한 것이 있겠는가?"하고 물었다. 이에 보리유지가 땅에다 침을 퉤 뱉으며 답하기를, "무슨 그런 해괴한 말이 있는가. 비교가 되지 않는다."하면서 『관무량수경』과 세친의 『정토론』을 주고는, "이것이야말로 대선(大仙)의 법이니 이것을 읽고 이에 의하여 수행하면 마땅히 생사에서 해탈함을 얻으리라."하였다.

이에 담란은 바로 선경을 버리고 정토문에 귀의하여 적벽(赤壁)의 현충사(玄忠寺)로 가서 정토교를 홍통하였으니 그의 나이 54세(혹은 55세) 무렵이며, 그 뒤 67세에 입적할 때까지 오직 미타신앙에 철저하여 왕생정토를 발원하였다. 그는 『왕생론주(往生論註)』를 지어서 정토삼부경에 의한 정토사상을 선양하였으며, 또한 용수의 공관사상(空觀思想)을 가지고 중국의 정토교를 철학적으로 조직화하여 체계를 세우는 막중한 공적을 남겼다.

또 담란이 동위(東魏)의 효정제(孝靜帝) 흥화(興和) 4년(542) 요산사(遙山寺)에 있을 때였다. 하루저녁 범승(梵僧)이 홀연히 나타나서 이르기를, "나는 용수(龍樹)이다. 내가 주석하는 정토는 서방정토이다. 그대가 정토를 흠모하는 마음이 있기 때문에 내가 와서 그대에게 보여주는 것"이라고 하면서 이르기를, "이미 떨어진 잎은 다시 가지로 자랄 수가 없고 아직 여물지 않은 벼는 창고 속에 구할 수 없는 것이다. 시간에 틈(白駒隙)126)이 지나 잠시도 머물 수가 없다."며 여기에서 운명의 날이 이르렀음을 알려주었다. 용심(龍深)의 내영을 받아 시적(示寂)하였던 것이다. 년육십유칠(年六十有七)이었다.

---

126) 白駒隙=白駒는 光陰, 歲月을 말하고, 隙은 틈, 간격을 말한다.

⑵ 저술

담란의 저술로는 의방도교(醫方道教)에 관한 것은 전하지 않고, 정토교의 것으로 현존하는 것에 『찬아미타불게』 1권, 『왕생론주』 2권, 『약론안락토의』 등이 있다. 담란의 정토교는 보리유지에 의해서 세친으로부터 받고 또 학문적으로는 용수로부터도 받고 있는 것이므로, 세친을 조(祖)로 삼고자 『정토론』을 주석한 것이다. 그러한 사정으로 『논주(論註)』는 세친을 매개로하는 『대무량수경』에 의한 정토교이고, 『찬아미타불게』는 용수를 매개로하는 『대무량수경』에 의한 정토교라고 보아야하는 것이다.

요컨대 담란의 정토교는 용수의 공사상(空思想)과 세친의 유사상(有思想)을 받아 보리유지에 의해서 스스로 통합 계승한 것으로, 삼경일론(三經一論)이라고 하더라도 『무량수경』에 의한 정토교라 볼 수가 있다.[127]

⑶ 『찬아미타불게』

담란의 『찬아미타불게』는 『무량수경』을 근본으로 하여 지어진 게찬(偈讚)으로, 찬 195, 예배 59배로 되어 있다. 이것은 용수보살과는 달리 구체적인 예참(禮懺)의 의식집이라 할 수 있다. 내용을 간략하게 살펴보면, 예배의 특징은 아미타불의 광명과 국토장엄, 그리고 정토의 보살과 성문을 찬탄하면서 하는 예배가 36배로 주를 이루고, 아미타불의 좌우보처인 관세음보살과 대세지보살, 그리고 청정대해중보살을 찬탄하는 예배가 각각 2배다. 그리고 한 가지 특이한 것은 용수보살을 찬탄하면서 아미타불에게 예배하는 것이 2배이다.

다음에 담란의 참회적인 성격은 열여덟 번째 후에 나온 문구와 마지막에 나오는 문구인 "널리 스승과 스님, 부모, 선지식 등 법계의

---

[127] 山口光円, 『天台淨土教史』 法藏館, 昭和 42, pp.119~121 참조.

중생들이 세 가지 장애를 끊고 함께 아미타불의 세계에 태어나기 위해 귀의하면서 참회합니다."에서 드러나고 있다. 담란의 예배가 아미타불과 정토 그리고 정토의 대중들을 찬탄하는 것이지만, 한편으로는 이 예배가 나를 비롯한 모든 사람들이 함께 정토에 왕생하기 위한 참회의 예배임을 알 수 있다.

그러면 이 담란의 예참(禮懺)은 어떤 정신으로 하는지에 대해 살펴보기로 하겠다. 세친보살은 『정토론』에서 "어떻게 예배하는가? 신업(身業)128)으로 아미타여래이고 응공이며 정변지(正遍知)인 아미타불께 예배하는 것이다. 저 미타국토에 태어나려는 뜻을 내기 때문이다."129)라고 한다. 그리고 예배하는 목적은 정토의 왕생에 있다고 세친보살이 말하고 있는 것에 대해서 담란은 다음과 같이 풀이하고 있다.

> 세존이란 모든 부처님의 통칭적인 명호이다. 지(智)를 가지고 논하면 뜻(義)을 통달하지 못할 것이 없고 단(斷)130)을 가지고 논하면 습기(濕氣)131)가 남은 것이 없다. 지(智)와 단(斷)이 구족하여 능히 세간을 이롭게 하므로 세상에서 존중하기 때문에 세존(世尊)이라 한다. …(중략)… 부처님에게 귀의한다는 것은, 효자가 부모의 뜻을 따르는 것과 같고 충신이 임금을 받드는 것과 같아서 모든 행동을 자기 멋대로 하지 않으며, 나아가고 들어오는 것에는 반드시 은혜를 알고 덕에 보답하는 연유가 있는 것과 같다. 그러므로 이치로서 마땅히 먼저 부처님께 아뢰는 것이고 또 원하는 것이 가볍지 않다. 만약 여래에게 위신의 가피력이 없다면 장차 어떻게 진리를 통달할 수 있겠는가.132)

---

128) 몸으로 하는 행위를 총망라한 것으로 즉 몸으로 하는 예배행위를 말한다.
129) 『정토론』大正藏 26, p.231b
130) 모든 번뇌를 다 끊어 버림.
131) 산스크리트어 vāsanā의 번역으로 흔히들 습(習)이라 한다. 업(業)의 잠재적 인상(印象), 또는 관습성(慣習性)으로 훈습(薰習)에 의해 남겨진 기분을 말한다. 이것은 실질적으로 종자와 같은 의미를 가지고 있다. 즉 우리들의 사상이나 행위, 특히 번뇌를 가끔 일으키므로 우리들의 마음속에 새겨지고 물드는 관습의 기분·습성·여습(餘習)·잔기(殘氣) 등이다. 그러므로 번뇌는 끊어도 아직 습기(習氣)는 남는 수가 있다.-이태원, p.74.

이상으로 볼 때 담란의 예참은 세친의 영향을 받은 것으로 왕생에 목적을 두고 있음을 알 수가 있다.133)

3. 도작의 정토참회관

(1) 도작의 생애와 말법사상

도작(道綽, 562~645)은 처음 『열반경』을 연구하고 있었으나 석벽(石壁)의 현중사(玄中寺)에 있는 담란의 비문을 보고 감동하여 정토교로에 귀의했다. 그는 『관무량수경』의 연구에 전념하여 이 경을 강의하기를 2백여 회나 하였으며, 매일 7만 번씩 염불정진을 실천하면서 많은 사람들을 염불하도록 인권하였는데, 염불하는 수를 팥을 가지고 계산하게 하는 수량염불(數量念佛)을 처음으로 시작하여 가르쳤다. 또 그는 불교의 전체를 성도문(聖道門)과 정토문(淨土門)으로 구분함으로써 불교의 여러 법문 가운데서 정토교가 차지하는 지위를 명확하게 수립하였다.

도작(道綽)은 자신의 세상을 석존 멸후 1500년 이상이 지난 말법(末法)의 세상으로 보았다. 불교가 쇠퇴하고 오탁(五濁)으로 가득 찬 세계이며 중생의 근기는 암둔(暗鈍)하다고 보았던 것이다. 따라서 그와 같은 시대와 중생에게 적합한 약시피기(約時被機: 時機相應)의 가르침이란 정토의 가르침뿐이라고 보았다. 그리고 구체적인 수행으로서는 항상 아미타불의 명호를 칭하고 참회할 것을 권한다.

도작은 이르기를, "참으로 중생은 성(聖: 붓다)께서 가신 지 너무나 멀고 근기도 이해도 들떠있는 얕은 자로서 암둔하다."고 했다.

---

132) 大正藏 40, p.827a.
133) 이태원, 「淨土諸師의 禮懺에 관한 小考」 韓國淨土學會編, 『淨土學硏究』 제6집, 2003. 참조.

말법의 세상에 사는 중생의 근기를 '부천암둔(浮淺暗鈍)'이라 하여 그 시기에 상응하는 가르침을 정토의 가르침이라고 단언하였던 것이다. 기(機)에 대한 의론은 남북조시대부터 전개되었지만[134], 말법이라고 할 때의 자각(自覺)과 결부시킨 기(機)의 자각이 도작의 정토에서 실천 근거로 되는 것이다. 도작은 말법의 세상, 오탁으로 오염된 악세에 사는 중생들이 윤회하면서 계속 고통을 받는 것으로부터 탈출하기 위한 구제의 도(道)로서 정토불교를 권한다.

도작은 말법이라고 하는 세상을 주체적으로 자각하고 거기에 사는 중생의 근기를 열성(劣性)의 것이라고 자각하였다. 그 때(時)와 기(機)에 적합한 가르침으로서 정토의 가르침이 있다고 본 것이다. 정토의 가르침에 의해서 이 예토(穢土)에 윤회하며 괴로운 죄를 범하는 것으로부터 구제될 수 있다. 따라서 도작의 정토사상은 고뇌하면서 살아가는 인간이 믿고 구제받아야하고 실천해야할 사상인 것이다.

(2) 정토왕생의 행(行)과 참회

도작은 『대집경』 「월장분(月藏分)」에 의해서 이 시대를 불멸 후 제4의 5백년, 즉 불멸 후 1,500년 이상 지난 말법의 세상이라고 보고, "틀림없이 참회하고 복을 닦고 부처님의 명호를 칭해야 할 때"라고 말한다. 또한 계속해서 말하기를, 칭명하면 죄가 없어지고 항상 염(念)하는 것이 항상 참회하는 것이라고 한다. 즉 염불하는 것이 참회하는 것이었다. 이 참회, 수복(修福), 칭명(稱名)은 어디로부터 온 것일까. 가장 큰 근거는 『관무량수경』의 하품하생단(下品下生段)에, 많은 악행을 쌓은 사람이 임종의 때에 나무아미타불을 칭명함으로써 일순간에 죄가 제거되고 정토왕생할 수 있다고 설하고 있는 부

---

134) 橫超, 1971

분일 것이다.

이 문제에 처음 주목한 것은 담란이라고 볼 수 있다. 그는 언제나 게송으로 아미타불과 그 정토를 찬탄하여 원생(願生)하는 실천을 하고 있었고, 아미타불과 그 명호가 갖는 불가사의한 힘을 찬탄하며 십념상속행(十念相續行)을 선양하는 가운데 점차 염불 - 특히 칭명행(稱名行)의 중시로 옮겨간 것으로 보인다. 담란을 계승한 도작도 똑같이 칭명으로 이행해 가는 과정이 보인다.[135]

4. 정영사 혜원 · 길장의 정토사상

(1) 혜원

남북조의 말기에서 수대(隋代), 당초(唐初)에 걸쳐 정토경전의 본문 연구가 성해지고 정토교가 조직화되기에 이르렀다. 그 최초는 정영사(淨影寺)의 혜원(惠遠, 523~592)으로, 『무량수경의소』2권과 『관무량수경의기』의 두 저술이 있다. 또 그 주저술『대승의장』20권 가운데도 「정토의(淨土義)」1장(一章)을 두어 정토의 종별을 상세하게 논하고 있다.

(2) 길장

『속고승전』에 따르면 삼론종(三論宗) 중흥의 조(祖), 가상대사(嘉祥大師) 길장(吉藏, 549~623)은 25존상(二十五尊像)을 조성하여 조석으로 예배하였으며, 또 명(命)을 마칠 때에는 시자(侍者)로 하여금 향을 사르고 불호를 칭하도록 했다고 전하고 있다. 많은 저술 가운데『무량수경의소』·『관무량수경의소』의 저술이 있어 혜원과 같이 원전 연구에 힘을 기울였음을 알 수 있다.

---

135) 藤堂恭俊外 1人, 『淨土佛敎の思想』第4卷, 曇鸞, 道綽, 講談社, 1995. pp.297~302 참조.

제3절 가재의 참회관

1. 가재의 생애

가재(迦才)에 대해서는 당나라 초기(627~649 전후) 장안의 홍법사(弘法寺)에 주하면서 『섭대승론』을 강하고, 후에 정토에 귀의하였다고 하는 외에는 그 생애가 분명하지 않다. 『정토론(淨土論)』 3권의 저작이 있다. 그 서문에 도작의 『안락집(安樂集)』을 비판하고 있는 것으로 보아 그 이후의 사람인 것은 분명하다. 아마도 선도(善導)와 동시대의 약간 선배가 아니었을까 추측된다.[136]

가재는 그의 『정토론』 제8장 '명교흥시절(明教興時節)'[137]에서 "이르기를 지금이 바로 참회염불의 때이다."라고 제목을 달고 있다. 그리고 거기에서는, "지금 현재는 정·상·말법시대관의 제4의 5백년에 해당하고 자신은 정혜(定慧)를 얻을 분(分)이 없으므로 다만 수복참회(修福懺悔)해야 한다."고 말하고 있다. 여기에서는 다음에 정토에 태어나기 위한 행업(行業)에 대해서 살펴보기로 한다. 그 이유는 이 행업 안에서 참회가 다루어지고 있기 때문이다.

2. 행업관(行業觀)

가재의 행업으로 대표적인 것은 상근자(上根者)를 위해서 통별이인(通別二因), 중하근자(中下根者)에게는 요략오인(要略五因)을 정하는 것이다. 가재는 통별이인을 수행할 수 없는 중하근의 범부를

---

136) 色井季讓, 『天台眞盛宗宗學汎論』 天台眞盛宗 宗學研究所, 昭和 36, p.301.
137) 『淨全』 6-p.664

위해 "취중하지인 요유유오(就中下之人 要唯有五)"[138]라고 말하여, 다섯 종류의 행업을 제시하고 있다.

여기에서 말하는 다섯 종류란 참회, 보리심, 염불, 관찰, 회향을 말한다. 이 중하근의 범부가 수행하는 5종은 상근의 통별이인 중 통인(通因) 가운데서 '보리심'만을 선택하고 별인(別因)으로부터는 염불, 관찰, 회향의 세 종류를 취하여 그것에 중하근의 범부이기 때문에 참회를 첨가시킨 것으로 생각된다.

여기에서 참회 등을 설명하는 중하근의 기근(機根)에 대해서 생각해보기로 하겠다. 잘 알려진 바와 같이 가재에게서 상배(上輩), 중배(中輩), 하배(下輩)의 기근에 대해서는 대승의 기(機)를 상배, 소승의 기(機)를 중배, 기악(起惡)의 범부를 하배로 분류하고 있다.[139]

여기에서 참회 등의 중하근의 기근을 생각해 보면 중하근이란 우노 사다토시(宇野禎敏)에 의하면, 구품생(九品生)에서 말하는 상품하생(上品下生)과 중품하생(中品下生)과 하배삼품(下輩三品)을 가리키는 것이라고 한다.[140] 그 이유를 찾아보면 먼저 상품하생에 대해서 가재는 "上品下生者惣是十信前一切趣善凡夫"[141]라고 말하고 있고, 중품하생에 대해서는 "中品下生者在小乘五停心觀前受五戒已去一切趣善凡夫"[142]라고 말하고 있으며, 하배의 삼생에 대해서는 "論下輩三品惣是一切起惡凡夫"[143]라 말하고 있다. 이 말에 의해 이해할 수 있는 것은 상품하생, 중품하생, 하배(下輩)의 삼생(三生)을

---

138) 『淨全』 6-p.641
139) 『淨全』 6-pp.636~37
140) 宇野禎敏, 「迦才『淨土論』における懺悔」印佛研 32-2 참조.
141) 『淨全』 6-p.636
142) 『淨全』 6-pp.636~637
143) 『淨全』 6-p.637

모두 범부라고 하는 것이다. 이에 의해 참회 등을 설하는 중하근의 기근에 충당시킨 것으로 보인다. 다시 말하면 중하근의 기근은 모두 범부를 대상으로 하고 있다는 것을 이해할 수 있는 것이다.

그리고 가재는 정토종의 뜻은 본래 범부를 위한 것이고, 겸하여 성인(聖人)을 위한 것이라고 말하고 있다. 이것은 가재가 "정토종의 뜻은 본래 범부를 위한 것이고, 겸하여 성인을 위한 것이다."하고 말할 때 그 진의는 지전이상(地前以上)의 성자, 보살은 이미 이 『정토론』의 권유에는 관련이 없다는 것을 의미하고 있다. 따라서 가재가 겸하여 성인을 위해서라고 하는 것은, 일전하여 보살 성자는 이와 같은 저급한 정토왕생의 법문(法門)을 필요로 하지 않는다는 것으로 통하는 것이다.144)

3. 참회관(懺悔觀)

다음은 본론인 참회에 대해서 살펴보기로 하겠다. 먼저 참회에 대해서 가재는 하배(下輩)의 삼품(三品)에 대해 밝히는 곳에서, "만약 사람이 계(戒)를 파하여 참괴(慚愧)하는 마음을 일으켜 대승참회(大乘懺悔)를 하면 멸죄상(滅罪相)을 얻으리라."고 말하고 있는 것처럼 참회에 의한 멸죄를 설하고 있다. 죄악적 존재인 중하근자(中下根者)에 있어서는 먼저 다른 행업(行業)에 앞서서, 참회는 반드시 하지 않으면 안되는 것이라고 말하고 있다.

또한 이 글에서는 "첫째로 먼저 모름지기 무시이래로 …"라고 말하고 있는 것으로 보아, 중하근자에 있어서는 참회에 의해 죄상(罪相)을 멸한 후 비로소 제2의 발보리심(發菩提心) 등 왕생의 행업을 수행

---

144) 稻岡了順, 「迦才の本爲凡夫兼爲聖人說について」, 印佛硏 26-1 참조.

할 수가 있는 것으로 생각된다. 그렇게 함으로 인해서 비로소 죄악적 존재의 중하근자는 상근자와 거의 같은 왕생행을 구족할 수가 있다.

다만 여기에서 주의할 점은 "대승경에 의해 참회하면…"이라고 말하여, 대승경전에 의해 참회하는 것을 의무 지우고 있는 것이다. 그렇게 때문에 "방등경불명경(方等經佛名經) 중에 설하는 바와 같이"라고 말하고 있는 것처럼 중하근자의 왕생인(往生因)인 참회가 『방등다라니경(方等陀羅尼經)』과 『불명경(佛名經)』에 의한 것임을 알 수 있다. 단지 중하근의 죄악적 존재인 범부가 "不發菩提心慙愧懺悔一人惡道無有出期"145)라고 말하고 있는 것과 같이 보리심을 일으켜도 참회가 없으면 악도에 떨어진다고 한다. 그리고 또 지계 청정히 하여 염불을 수행해도 참회에 의해 멸죄하지 않는 한 오욕(五慾)에 현혹된 마음의 상태인 죄를 짓는 상황(造罪的狀態), 즉 번뇌의 생각이 섞이게 되는 상태를 상속하는 한은 왕생은 불가능하다고 한다.

이상의 내용에 의해 중하근자의 5종의 왕생인(往生因)은 먼저 참회를 하여 악업을 멸하고 그 후에 선한 공덕을 쌓아가는 순서로 되어 있다. 다시 말하면 중하근자의 왕생인으로서 제시된 다른 4종(四種) 즉 보리심, 염불, 관찰, 회향의 기초로 되는 것이 이 참회인 것이다.

그렇지만 가재는 참회를 그것만으로 완전히 독립한 정토왕생의 행업이라고 생각하고 있지는 않은 것 같다. 『정토론』 제8장 '명교흥시절(明敎興時節)'에서 『대집경(大集經)』의 5개의 5백년 설을 인용하여, 수복참회가 가장 필요하다고 말하고 있는 것이다. 다만 도작(道綽)의 『안락집』에서는 단지 "懺悔修福應稱佛名號時者"146)라고 하여 수복참회의 구체적인 실천행으로서 칭명염불밖에 들지 않았으나, 이에 대해서 가재의 경우는 수복참회의 구체적인 왕생의 행업으로서

---

145) 『淨全』 6-p.665
146) 『淨全』 1-p.674

"부처님을 경배하고, 부처님을 염(念)하고, 부처님의 상호(相好)를 관하는 것이다."라고 말하고 있다. 그리고『정법념경(正法念經)』을 인용한 부분에서도 가재는, 현재에 있어서는 관찰과 칭명염불이 필요하다고 한다.

즉『안락집』에서는 5개의 5백년도 4종의 도생(度生)도 모두『대집경』의 문장으로서 이 두 개의 문장을 일련으로 인용하고, 사종도생(四種度生)의 처음 3종, 즉 법시(法施)의 도중생(度衆生), 신업(身業)의 도중생, 신통력의 도중생은 드디어 역순으로 5개의 5백년의 처음 3개, 즉 제1의 5백년, 제2의 5백년, 제3의 5백년에 해당되는 것이다. 그리고 도작(道綽)은 이『대집경』의 두 문장을 인용한 후 이것을 합하여 현재는 제4의 5백년에 해당하고, 혜학(慧學)도 정학(定學)도 다문독송(多聞讀誦)도 미칠 수 없고, 부처님의 삼업(三業)의 화익(化益)에 빠진 것이기 때문에 참회수복해서 부처님의 명호를 불러야 한다고 정한 것이다.

이에 대해서 가재는 경문을 따로따로 인용하여 5개 5백년에서는 금래의 제4의 5백년이며, 수복참회해야만 한다고 말하면서도 그 수복참회의 내용은 예불과 염불과 관상호(觀相好)가 가장 수승하다고 말하고, 또 사종도생(四種度生)에서는 제2와 제4를 같이 취하여 상호(相好)와 명호(名號) 즉 관찰과 칭명이 바로 현재에 해당된다고 한 것이다. 요컨대 상호를 관하는 관찰(제2의 상호)과 칭명(제4의 명호)을 지금의 시기에 응하는 행법(行法)이라고 보고 있는 것으로, 칭명도생(稱名度生)에 그 기본적 입장을 두는 도작(道綽)과는 입장이 다른 것이다. 이것은 가재가『안락집』을 받아들이면서도 사종도생의 해석에 관해서는 다른 입장을 취했음을 보여주는 것이다.

이상으로 가재의 참회는 구체적으로는 다른 행업(行業)과의 결합에 의해 이루어진 것으로 볼 수 있다. 즉 중하근(中下根)에서 설하는 것과 같은 보리심이나 염불, 관찰, 회향도 모두 참회와의 연결 속에 이루어지는 것으로서, 즉 참회를 근거로 하여 행하는 것이 필수 조건이 되어있는 것으로 볼 수 있다.[147]

제4절 지의의 정토론과 상행삼매(常行三昧)

1. 지의의 행장

지의(智顗, 538~597)는 형주(荊州) 화용현(華容縣, 호남성 화용현)의 사람으로 양(梁) 시대인 서기 538년에 태어나 18세에 상주(湘州, 호남성 장사현) 과원사(果願寺) 법서(法緒)에게 출가했으며, 560년(陳 天嘉 원년)에 광주(光州) 대소산(大蘇山, 하남성 상성현)에 올라 혜사(慧思)를 찾아 보현도량에 들어 법화삼매를 득오하였다. 그 후 천태산(天台山)으로 돌아와 597년 11월 연수 60에 산동(山東)의 석성산(石城山)에서 입적하였다. 중국 천태종의 개조(開祖)로 지자대사(智者大師) 또는 천태대사(天台大師)라고 칭한다.

그 학풍은 법화(法華)를 종(宗)으로 하고 오시팔교(五時八敎)의 교상을 세워 개권현실(開權顯實)의 뜻을 주장하고, 또 『중론(中論)』 등에 의한 사상을 채용하여 일심삼관(一心三觀)의 설을 주창하고 관심(觀心)의 요의를 크게 고취하였을 뿐 아니라, 아미타불을 깊이 믿고 반주상행삼매(般舟常行三昧)의 법을 닦았다. 『지자대사별전(智者大師別傳)』에 의하면 지의는 명(命)이 끝남에 임하여 서쪽으로 향하여 눕고 오로지 아미타불, 반야, 관세음보살의 명호를 칭하고, 이어서 최후의 문사(聞思)를 위해 법화경과 무량수경의 경제(經題)를

---

147) 小林 尙英, 「迦才の懺悔について」, 印佛硏, 37-2 참조.

창하게 하고, 또 "우리 모든 도반은 모두 관세음보살을 모시고 와서 나를 맞이하라."고 말하였다고 전하고 있다.148)

2. 정토의 분류와 미타정토

지의도 정토의 분류를 꾀하여 『유마경약소』 제1 등에 널리 십계범성(十界凡聖)의 거소처를 유별하여 4종으로 하니 이를 범성동거토(凡聖同居土), 방편유여토(方便有餘土), 실보무장애토(實報無障礙土), 상적광토(常寂光土)라 하였다.

(1) 정토의 분류

① 범성동거토(凡聖同居土)

범성동거토란 염정국(染淨國)이라고도 하니, 즉 이 세계 내(界內)의 국토로서 범부 및 삼승(三乘)의 성인이 함께 거하는 곳을 말한다. 이 국토에 범거성거(凡居聖居)의 2종이 있다. 범거(凡居)란 범부의 거주하는 국토로 그 가운데는 악중생의 거소인 사악취(四惡趣)와 선한 중생의 거소인 인천취(人天趣)의 구별이 있다. 성거(聖居)란 성인의 거소를 말하는 것으로 그 성인에는 실성(實聖)과 권성(權聖)의 구별이 있다. 즉 이승(二乘) 및 지전보살(地前菩薩)의 계내(界內)의 국토에 태어날 자를 실성이라 하고, 지상(地上)의 보살 및 여래가 인연이 있는 자를 제도하기 위해서 계내에 응생(應生)하는 것을 권성(權聖)이라 한다. 또 이 동거토에는 정토 및 예토(穢土)가 있다. 사바세계와 같이 부정 충만한 국토를 예토라 하고, 서방안양세계와 같은 청정 장엄하여 사악취(四惡趣)가 없는 국토를 정토라고 한다.

---

148) 望月信亨, 『中國淨土教理史』 法藏館, 昭和 50, pp.104~105

② 방편유여토(方便有餘土)

방편유여토란 이 세계 밖의(界外)의 국토로서 즉 이승(二乘) 및 보살의 방편도를 증득한 자가 거주하는 곳을 말한다. 이들 성인은 이미 공가이관(空假二觀)의 방편도를 닦아 통혹(通惑)149)을 끊고 분단신(分段身150))을 버리고 계외(界外)에 태어나는 데에서 이를 방편이라 이름하고, 아직 무명의 별혹(別惑)151)을 끊지 못하고 항상 변역생사(變易生死)152)를 하지 않으면 안되는 경계이기 때문에 그 거하는 곳을 유여토(有餘土)라고 이름한 것이다. 법화경에 설하기를, "내가 다른 국토에서 작불(作佛)하여 다시 다른 칭호 있으리라. 이 사람이 멸도(滅度)의 생각을 내는 것 또한 저 국토에서 부처의 지혜를 구해야 한다."고 하고, 또 『대지도론』에 "이승(二乘)은 입멸하여 삼계(三界)에 태어나지 않으나 계외(界外)에 정토 있어 거기에서 법성신(法性身)을 받는다."고 설하고 있는데, 이것이 곧 이 방편유여토를 가리킨 것이다.

③ 실보무장애토(實報無障礙土)

실보무장애토란 과보토(果報土)라고도 하니, 즉 연화장세계로서 법신보살이 거처하는 곳을 말한다. 이 보살은 이미 일실제(一實諦)를 관하여 참 무루(無漏)를 발하고 진실한 과보를 얻었으나 아직 완전히 무명을 다하지 못하고 무루업(無漏業)이 윤택하여 법성보신(法性報身)을 받기에 이를 실보(實報)라 이름하고, 그 국토는 색심무애

---

149) 通惑: 성문, 연각, 보살이 함께 끊는 번뇌의 뜻으로, 진리를 알지 못하여 일어나는 번뇌인 見惑과 대상에 집착함으로써 일어나는 번뇌인 思惑을 말한다.
150) 分段身이란 업에 의해 身命의 長短이 있는 중생의 몸을 말한다.
151) 別惑: 오직 보살만이 끊는 번뇌의 뜻으로 한량없는 차별현상을 알지 못하여 중생을 구제하는데 장애가 되는 번뇌인 塵沙惑과 차별을 떠난 본성을 알지 못하여 일어나는 지극히 미세한 번뇌인 無明惑을 말한다.
152) 變易生死란 아라한, 벽지불, 대력보살 등이 받는 界外의 意生身을 말한다.

(色心無礙)로서 한 세계에 일체의 세계를 섭하고 일체의 세계에 또한 각 일체의 세계를 섭하여 인다라망과 같이 다함이 없기 때문에 이를 무장애토(無障礙土)라고 이름한 것이다. 화엄경에서 설하는 인다라망의 세계나 『섭대승론』에서 밝히고 있는 화왕세계(華王世界)도 또한 모두 이 국토를 가리키는 것이다.

④ 상적광토(常寂光土)

상적광토란 법성토(法性土)라고도 하니, 즉 묘각극지(妙覺極智)로 비추는 여여법계(如如法界)의 진리를 가리켜 국(國)이라 칭하는 것이다. 진여불성은 몸[身]도 아니고 토(土)도 아니지만 잠시 지금은 그 지성(智性)의 변경을 취하여 신(身)이라 하고, 법성의 변경을 취하여 토(土)라 한 것이다.

상적광(常寂光)의 명칭은 상(常)은 법신, 적(寂)은 해탈, 광(光)은 반야를 의미하는 것이다. 그러므로 상적광은 여래의 삼덕비장(三德秘藏)을 설한 것으로도 볼 수 있다. 『인왕반야경』에 이르기를, 오직 불일인(佛一人) 정토에 있다고 하고, 『유마경』에 이르기를, 마음이 청정하면 불토가 청정하다고 하고, 『보현관경』에서는 석가모니를 비로자나변일체처라고 이름하고 그 부처님의 주처를 상적광(常寂光)이라고 이름한다고 설하고 있는데, 이것이 모두 이 국토를 가리킨 것이다.

이와 같이 지의는 널리 사토(四土)를 분별하고 그 가운데 전의 삼토(三土)를 중생이 스스로 지은 업(業)의 소관토, 상적광을 오직 불의 소득이라 하고, 부처님에게도 중생에게도 각기 그 국토가 있다고 하였던 것이다.

(2) 미타정토

한편 아미타불의 신토(身土)에 관해서는 지의는 아미타불을 응신(應身), 그 국토를 범성동거(凡聖同居)의 정토라고 하였다. 『유마경약소』 '제1'에 이르기를, "무량수국은 과보수승하여 비유하기 어려우나 염정범성(染淨凡聖) 함께 거하기 때문에 동거토(同居土)라 한다. 그 나라에는 4악취는 없지만 인천(人天)이 있고, 또 『관무량수경』에 이르기를, 중죄를 범한 자도 임종 때에 참회염불하면 업장이 바뀌어 왕생할 수 있다고 설하고 있다. 그렇다면 혹염(惑染)을 갖춘 범부도 그 국토에 주하는 것을 알아야 한다."고 말하고 있다. 이렇듯 혹(惑)을 갖추고 있는 범부도 태어나는 정토이기 때문에 범성동거토(凡聖同居土)라고 이름한 것이다.153)

3. 상행삼매설(常行三昧說)

지의는 미타정토의 생인(生因)에 관해 따로 해설을 시도한 일은 없는 듯하다. 그의 『관무량수불경소』를 보면, 『관무량수경』은 심관(心觀)을 가지고 종(宗)으로 삼고 실상(實相)을 가지고 체(體)로 한다고 했으며, 또 극락국토에 태어나고자 하면 반드시 십육묘관(十六妙觀)을 닦아야 하고, 미타세존을 뵙고자 하면 3종의 정업(淨業)을 행해야한다고 말하고 있다. 또 『유마경약소』 '제1'에서 이르기를, 정토의 범부가 실제 왕생한 인연을 밝히면 4악취는 없기 때문에 다만 견사(見思)를 가지고 선(善)을 윤택케 하여 인천(人天)에 태어난다고 말하고 있다. 이것은 미타의 정토에는 4악취가 없기 때문에 범부가 태어나기 위해서는 다만 견사(見思)의 혹(惑)을 가지고 유루(有

---

153) 望月信亨, 전게서, pp.107~111 참조.

漏)의 선(善)을 윤택하게 하고, 이로써 그 가운데 인천(人天)이 되는 것이라고 하는 뜻이므로, 주로 윤생(潤生)을 설한 것이라 하겠다.

지의는 또『마하지관』에서 지관진수(止觀進修)의 방법으로서 사종삼매의 법을 설하고, 그 가운데『반주삼매경』에 의해 아미타불을 창념(唱念)하는 것을 상행삼매라 하였다. 이것은 직접 정토의 행인(行因)으로서 든 것은 아니지만 삼매를 얻음으로써 왕생도 가능하다고 인정한 것이라고 볼 수가 있다.『마하지관』'제2상'에서 이르기를, 상행삼매의 법을 설하고 이 삼매를 행하고자 하는 데는, 행자는 먼저 도량을 장엄하게 꾸미고 모든 공구(供具)를 갖추고 그 몸을 목욕재계하고 좌우출입에는 의복을 다시 고쳐 입고 90일을 일기로 하여 오직 행도(行道)를 일로 삼아야 한다고 했다. 즉 90일 중 몸은 언제나 행선하여 휴식하는 일이 없고, 입으로는 항상 아미타불명을 창(唱)하여 휴식하는 일이 없으며, 혹은 창(唱)과 염(念)을 함께 번갈아서 혹은 먼저 염하고 후에 창하며 혹은 먼저 창하고 후에 염하는, 창념(唱念)을 서로 이어서 쉬는 일 없이 보보성성념념(步步聲聲念念)하여 다만 아미타불에 있지 않으면 안된다. 또 뜻으로는 항상 아미타불을 염하여, 즉 아미타불은 서방정토의 화지보각(華池寶閣) 가운데 계셔 제보살의 중앙에 앉아 항상 설법하고 계시다고 염하고, 또 저 부처님의 32상(相)을 염하며, 발아래의 천복륜상(千輻輪相)으로부터 하나하나 거꾸로 모든 형상을 염하여 보이지 않는 정상(頂相)에 이르며, 또 무견(無見)의 정상으로부터 하나하나 순서대로 천복륜상(千福輪相)에 이르고, 이와 같이 순역(順逆) 반복하여 부처님의 32상을 염관하고 다시 또 이에 대하여 즉공즉가즉중(卽空卽假卽中)의 관(觀)을 집중적으로 할 것을 설하고 있다.[154]

---

154) 望月信亨, 전게서, pp.112~113 참조.

4. 『정토십의론(淨土十疑論)』

서방의 미타정토에 왕생하는 방법으로 10종의 의난(疑難)을 들어 교묘하게 염불의 법문을 칭양하는 것이 지의의 『정토십의론』이다. 불기 1141년경 내지 1163년, 즉 진(陳)의 선제(宣帝) 태건 7년 내지 수(隋)의 문제(文帝) 개황 17년의 저술로서 1권 약 5,300자로 이루어진 소책자이다. 본론에는 송(宋)의 무위자양걸(無爲子楊傑)의 다음과 같은 서(序)가 있다.

> "사바는 예토(穢土)이고 극락은 정토(淨土)이다. 미타불은 정토섭수의 생(生)이고, 석가여래는 지도정토(指導淨土)의 사(師)이다. 미타의 교관(敎觀)을 찬보(贊輔)하는 글은 가득 쌓였으나 오직 천태지자대사의 『정토십의론』이 가장 뛰어난 것이다. 성언(聖言)을 인용하여 군혹(群惑)을 개결(開決)하고, 만년의 암실(闇室)에 햇빛이 들어 홀연히 여광(餘光)이 있어… 운운."

책의 내용을 보면 다음과 같다.

제1의(第一疑)

묻기를, 제불보살은 대비로써 업(業)을 삼으니 만일 장생(長生)을 구제하고자 하면 삼계에 태어나기를 원하여 오탁삼도(五濁三塗) 가운데서 이를 구제해야 한다. 무엇에 의해서 정토에 태어나기를 바라는가. 답하기를, 보살에 두 가지가 있으니, 오래 수행하여 무생인(無生忍)을 얻은 것과 이를 얻지 못한 범부보살이다. 범부보살은 항상 부쳐님을 떠나지 말고 인력(忍力)을 성취해야하기 때문에 이행도(易行道)를 택해야 하는 것이다.

제2의(第二疑)

묻기를, 모든 법체는 공(空)하며 본래 무생(無生)으로서 평등적멸이다. 지금 이를 버리고 저 서방미타정토에 태어나기를 바라는 것은 이치에 어굿난 것이 아닌가. 답하기를, 그대가 만일 여기에서 살기를 고집하여 서방을 구하지 않으면 이것 역시 이치에 맞지 않는다. 또 그곳이나 이곳이나 생(生)을 구하지 않으면 단멸(斷滅)의 견(見)이다.

제3의(第三疑)

묻기를, 시방의 제불 일체 모든 정토는 법성평등하고 공덕 또한 동등하니 지금 오로지 일불(一佛)의 정토를 구하는 것은 평등성에 어긋난다. 어떻게 정토에 태어나겠는가. 답하기를, 일체의 모든 불토(佛土)는 실로 모두 평등하다. 다만 중생의 근기가 둔하여 탁란(濁亂)한 자가 많아서 일심일경(一心一境)에 두지 못하고 삼매를 이루기가 어렵다. 오로지 아미타불을 염하면 이것이 일상삼매(一相三昧)이고 마음은 한결같이 이르게 되므로 그 불토(佛土)에 태어나게 되는 것이다.

제4의(第四疑)

묻기를, 시방불토 중에 어째서 오로지 서방미타불을 염하는가. 답하기를, 범부는 무지(無智)하여 결코 자연히 한결같지 못하고 오로지 부처님의 말씀을 채용하므로 전적으로 아미타불을 염한다. 내지 『무량수경』· 『관경』· 『왕생론』 등에서 은근하게 가르쳐 주는 것이다.

제5의(第五疑)

묻기를, 구박(具縛)의 범부는 죄업이 무겁고 두터워 일체 모든 번뇌 또한 터럭만큼도 끊지 못한다. 서방정토는 삼계를 벗어나는 것이다. 구박의 범부가 어떻게 태어날 수가 있겠는가. 답하기를, 2종의 연(緣)이 있으니, 하나는 자력(自力), 둘은 타력(他力)이다. 또 수행에 난행(難行)과 이행(易行)이 있다. 범부는 타력·이행도에 의해야 하는 것이다.

제6의(第六疑)

묻기를, 구박의 범부가 그 나라에 태어나도 삿된 견해와 삼독심이 항상 일어나 불퇴(不退)를 얻지 못할 것이다. 해석컨대, 그 나라에 태어나면 오인연(五因緣)이 있어 불퇴한다. 하나는 미타의 섭지(攝持), 둘은 불광의 상조(常照), 셋은 염불법승(念佛法僧)의 마음을 일으키고, 넷은 보살로 하여금 양우(良友)로 삼고, 다섯은 수명이 영겁(永劫)한 것이 이것이다.

제7의(第七疑)

묻기를, 미륵의 도솔과 미타의 정토에 우열이 있는가. 답하기를, 도솔은 태어나기가 어렵고 또한 퇴위(退位)하는 경우가 있다. 미타는 섭취불사(攝取不捨)로서 불퇴를 얻기 때문에 도솔을 구하지 않는 것이다.[155]

제8의(第八疑)

묻기를, 중생은 무시이래로 한량없는 업(業)을 지으니 어떻게 임종(臨終)에 십념성취하여 왕생을 할 수 있는가. 해석컨대, 악업과 십념의 경중을 비교하여 보건대 재심(在心)·재연(在緣)·재결정(在決定)의 3종의 도리가 있으니 악업이 가벼워 십념성취(十念成就)하는 것이다.

제9의(第九疑)

묻기를, 서방은 이곳을 떠나 십만억불찰이다. 범부는 열약하니 어떻게 이를 수가 있으며, 또 여인과 근기가 부족한 이승종(二乘種)은 결정코 왕생을 하지 못하는 것인가. 답하기를, 임종재정(臨終在定)의 마음은 즉 정토수생(淨土受生)의 마음이다. 또 아미타불국토에 태어나면 여신(女身)을 받지 않는다. 근기가 부족한 즉 맹농음아(盲聾瘖啞)의 사람이 없을 것이다.

제10의(第十疑)

묻기를, 결정코 서방에 태어나기를 구하니 무엇을 종자(種子)로 하는가. 범부속인은 모두 처자가 있어 음욕을 끊지 못하는데 그곳에 태어날 수가 있겠는가, 없겠는가. 답하기를, 결정코 그곳에 태어나는 데는 두 가지 행(行)이 있다. 하나는 염리행(厭離行)으로서 무시이래의 오욕(五欲)에 대해 7종의 부정관(不淨觀)을 하는 것을 말하고, 둘은 흔원행(欣願行)으로서 먼저 왕생을 구한다는 뜻을 밝히고 다음에 저 정토의 장엄 등을 관(觀)해야 하는 것이다.[156]

---

155) 이에 西國傳 즉 玄奘의 『西域記』 가운데 無着·世親·師子覺의 세 菩薩이 兜率天으로부터 온다는 것을 인용하고 있다.
156) 支那撰述, 諸宗部, 淨土宗, pp.2132~2133 참조.

:: 제2장 정토참회사상의 전개 ::

제1절 선도(善導)

1. 선도의 생애

　도작(道綽)의 의발(衣鉢)을 이어받은 선도(善導, 613~681)는 중국에서의 순정정토교의 원조이다. 10세의 어린 나이에 삼론(三論) 계통을 의지하여 출가하였으나, 뒤에 당 태종 때인 641년경, 산서성 진양 지방에 있으면서 염불삼매를 정수하여 정토의 가르침을 크게 선양하고 있던 도작을 찾아 정토사상에 깊이 귀의하였다. 그는 세친·보리유지·담란·도작으로 이어오면서 발전되어온 정토왕생의 염불사상을 『무량수경』에서 설하는 아미타불의 본원사상을 중심으로 정리하고, 본원염불(本願念佛)이야말로 범부중생이 왕생하는 최상의 수행이라는 본원염불사상을 제창하였다. 또한 그러한 속에서도 『아미타경』 10만 권을 서사(書寫)하고, 『관무량수경』을 의지한 서방정토의 변상도(變相圖) 300점을 사화(寫畵)하였다고 한다.
　이에 그를 따라서 수도와 각 지방의 여러 승려·니승·사대부·신도들이 굳은 신심으로 목숨 받쳐 공양하거나 청정한 범행(梵行)을 행하는 자가 속출하였다. 그 가운데는 『아미타경』을 십만 번 혹은 30만 번 독송하기도 하고, 아미타불 염불을 매일 1만5천 번 내지 10만 번에 이르도록 하였다. 그리고 또 염불삼매를 얻어 바로 정토에 왕생하는 이들도 있어서 그의 영향을 받은 사람들의 수가 헤아릴 수도 없을 정도였다고 전기에 전하고 있다.

2. 저술

그에게는 정토교에 관한 저술 5부 9권이 있다. 그 가운데『관무량수경소』4권은 그의 염불사상의 면목을 남김없이 보여주고 있다. 또 정토교의 수행법을 설명한『법사찬(法事讚)』2권,『왕생예찬(往生禮讚)』1권,『관념법문(觀念法門)』1권 ·『반주찬(般舟讚)』1권 등이 있다. 이렇게 해서 그는 중국 정토교의 주류를 이루게 된 정토삼부경을 중심으로 하는 정토교학을 대성하였다.

정토교의 교리를 확립하고 왕생 의례를 체계적으로 저술한 선도의 저서를 본다면, 교리 부문으로는『관무량수경소』4권(『觀經疏』라 약칭), 의례부문으로는『권일체중생원생서방극락세계아미타불국육시예찬게(勸一切衆生願生西方極樂世界阿彌陀佛國六時禮讚偈)』1권(『往生禮讚』이라 약칭),『의관경등명반주삼매행도왕생찬(依觀經等明般舟三昧行道往生讚)』1권(『般舟讚』이라 약칭),『관념아미타불상해삼매공덕법문(觀念阿彌陀佛相海三昧功德法門)』1권(『觀念法門』이라 약칭),『전경행도원왕생정토법사찬(轉經行道願往生淨土法事讚)』2권(『法事讚』이라 약칭)이 있다. 이것이 선도가 지은 5부 9권의 저술인데, 그의 저술의 특색은 한 사람이 교리와 의례의 두 부분을 체계적으로 저술하였다는 점이다.

그의 저술 가운데 의례 부분에 속하는 4부에는 '찬(讚)'이 3부나 된다. 이것은 정토에의 왕생을 찬탄하는 것이니, 말하자면 정토에 왕생하는 것을 밝혀 칭찬하는 것을 실지의 행위로써 실천하는 의례인 것이다. 특히 그러한 특색이 뚜렷한『왕생예찬』을 주로 살펴보면, 그 갖춘 이름이 '일체중생에게 권하여 서방극락세계의 아미타불국토에 왕생하기를 서원케 하여 하루 여섯 때에 예배 찬탄하는 게송'이라고 하였듯이 모든 중생들로 하여금 정토에 왕생하기를 서원케 하고

자 하는 것이다. 그 머리글에서는 정토교리의 대강을 설명한 뒤에 종교의례로서 하루 여섯 번 예배하며 찬탄하는 예찬행(禮讚行)을 실천토록 하고, 여기에 참회의 예배를 하면 어떤 이익공덕이 있는 것인가를 밝히고 있다.

선도는 특히 그의 저서 가운데 정토의례에 관한 4부를 저술하면서 일관되게 참회를 강조하고 있다. 그러면서도 스스로가 의거하는 정토의 교리를 말하면서 의례의 실천을 전개하는 논술형식은 오직 『왕생예찬』뿐이다. 『왕생예찬』은 그 서두에서 정토교리의 중요한 요지를 밝히면서도 시종일관 '저 정토에 왕생할 수 있다.'고 하는 왕생정토를 위한 참회로서 예배하고 찬탄하는 의례행을 조성하고 있다.

3. 지계염불관

선도는 상품상생(上品上生)의 사람에 대해서 다음과 같이 말하고 있다.

> 『관무량수경』에 이르되, 3종의 중생이 있다. 마땅히 왕생하리라. 무엇이 셋인가. 하나는 다만 능히 지계수자(持戒修慈) 하는 자, 둘은 계를 지킬 수가 없고 자(慈)를 닦아 능히 대승(大乘)을 독송하는 자, 셋은 능히 지계독경하지 못하고 오직 불법승(佛法僧)을 염하는 자 등, 이들 3종인은 각기 이업(已業)으로서 오로지 정려(精勵)의 뜻으로, 일일일야(一日一夜) 내지 칠일칠야 상속 부단하게 각 회에 지은 업(業) 왕생을 구하고 서원하여 명(命) 끝나려 할 때 아미타불 및 화불보살(化佛菩薩)과 더불어 대중에게 방광(放光)을 주어 손가락 튀기는 것 같은 사이에 즉시 저 국토(彼國)에 태어나리라. [157]

---

157) 『觀經疏』 序分義, 淨全 2·6

이상과 같이 대승의 극선상품(極善上品)의 범부는 지계자(持戒者)라고 하고, "이 계(戒)는 불설로서 팔종승법(八種乘法)이 있다. 어떤 사람이 일일일야를 갖추어 지니고 범하지 않으면 소득공덕이 인천(人天)을 초과하고 이승(二乘)의 경계가 널리 경에서 설하는 바와 같다."158)라 하고, 지계(持戒)에 의해서 8종의 승법(勝法)을 얻을 수 있다고 했다. 계는 예컨대 연(緣)이 적다고 해도 지계에 의해서 얻어지는 계덕(戒德)은 극히 크고 웅장하여 능히 보리의 과(果)를 받을 수 있다고 했다.159)

이러한 계율을 기저로 하여 염불을 권한 선도는 『관념법문』에서 이르기를, "행자가 정토에 태어나고자 하면 오직 모름지기 지계염불하고 미타경을 송한다. 하루 15편 2년이면 1만을 득(得)한다. 하루 30편이면 1년 1만이다. 하루 염일만편불(念一万遍佛)이면 또한 모름지기 예찬(禮讚)에 의지할 때 정토를 장엄하고, 모름지기 크게 정진하여 만약 3만, 6만, 10만을 득하는 자는 모두 상품상생인(上品上生人)이라. 자연히 공덕이 남아 진회왕생(盡回往生)하리라."160) 하여, 지계 염불을 할 것을 강조하고 있다. 지계와 염불의 협조야말로 정토율(淨土律)의 교의적인 뒷받침이었던 것이다.161)

---

158) 『觀經疏』 序分義, 淨全 21
159) 『觀經疏』 序分義, 同上 31
160) 『觀念法門』 淨全 4·224
161) 大正大學淨土學硏究會編, 『善導大師の思想 その影響』 大東出版社, pp.478~479 참조.

4. 정토왕생사상

(1) 정토사상의 기본

정토왕생을 위한 선도의 정토교 조직의 기본은 안심(安心)·기행(起行)·작업(作業)의 세 가지를 그 근간을 삼고 있다. 솥의 세 발[三鼎足]처럼 심(心)·행(行)·업(業)을 중심으로 삼은 것인데 그것이 가장 뚜렷하게 나타나 있는 저술이『왕생예찬』이다.

먼저 안심(安心)에 있어서는『관무량수경』에서 설하는 바와 같이 지성심(至誠心)·심신(深心)·회향발원심(回向發願心) 등 세 가지 마음을 구족하면 반드시 왕생한다고 한다. 지성심은 신업으로 부처님께 예배하고, 구업으로 부처님을 찬탄하고 칭송하며, 의업으로 오로지 부처님을 생각하며 관찰하되 이러한 세 가지 업을 진실하게 하는 것이다. 또 심심(深心)은 자기 자신은 번뇌를 구족한 범부로서 선근이 아주 엷고 적어서 삼계를 유전하며 화택에서 벗어나지 못하는 줄 알고 있었지만, 아미타불의 본원(本願)과 그 명호를 열 번 이상 아니 단 한번만이라도 부르면 결정코 정토에 왕생하게 된다고 알고는 조금도 의심하는 생각이 없이 믿는 진실한 마음이요, 회향발원심이란 지은바 일체의 선근공덕을 모두 다 회향하여 왕생하겠다는 원을 발하는 마음이다. 여기에서 만약 어느 한 가지 마음이라도 모자란다면 왕생할 수가 없다고 선도는 결론을 내리고 있다.

(2) 오념문(五念門)

다음에는 세친의『정토론』에서 설하는 바와 같이 오념문(五念門)을 구족하면 반드시 왕생한다는 것이니, 오념이란 즉 오직 저 부처님만을 예배하고 이 목숨 다하도록 다른 데를 예배함 없음이 신업예배문(身業禮拜門)이고, 오직 저 부처님 몸의 상호와 광명, 일체 성현들 몸의 상호와 광명을 찬탄함이 구업찬탄문(口業讚歎門)이며, 오직 저 부처님과 일체 성현들의 신상(身相)·광명(光明)·국토(國土) 등의 장엄을 생각하고 관찰함이 의업억념관찰문(意業憶念觀察門)이고, 오직 마음으로 진실한 마음 가운데 발원하기를 저 국토에 왕생하려 원하는 것이 작원문(作願門)이며, 오직 마음에 따라 기뻐하면서 이렇게 따라 기뻐하는 선근과 지은 바 선근을 모두 다 중생들과 함께 하여 저 국토에 왕생하는데 회향하려 함이 회향문(回向門)이다. 이러한 다섯 문이 구족하면 결정코 왕생함을 얻는데, 이 오념문(五念門)의 하나하나가 삼심(三心)과 합치되는 행업을 일으킬 때에 왕생이 결정된다고 한다.

(3) 육시예찬행

그리고 이에 더하여 종교적 실천의 구경의 경지라고 할 수 있는 의심함이 없고 불순함이 없고 한정됨이 없고 집착함이 없이 닦는 네 가지 법[四修法]을 행함으로써 삼심과 오념문의 행이 제대로 이루어지게 되는 것이다. 즉 의심 없이 믿고 공경 예배하는 마음수행[恭敬修], 다른 수행을 섞지 않고 오직 순수하게 정토업만을 닦는 마음수행[無餘修], 끊임없이 계속하여 다른 것이 끼어들 여지를 두지 않는 마음수행[無間修], 이 목숨 끝날 때까지 중지함이 없는 마음수행[長時修]이 그 네 가지 수행법이다. 이 사수(四修)는 모양에 얽매임이 없고[無相], 작위를 일으키지 않고[無爲] 행할 때에 저절로 모든 것이 이루어지며[自然任運], 자리와 이타를 구족한다고 한다. 그러므로 이러한 안심·기행·작업의 논리 구성은 전체적으로 어디까지나 '저 정토에 왕생함을 얻는다.' 하는 데에 집약되는 것이며, 그와 같음을 실제로 실행하는 것이 곧 하루 여섯 번 찬탄, 예배, 참회하는 육시예찬행(六時禮讚行)이다.

육시(六時)와 예찬(禮讚)의 의거하는바 근거를 보면 다음과 같다.

① 일몰(日沒: Pm. 2:00~Pm. 6:00)
"삼가『대경(大經)』에 석가모니불이 아미타불의 12광명의 이름을 예찬하며 왕생하기를 구원(求願)하라고 권하심에 의거하여 오후의 일몰시에 19배의 예참(禮懺)을 행하여 참회합니다."
② 초야(初夜: Pm. 6:00~Pm. 10:00)
"삼가 대경에서 요문을 채집하여 예찬게로 삼음에 의거하여 초저녁의 초야시에 24배의 예참을 행하여 참회합니다."
③ 중야(中夜: Pm. 10:00~Pm. 2:00)
"삼가 용수보살의「원왕생예찬게」에 의거하여 한밤중의 중야시에 16배의 예참을 행하여 참회합니다."
④ 후야(後夜: Am. 2:00~Am. 6:00)
"삼가 세친보살의「원왕생예찬게」에 의거하여 새벽녘의 후야시에 20배의 예참을 행하여 참회합니다."
⑤ 단기(旦起: Am. 6:00~Am. 10:00)
"삼가 언종(彦琮)법사의「원왕생예찬게」에 의거하여 오전 해뜰 때에 21배의 예참을 행하여 참회합니다."
⑥ 일중(日中: Am. 10:00~Am. 2:00)
"사문 선도가 삼가 16관에 의거하여 지은「원왕생예찬게」에 의거하여 한낮의 일중시에 20배의 예참을 행하여 참회합니다."

위에서 본 바와 같이『대경(무량수경)』· 용수보살· 세친보살· 언종법사·『관무량수경』을 중심으로 하여 거기에 의거하는 계문을 쓰고 있는데, 특히『대경』에 나오는 12광불명(十二光佛名)과『관무량수경』에 나오는 16관(觀)을 중시하고 있다. 각 시(時)마다의 예찬에는 각각 참회하는 예배가 들어있으니, 일몰시에 19배, 초야시에 24배, 중야시에 16배, 후야시에 20배, 단기시에 21배, 일중시에 20배를 하여 합계해서 하루에 120배 하도록 구성되어 있다. 특히 지심귀명하는 예배[志心歸命禮]를 보면, 일몰시에는 '나무석가모니불 등의 일체삼보(一切三寶)'로 시작하여 '나무시방삼세 진허공변법계 미진 찰토중의 일체삼보(一切三寶)'를, 그리고 '나무서방극락세계아미타 불'에서부터 『무량수경』이 밝히는 12광불을 들고 있다.

이와 같이 먼저 석가·시방삼세·일체삼보·아미타불에게 지심귀명례를 한 다음에, 아미타불의 광명에 열두 가지의 이름이 있다고 한 12광명의 명호에 지심귀명례가 이어진다. 이에 대하여 다른 나머지 5시(초야·중야·후야·단기·일중)에서는 '나무지심귀명례·서방아미타불'에게 '지심귀명례' 하고는 게송을 하게 되어 있다. 거기서는 일중시의 예찬만을 제하고는 어느 예찬에서나 모두 '관세음보살·대세지보살·제보살청정대해중'에게 각각 개별적으로 '지심귀명례' 하는 것으로 끝나고 있는데, 일중시의 예찬에서만은 관음·세지·제보살을 하나로 하여 '지심귀명례' 하고 있다.

(4) 육시예찬 후의 발원

육시(六時)의 예찬의 뒤에는 각각 다음의 발원이 있다.

> 자비하신 원력으로 굽어 살피시어
> 정법의 종자가 더욱 자라게 하시며
> 이 생에서나 또 저 생에 있어서나
> 부처님께서 저의 소원을 섭수하소서.
> 원하옵나니 모든 중생들이 다 함께
> 안락국인 서방정토에 왕생하여지이다.
> **哀愍覆護我 令法種增長**
> **此世及後生 願佛常攝受**
> **願共諸衆生 往生安樂國**

그런 다음에 반드시 "널리 사승과 부모 및 선지식과 법계의 중생들이 세 가지 업장을 없애고 다 같이 아미타불의 국토에 왕생하게 되기를 지극한 마음으로 목숨 바쳐 참회합니다."162) 하고 강조하고 있다.

지심귀명으로 예배하는 마음은 곧 지극한 정성을 다하여 참회하는 마음이니, 이 『왕생예찬』의 '육시예찬'에는 종교 의례에서 가장 중요한 내실(內實)의 세계를 참회・권청・수희・회향・발원・무상게(無常偈)의 순서로 드러내어 구체적으로 실행하는 단계가 뚜렷하게 조립되어 있다.163)

제2절 참법의 전개과정과 염불선

1. 회감과 그 이후

(1) 회감(懷感)

회감(懷感, 7세기 말경)은 섭론종(攝論宗)의 학자였다가 뒤에 선도의 감화를 받았는데, 선도의 여러 제자들 가운데서도 특출한 존재였다. 그는 『석정토군의론(釋淨土群疑論)』 6권을 저술하여 선도의 정토교리에 대한 수많은 의문들에 대하여 해박하게 해명함으로써 정토교학을 크게 선양하고 보호하였다.

(2) 소강(小康)

소강(小康, ?~805)은 선도의 정토교학을 선양하면서 곳곳마다 염불도량을 세우고 많은 사람들을 염불신앙으로 교화하여 세상에서 선도의 후신이라는 말을 들었다. 중국에서는 처음으로 왕생정토한 기특한 사례들을 모아서 『왕생정토서응산전(往生淨土瑞應刪傳)』을 지었다.

---

162) 普爲師僧父母及善知識法界衆生 斷除三障 同得往生阿彌陀佛國 歸命懺悔
163) 한글대장경 132책, pp.14~22 참조.

(3) 법조(法照)

법조(法照, 800년 무렵)는 염불신앙을 널리 선포하기 위하여 오회염불(五會念佛)이라고 하는 음곡염불(音曲念佛)을 창시하였다. 이 오회염불은 오대산을 중심으로 하여 중국의 각 지방은 물론 여러 외국에까지 널리 전파되면서, 염불신앙이 일반사회에 깊숙이 침투하고 정토신앙이 융성해지는 기반을 이루었다.

(4) 신라

신라로 보면 애장왕(哀莊王) 5년(唐 貞元 20년, 804)에 당나라에 들어갔다가 흥덕왕(興德王) 5년(830)에 귀국하면서 범패를 전래한 혜소(慧昭, 眞鑑國師)가 당나라에 체류하던 시기가 바로 오회염불로 인한 음곡염불이 유행하던 때였다. 따라서 한국의 불교의식이 인도 염불(引導念佛)의 근원과 밀접한 관계가 있음을 여기서 찾아볼 수 있을 것이다.

이상과 같이 중국에서 정토사상이 발전한 초기 자취를, 이와 중요하게 관련된 인물을 따라 간략히 살펴보았다.

2. 염불선(念佛禪)의 성립과정

당나라 초기, 선도(善導)의 정토교가 성립된 뒤로 정토신앙은 중국의 각지에서 널리 유행하게 되었다. 당나라 말기에 이르러서는 불교의 여러 종파들이 쇠멸하는 가운데도 선종과 정토교만은 살아남았을 뿐 아니라 더 힘차게 융성 발전하였다. 마침내 송나라 시대부터는 중국의 불교를 선정양교(禪淨兩敎)가 대표하게 되었다. 그리고 원나라·명나라·청나라에 이르면서 선정쌍수(禪淨雙修)가 자연스럽게 이루어지면서 드디어 염불선(念佛禪)이 성립되기에 이르렀다.

이것으로 보면 중국에서 정토교 사상이 발전되고 정비되기까지는 인도의 정토관계 경론이 성립되어 정토왕생사상의 원류가 중국에 전해진 뒤에도 약 4백년 가량의 세월과 우여곡절의 역사를 필요로 했음을 알 수 있다.

3. 혜일(慧日)의 제행왕생설

선도(善導)가 입적하기 전해에 탄생한 혜일(慧日, 680~748)은 불법을 구하는 인도여행을 18년 동안 체험하고 당나라 개원 7년(719)에 돌아왔다. 그는 선도의 정토교 사상에 공명하여, 염불은 근기의 선악이나 죄업의 경중을 따지지 않고 모든 중생을 다 정토에 왕생케 하는 것임을 역설하였다. 혜일이 돌아왔을 때의 중국 불교계는 북종선의 종조 신수(606~706)와 남종선의 종조 혜능(638~713) 등의 영향으로 선종의 세력이 크게 확대되던 때였다. 당시 선종에서는 정토교에 대하여 흔히 말하기를 "염불하거나 독경하면서 정토에 왕생하기를 원하는 것은 차별상에 집착해 있어 분별을 여의지 못하는 태도이므로 그것은 해탈의 인(因)이 되지 못한다."고 하면서, "오직 마음이 청정하면 그곳이 곧 정토이지 어느 곳에 따로 서방정토가 있을 것인가." 하고 공격적으로 비난하였다.

이에 대해 혜일은 "보살수행의 육도만행은 어떤 형태의 불교에 있어서도 필요하여 없어서는 안되는 것이다. 따라서 정토교에서도 단지 염불만 할 것이 아니라 송경·예배·수행에 정진하여야 하며 이에 의해서 제불의 선정을 닦아 이것을 모두 정토왕생을 돕는 일로 삼는다."고 하는 이른바 제행왕생설(諸行往生說)을 주장하며 격렬하게 대항하였다.

또한 혜일은 선도의 정토교를 계승하면서도 중대한 사상적 전환을 하였으니, 여기에서 자민류(慈愍流)의 염불이 발생하게 되었다. 그리고 이때부터 이러한 염불이 중국 정토교의 주류를 이루게 되었고, 이것이 후세 중국 정토교의 방향을 결정지음으로써 중국에서는 끝내 정토교가 순수하게 염불만을 주로 하는 하나의 종파를 형성하는 확실한 기회를 얻지 못하게 되었다.

그리하여 인도의 선정(禪定)과 맥을 같이하는 불선정(佛禪定)을 적극적으로 주장함으로 해서 후세에 영명연수선사(永明延壽禪師)의 선정쌍수설로 대표되는 염불선(念佛禪)이 성립하게 되었고, 이는 중국불교의 주류가 되는 기원이 되기도 하였다. 또한 정토왕생하는 정업(定業)으로서의 염불뿐만 아니라 예배·참회·지계·독경·습성 등의 여러 수행도 또한 왕생하는 인(因)이 된다고 하는 제행왕생사상이 성립됨으로써, 남송시대(南宋時代)에 이르러서『예념미타도량참법』과 같은 왕생을 위한 참법(懺法)이 출현하는 근원을 열어주게도 되었다.

4. 영명연수(永明延壽)의 유심정토설

연수(延壽, 904~975)는 중국 선종의 일파인 가운데 법안종(法眼宗)의 제3조로 불릴 만큼 선가(禪家)에서 막중한 위치에 있던 인물이었다. 하지만 선 수행을 하는 사람이 정토업을 닦는다는 것에 대해 부정적인 경향이 강했던 당시의 풍조 속에서, 선승의 입장에서 선정쌍수의 필요성을 제창하고 몸소 실행함으로써 중국불교계의 흐름을 바꾸어 놓은 인물이다. 그는 어디까지나 선승이었으므로 당연히 유심정토(唯心淨土)를 주장하였지만, 그러나 당시의 다른 선사들처럼 서방의 정토를 부정함이 없이 정토에 왕생하기를 구하라고 권하였다. 그리고 왕생하는데 있어서는 지계와 습선[持戒習禪]은 상품(上品)으로 왕생하는 인이 되며, 예배·참회 등의 행도(行道)와 염불은 중품·하품으로 왕생하는 인이 된다고 하였다. 다시 말해서 상근기(上根機)는 선과 정토행을 아울러 함께 닦을 것이나 하근기(下根機)는 오직 염불만 함으로써 정토에 왕생하기를 구하라는 것이다.

선정쌍수의 기풍이 매우 성대하였던 송나라 시대라 해도 그것은 전문적으로 수행하는 승려들이나 근기가 수승한 사대부들의 사이에서만 행해졌을 뿐 일반서민들에게는 역시 상관이 없는 일이었다. 따라서 송나라 시대에는 한편으로 염불 결사를 만드는 일이 특히 성행하였다.

그러나 명나라 시대로 내려오면서는 염불선도 승려들만의 수행으로 굳어져 갔고, 그것도 차츰 형식적인 좌선으로 변모하면서 일반 민중들은 다만 거기서 염불하는 측면만을 받아들여 오늘날까지 행해지게 된 것이다.164)

제3절 중당(中唐) 이후

1. 선정쌍수(禪淨雙修) – 혜일(惠日)·법조(法照)·연수(延壽)

중당(中唐) 즈음에는 선(禪)과 염불의 관계를 다루게 되었다. 소위 자민류(慈愍流)의 염불이 그것이다. 당시 성행하던 선종의 무리가 정토교를 가지고 우인(愚人)을 이끄는 방편허망의 설이라고 하는데 대해, 17년에 이르는 인도여행으로부터 돌아온 자민삼장(慈愍三

---

164) 한글대장경 132책, pp.16~17 참조.

藏) 혜일은 반주삼매(般舟三昧)·염불삼매(念佛三昧)를 가지고 더 없이 심이 묘한 선문(禪門)이라고 주장하였다. 선도(禪徒) 가운데도 이에 공명하는 자가 있어 5조문하(五祖門下)의 선즙(宣什)은 남산염불문선종(南山念佛門禪宗)의 일파를 부르짖고, 6조문하(六祖門下)의 혜충(惠忠)은 선정쌍수를 고취하였다.

법조(法照)의 저술 중에는 혜일의 저술이라 하여『반주삼매찬』·『원생정토찬』·『서방찬』이 수록되어 있고, 또『약제경론염불법문왕생정토집』165) 3권이 있다. 고제자 승원(承遠)의 제자인 법조는 생몰 일시가 모두 불분명하지만 765~766년에 승원에게 사사(師事)하여 정토의 법을 계승하고, 오대산에 올라 문수보살의 영감을 받고 오회염불(五會念佛)의 법을 창시하였다. 저술로는『정토오회염불송경관행의』3권(上卷欠)·『정토오회염불약법사의찬』2부가 있다.

그리고 오대(五代)의 말에 연수(延壽, 904~975)가 나오고부터는 널리 거사들 사이에 뿌리를 뻗치게 되었다. 연수는 선(禪) 수행을 하는 사람도 견성성불(見性成佛)을 기함과 동시에 만선(万善)의 송경(誦經)을 일로 삼지 않으면 안된다고 하여 일과십만(日課十万)의 칭명에 힘쓰면서『종경록』100권·『만선동귀집』6권을 저술하였다.

2. 천태정토(天台淨土) - 담연(湛然)·지례(知禮)·준식(遵式)

천태의 문도로서 6조(六祖) 형계담연(荊溪湛然, 711~782)은 그 저술『지관보행전홍결』에서 상행삼매(常行三昧)를 상세하게 논하고 있다. 그리고 동시대의 비석(飛錫)에게는『염불삼매보왕론』3권의 저서가 현존하고 있다.

---

165)『왕생정토집』·『자민삼장문집』·『정토자비집』

오대송초(五代宋初) 즈음 12조(十二祖) 의적(義寂)의 문하에 의통(義通)·징욱(澄彧)이 있어 『천태관경소』의 연구를 했는데, 의통(927~988)이 『관경소기』를 저술했다. 또 의통의 문하에 사명지례(四明知禮)·자운준식(慈雲遵式)의 이철(二哲)이 있는데, 지례(960~1028)는 『관경소묘종초』 5권을 지어 약심관불(約心觀佛)을 주장하였다. 이 설은 일종의 태정융합론(台淨融合論)으로 일본 천태에서 특히 즉심염불의(卽心念佛義)를 중시하게 되는 계기가 되었다. 준식(964~1032)은 지례와 같이 의미를 해석하는 해의자(解義者)가 아니라 실천적인 신봉자였으며, 저서에 『왕생정토참원의』·『왕생정토결의행원이문』·『왕생서방약전』·『예정토참의식』(禮淨土懺儀式) 등이 있다. 유심정토(唯心淨土)의 설이기는 하지만 관법(觀法)을 주로 하지 않고 정신(正信)을 가지고 예참 염불할 것을 말하고 있다. 지례와 준식은 함께 산가파(山家派)에 속하지만, 산외파(山外派)의 문비(文備)는 『사십팔원송』·『구품도』·『십육관경과』 등을 저술했으며, 원청(源淸)은 『관경소현요기』 2권을 남겼다.

또 천태학자로서 남산율종(南山律宗)의 16조였던 원조(元照, 1048~1116)도 정토원생자(淨土願生者)였으나 산가(山家)와 산외(山外) 어느 쪽에도 들지 않고 독자적인 설을 세워 율(律)과 염불의 융합을 주장했다. 『관무량수경의소』 3권·『아미타경소』·『무량수불찬』·『직생정토예찬행법』·『십의론과』·『지원집』 2권의 저술이 있다.

3. 결사염불(結社念佛) - 성상(省常)·종색(宗賾)·자원(子元)

송대(宋代)에 이르러 특히 강남지방에서는 결사염불을 행하는 자가 많아졌다. 그 처음은 서호(西湖)의 소경원(昭慶院)에 공경(公卿)

등 123인과 함께 정행사(淨行社)를 결사하여 30년 동안 도속(道俗)에 염불을 권한 성상(省常, 959~1020)이다. 지원(智円)은 그의 행업기(行業記)를 지어 중국 연종(蓮宗)의 제7조(第七祖)라고 추앙하고 있다.

준식·지례도 또한 결사염불을 행하여 본여(本如)의 백련사(白蓮社)는 수년 만에 거찰이 되어 백련사라 부를 정도였다. 그밖에 인악(仁岳)의 제자 영조(靈照)의 정업사(淨業社), 정엄(淨嚴)의 정토회, 종색(宗賾)의 연화승회(蓮華勝會) 등이 저명하였다. 또 남송(南宋) 초에는 소주(蘇州)의 자원(子元, 1086~1166)이 백련종(白蓮宗)을 일으키고 백련참당(白蓮懺堂)을 세워 대중과 함께 정업을 닦았다.

4. 선정일치(禪淨一致) - 연지(蓮池)·지욱(智旭)

원대(元代)에는 선정쌍수(禪淨雙修)가 정토교의 주류였으나 명대(明代)에 이르러 선정일치(禪淨一致)가 주장되었다. 그 가운데서도 운서선사 주굉(雲棲禪師袾宏=蓮池大師, 1535~1615)이 가장 유명한데, 『아미타경소초』 4권·『왕생집』 3권·『정토의변』 등의 저서가 있다. 그 영향을 받아 불교에 귀의한 우익대사 지욱(藕益大師智旭, 1599~1655)은 중국 천태종의 학자로 삼학일원론(三學一元論)을 주장하며, 선(禪)·교(敎)·율(律)의 귀결은 정토의 법문에 있다고 주장하였다. 『법화륜관』·『교관강종』 등 저술이 많고, 정토교 관계로는 『아미타경요해』·『예정토참문』·『시염불법문』·『시염불삼매』 등 십여 부에 이르고 있다.[166]

---

166) 色井季讓,『天台眞盛宗宗學汎論』天台眞盛宗宗學硏究所, 昭和 36. pp.305~308 참조.

:: 제3장 송대(宋代)의 참법과 대만 · 티베트 ::

제1절 송대(宋代)의 참법

참회법으로서의 오회(五悔)는 천태지의(天台智顗)를 비롯하여 진언가나 정토교의 선도(善導) 등, 특히 중국불교에서 실천되어 왔다. 오회(五悔)라고 하는 말의 시초는 지의(智顗)에 있다고 생각되는데, 또한 명확하게 하지 않으면 안되는 점이 있을 것이다. 여기에서는 송대의 오회사상의 전개에 대해서 살펴보고, 그 특징 등에 대해서 특히 준식의『왕생정토참원의(往生淨土懺願儀)』을 중심으로 살펴보고자 한다.

1. 송대(宋代)의 참법경향

송대(宋代)는 중국불교의 역사로 보면 당대(唐代)에 꽃 피운 불교를 계승하고 그 선양에 노력한 시대라고 할 수 있다. 하지만 그와 동시에 후세의 원(元)이나 명(明)시대의 특색에서 볼 수 있는 모든 종파를 융합한 불교의 모습도 보이기 시작한다. 천태에 있어서도, 예를 들어서 송대의 천태를 대표하는 지례(知禮)는, 지의(智顗) 이래의 지관(止觀)의 입장을 주장하는 가운데 정토교적인 강한 교학을 전개한다. 천태에 있어서의 정토교는 물론 지의에게서도 볼 수 있지만, 지례에 있어서는 더욱 정토교적 색채가 강해져 간다. 지례는『관경소묘종초(觀經疏妙宗鈔)』등의 정토교에 관한 저작을 쓰기도 했지만, 신앙에 있어서도 현저하게 나타난다. 그는 '염불시계회(念佛施

戒會)'라는 염불결사를 만들고 정토교 신앙을 선양하고 있는데 천태지관의 입장에서 정토교의 색채가 진한 주장을 하고 있다.

게다가 이 시대에는 수많은 참회법에 관한 저작이 있는데, 이것들은 단순히 교의서(敎義書)가 아니라 참회법이 실제로 행해졌음을 보여준다. 이들 참회법 가운데서, 여기에서는 오회(五悔)를 설하는 것을 들고 특히 산가파(山家派)의 준식(遵式, 963~1032)에게서 볼 수 있는 오회(五悔)의 구성의 특색 등을 중심으로 살펴보고자 한다.

2. 송대의 참법 자료

먼저 송대(宋代)에 있어서 오회(五悔)를 볼 수 있는 참회에 관한 자료를 들어보면 다음과 같은 것들이 있다.

① 『왕생정토참원의(往生淨土懺願儀)』 1권, 준식(遵式)
② 『금광명참법보조의(金光明懺法補助儀)』 1권, 준식(遵式)
③ 『금광명최승참의(金光明最勝懺儀)』 1권, 지례(知禮)
④ 『수참요지(修懺要旨)』 1권, 지례(知禮)
⑤ 『원각경약본수증의(圓覺經略本修證儀)』 1권, 정원(淨源)
⑥ 『석가여래강생예찬문(釋迦如來降生禮讚文)』 1권
⑦ 『석가여래열반예참문(釋迦如來涅槃禮懺文)』 1권
　　　　　　　　　　　　　　　　　　　인악 서(仁岳序)
⑧ 『천태지자대사재기예찬문(天台智者大師齋忌禮讚文)』 1권
　　　　　　　　　　　　　　　　　　　준식 서(遵式序)

이 중에서 준식의 『왕생정토참원의』는 지의의 『법화삼매참의(法華三昧懺儀)』의 영향을 받으면서 독자적인 입장을 표명하고 있다.

또한 준식은 지의의 『법화삼매참의』의 서문까지도 만들고 있다. 『왕생정토참원의』는 같은 준식의 저술인 『왕생정토결의행원이문(往生淨土決疑行願二門)』에서 설하는 「결의문」과 「행원문」의 두 문 중에서 「행원문」에 해당하는 성질의 것이라고 보이는데, 왕생정토의 행법으로서, ①엄정도량(嚴淨道場) ②명방편법(明方便法) ③명정수의(明正修意) ④소향산화(燒香散華) ⑤예청법(禮請法) ⑥찬탄법(讚歎法) ⑦예불법(禮佛法) ⑧참원법(懺願法) ⑨시송법(施誦法) ⑩좌선법(坐禪法)의 10법을 들고 있으며, 지의의 『법화삼매참의』 등과 같은 구성이다. 본서 『왕생정토참원의』의 '왕생정토'의 부분을 ③명정수의에서 설하고 있고, '참원(懺願)'의 부분을 ⑧참원법에서 설하고 있어, 본서는 확실히 두 개의 눈이 있다고 볼 수 있다. 당면의 오회(五悔)는 ⑧참원법에서 볼 수 있다. '금거초후고운참원(今擧初後故云懺願)'이라고 있듯이, 이 법의 이름은 오회의 참회·권청·수희·회향·발원의 처음과 마지막 문자에 의해 구성되어 있다.

③명정수의에는 세친의 『왕생론(往生論)』의 오념문(五念門)에 의해서 일심(一心)으로 아미타불이나 정토를 관(觀)하고 신심(信心)을 일으키는 것을 말하고 있다.[167] 세친의 『왕생론』은 당 선도의 『왕생예찬』에 왕생행으로서 인용되고 있다.[168] 준식과 동문인 지례는, 산외파를 중심으로 천태교학이 선도교학에 영향 받는 것을 우려하여, 천태지관(天台止觀)의 입장에서 『관경소묘종초(觀經疏妙宗鈔)』를 지어 경종을 울렸다고 하는 것을 보면, 선도의 영향에 의한 것이라는 것은 쉽게 예측할 수 있다. 게다가 그것은 후술과 같이 오회(五悔)의 문제를 구명함으로 해서 더욱 확실한 것이 된다. 하지만 준식은 예를 들어서 오념문을 성취하기 위해서는, 일심일의(一心一意)의 정진을

---

167) 大正藏 47, 491中
168) 『淨土宗全書』 4 참조, 355上

하고 있고, 그 일심(一心)에 이(理)와 사(事)가 있다는 것을 논하고, 항상 천태의 주석에 의하고 있다.

3. 오회사상(五悔思想)의 전개

왕생정토를 오념문(五念門)의 행법에 의해서 성취할 수 있다고는 해도, 왕생에 장애가 되는 죄를 멸하지 않으면 이것도 성취할 수 없게 된다.169) 여기에서는 그 구체적인 참회법으로서의 오회(五悔)의 특색에 대해 살펴보기로 하겠다.

참회에 대해서도 사(事)와 이(理)가 있고, 또한 옮겨야 할 것을 할주(割註)로 말하고, 이을 곳에 "지금 미타시방불전(彌陀十方佛前)에 널리 중생을 위하여 귀명참회하오니 오직 원컨대 가호하시어 장애를 모두 멸하게 하여 주소서."라 하고 있어서, 그 참회가 아미타불 앞에서 행하는 것을 말하고 있다. 그것은 지의가 『법화삼매참의』에서 『법화경』이나 『보현관경』 등에 의해서 참회법을 구성하고 있는 것과는 크게 다르다.170) 준식(遵式)의 경우에는 『무량수경』이나 『칭찬정토경(稱讚淨土經)』에 의해서 구성되기 때문이다.171) 지의의 경우에는 오회 중에서도 최초의 참회에 대해서 육근(六根) 하나하나의 참회 등 지심으로 행해지고 있는데, 준식도 이 참회를 상당히 중시해서 지성으로 행하고 있다.

다만 오회(五悔) 중의 최초의 참회내용을 보면, 지의의 『법화삼매참의』에서 볼 수 있는 육근참회(六根懺悔)는 없다. 지의의 오회(五

---

169) 大正藏 47, 493中 참조.
170) 大正藏 46, 949中
171) 大正藏 47, 490下

悔)에 대해서는『마하지관(摩訶止觀)』에서 볼 수 있는 것이 있고,172) 오히려 여기에서 설하는 역순십심(逆順十心)의 방법을 취하고 있다. 부처도 중생도 본래청정이어야 하는데 우리들은 이것을 깨닫지 못하고 그 청정심중에 분별을 일으켜, 염착(染著)을 내어 전도(顚倒)한다. 삼보를 비방하고 참치(慚恥)의 마음 없이 이 모든 악업의 인연에 의해서 명종(命終) 때에는 아비지옥에 떨어지게 되고, 무량의 고통을 받는 것은 당연하다. 지금 그러한 필연의 몸이라는 것에 눈을 뜨고, 대참괴 또는 대포외심을 내어 진실의 자기를 안다. 그러한 자신임에도 불구하고 아미타불은 대자심을 일으켜서 우리들을 지켜보고 있다. 그러한 확신 아래에 참회가 행해진다. 그리고 반드시 지옥으로 떨어지는 우리들을 가엽게 여겨, 우리들의 참회를 받고 중죄를 제멸해 줄 것을 아미타불게 청하고 있다.

이 참회의 내용은, 선도의『왕생예찬』에서 설하는 삼심석(三心釋) 중의 이종심신(二種深信)의 내용과 상당히 비슷한 곳이 있다.173) 따라서 할주에는, 참회가 끝나고 아미타불과 일체삼보(一切三寶)에 귀명하는 것을 말하고 있다. 지의의『법화삼매참의』에서는 참회가 끝난 후, 삼보에 귀의하는 것을 말하고 있고, 선도의『왕생예찬』에서는 참회 후에 아미타불에 귀의하는 것을 말하고 있다. 이처럼 형식적으로도 지의의 영향과 동시에 정토교도인 선도의 영향까지도 받아서 작성된 것임을 알 수 있다. 내용적으로도『마하지관』에서 설하는 순역십심(順逆十心)의 방법을 취하고, 게다가 아미타불과의 관계에 있어서 참회를 말하여 지의와 선도의 영양 아래에 작성된 것임을 알 수 있다. 오회(五悔) 중에 참회에서 볼 수 있는 아미타불과 삼보에 귀의한다고 하는 형식은 다른 사회(四悔)에서도 공통적으로 볼 수

---

172) 大正藏 46, 98上 이하
173) 淨土宗全書(이하 淨全) 4, 354下

있다. 이 참회의 모습이 뒤의 사회(四悔)의 입장까지도 결정 지우고 있는 것으로 볼 수 있다.

다음으로 권청(勸請)은 할주(割註)에서는 시방일체불 앞에서 권청하는 방법을 말하고 있다. 『법화삼매참의』의 내용을 받으면서도, 전법륜에 의해서 본정(本淨)에 돌아간다고 하기보다 대상으로 하는 아미타불이 의식된다. 제3수희(隨喜)는 권청 후에 일체의 중생이나 모든 여래가 가지고 있는 공덕과 만난 기쁨을 말한다. 시방의 범성(凡聖)이 갖추고 있는 조그마한 선(善)을 수희하는 것은 『법화삼매참의』와 비슷하다. 이것은 『왕생예찬』에서 볼 수 있는 것과 같은 아미타불에 의해서 열려진 것에 대한 수희심(隨喜心)과는 다르다. 제4회향(回向)은 모든 선근을 중생이나 불도(佛道)를 위해서 회향하는 것을 말하는데, 표현상에서는 지의나 선도보다도 더욱 명확하게 자리이타(自利利他)를 말한다. 마지막의 발원(發願)은 지의에 있어서는 『마하지관』에서 설하는 오회(五悔)의 발원법에는 아미타불의 신앙 아래 말한 것은 없지만, 『법화삼매참의』의 짧은 설 가운데 아미타불신앙을 말하고 있는 내용이 그대로 인용된 곳이 있다.

이상의 오회(五悔)의 내용에서 보면, 지의의 『법화삼매참의』의 영향과 함께 형식적으로나 내용적으로나 선도의 『왕생예찬』의 영향까지도 받고 있는 것을 알 수 있다.

4. 오회사상(五悔思想)의 시대적 요구

준식(遵式, 963~1032)의 오회(五悔)에 대해서는 『왕생정토참원의』 외에 『금광명참법보조의(金光明懺法補助儀)』에서도 볼 수 있다. 지의의 『금광명참법보조의』에서 천태참법의 십법(十法)의 형식에 따른 것이다. 여기에서 볼 수 있는 오회(五悔)는『왕생정토참원의』에서 아미타불을 중심으로 한 참법(懺法)을 볼 수 있는 것에 대해서, 삼보에 귀명(歸命)하는 형식으로 되어 있어서 다르다. 하지만 아미타불을 제외하면『왕생정토참원의』의 내용과 같은 것이라고 할 수 있다. 오회(五悔) 중의 참회에 대해서 말하면『십주비바사론(十住毘婆沙論)』의 영향이라고 생각되는 것과 같은 오역죄(五逆罪)를 지은 자기(自己)라는 것을 말하고,174)『왕생정토참원의』에서 볼 수 있는 아비지옥에 떨어진다고 하는 바와 같은 표현을 할주(割註)에서 볼 수 있는데, '지심(至心)'이라고 하는 말이 없는 등, 내용으로는 지성심이 부족한 점을 볼 수 있다.

　이상으로 송대(宋代)의 참법의 형식을 준식의『왕생정토참원의』와『금광명참법보조의』의 오회(五悔)를 중심으로 살펴보았다. 오회사상(五悔思想)은 지의에 의해서 처음으로 체계가 세워지고, 이후에 구체적인 참회법으로 중요한 전개를 본다. 당대(唐代)에는 선도가 정토교도로서 전혀 다른 오회법(五悔法)을 말하고 실천하였다. 그런데 송대(宋代)에는 각기의 종파를 전승하는 일에 노력을 하면서도, 동시에 중국 정토교의 시조로 볼 수 있는 여산혜원(廬山慧遠)을 따르는 풍조가 강해지고, 게다가 구체적인 실천이 뒤따르면서 당대(唐代) 선도의 영향이 보이게 된다. 준식의『왕생정토참원의』에서 볼 수 있는 오회(五悔)의 참회법은 그야말로 그 전형이라고 해도 좋을 것이다.

---

174) 大正藏 26, 45中 이하

제2절 준식(遵式)의 정토참회

1. 염불참회발원문

제가 지금 아미타불의 진실공덕의 명호를 칭념하나이다. 오직 원컨대 자비의 섭수를 드리우시어 참회[175]와 서원을 증지(證知)하여 주소서.

제가 옛적 지은바 모든 악업은 모두 무시(無始)의 탐·진·치에 의해 신·구·의(身·口·意)의 소생에 따른 것으로 제가 지금 일체 모두 참회하나이다.

원컨대 제가 명(命)이 끝나려고 할 때에 임하오셔 일체의 모든 장애를 모두 제해 주시옵고, 친히 저 아미타부처님을 친견하옵고 즉시 안락국토에 왕생하기를 원하나이다.

저 부처님의 중회(衆會)는 모두 청정하나이다. 제가 그때에 수승한 연화(蓮華)에 태어나 친히 여래 무량광(無量光)을 친견하올 때 현전에 저의 보리(菩提)의 기(記)를 주소서.

저 여래의 수기(授記)를 받고 나서 화신(化身) 무수한 백구지(百俱胝)로서 지력(智力)이 광대하여 시방에 골고루 널리 일체의 중생계를 이익케 하리이다.

  아석조소제악업(我昔所造諸惡業)
  개유무시탐진치(皆由無始貪嗔癡)
  종신구의지소생(從身口意之所生)
  일체아금개참회(一切我今皆懺悔)

이하는 『화엄경』 「보현행원품」의 경문으로 되어 있다.[176]

---

175) 참회(懺悔). 참(懺)은 범어 참마(懺摩, Kṣamayati)의 약자로, '인서(忍恕)를 빌다'라는 뜻. 회(悔)는 한자에서 죄를 뉘우치는 것.
176) 『樂邦文類』 卷第二.

2. 『왕생정토참원의(往生淨土懺願儀)』

본 『참원의』는 『무량수경』과 『칭찬정토경』 등의 여러 대승경에 의해 참회행원(懺悔行願) 등의 법을 설하는 것으로 다음의 『왕생정토결의행원이문』 중의 행원문(行願門)에 가까운 것이다. 불기 1581년 즉 송(宋) 대중상부 8년의 찬술로서 1권 약 8,600자로 이루어진 소책자이다.

안양(安養)의 정업은 민첩하게 닦아야 하나니 시방의 제불 칭미(稱美)하지 않는바 없다. 만일 속히 무명의 제암(諸闇)을 파하고 오역십악(五逆十惡)을 영원히 없애고자 하거나 내지 염념에 무진삼매(無盡三昧)에 증입(証入)하고자 한다면 이 승법(勝法)을 닦아 익혀야 할 것이다. 이제 정토중경(淨土衆經)을 취하여 그 행법(行法)을 세우고 십과(十科)로 하여 이를 설하리라.

제1 엄정도량(嚴淨道場): 한적하고 조용한 당실(堂室)을 택하여 신토(新土)를 뿌리고 위에 보개(寶蓋)를 걸고 불상을 안치하고 관음보살과 세지보살을 좌우로 모시고 앞에 좋은 꽃들을 놓는 등 한다.

제2 명방편법(明方便法): 행자가 도량에 들어 심신(心身)이 산란하지 않기 위해서는 미리 방편을 행하고 내지 정토에 태어나기를 염하고 일심으로 참회를 구하여 일념의 오진(五塵)을 생각해서는 안된다.

제3 명정수의(明正修意): 오념문(五念門) 즉 예배문·찬탄문·작원문·관찰문·회향문을 성취하면 필경에 안락국토에 태어나 아미타불을 친견할 것이다.

제4 소향산화(燒香散華): 일심으로 시방법계에 항상 주(住)하시는 불법승을 경례하고 보리심을 발해야 한다.

제5 예청법(禮請法): 일심으로 봉청(奉請)하되, 나무본사석가모니불 내지 나무극락세계아미타불·나무대승사십팔원무량수경·나무극락세계

관세음보살마하살·동대세지보살마하살 등이라 봉청한다.

제6 찬탄법: 색여염부금내지문명득불퇴시고귀명례(色如閻浮金乃至聞名得不退是故歸命禮)의 게송에서 부처님의 공덕을 찬탄하고 명종(命終)의 때에 임하여 극락국에 태어나기를 서원한다.

제7 예불법: 일체제불을 자부(慈父)라는 생각으로 일심으로 경례한다. 과거구원겁 중의 정광불(定光佛)·광음불(光音佛)·용음불(龍音佛) 등 53불, 과거구멸세자재왕불(過去久滅世自在王佛) 내지 극락세계아미타불·극락세계불보살 등이 설한 경법(經法) 등과, 대승사십팔원 무량수경 등, 극락세계관세음보살 내지 대지사리불의 일체득도현성승(一切得道賢聖僧).

제8 참회법: 널리 법계의 일체중생을 위해서 삼장(三障)을 모두 끊어 없앨 것을 서원하여 지성으로 참회한다. 즉 나 비구 누구는(我比丘某甲) 지심으로 참회합니다(하는 생각을 가지고 임하고). 시방의 제불 진실로 견지(見知)하라. 나의 본래 청정(淸淨)하여 제불의 주처임을 깨닫지 못하고 나와 남을 망계(妄計)하여 평등법 가운데 분별심을 일으키는 것 등을 참회한다. 다음에 나 비구 누구(比丘某甲) 등이라고 지심으로 권청하고 수희하고 회향하고 발원한다.

제9 선요송경법(旋遶誦經法): 법좌를 돌고 그 후에 입으로 나무불법승 등을 칭념하고, 이어서 불법승에 귀의하고 중생의 무상심(無上心)을 발하는 것 등을 발원해야 한다.

제10 좌선법(坐禪法): 위와 같은 것을 마치고 나서 좌선하되, 첫째는 보관(普觀)의 뜻을 돕고 둘째로는 아미타불을 직상(直想)한다.[177]

---

177) 支那撰述, 諸宗部 淨土宗, pp.2133~34 참조.

3. 『왕생정토결의행원이문(往生淨土決疑行願二門)』

본문은 정토의 법문에 대한 의혹을 풀고 또 행원의 방법을 분명히 하는 것이다. 『왕생정토참원의(往生淨土懺願儀)』와 같이 천태의 준식(遵式)에 의해서 서술되었다. 불기 1583년 즉 송의 진종(眞宗) 천희원년의 찬술로서 1권 약 4,500자로 이루어진 소책자이다. 왕생정토에 대해 결의, 행원의 이문을 설한 것을 보면 다음과 같다.

제1 결의문(決疑門): 의사(疑師)·의법(疑法)·의자(疑自)의 셋으로 분별한다. 의사(疑師)에는 사외(邪外) 등의 사(師)와 정법사(正法師)가 있다. 정법사 중의 성사(聖師)는 석가여래와 시방의 제불이다. 의법(疑法)은 불법 가운데 소승불요의법(小乘不了義法)과 대승요의법(大乘了義法)의 둘이 있다. 대승 가운데 요의법은 정토교이다. 소승경에는 왕생정토를 찬탄하고 권청하는 것이 하나도 없다. 의자(疑自)란 나는 이 박지(縛地)의 범부이니 어떻게 정토에 왕생할 수 있는가 하고 의심하는 것이다. 미타의 본원(本願)을 믿으면 십념(十念)하여 태어날 수가 있고 또 정심(定心) 십념(十念)하면 오역자(五逆者)와 방법자(謗法者)도 또한 태어나는 것이다.

제2 행원문(行願門): 간략히 하여 예참문(禮懺門)·십념문(十念門)·계연문(繫緣門)·중복문(衆福門)의 4문을 논한다.

(1) 예참문(禮懺門): 매일 새벽 항상 공양하는 도량 가운데에서 복식을 단정히 하고 부처님께 향(香)을 사르고 합장정심(合掌定心)하고 창하여, "일체공근일심정례상주삼보내지일심정례상적광정토(一切恭謹一心頂禮常住三寶乃至一心頂禮常寂光淨土) 실보장토(實報莊土) 방편성거토(方便聖居土) 서방안락토(西方安樂土)의 각 아미타여래 청정묘법신 변법계제불 등 제가 지금 지심으로 참회합니다. 제가 제

자 모갑(某甲) 및 법계중생·무시이래의 일체 모든 중죄를 미타세존께 받들어 발로 참회합니다." 등이라고 아뢴다.

(2) **십념문**(十念門): 매일 새벽에 복식 단정히 하고 서쪽을 향하여 똑바로 서서 합장하고 목소리를 연이어 아미타불이라고 칭하고 정신을 일념으로 한다. 이와 같은 십기(十氣)를 이름하여 십념(十念)이라 한다. 이렇게 저 제자 모갑 등이라고 발원 회향한다.

(3) **계연문**(繫緣門): 잠시도 내심으로 부처님과 정토를 잊지 않는 것이다.

(4) **중복문**(衆福門): 『보현관경』에 이르는 바와 같이 첫째 정심(正心)으로 삼보를 비방하지 않고 출가를 방해하지 않는다. 둘째 부모에 효양하고 사장(師長)에 봉사한다. 셋째 정법으로 나라를 다스리고, 넷째 육재일(六齋日)에 명을 내려 불살(不殺)게 하고, 다섯째 깊이 인과(因果)를 알고 불(佛)의 불멸을 아는 것이다. 이들 다섯 가지의 중복(衆福)을 가지고 왕생의 업(業)을 이루는 것이다.[178]

---

178) 支那撰述, 諸宗部 淨土宗, pp.2134~35 참조. 준식(遵式)의 작품으로는 이 밖에 「예정토참의식(禮淨土懺儀式)」이 『선문일송(禪門日誦)』에 실려 있다. 鎌田茂雄, 『中國の佛敎儀禮』 大藏出版, 1986 참조.

제3절 대만의 염불법회(念佛法會)

1. 대만불교

대만불교에는 크게 나누어 두 종류가 있다고 볼 수 있다. 하나는 경참(經懺)을 행하는 경참사(經懺師)이고, 다른 하나는 강경사(講經師)이다. 불교를 학문적으로 연구하는 사람은 적고 주로 경참(經懺)을 행하는 법사(法師)가 그 주류를 점하고 있다. 대만불교에서 가장 많이 배워야할 것은 경참(經懺)일 것이다.

참법으로는 보통 시아귀(施餓鬼)에 행하는 『유가염구(瑜伽燄口)』를 비롯하여 법사(法事)나 장식(葬式)에서 행하는 『금강경참법』· 『자비수참』·『금광명참재천과의(金光明懺齋天科儀)』 등 많은 참법이 행해지고 있다. 그 가운데 대만의 정토불교의 의례 가운데서 특히 문제로 되는 것은 염불법회이다. 염불법회는 이른바 불교의례의 분류로 말하면 수도의례(修道儀禮)에 속하는 것이다. 명대(明代) 이후의 중국불교는 거의 염불선(念佛禪)이 그 주류를 점하였는데, 염불회에서 행하는 것도 염불선에 다름 아니기 때문이다. 따라서 염불회에 대한 실태조사를 해보면 염불선의 일단도 알 수 있다.

2. 염불법회로서의 타불칠(打佛七)

염불법회는 '타불칠(打佛七)' 또는 타칠(打七)이나 염불칠(念佛七) 등으로도 불린다. 타불칠이라고 하는 의미는 7일간의 염불회(念佛會)라는 의미이다. 아미타불 탄생일이 구력 11월 17일에 해당하기 때문에 그 전후에 행하는 경우가 많다. 1983년 현재 조사한 바로는,

고웅시(高雄市) 고산구(鼓山區)의 원형사(元亨寺)에서는 구력 11월 10일~11월 16일까지 7일간 타불칠(打佛七)을 행하였고, 또 고웅시 전금구(前金區)의 불교연사(佛敎蓮社)에서는 구력 11월 17일부터 23일까지 7일간 실시했었다. 기일은 일정하지 않지만 아미타불 탄생일의 즈음이 기후도 좋고 시기적으로 적당한 때문일 것이다.

원형사(元亨寺)의 거사(居士)의 말로는 타불칠의 칠(七)이라고 하는 것은 유식학(唯識學)에 설하는 제7말나식(第七末那識)을 가리키고, 타칠(打七)이란 말나식(末那識)을 타파한다고 하는 의미라고 한다. 이것은 매우 흥미로운 해석인데, 제7말나식이 아집(我執)의 근거임을 돌이켜보면 아집을 파타하고 본래의 면목을 나타내기 위한 수행이 타칠(打七)이라고 하는 법회(法會)인 것이다. 타불칠의 목적은 승려나 재가신자들의 수행에 있는 것은 분명하며 그것도 참회수행의 의례에 속하는 것으로 볼 수 있는 것이다.

7일간의 법회는 1일의 일과가 정해져 있어 그것을 반복하여 행한다. 1일 중에서도 거의 같은 법회의 반복이다. 다만 마지막 날의 법회에는 염불대회향(念佛大廻向)을 행한다. 1일의 일과에 대해서는 '염불법회작식시간표(念佛法會作息時間表)'를 작성하고 있다. 작식(作息)이란 염불의 동작을 하거나 휴식을 하거나 한다는 의미이다. 원형사(元亨寺)에서 행한 시간표는 다음과 같다.

< 염불법회작식시간표 >

상오(上午)		하오(下午)	
제1지향 (第一枝香)	五　　點 = 歸位 五點 十分 = 止靜 五點三十分 = 開靜 五點四十分 = 回向	제4지향 (第四枝香)	二　　點 = 起香(讚佛偈) 二點三十分 = 歸位 二點四十分 = 止靜 三　　點 = 開靜 三點 十分 = 回向

상오(上午)		하오(下午)	
제2지향 (第二枝香)	八　　　點 = 起香(彌陀經) 八點三十分 = 歸位 八點四十分 = 止靜 九　　　點 = 開靜 九點　十分 = 回向	제5지향 (第五枝香)	四　　　點 = 起香(蒙山施 　　　　　　　　食·讚佛偈) 四點三十分 = 歸位 四點四十分 = 止靜 五　　　點 = 開靜 五點　十分 = 回向
제3지향 (第三枝香)	十　　　點 = 起香(讚佛偈) 十點二十分 = 歸位 十點三十分 = 止靜 十點五十分 = 開靜 十一點　　 = 回向	제6지향 (第六枝香)	七點三十分 = 起香(彌陀經) 八　　　點 = 歸位 八點　十分 = 止靜(開示) 八點三十分 = 大回向 九點三十分 = 養息

　이상의 시각표에 따라 법회가 행해진다. 여기에서 '지향(枝香)'은 하나의 선향(線香)이 다 타는 시간이라고 하는 의미로 지향(枝香)이라 한다. 그러므로 '기향(起香)'은 법회의 시작이란 의미가 된다. 또 '지정(止靜)'은 정좌(靜坐)·좌선(坐禪)의 의미이다. 다음의 '개정(開靜)'은 재차 좌선을 하면서 '나무아미타불'의 염불을 법창하기 시작하는 것을 말한다.

　이 시각표는 정해진 것은 아니고 적당하게 주최자가 선정하는 것이기 때문에 약간은 다르지만, 그 대강(大綱)은 어떠한 타불칠(打佛七)에서나 비슷한 순서로 이루어진다.

　고웅(高雄)의 불교연사(佛敎蓮社)에서는 오전 11시에 왕생위전천식(往生位前薦食)을 행하고 있었다. 왕생위전천식은 죽은 사람의 영전에서 행하는 시아귀(施餓鬼)의 일종이다. 먼저 ①나무청량지보살마하살을 삼창하고 이어서 ②나무반야회상불보살 삼칭 ③『반야바라밀다심경』1권 독송 ④왕생주(往生呪), 변식진언(變食眞言), 감로수진언, 보공양진언 각기 3회 법창, 그리고 끝으로 ⑤'연지해회(蓮池海會) 미타여래(彌陀如來) 관음세지성중해(觀音勢至聖衆偕) 접인상연대(接引上蓮臺)　대서홍개(大誓弘開)　보원이진애(普願離塵

埃)'를 창하고, 회향게로 끝내는 것이다.

그밖에 불교연사(佛敎蓮社)에서는 타불칠(打佛七)의 제2지향(第二枝香)과 제5지향(第五枝香)에서 왕생위회향(往生位回向)을 행하였다. 왕생위회향은 ①나무증복수보살마하살(南無增福壽菩薩摩訶薩) 3칭 ②나무소재연수약사불(南無消災延壽藥師佛) 3칭 ③약사관정진언(藥師灌頂眞言) 7회 법창 ④'불광주조(佛光注照) 본명원진(本命元辰) 재성퇴도복성임(災星退度福星臨) 구약보장생(九躍保長生) 운한화평(運限和平) 복수영강영녕(福壽永康寧寧)'을 법창하고, 끝으로 ⑤'원소삼장제번뇌(願消三障諸煩惱) 원득지혜진명료(願得智慧眞明了) 보원죄장실소제(普願罪障悉消除) 세세상행보살도(世世常行菩薩道)'로 끝난다. 또 불교연사의 제5지향(第五枝香)은 ①『아미타경』②찬불게 ③삼귀의 ④가람성중보살 ⑤대비주(大悲呪) ⑥가람찬(伽藍讚)의 순서로 개시되고 있다.

이와 같이 염불회가 일주간의 행사로서 이루어지는 것과는 별도로 원형사(元亨寺)에서는 매 일요일 등에도 염불회를 봉행한다고 한다. 원형사에는 염불단체가 조직되어 있어, '염불단조직장정(念佛團組織章程)'이 정해져 있다. 그 규칙서는 15조로 되어있는데, 최초의 3개조는 염불회의 목적을 다음과 같이 나타내고 있다.

1. 본단정명위고웅시타고암원형사염불단(本團定名爲高雄市打鼓巖元亨寺念佛團)
2. 본단이선양불교 정화인간위종지(本團以宣揚佛敎 淨化人間爲宗旨)
3. 범불타사중제자 이귀의삼보자 균득참가본단(凡佛陀四衆弟子 己歸依三寶者 均得參加本團)

염불단이 '선양불교(宣揚佛敎) 정화인간(淨化人間)'을 그 목적으로 하고 있는 것이다. 또한 대만불교에서 승려의 가장 중시되는 조건으로 계율의 엄수가 요구되고 있는 것이다.

3. 타불칠(打佛七)의 내용

타불칠(打佛七)은 하루의 행사가 반복되므로 1일의 일과표에 따라서 그 의례의 내용을 알 수 있다. 먼저 제1지향(第一枝香)에서는 기향(起香)시에 '향찬(香讚)'과 『아미타경』을 독송한다. ①향찬(香讚)은 연지찬(蓮池讚)이라고 하는데 다음과 같은 송문이다.

연지해회미타여래 관음세지좌연대 접인상금계 대서굉개보원이진애 나무
연지회보살마하살 나무연지회보살마하살 남무연지회보살하살
(蓮池海會彌陀如來 觀音勢至坐蓮臺 接引上金階 大誓宏開普願離塵埃 南
無蓮池會菩薩摩訶薩 南無蓮池會菩薩摩訶薩 南無蓮池會菩薩訶薩)

이것을 '창(唱)'이라고 칭하는 절(節)을 붙여 대경(大磬)·조종(弔鐘)·고(鼓) 등의 불구(佛具)를 사용하거나, 혹은 대경(大磬)과 종(鐘)을 함께 치거나, 종(鐘)과 고(鼓)를 함께 치거나 하면서 법창하기 때문에 이 절돌림을 외우지 않으면 쉽게 법창할 수가 없다. 그 후에 ②나무연지해회불보살을 3칭하고 ③『불설아미타경』 독송 ④「발일체업장근본득생정토타라니」 3편 법창 ⑤찬불게(讚佛偈)를 법창한다. 찬불게란 다음과 같은 게송이다.

아미타불신금색 상호광명무등륜(阿彌陀佛身金色 相好光明無等倫)
백호완전오수미 감목징청사대해(白毫宛轉五須彌 紺目澄淸四大海)
광중화불무수억 화보살중역무변(光中化佛無數億 化菩薩衆亦無邊)
사십팔원도중생 구품함령등피안(四十八願度衆生 九品咸令登彼岸)
나무서방극락세계 대자대비 아미타불 나무아미타불
(南無西方極樂世界 大慈大悲 阿彌陀佛 南無阿彌陀佛)

그리고 '법창(法唱)'으로 절(節)돌림을 붙인다. 끝으로 '나무아미타불'을 법창하여 끝나자말자 '나무아미타불'을 반복하여 오백성(五

百聲) 혹은 일천성(一千聲)의 요불(繞佛)을 봉행한다. 요불은 천천히 유나(維那)가 염불을 법창하여 선도하면 이어서 염불법회의 주최자인 주칠화상(主七和尚)이 계속하고, 이하 승려(僧侶), 니승(尼僧), 거사(居士), 일반신자의 순서로 당내를 돌아가면서 염불을 하는 것이다. 요불이 끝나면 본래의 자신의 자리로 돌아가는 것이 '귀위(歸位)'이며, 귀위하면 좌구의 위에 결가부좌 또는 반가부좌하여 좌선(坐禪)을 한다. 좌선을 하면서도 염불은 10분간 계속하는데, 그 가운데 목어(木魚)를 1, 2, 3회 하면 염불을 정지하고 묵좌(黙坐)에 드는 것이 '지정(止靜)'이다. 이 경우 선종의 좌선과 똑같이 실시하나 다만 묵념으로서 좌선을 하고 있는 것이다.

이어서 20여분 후에 '개정(開靜)'을 하고, '찬불게' 끝의 문구인 '대자대비 아미타불 나무아미타불'을 절(節)을 붙여 법창함과 동시에 좌선을 한 채로 재차 '나무아미타불'을 염불한다. 10분간의 염불을 마치면 '회향'한다. 하지만 그 회향문은 ①원형사와 ②불교연사가 서로 다르다.

① 원이차공덕 장엄불정토(願以此功德 莊嚴佛淨土)
　상보사중은 하제삼도고(上報四重恩 下濟三塗苦)
　약유견문자 실발보살심(若有見聞者 悉發菩薩心)
　진차일보신 동생극락국(盡此一報身 同生極樂國)
② 원생서방정토중 구품연화위부모(願生西方淨土中 九品蓮華爲父母)
　화개견불오무생 불퇴보살위반려(華開見佛悟無生 不退菩薩爲伴侶)

이상의 회향이 끝나면 삼례(三禮)하고, 이어서 유나(維那), 주칠화상(主七和尚), 승(僧), 신자(信者)의 순으로 염불을 법창하면서 조용히 퇴장한다. 이것으로 제1지향(第一枝香)이 끝난다.

제2지향(第二枝香) 이하는 제1지향에서 봉행한 것을 반복하고 있지만, 다만 기향(起香)의 때에 법창하거나 독송하는 것이 제2지향과 제6지향에서는 『아미타경』, 제3지향과 제4지향에서는 「찬불게」만이 약간 다른 것이다. 다만 원형사의 경우, 제5지향시에 찬불게를 법창하기 전에 「몽산시식의(蒙山施食儀)」를 행하는 것이 다른 지향과는 다른 점이다. 몽산시식의는 시아귀(施餓鬼)의 일종으로 그 순서는 다음과 같다.

①『화엄경』의 유심게(唯心偈) '약인욕료지 삼세일체불 응관법계성 일체유심조(若人欲了知 三世一切佛 應觀法界性 一切唯心造)'로 시작하여 ②파지옥진언, 보소청진언, 해원결진언을 각3회 창 ③나무대방광불화엄경 3편 법창 ④나무상주시방불, 나무상주시방법, 나무상주시방승, 나무본사석가모니불, 나무대비관세음보살, 나무명양구고지장왕보살, 나무계교아난존자 법창 ⑤귀의삼보 ⑥참회문 ⑦사구서원(四句誓願: 후에 약간 개변함) ⑧'자성중생서원도, 자성번뇌서원단, 자성법문서원학, 자성불도서원성'을 각각 3편 법창 ⑨멸정업진언, 멸업장진언, 개인후진언(開咽喉眞言), 삼매야계진언(三昧耶戒眞言), 변식진언(變食眞言), 감로수진언(甘露水眞言), 일자수륜진언(一字水輪眞言), 유해진언(乳海眞言), 시무차식진언(施無遮食眞言), 보공양진언(普供養眞言) 등의 간단한 진언 법창 ⑩반야심경(1편), ⑪왕생정토신주(3편)과 경문을 독송하며, 끝으로 「찬불게」에 이어서 제5지향(第五枝香)의 기향(起香)의 처음을 끝내고, 그 후에 염불, 요불(繞佛)로 계속하여 귀위(歸位)한 이후는 다른 지향(枝香)의 순서와 같다.

또 제6지향(第六枝香)의 '지정(止靜)'에 들었을 때 주칠화상(主七和尙)의 개시(開示)가 있는데, 이것은 소위 선종에서 말하는 제창(提唱)으로 불학(佛學)의 강의를 말한다. 『금강경』 등의 경전을 강의하는 경우도 있고, 고인(古人)의 수시(垂示)를 들면서 그에 대해 설명을 더하는 경우도 있다. 좌선을 하면서 제창을 듣는 것이 제6지향의 '개시(開示)' 또는 '강화(講話)'인 것이다. 요컨대 1일의 지향(枝香)의 최종시에 불학에 관한 강의를 듣는다고 하는 것이 그 내용이다.

끝으로 제6지향시에는 '대회향(大回向)'을 행한다. 이 대회향은 대경(大磬)·소어(小魚)·인경(引磬) 등을 사용하면서 유나(維那)의 법창을 대중이 함께하며 시작된다. 먼저 법창하는 것은 다음과 같다.

> 제자중등은 이 생사 범부로 태어나 죄장이 심중하여 육도에 윤회하오니 그 괴로움 이루 말할 수가 없나이다. 다행히 지금 선지식을 만나 미타명호를 듣고서 본원공덕을 일심으로 칭념하여 왕생하기를 구원하오니, 원컨대 부처님께서는 자비로써 버리지 마시고 애민 섭수하여 주소서.
> 제자중등은 불신(佛身)의 상호광명도 알지 못하오니 원컨대 부처님이시여, 시현(示現)하여 주소서. 그리하여 제가 부처님과 관세음보살, 대세지보살 내지 제보살중을 친견하옵고 저 극락세계 가운데 청정장엄 광명묘상 등을 뵈옵고, 저희로 하여금 분명하게 아미타불을 친견케 하여지이다.[179)]

창을 할 때는 절을 붙여하는데, 끝의 아미타불에 이어서 '나무아미타불'을 법창하면서 한 바퀴 돌고 이어서 명경일성(鳴磬一聲)과 함께 '나무관세음보살'을 법창하여 한 바퀴 돌고, 계속해서 '나무대세지보살'·'나무청정대해중보살'을 법창하여 한 바퀴 돌고 귀위(歸位)한다. 후에 무릎을 꿇고 앉아서 '나무청정대해중보살'을 법창한다. 그때 다음에 내거는 글을 무릎을 꿇고 염불을 하는 것인데, 다음의

---

179) 弟子衆等 現是生死凡夫 罪障深重 輪廻六道 苦不可言 今遇知識 得聞彌陀名號 本願功德 一心稱念 求願往生 願佛慈悲不捨 哀憐攝受 弟子衆等 不識佛身相好光明 願佛示現 令我得見 及見觀音勢至 諸菩薩衆 彼世界中 清淨莊嚴 光明妙相等 令我了了 得見阿彌陀佛

찬문은 한 자 한 자씩 인경(引磬)을 친다. 일자일경(一字一磬)을 칠 때마다 아미타불의 은덕이 무량하나 자신은 죄장이 무거워 부처님을 친견할 수가 없음을 참괴(慙愧)하고 통분(痛憤)하는 원(願)을 가지고 법창하는 것이다. 그 게송은 다음과 같다.

원아임종무장애 아미타불원상영 (願我臨終無障礙 阿彌陀佛遠相迎)
관음감로쇄오두 세지금대안아족 (觀音甘露灑吾頭 勢至金臺安我足)
일찰나중이오탁 굴신비경도연지 (一刹那中離五濁 屈身臂頃到蓮池)
연화개후견자존 친청법음가료료 (蓮華開後見慈尊 親聽法音可了了)
문이즉오무생인 불위안양입사바 (聞已卽悟無生忍 不違安養入娑婆)
선지방편도중생 교파진노위불사 (善知方便度眾生 巧把塵勞爲佛事)
아원여사불자지 필경당래득성취 (我願如斯佛自知 畢竟當來得成就)

한 자 한 자 인경(引磬)에 맞춰서 법창한다. 이 게송은 고래로부터 크게 영험이 있다고 하고, 이 게송을 법창하여 발원할 때 아미타불의 서상(瑞相)을 보거나 꿈속에서 아미타불이 대광명을 방광(放光)하는 것을 볼 수가 있었다고 한다.

다음으로는 유나(維那)가 '일심(一心)'이라고 법창한 후에 이어서 '대정례(大頂禮) 홍양정낙토(弘揚淨樂土) 석가문여래(釋迦文如來) 천백억화신(千百億化身) 변법계제불(徧法界諸佛)'이라고 대중이 법창하며, 법창이 끝난 후에 한번 예배한다. 이어서 같은 형식으로 '일심정례(一心頂禮) 상적광정토 아미타여래 청정묘법신 변법계제불'을 법창한다. 아미타여래에 대해서는 5회, 약간 다른 게송으로 예배를 계속하고, 이어서 '교행리삼경(教行理三經), 관세음보살, 대세지보살, 청정대해중'에 대하여 각기 예배를 한다.

다음에 삼귀의문을 법창하고 예불삼배한다. 이어서 유나(維那)가 대경일성(大磬一聲)하고 '각인대위부모사장(各人代爲父母師長) 기력겁원친(曁歷劫怨親) 예불삼배 현재자증복연수(現在者增福延壽)

이왕자구생정토(以往者求生淨土)'라 법창한다. 유나가 '구생정토(求生淨土)'라고 법창하는데 대해서 대중은 각자 높은 소리로 '아미타불'하고 답한다. 그리고서 한번 예배한 후, 다시 유나가 '구생정토'라고 법창하면 각자는 다시 '아미타불'이라고 답한다. 유나가 세 번 법창하고 대중이 각각 세 번 답하는 것이다. 이때 대중이 '아미타불'이라고 할 때 창화(唱和)가 '불'의 글자에 왔을 때 대종(大鐘)을 한 번 친다. 끝으로 유나가 '시일이과(是日已過) 명역수멸(命亦隨滅) 여소수어(如少水魚) 사유하락(斯有何樂) 대중당근정진(大衆當勤精進) 여구두연(如救頭然) 단념무상(但念無常) 신물방일(愼勿放逸)'이라고 법창하면 대중이 '아미타불'이라 답하며 끝난다.

이상은 1일의 일과인 지향(枝香)의 내용을 소개한 것이다. 식시(食時)의 전에 '이시임재의(二時臨齋儀)'를 독송하는 것은 당연하다. 7일간 매일 같은 행사를 반복하는 것이다.

타불칠(打佛七)의 시작 전의 날과 7일째의 최종회에는 다른 의식을 한다. 타불칠이 시작되기 전날 밤에는 '연정과의(演淨科儀)'는 최초에 ①'양지정수(楊枝淨水) 변쇄삼천(遍灑三千) 성공팔덕이인천(性空八德利人天) 복수광증연(福壽廣增延) 멸죄소건(滅罪消愆) 화염화홍련(火燄化紅蓮) 나무청량지(南無淸凉地) 보살마하살'이라고 하는 찬으로 시작하고 ②다음에 주칠화상(主七和尙)의 삼보문 법창 ③삼보찬을 법창 ④그 후 주칠화상이 수문(水文)을 읽고 끝나면 ⑤대비주(大悲呪)를 독송한다. 이 '연정과의(演淨科儀)'를 행함으로서 도량이 청정해지고 내일부터의 타불칠이 여법하게 이루어지는 것이다.

타불칠(打佛七)의 최종일 즉 불칠원만일(佛七圓滿日)에는 불전대회향이 끝나고 삼귀의문(三歸依文)을 법창한 후 삼배하고, 대경삼성(大磬三聲)하면 유나가 '정예서천동토역대조사(頂禮西天東土歷代

祖師)'라고 부르고 대중은 한번 예배한다. 이와 같이 순차로 유나가 정토연사(淨土蓮社)의 조사(祖師)들의 이름을 부름에 따라서 대중은 일제히 한 번의 예배를 반복하는 것이다. 조사들이란 초조 여산동림원공대사(初祖 廬山東林遠公大師), 2조 장안광명도공대사(二祖 長安光明導公大師), 3조 남악반주원공대사(三祖 南嶽般舟遠公大師), 4조 오대죽림조공대사(四祖 五臺竹林照公大師), 5조 신정조용강공대사(五祖 新定鳥龍康公大師), 6조 항주영명수공대사(六祖 杭州永明壽公大師), 7조 항주소경상공대사(七祖 杭州昭慶常公大師), 8조 항주운서굉공대사(八祖 杭州雲棲宏公大師), 9조 북천목영봉욱공대사(九祖 北天目靈峯旭公大師), 10조 우산보인책공대사(十祖 虞山普仁策公大師), 11조 항주범천현공대사(十一祖 杭州梵天賢公大師), 12조 홍라자복성공대사(十二祖 紅螺資福醒公大師), 13조 소주영암량공대사(十三祖 蘇州靈巖量公大師)이고, 끝으로 고금연사종사(古今蓮社宗師) 및 주칠화상에게 정례하고 마친다.

이 칠불원만일에 조사정례(祖師頂禮)가 있는 경우에는 평일 대회향에서 행하고 있는 유나(維那)의 '구생정토(求生淨土)'라는 부름에 대중이 '아미타불'이라고 답하고 있는 삼호삼답(三呼三答)의 의례와, 앞서든 '시일이과(是日已過……)'라는 유나의 부름에 대하여 대중이 똑같이 '아미타불'이라고 답하는 의례는 조사정례가 끝난 후에 행하는 것에 주의하지 않으면 안된다.

4. 염불선(念佛禪)의 지향

타불칠(打佛七)이 염불선 수행의 하나인 것은 이상의 내용에 의해서 알 수 있지만, 중국불교에 있어서의 염불이란 어떠한 내용을 갖고 있으며 그 목표는 무엇인가에 대하여 잠깐 살펴보고자 한다. 원형사(元亨寺) 자묘화상(慈妙和尙)의 개시의 때 철오대사(徹悟大師)의 가르침이 염불의 본질을 잘 성명하고 있으므로 그것에 의거해 살펴보고자 한다.

먼저 염불이란 바로 지관(止觀)·정혜(定慧)·적조(寂照)에 다름 아니라고 주장한다. ①염불할 때에는 별상(別想)이 없어지기 때문에 '지(止)'이고 ②염불의 때에는 요료(了了)하여 분명하기 때문에 '관(觀)'이며, 지와 관을 구족하기 때문에 '지관(止觀)'이라 할 수 있다. ③지(止)는 즉 정(定)의 인(因), 정(定)은 즉 지(止)의 과(果)이기 때문에 '정(定)'이고 ④관(觀)은 즉 혜(慧)의 인(因), 혜(慧)는 즉 관(觀)의 과(果)이기 때문에 '혜(慧)'로 되어, 지관에 의해 정혜(定慧)가 얻어지는 것을 설하고, ⑤끝으로 일념불생(一念不生)으로서 요료분명(了了分明)한 것은 '적이조(寂而照)'이기 때문에 '적(寂)'이고, 요료분명하여 일념불생인 것은 '조이적(照而寂)'이기 때문에 '조(照)'로 되어, '적조(寂照)'가 이루어진다고 한다. 염불은 이와 같이 '지관(止觀)·정혜(定慧)·적조(寂照)'를 구하는 것이고, 이러한 내용을 갖춘 염불이야말로 최고의 염불에 다름 아닌 것이라고 한다.

타불칠(打佛七)에서 봉행하고 있는 염불은 이 점에서 보더라도 분명히 염불선의 내용임을 알 수 있다. '나무아미타불'을 어느 때는 천천히 하고, 어느 때는 빠르게, 어느 때에 낮게 법창하고 있는 가운데 염불삼매에 들고, 염불하는 주체와 아미타불이 하나가 되어 주객합일의 삼매의 경지에 들 수 있는 것이다.

중국의 염불선에는 당대(唐代)에는 정중종(淨衆宗)이나 보당종(保唐宗)이 있었는데, 명대(明代) 이후에는 중국불교의 주류를 이루었으며, 또 일본에도 명대(明代)의 은원(隱元)에 의해 황벽종(黃檗宗)이 전해지고 있다. 이와 같은 염불선의 역사적 전개를 학문적으로 구명함과 동시에, 염불선이 지향한 바와 그 실제의 내용을 이해하는 것은 중국정토의 연구에 있어서 매우 중요하다. 이상과 같이 타불칠(打佛七)이라고 하는 대만불교의 염불법회 의례의 일단을 소개한 것도 이러한 목적에 일조하기 위함인 것이다.180)

제4절 티베트의 정토참회(淨土懺悔)

1. 티베트불교의 정토신앙

티베트의 출가자들은 대체로 계율을 지키고 학문에 힘쓰고 명상을 하며 그 생애의 내에 스스로 깨달음을 열 것을 기대하며 엄격한 승원생활을 영위한다. 그러나 가정에서 특별히 불교 학문이나 수행을 할 수 없는 일반인들은 출가자처럼 현세에서 깨달음을 열기를 기대할 수가 없다. 따라서 일반인들 대부분이 영위하고 있는 신앙생활은 아마타불을 비롯한 제불(諸佛)을 신앙하고 청원하며 자기의 죄를 참회하고 선근(善根)을 회향하여, 제불의 자비의 힘에 의해 사후 그 정토에 태어나 부처님의 가르침을 받아 불교를 배우고 종내에는 깨달음을 열 것을 기대하는 것이다. 따라서 재가자가 죽었을 때 사자(死者)의 마음이 정토에 전생(轉生)하여 가기를 바라고 행하는 '의식전이(意識轉移)의 의식(儀式)'인 뽀와('pho ba)가 일반 민중의 종교생활의 특징을 잘 나타내는 것이라 볼 수 있다. 그러면 티베트에 있어서 정토교신앙과 그 참회의 생활을 살펴보기로 하겠다.

---

180) 大淵忍爾, 『中國人の宗敎儀禮』福武書店(東京), 昭和 58, pp.20~29 참조. 鎌田茂雄, 『中國の佛敎儀禮』大藏出版, 1986. pp.80~89에는 '示衆' 자료가 첨부되어 있다.

2. 청원(請願)

　티베트의 사람들이 정토에 태어나고 싶다고 원하여 청원하는 대상으로 가장 많이 신앙하고 있는 것은 아미타불과 미륵보살이다. 청원을 행하는 경우에는 통상 다음과 같은 3종의 청원문(請願文)을 창화한다.

　하나는「보현의 청원」이라 불리는 것으로『화엄경』「입법계품」의 말미에 있는 것이다. 한국에서는 일반적으로「보현행원찬(普賢行願讚)」으로 알려져 있는 게송이다.[181] 티베트에서는 청원문의 서두에서, 삼세제불을 예배 공양하고, 자기의 일체 모든 죄를 참회하고, 일체 중생의 공덕을 수희하여, 제불에게 설법을 권청하고, 그리고 오래 머물러 주시기를 원하고, 그 제불에게 선근을 회향한다고 하는 이른바 '칠지작법(七支作法, yan lag bdun pa)'을 설하고 있다. 그만큼 일반민중이 실천해야할 중요한 항목으로 생각하고 그것을 실행함으로서 아미타정토인 극락에 태어나기를 원하는 것이다.

　또 하나는「미륵의 청원」이라 불리는 것으로『대보적경』제41장「미륵보살문팔법회(彌勒菩薩問八法會)」에 수록되어 있는 짧은 경전이다.[182] 사람들은 이 경전에 의해서 미륵의 정토인 도솔천(兜率天)에 태어나기를 기대한다. 이 두 가지 청원은 모두 인도에서 지어진 것이다.

　「정토의 청원」이라 불리는 또 하나의 청원문은 14세기말에 티베트불교 게룩(Dgeluge, 덕의 모범)파의 개조(開祖) 쯔옹카파(Tsong-Khapa, 1357~1419)에 의하여 만들어진 것이다. '청원(請願)'(Monlam)은 본래 개인의 종교적 행위였을 것이다. 그러나 티베트에

---

181) 大正藏 No.293, 847, a2~b9
182) 大正藏 No.310(41), 630, a16~c5

서는 개인의 종교적인 행위의 틀을 넘어 국가 최대의 연중행사인 몬람제로 운영되다보니 한층 민중에 가까워지게 되었다.

이 청원문의 독송 의식에서는 먼저 석가모니불에게 공양을 올리고, 이어서 「보현의 청원」이나 「정토의 청원」·「미륵의 청원」 등 3대 청원문을 비롯한 많은 청원문을 창한다. 그리고 끝으로 불법(佛法)이 언제까지나 계속되기를 기원하는 구주(久住)의 회향문을 창하며 청원의 의식을 끝낸다. 이와 같은 수많은 행사는, 다채로운 색채로 꾸며진 납촉(蠟燭)이 발하는 채색된 등명(灯明) 가운데서 퍼져나가므로 사람들은 흡사 정토의 광경을 눈앞에서 보는 것 같은 감흥에 젖는다.

위에 든 3종의 청원문 이외에 민간에 유포된 많은 신앙을 모아놓은 것으로 '도우쿠칼'이라고 하는 다라니[183]가 있다. 거기에는 이 다라니를 창하고 청원하면, 현세에서는 화재나 수해나 살상의 피해를 면하고 내세에서는 극락세계에 태어나게 될 것이라고 설하고 있다.

그런데 여기에서 살펴보려고 하는 것은 통상 케우쯔앙이라는 약칭으로 알려진 게룩파 학승 Ke'u tshang Sprul sku Blo bzang'jam dbyangs smon lam의 『서간집』에 수록되어있는 제자에게 보낸 한 통의 반서(返書)이다.[184] 그는 쯔옹카파의 『최상국의 개문(開門)』[185]을 인용하면서 정토에 태어나기 위한 행(行)에 대하여 답하고 있다. 그의 해답은 쯔옹카파의 「정토의 청원문」의 특징을 잘 나타내고 있는 것이다. 이에 쯔옹카파의 청원문의 소개를 겸하여 반서(返書)의 내용을 번역하여 살펴보기로 하겠다.

---

183) Toh No.591
184) 『케우쯔앙전집』 Vol. Ⅱ, Ba, 25, b3-26, a6
185) 위의 「정토의 請願文」은 이 서(書)의 일부를 상용경전으로 별도 출판한 것이다

극락에 왕생하기 위한 조건은 『대무량수경』이 설하는 바와 같이 4종이다. 즉 ①그 불국토의 환경세계(環境世界)와 거기에 사는 유정세계(有情世界)의 특징을 반복하여 염(念)할 것 ②선근(善根)을 쌓을 것 ③보리심을 일으킬 것 ④쌓은 선근을 그 국토에 왕생하기 위해서 청원할 것 등의 네 가지이다. 제3의 보리심을 일으키는 것은 자기 자신이 그 불국토에서 대승(大乘)의 중생으로서 왕생하기 위한 조건이고, 다른 세 가지는 – 대승과 소승의 어느 쪽의 중생으로든 – 그 국토에 왕생하기 위한 공통의 조건인 것을, 모든 것에 정통하고 있는 존자(쯔옹카파)는 극락국에 왕생하기 위한 청원문 『최상국의 개문』에서 말하고 있다.

그들 제 조건 가운데서 중심을 차지하는 것은 그 불국토에서 대승의 가계에 속하는 불제자로서 왕생하도록 무상보리에 향하여 발심하는 것이다. 그리고 다른 제조건까지도 그 발심에 의해서 유지한다고 하는 것이 중요한 점이다. 다만 그 불국토에 왕생하기만을 위한 것이라면 거기에 태어나고 싶다고 하는 원(願)을 굳게 하는 것이 중요하다. 그러나 그것은 그 불국토의 특징을 알고 반복해서 염(念)하는 것에 달려있으므로 첫째의 조건이 중요한 것이다. 『최상국의 개문』에는 "불국토에 태어나고 싶다고 하는 강한 원이 거기에 왕생하는 주요한 조건이다. 그리고 그것은 불국토의 특징을 알고 거듭 하는 마음에 생각하는 것에 의존하고 있는 것이다." 라고 말하고 있다. 그것은 그 불국토에 속히 왕생하기 위한 조건이기도 하다. 다른 (제불의) 정토에 (왕생하기 위해서)도 그것은 해당된다. 『최상국 개문』에서는 "요컨대 그 국토에의 원이 크면 거기에 속히 태어날 수가 있는 것이다. 또한 이 (우리들이 사는) 국토의 사람들은 극락국토에 대하여 다대한 신앙을 가지고 있기 때문에 극락국토를 대상으로 하여 청원을 행하는 것이 이치에 맞는 것이다."라고 설하고 있다.

대체로 정토에 태어나기만을 위한 것이라면 그러한 조건이 세 가지 모두 갖추어 있지 않으면 안된다고 하는 것은 아니다. 경(經)이나 다라니의 공덕만으로도 왕생하는 일이 있기 때문이다. 『최상국의 개문』에서는 "많은 경과 장구(章句), 다라니(를 창하는 것)의 공덕을 설하는 곳에서도 극락국토에 왕생하는 것을 말하고 있다."고 설하고 있다. 그 불국토에 생각대로 속히 왕생하기 위해서는 … 세 가지 조건 모두 힘쓰지 않으면 안된다. 이러한 정토왕생(淨土往生)을 위한 모든 조건은 현세에서 아미타불 등의 불에 친견하기 위한 조건이라고도 말하는 것처럼 중요한 것이다. (중략).

이상 케우쯔앙의 서한을 일부분 인용하여 보았으나, 그의 해답 가운데는 티베트 정토사상의 특징을 보여주는 몇 가지 견해가 개진(開陣)되어 있는 것처럼 보인다. 그 인용한 부분의 설명방법으로부터 엿볼 수 있듯이, 쯔옹카파는 그의 정토사상의 이해를 『대무량수경』으로부터 그대로 얻고 있고, 그의 『최상국의 개문』의 중핵을 이루는 「정토의 청원문」도 그 내용의 선별에 쯔옹카파 독자의 시점이 작용하고 있는 것은 틀림없다하더라도, 『대무량수경』의 요점의 추출에 다름 아니다. 그리고 케우쯔앙도 그 이해를 그대로 계승하여 원용(援用)하고 있다. 또한 흥미 있는 것은 그가 "청원의 창송(唱誦)에 의해서 바로 왕생이 가능한가, 아닌가."하는 정토교사상의 문제를 세친의 유식론서인 『대승장엄경론석』에 기초하여 해석하고 있다는 것이다.

　쯔옹카파와 케우즈앙의 이러한 인용방법이나 해석방법은, 티베트의 정토사상이 정토경전의 사상만이 아니라 유식사상(唯識思想)까지도 포함된 인도 대승불교에 공통된 기본적인 사상을 매우 충실하게 계승하려고 하는 특징을 여실하게 보여준다. 말하자면 티베트 정토사상의 외면적인 특징이라고도 할 수 있는 것이다.

　이상과 같이 쯔옹카파의 정토 이해를 검토하며 흥미로운 것은, 그가 한편으로는 『황금의 목걸이』에서 "청원만으로는 속히 왕생하는 것이 맞지 않는다."고 하는 세친의 견해에 찬의(贊意)를 표하고, 또 한편으로는 『최상국의 개문』에서 정토왕생을 설하면서 『대무량수경』의 이른바 삼배(三輩)의 왕생 가운데 상배(上輩)와 중배(中輩) 2종의 왕생만을 인용하고 하배(下輩)의 왕생에 관한 기술은 인용하지 않는다고 하는 이 두 가지의 견해에서 그의 정토교 이해의 일단이 보인다는 점이다. 즉 전게(前揭)의 인용문 가운데 정토의 특징을 거듭하여 억념(憶念)하는 것을 비롯한 4종의 정토왕생의 조건은 상배와 중배자의 왕생방법에 해당된다. 『대무량수경』은 이 후에 다시 하배의 왕생을 설하고 있는데 쯔옹카파는 인용하지 않았다. 즉 그러한 왕생의 방법을 인정하지 않는 것이다. 하배의 자란 여래의 모습에 거듭 주의를 기울이거나 무한히 많은 선근을 쌓지 않은 채, 다만 한 번만 여래에 대한 생각과 주의를 기울이고 불국토(佛國土)에 태어나고 싶다는 원(願)을 일으킨 자를 말한다.

3. 참회(懺悔)

청원(請願)을 행하는 경우에 상기의 3종의 청원문과 함께 반드시 창하는 것으로 참회문이 있다. 이것은 내세에서 정토에 태어나고 싶다고 원하는 자가 깨끗한 나라에 왕생하기 위해서, 시작도 없을 정도로 아득한 옛적부터 생사를 거듭하면서 다종다양한 과거의 생애에 있어서 거듭하여 쌓아온 모든 죄업을 제불(諸佛)께 참회하고 그 죄를 정화하기 위한 것이다. 참회는 주야 각기 3회에 걸쳐 행한다. 이 작법은 인도에 그 기원을 찾을 수 있다. 인도에서 7~8세기에 눈부신 활약을 한 학승 샨티데바는 『입보리행론』 제5장 98게에서 다음과 같이 말하고 있다.

"주야 3회, 3종의 작법 -예배·참회·회향- 을 행해야 한다. 그리하여 부처님과 보리심에 의지하면 그에 의해서 죄의 나머지는 소멸한다."

또 그는 다른 저서『대승집보살학론』에서『금광명경』 등 몇 가지의 경전을 인용하여 보살이 행해야 할 '회과행(悔過行)'에 대하여 말하고 있다.[186]) 인용되는 경전 가운데는 「우바리소문경」(Upāliparipṛcchā)

---

186) 大正藏 No. 1636, 107, a, 18ff

의 이름을 볼 수 있다. 그것은 『대보적경』 제24장 「우바리회」에 수록되어있는 경전187)에 해당되는 것이다. 그 내용은 석가모니불을 비롯한 35분의 여래의 명칭을 열거하고, 자신이 행한 일체 모든 죄를 참회하고, 제불에 호념(護念)되기를 원하는 뜻을 말하고 있는 아주 짧은 경문이다. 그 간결함 때문인지 티베트에서는 참회를 할 때 통상 이 경문을 이용한다.

또 11세기에 인도의 비크라마시라의 대승원의 명승으로, 올바른 불교를 부흥시키기 위해서 초빙되어 티베트에 들어간 아티샤도 그의 저서 『보리도등론석(菩提道灯論釋)』에서, 참회를 행하기 위해서는 『금광명경』을 창하거나 참회문 혹은 3종의 작법문(作法文)을 창하지 않으면 안된다고 가르치고 있다.

이와 같이 인도에 기원을 두는 참회작법은 티베트에서도 재가신자 사이에서 특히 중시되었다. 사자(死者)가 나온 경우에는 그의 정토왕생 실현을 위하여 죽은 이를 대신하여 행승(行僧)이 사자의 죄를 소멸시키기 위해서 반드시 참회문을 창한다. 죄를 소멸시키기 위해서는 여래의 명칭을 창하는 것이 가장 효과적이라고 생각하였기 때문이다. 그러므로 사자(死者)의 마음을 정토로 향하게 하는 뽀와 의식에 있어서도 참회문의 창송(唱誦)을 청하는 것이다.

4. 회향(迴向)

청원이나 참회와 함께 대승불교, 특히 티베트불교에 있어서 빼어 놓을 수 없는 중요한 것으로 회향의 사상이 있다. 회향이란 자신이 행한 선행의 공덕을 자신과 다른 일체 모든 중생의 안녕을 원하여

---

187) 大正藏 No. 310(24), 515, c, 25-516, c, 4

그 방향으로 돌리는 것이다.

"수천겁 -이라고 하는 기나긴 년월- 을 걸쳐 쌓아온 보시나 부처님에의 공양이라고 하는 선행을, 단 한 번의 분노(성냄)가 파괴한다."

그러한 위태로운 상황에서 선행의 공덕을 지속케 하는 것이 보리에의 회향이다. 하리바드라(인도, 9세기)는 보리에 대하여 회향을 행하는 것의 의미를 『팔천송반야경석(八千頌般若經釋)』에서 "여러 가지의 선한 행을 망실케 하지 않기 위해서"라고 설명하고 있다. 쯔옹카파도 『황금의 목걸이』 가운데서 어느 경(經)188)을 인용하여 다음과 같이 말하고 있다.

> 예컨대 한 방울의 물이라도 대해 가운데 떨어진다면 그것은 바다(海)가 마르고 말 때까지 없어지는 일은 없다. 그와 똑같이 보리(깨달음)에 회향한 선근은 보리를 얻기까지 없어지는 일은 없다.

즉 보리에 향해진 회향은 마치 커다란 바다와 같이 마르는 일이 없는 것이고, 예컨대 한 방울의 물처럼 작은 선행이라도 그것을 말려버리는 일없이 깨달음이 완성되기까지 계속해서 유지되는 것이라고 볼 수 있다.

티베트에서는 회향을 행할 경우에 보통 『보현행원찬』을 이용하지만, 약식으로 창하는 경우에는 특히 수많은 청원문의 내용이 그 안에 수록되어 있는 다음과 같은 2게(二偈)만을 취하여 회향문으로 창하는 경우도 종종 있다.

> 문수사리(文殊師利)는 현명하시고 용감하시나이다. 보현의 지혜행 또한 그러시나이다. 저도 그들에 따라 배워서 이들 일체의 선을 회향하나이다. 삼세의 승자 여래의 일체가 그를 최고의 회향이라 하여 상찬(賞讚)하시나니, 그러므로 저도 또한 이 선근의 일체를 그 보현행에 회향하나이다. 189)

---

188) 티베트에서는 『海慧菩薩所問經』이라고 전승되고 있으나 出典不明이다.
189) 大正藏 No. 293, 848, a, 5-8

이 2게가 가장 공덕이 많은 회향문이라고 한다. 이에 대해 티챠림포체(티베트, 1901~1981)는 『도차제비망록(道次第備忘錄)』에서 이들 2게(二偈)에는 삼세의 제불이 최고의 청원으로서 설하신 내용이 포함되어 있고, 청원을 행하는 작법이나 문수사리와 보현 등이 행한 회향의 방법을 내용으로 하는 보살의 수많은 청원의 작법이 정리되어 있기 때문이라고 해설하고 있다. 티베트에서 이 2게(二偈)만을 특히 취하여 회향문으로서 창해오고 있는 연유인 것이다. 또 그는 동서(同書)에서 선근을 회향하는 목적에 세 종류가 있음을 말하고 있다. 그에 의하면 하나는, '자신과 다른 사람들 마음속에 부처님의 가르침이 퍼져 가기를' 하고 원하는 것이고, 둘째는 '어떠한 생애에 있어서나 선지식의 비호(庇護)를 받을 수가 있기를' 하고 원하는 것이고, 셋째는 '무상정등각(無上正等覺)을 얻기를' 하고 원하는 것이다.[190]

5. 의식전이(意識轉移)의 의식(儀式)-뽀와

(1) 중유의 상태

뽀와('pho ba)란 사자(死者)의 의식을 신체로부터 이탈시켜 정토로 이행(移行)시키기 위한 의식을 말한다. 한국에서는 사후 7·7일의 49일에 걸쳐 중음(中陰)의 법요를 행한다. 이 의식의 일수에 대한 유래는 『유가사지론』의 「본지분(本地分)」에 사(死)와 재생(再生)에 관하여 설하는 중유(中有)의 기술[191]을 전거로 한다. 그 설명에 따르면 사람은 사후 빠를 경우에는 최초의 7일 내, 가장 늦어도 49일 내에 그 생애에 쌓여진 여러 가지 업(業)에 따라서 지옥, 아귀, 축생, 아수라, 인간, 천상이라는 6종의 세계 어느 곳인가에 재생한다

---

190) 武內紹晃 外3人, 『淨土敎の思想』 講談社, 1993, pp.208~225 참조.
191) 大正藏 No. 1579, 281, b, 2ff

고 한다. 이때 사후 다음의 세계에 태어나기까지의 7일~49일 사이의 중간적인 존재를 중유(中有) 또는 중음(中陰)이라 부르는 것이다.

소승불교 유부(有部)의 교의에서는 중유는 전세(前世)의 업에 의해 결정되고 재생에 이르기까지 변화하는 일이 없는 것으로 되어 있다. 그러나 흥미 있는 것은 대승불교 유가행파(瑜伽行派)의 교의에서는 중유로서의 생존 사이에 별업(別業)의 작용이 있게 되면 생전의 업에 의해 결정되어 있던 세계가 그 영향으로 바뀌게 되어 다른 세계에 태어날 가능성이 있다고 인정된다는 것이다. 예컨대『유가사지론』192)에서는 다음과 같이 설하고 있다.

> 또 그 중유(中有)가 만일 태어나야 할 연(緣)을 얻지 못하면 7일간 머문다. 그러나 태어날 연을 얻는 경우에는 (7일간 머문다고는) 정해져 있지 않다. (7일간을 지나서 생연(生緣)을) 얻지 못할 때에는 다시 한 번 죽고 다시 7일간 머물고, 그래도 생연을 얻지 못하는 경우에는 7·7일에 이르기까지 (중유의 생존으로) 머문다. 그로부터 이후는 반드시 생연을 얻는다. 그리고 죽어 7일을 지낸 그 자는 어느 경우에는 (중유가 향하고 있는 것과) 같은 세계에 태어나고 어느 경우에는 다른 세계에 태어난다. (다른 세계에 태어나는 이유는) 별업(別業)의 작용이 있을 때에 그 중유의 종자가 변화하기 때문이다.

또『아비달마집론』193)에서는 다음과 같이 설하고 있다.

> 청정한 행(行)을 한 자의 경우는 처음에 하반신이 차가워진다. 반대로 부정한 행(行)을 한 자의 경우에는 상반신부터 차가워진다. …(중략)… 최장 7일 머물지만 중요(中夭)하는 경우도 있다. 어느 경우에는 변화하는 경우도 있다.

---

192) 大正藏 282, a, 27ff
193) 大正藏 No. 1605, 675, c, 22ff

이와 같이 중유(中有)를 변화할 가능성이 있다고 해석한 유가행파의 의식이, 후에 중유의 유정을 좋은 세계로 향하게 하기 위해서 뽀와 의식을 행하는 관념의 원천이 되었다고 이해하여도 좋을 것이다. 뽀와 의식의 해설서에 중유의 운명을 수상(水上)의 카누처럼 변화하기 쉬운 것으로 간주해야한다고 설하고 있는 것에서도 양자의 관련성을 찾아볼 수가 있을 것이다. 또 『유가사지론』에서 좋은 세계에 환생하는 것처럼 임종에 당해서 사자에게 좋은 일(善法)을 억념케 하려고 노력하는 것이나, 죽음에 임한 자에게 다음 세계의 여러 가지 전상(前相)이 나타나는 것 등을 설하고 있는데, 이 같은 취지의 기술이 뽀와 해설서에도 인정되고 있는 것에서도 양자의 관계를 간취할 수가 있을 것이다.

(2) 뽀와 의식

뽀와란 인도의 비크라마시라 사(寺)의 석학 나로파가 수렵을 생업으로 하는 밀교 행자 티로파로부터 전수받고 자신도 행자가 되어 실천한 행법이라고 한다. 그는 이 가르침을 티베트에서 찾아온 마르파(1012~1097)에게 전하였다. 그것이 후세에 카규파의 손에서 정리되어 『나로파의 육법(六法)』이라 불리는 6종의 교의의 하나로서 오늘날 민간에 널리 유포되고 있는 것이다. 그러나 뽀와의 사상은 밀교보다는 오히려 『유가사지론』의 「본지분」에서 설하고 있는 윤회설에서 그 기원을 찾을 수 있다. 그리고 츄산라마에 의한 『뽀와 의식의 해설서』가 나왔다.

이제 여기에서는 본 『뽀와 의식의 해설서』의 내용을 개관하여 뽀와 의식의 대강을 소개하여 두기로 하겠다. 본서의 저자는 게룩파의 학승 츄산라마 예세갸초(Chu bzang bla ma Ye shes rgya mtsho, 티베트, 18세기)이다.

오서(奧書)에 의하면 그는 자신의 뜻에 반하여 청을 받고 임종의 의식을 행하지 않으면 안되는 일이 종종 있었다. 거기에서 필요상 할 수 없이 중유의 교의에 관해서는 제1세 판첸라마의 해설서에 의해, 임종 때의 명상법에 관해서는 자신이 사사(師事)한 라마들로부터 들은 구전(口傳)의 기억을 더듬어 각서(覺書)를 작성했다고 하는 것이 본서를 작성한 동기인 듯하다.

임종하는 사람을 앞에 두고 가족 되는 사람은 그가 애석(愛惜)한 생각을 남길 것임에 틀림없을 것 같은 자에게 면회를 시키거나, 유산 이야기를 하거나, 그 사람이 생전에 싫어하던 사람의 이야기를 하거나 하여 그의 마음에 강한 애착이나 분노의 생각 등, 그가 좋은 세계에 태어나는 것을 장애하는 불선(不善)의 마음을 일으키게 할 수 있는 행(行)은 반드시 피하도록 주의해야 한다. 왜냐하면 임종의 때의 마음은 다음의 세계를 결정하는데 있어서 극히 강한 영향력을 미치기 때문에 그의 앞에서는 될 수 있는 한 신심(信心) 등의 선한 마음이 생기도록 배려해야 하기 때문이다. 자리에 있는 사람들은 염불을 창하거나, 팔약사여래(八藥師如來) 등의 명호를 창하거나, 정계존승불(頂髻尊勝佛) 등의 다라니를 창하거나, 그러한 것을 할 수 없는 경우에는 적어도 '옴 마니 반메 훔' 등의 짧은 다라니라도 창하도록 하고, 필요 없는 잡담은 절대 삼가하지 않으면 안된다.

뽀와 의식을 하기 위해서 사자의 앞을 찾은 행승(行僧)은, 자신의 방문이 이미 사후 수일을 지나고 있는 경우나 사후에 사체가 움직여진 형적(形跡)이 있는 경우에는 먼저 그러한 과정에 의해서 일단 이탈한 사자의 마음(心, 識)을 다시 불러오기 위해서 마땅히 가지(加持) 의식을 행하지 않으면 안된다. 그러나 마음(心)이 돌아와도 사자는 왕왕 자신이 이미 죽어 중유(中有)의 상태에 있는 것을 알지 못하는 경우가 있다. 그때에는 그에게 나타나는 여러 가지 광경을 하나하나 구체적으로 지적하고 그것이 나타난 이유를 해설하고 그러한 현상이 나타나는 것이 중유의 상태에 있는 엄연한 증거임을 설명하여, 자신이 이미 중유의 존재로 되어 있는 것을 자각시키지 않으면 안된다. 본 해설서에 그 이유를 게재한「뽀와의 작법」에도 중유의 자에게 나타나는 여러 가지 현상이 상세하게 설명되어 있다.

　좋은 세계에 태어날 조후가 나타나는 경우에는 문제가 없다. 그러나 나쁜 세계에 태어날 조후가 나타나는 경우라 해도, 앞서 언급한 것처럼 중유는 극히 변화하기 쉬운 상태에 있기 때문에 아직 장래에 나쁜 세계에 태어날 것으로 결정된 것은 아니다. 더욱이 뽀와 의식을 믿는 자에게는 라마 또는 다라니, 삼매, 가지(加持) 등 중유의 운명까지도 변경할 수 있는 강력하고 의지할 가치가 있는 방법이 존재하고 있는 이상 결코 두려워할 필요가 없다는 것을 사자가 잘 알아서 마음을 평온하게 해야 하는 것이다.

　중유의 유정이 나쁜 세계로부터 벗어나기 위해서는 그로부터 오는 공포심을 극복하는 것이 필요하고, 그를 위해서는 라마 등에 귀의하는 것이 중요하다. 그와 함께 나쁜 세계로 향하여 마음이 산란하고 때문에 잘못 그 방향으로 나아가서 드디어 그곳에 다시 태어나는 최악의 사태를 방지하기 위해서는, 행승(行僧)은 다음과 같이 명상할 것을 사자에게 들려주지 않으면 안된다. 사자가 명상해야할 것은 먼저, 그의 신체의 중앙을 똑바로 중앙혈관이 배꼽의 주변으로부터 두정(頭頂)에까지 뻗치고 심장의 주변에서 콩알 크기의 빛나는 흰 마음(心)의 방울(滴雫: 물방울, 티크레)이 튀어 오르고 있는 모습을 마음으로 생각하고 그린다고 하는 것이다. 그의 두정에는 위로 향하여 똑바로 연결된 천창(天窓)과 같은 브라흐마 공(孔)이라고 하는 구멍이 열려있다. 행승은 그 구멍을 향하여 아미타불(無量光)을 초청하는 말을 한다. 그에 맞추어 사자는 라마와 불이일체(不二一体)

로 화한 아미타불이 극락으로부터 내영하여 주시는 광경을 그리며 생각하도록 힘쓴다.

　아미타불을 초청한 후에 행승이 해야 할 일은 사자를 대신하여 단말마(斷末魔)의 고통이나 염마(閻魔)에의 공포, 혹은 중유에 있어서의 재난이나 나쁜 세계에 대한 두려움으로부터 자신을 지키고 극락에 태어나게 해주시도록 아미타불에 향하여 세 번 청원을 창하는 것이다. 그렇게 하면 3회째의 청원의 끝에 아미타불의 가슴 주변부터 구상(鉤狀)의 빛(光)이 출현한다. 그 빛은 사자 두정의 브라흐마 공(孔)로부터 내부로 들어가서 배꼽 주변에까지 내려가 빛나고 있는 물방울(滴雫)에 마주쳐 마치 자석이 철(鉄)을 끌어올리듯이 물방울을 위쪽으로 끌어올린다. 그때까지 아래로 향하여 있던 강한 풍(風)의 식(息)이 방향을 위로 바꾸고 그에 의해서 최초의 '힉크'라고 하는 딸꾹질과 같은 소리(音)가 나오면 물방울(滴雫)은 심장의 주변으로부터 이마 주변까지 오르고, 2회째의 '힉크' 소리로 다시 미간(眉間)의 주변으로 오르고, 3회째에는 두정에까지 오른다. 그리고 다음에 '펫트'라는 소리가 나오면 물방울은 브라흐마공으로부터 나와 아미타불의 흉중(胸中)에로 용해되어 버리고 거기에서 혼합됨으로써 하나가 되어 구별을 할 수 없게 된다.

　이와 같이 하여 사자는 아미타불의 계신 극락의 연화(蓮華)의 꽃봉오리 속에 태어나게 된다. 그 후 아미타불의 가슴으로부터 발하는 광명을 받아 연화가 피어날 때에 아미타불을 친견하고 그 가르침을 받아 배우고 드디어 깨달음을 열기에 이른다고 하듯이, 순차적으로 마음에 생각하면서 그려 가야하는 것이다.

　이상이 임종에 즈음하여 행승이 사자에게 말하고 들려주어야 할 일이다. 행승은 그러한 것을 사자에게 설명하면서 여러 가지 청원문(請願文)이나 다라니를 창하지 않으면 안되기 때문에 '뽀와의 작법'

에는 언제 어떠한 청원문이나 다라니를 창할까 하는 것에 관해서도 자세한 지시가 주어지고 있다.[194]

---

194) 武內紹晃 外3人, 『淨土佛敎の思想』第3卷, 講談社, 1993, pp.226~232 참조.

:: 제4장 정토참회법의 발전과정 ::

제1절 『정주자정행법문(淨住子淨行法門)』에 있어서의 참회

1. 포살(布薩)과 정주(淨住)

　문선왕(文宣王, 460~494)의『정주자(淨住子)195)정행법문(淨行法門)』196)의 특색은 이것이 포살법(布薩法)이며 참회를 전문에 걸쳐 설하고 있다는 것을 들 수 있다. 5세기 후반 중국에서의 참회경전의 성행과 참법의 사례로부터 초기의 참회 작품으로 위치지울 수 있는 것이고, 또 동시에 자비도량참법(慈悲道場懺法)의 의빙설(依憑說)이 나오듯이 참법의 원류로서 의의가 있기도 하다.

　정주(淨住)는 포살을 번역한 말이고, 중국적 명칭으로 정행법문(淨行法門)이라고 제목을 붙인 것이다. 초기 중국불교에서는 참회에 관한 여러 가지 대승경전의 성립과 더불어 육근(六根)이나 삼업(三業)의 참회를 중심으로 한 예배참회 즉 정신적 참회에도 포살이란 용어를 사용하고 있었다. 아마도 4~6세기의 중국에서는 계율에 있어서의 포살법과 특히 대승경론에서 설한 예배참회를 혼동하여 받아들이고 있었던 것 같다.

　도안(道安)의 승니궤범(僧尼軌範)의 3예와 승우(僧祐)가 편찬한『홍명집(弘明集)』에 수록된 진(晋)의 치초(郗超)의 봉법요(奉法要)197)에서는 그 서문에 삼귀(三歸)를 설하고, 이어서 "매번 예배참

---

195) 淨住子는 양대(梁代)에 이르러 승우(僧祐, 445~518)가 편찬한『出藏記集』제12권「雜錄」중에 나온다.
196) 문선왕의 이름은 숙자랑(蕭子良, 460~494)이다. 따라서 숙자랑의『정주자정행법문』으로 나오는 책도 있다.

회하고 모두 지심(至心)으로 귀명한다."고 하고, "이미 5계(五戒)를 행하면 즉 세삼(歲三)·월육재(月六齋)를 수행"해야 할 것을 가르치고, 6재일에 3귀(三歸)·5계(五戒)·10선(十善)과 예배참회를 결부시키고 있다. 이 내용은 이미 『대지도론』198)에서 "지성심으로 참회하고 신청정, 구청정, 심청정히 하여 8계(八戒)를 받아 행한다. 이것이 즉 포살이다."라고 설한바 있다.

또한 후한(後漢)의 실역인 『수십선계경(受十善戒經)』199)에는 "지금 삼세제불 아라한의 전, 화상승(和上僧)의 앞에서 지심발로하고 오체투지하여 모든 죄를 참회하는 이것을 포살법을 행한다고 이름한다."고 하고, 이것이 끝나고 8계를 수지하는 것으로 팔재계(八齋戒)를 해설하고 있다.

정행법문(淨行法門)의 저자가 포살법과 예배참회를 구별한 것인지 아닌지는 의문이지만 ①황각변덕문(皇覺弁德門)을 묶어 "이것을 청정도문(淸淨度門)을 구족한다고 이름한다."고 하는 것을 정주자(淨住子)라고 이름한 데서 일견 포살법으로 보았다고 볼 수도 있다.200) 그럼에도 불구하고 내용은 율(律)의 포살법과 다르고 『대지도론』의 그것과도 거리가 있는, 예배참회를 핵심으로 한 승속(僧俗)의 생활윤리적인 성격이 있다.

---

197) 『홍명집(弘明集)』 권1, 大正藏 52, 86上
198) 『大智度論』 13. 大正藏 25, 159中
199) 『受十善戒經』 大正藏 24, 1023
200) 당시에 포살법과 예배참회를 반드시 혼동하지 않은 예도 보인다. 양간문재(梁簡文帝)의 팔관재제서(八關齋制序: 廣弘明集所收·大正藏 52·324下)에는 팔관재(八關齋)에 있어서의 생활규정 및 벌칙을 9조 들고 있어 똑같이 광홍명집소수의 참문류(懺文類)에 볼 수 있는 의식과는 다른 것을 본다. 또 이 9조가 국청백록(國淸百錄) 제1에 수록된 입제법(立制法)과 비슷한 것은 흥미롭다.

2. 예불참회

이하 이 참회가 중심으로 되어 있는 점을 살펴보기로 한다.

믿음(信)을 입도(入道)의 초문(初門)이라고 하는 것은 불교 특히 대승불교의 전제이다. 정행법문에서도 불덕(佛德)을 말한 다음에 ② 귀신문(歸信門)을 내고 있는 것은 당연한 것이다. 귀신문에서도 참회는 중요한 역할을 하고 있다. 중생을 가엾이 여겨 자식과 같다고 보신 여래를 보지 못하고 그 팔음(八音)을 들을 수가 없는 것은 죄업이 깊고 두터운 때문이라며, "정(情)을 누르고 뜻을 꺾어 상심(上心)을 키우고 참회하여 죄를 멸하고 모든 번뇌잡념을 버리고 나서 귀신(歸信)해야 한다."고 설한 것은, 참회가 믿음에로 귀의하기에 앞서 행하는 것이라고 하는 데서 불도(佛道)에 관계 지을 수 있는 전제로 보고 있는 것이다. 그러므로 "이제 귀신(歸信)하고자 하고 또 이와 같이 장차 여래의 상호광명을 보고자 하면 먼저 그를 위해서 신구의(身口意)를 청정케 하고 심구(心垢)를 깨끗이 하고 육진(六塵)의 애염(愛染)을 영원히 멸해야 한다."고 설하는 것이다.

또 "오체투지(五體投地)로 태산이 무너지는 것과 같이 일심으로 귀신(歸信)하되 또한 어찌 의심됨이 없지 않으랴."201)고 하여 "…지존황태자(至尊皇太子) 칠묘성령(七廟聖靈) 용신팔부(竜神八部) 일체극고(一切劇苦)의 중생을 위해서 시방일체삼세제불에 경례하여 구애참회(求哀懺悔)"하는 것이다.202) 이렇게 "뉘우치고 나서 항상 유연조화심(柔軟調和心)·감수심(堪受心)·방일하지 않는 마음으로 행"하고 "탐욕심을 여의고 정(定)을 수행하여 계율을 받들기를 청

---

201) 이 구(句)는 『자비도량참법(慈悲道場懺法)』 大正藏 45, 922~)에는 참회의 경우 처처에 쓰여 있다.
202) 『자비도량참법』에서는 각 품마다 '봉위황제(奉爲皇帝) 云云'을 말하고 있다.

정하게… 중생을 버리지 않는"것이다.

이와 같이 불도 수행의 출발점이 참회이기 때문에 다음에 ③척제삼업문(滌除三業門)에서는 "멸고(滅苦)의 요체는 참회에 지난 것이 없다."고 단언하고, "참회의 법은 먼저 마땅히 그 마음을 청결히 하고 그 생각을 고요히 하고, 그 형색을 단정히 하고, 그 모습을 가지런히 하고, 그 몸을 공손히 하고, 안으로 참괴심(慚愧心)를 품어 더럽고 부끄러운 것을 밖으로 발해야" 한다고 말한다.

그리고 신구의(身口意) 삼업의 참회를 말하는데, 위에 말한 마음과 생각에 대해서는 "의(意)는 신구지본 죄복지문(身口之本 罪福之門)"이라고 하면서도 ④수리육근문(修理六根門)에서는 "용체(容體)를 장엄하려고 하면 즉 모름지기 육근이 청정해야 한다."고 하여 형식을 중시하는 중국적 경향을 보이고 있다.

또 참회의 법으로서 안으로 참괴심을 품고 더럽고 부끄러운 것을 밖으로 발산하는 참(慚)·괴(愧)·비(鄙)·치(恥)를 설하여 무참무괴(無慚無愧)가 참회의 내용으로 나타나고 있다.

육근문(六根門)에 대해서는 여기에서도 무참(無慚)·무치(無恥)를 말하고 육근 하나하나에 대해 '시대가치일야(是大可恥一也)' 등등으로 표현한다.203) 이 참괴는 ⑰십종참괴문 ⑱극대참괴문으로 다시 별도로 나오지만 ⑥극책신심문(剋責身心門)에서는 "개회(改悔)할 수 없으면… 스스로 깊이 극책해야 할 것"을 설하고 ⑦검복문(檢覆門)에서는 검심(檢心)·검교(檢校)·검아차신(檢我此身)을 설하고 있다. ⑧가힐문(訶詰問)에서도 사대(四大)를 살펴 무참무괴를 말하는데, 그 방법으로 ⑨출가문(出家門) ⑩재가문(在家門)을 나누어 설할 필요가 있다고 한다. 그리고 후자에서는 존귀(尊貴)·고비(高

---

203) 이와 같은 표현은 竺法護譯의 『불설분별경』(大正藏 17, 541上)에도 볼 수 있다.

卑)・훼욕(毁辱)・예절・친족・쟁송 등의 사례를 들어 '검찰(檢察)'을 하고, 전자에서는 삼천위의(三千威儀)나 『출가공덕경』에서 설하는 것과 같이 그 "소행을 검교(檢校)하는" 것이다.

그리고 ⑪지옥문에서도 지옥문의 "과(果)를 증험하여 인(因)을 찾는" 것을 가르치고, ⑫출가회도문(出家懷道門)에서는 출가의 외형적인 면을 17조를 가지고 '경책(警策)'을 하고 ⑬재가회선문(在家懷善門)에서도 실가(實家), 처자, 종친, 권속, 붕우 등을 들어 그 처세를 설하고, 이것도 "1일1야 청정하게 금하는 것을 지키고 육시행도(六時行道)하여 (月의) 육재(六齋), 년의 삼장제(三長齋)"를 지킬 것을 권하며, "1계(一戒)・2계・3계 내지 5계・8계・10계를 지켜" 신구의를 단속하라고 설하고 있다. 또 ⑭삼계내고문(三界內苦門)에서는 삼계에 즐거워할 일 없는 것을 의복・실우(室宇)・처자권속・호색(好色)・붕유(朋遊)・음질(婬姪)・영위(榮位)의 일상생활의 사례를 들어 '각찰(覺察)'케 하는 것이다. 묘색(妙色)에 대하서 "수유(須臾)에 안면 변하여 검은 머리 파 뿌리 되며 얼굴은 검어지고, 소년의 꽃다운 아름다움을 아파하는" 등을 설하는 것은 실로 중국적이다. ⑮출삼계외락문(出三界外樂門)은 이른바 붓다의 32상을 들어 "유심(有心)을 가지고 천하게 여기는" 것이지만, 여기에서도 "신구의(身口意)를 마디로 하여 뛰어나게 힘쓸" 것을 설하고 ⑯단절의혹문(斷絶疑惑門)에서도 육혹(六惑)을 들어 '세인의 혹사(惑事)'를 경계하고 '마음을 살펴 형상을 섭수하라'고 설하는 것이다.

⑰과 ⑱의 참괴문은 "물러나 스스로 생각하면서 돌이켜봄에 실로 참괴해야한다."며 참괴를 다시 드러내어 반성하는 것이다. 『열반경』과 기타 경론에서 설한 "만일 참괴 없으면 모든 금수와 다르지 않다."고 하는 참괴의 개념을 인용하고, 그러므로 "참괴 있기 때문에 능히 부모사장(父母師長)을 공경"할 수 있다고 설한다. 또 10조를 들어

참괴하지만 이것도 매우 구체적인 예를 들고 있다. 그리고 참괴를 총괄하는 것이 제18문이고, 정법을 훼방하는 것은 극대참괴(極大慚愧)라고 하는 등 불교의 근간을 논하고 있다. 이어서 의식(衣食)의 중요함을 설하고 있지만 그것에 탐착하는 것은 대참괴로 축생과 다르지 않다고 설하고 있다. 이상으로 참괴에 관한 문(門)은 일단 끝나는 것이다.

그리고 ⑲에서는 "안으로 참괴를 권장하는 공(功)을 발하는 것은 선지식(善知識)이다."와 결부시키고, 타인의 괴로움을 보면 시여(施與)하는 수개 조를 들어 '상(相)'을 경계 시키고 있고 ⑳의 귀계(歸戒)에서는 계를 '입성지초문(入聖之初門), 출속지정로(出俗之正路)'라 하여 ②의 귀신문에 결부시키고 삼보에 "귀의하여 믿음을 내는"뜻을 설하는 것이다.

그리고 ㉑자경문(自慶門)도 지옥의 고통을 여의거나 인신(人身)을 얻거나 하는 기쁜 일도 자신의 경우를 반성하는 형식으로 그 결과에 있어서의 기쁨이고 ㉒인문(忍門)도 앞 문(門)의 검교에 의해서 알게 된 괴로움을 극복하기 위한 것이며, 그에 의해서 얻는 ㉓무의(無疑)도 ㉔노력을 하여 힘쓰지 않으면 실현하지 못한다고 하는 것이다. ㉕ ㉖ ㉗예삼보(禮三寶)이하 ㉘권청 ㉙수희 ㉚회향 ㉛발원은 별도의 면에서 예배참회와 관계가 있지만, "참안경통(慚顔哽慟)하여 지심으로… 경례한다."든지 ㉕"하루에 모름지기 삼성(三省)을 하고 반드시 구사(九思)해야 한다."든지 ㉗조심제의(調心制意)라고 하는 표현도 있다.

이상은 각문이 거의 참회 및 그와 관련된 참괴 혹은 그 중국적 표현이라고 볼 수 있는 검심(檢心)・검교(檢校)・각찰(覺察)・경책(警策)・징계(懲誡)・험(驗)・절(節)・간(簡)・치(恥)・비(鄙) 등의 용어를 사용하여 설하고 있다. 이것은 예삼보문(禮三寶門)과 합하여 예배참회의 방법인 것임을 구체적으로 나타낸 것일 것이다.

『정행법문(淨行法門)』이 이상과 같이 예배참회가 그 내용으로 되어 있다고 보면 이에 대하여 작성을 하는데 있어서 준거로 된 것은 무엇이었을까. 그것은 5~6세기에 있어서 예불참회를 내용으로 하는 제경전의 전역과 예참의 성행이 있었기 때문이다.204)

3. 육근참회(六根懺悔)

『정행법문』에서의 참회는 삼업(三業)과 육근(六根)의 참회로 시작되고 발원문에서 육근의 청정장엄을 원하는 것으로 끝난다. 그렇게 보면 삼업·육근참회가 중심이라고도 볼 수 있지만 이 측면에서 불전을 바라보면 그것은 너무도 수가 많다. 위의 경전 외에 안세고(安世高)가 번역했다고 하는 『사리불회과경』의 삼업회과(三業悔過), 축법호 역(271)의 『문수회과경』에서의 육근의 회과(悔過), 구나발마(求那跋摩)역(424~431)의 『우바새오계위의경』의 삼업참회, 『십이권본불명경』(509~537)의 삼업참회, 양록(梁錄)으로 실역(失譯)인 『현재현겁천불명경』의 삼업·육근참회와 보살오법참회문의 참회·청불·수희 등의 행법형식 등 그 어느 것이나 예배와 참회를 갖는 것이다.

이들 제경전 가운데 어느 정도인가는 『정주자』의 저자인 문선왕(文宣王)에 의해 참고가 되었을 것이지만, ③척제삼업문(滌除三業門)의 끝에 "신구(身口)는 업추(業麤)하여 애초에 끊기 쉽고 의(意)는 미세하여 골짜기 끊어 다하기 어렵다. 널리 제경전에 그 상태를 설하는 것과 같다."고 하기 때문에 어느 경에 의거하였는지는 쉽게

---

204) 塩入良道, 「懺法の 成立と 智顗の 立場」 『印度學佛敎學硏究』 第6권 제2호 참조.

판정하기가 어렵다. 그러나 ④수리육근문(修理六根門)의 육근참회에 대해서는 육근을 각 별로 세우기 때문에 어느 경에 의한 것인지 유추할 수가 있다. 그것은 보현참(普賢懺)이 의거로 삼은 『관보현보살행법경』인데, 천태의 법화참법도 이 경에 기초하여 만들어진 것이다.205)

제2절 『자비도량참법』의 성립

1. 서문

이 참법이 고려대장경 「보유부(補遺部)」에 수록되었음을 보면 우리나라에 들어온 것은 고려 고종 연간 이전인 듯하다. 현행 참법은 고려장경에 수록된 것과 약간 다르니, 매권 처음에 찬(讚)·향찬(香讚)·입참문(入懺文) 등이 있고 권말에 찬(讚)·거찬(擧讚) 등이 있는 것이 그것인데 누구의 작품인지 아직 상고하지 못했다. 또 『자비도량참법』의 주석서로는 조구(祖丘)스님206)이 집해한 『자비도량참법집해(慈悲道場懺法集解)』 2권 1책이 유일하게 전해지고 있다.207)

2. 양황참(梁皇懺)이 의미하는 것

『자비도량참법(慈悲道場懺法)』(6세기)은 앞 절의 『정주자정행

---

205) 塩入良道, 상게서, pp.446~447.
206) 조구(祖丘)스님은 여말선초 천태종의 학승이다. 조선초 태조 이성계는 무학대사를 선종총섭, 조구스님을 교종총섭으로 삼아 국사로 섬겼다.
207) 『한국불교의례자료총서』 제1집에 영인본으로 수록되어 있음. 한글대장경 132책, 1994. p.40

법문(淨住子淨行法門)』(460~494)에 이어서 중국에서 성립한 참법으로서 그 작성태도의 중국적 성격으로 보나 그 방대한 양으로 보나 전자에 필적하는 것이다. 그러나 부사의한 점은 중국의 불교문헌에서는 훨씬 후세가 되어서야 볼 수 있는 것이다. 즉 양(梁)의 천감(天監) 2년(503)경 『석씨계고략(釋氏稽古略)』에 이르러서야 비로소 자비참법(慈悲懺法)이란 말이 나오는 것이다.

그러나 적어도 만당(晚唐)에는 유포되고 있었던 듯하다. 857년 일본 엔친(円珍)의 『입당구법목록(入唐求法目錄)』에는 『양무제참』 6권208)이 있어 『자비도량참법』을 『양무제참』이라고 칭했던 것을 알 수 있다. 또 고려 사문 의천(義天)의 『신편제종교장총목록』(1090년 찬) 권2의 「해동유본견행록」에도 『자비참법』(10권) 양무제술209)을 언급하고 있다.

전절의 『정주자정행법문(淨住子淨行法門)』은 한두 가지 의문점은 있으나 대체로 문선왕 숙자량(蕭子良)의 편찬이라고 보는 것이 일반적이다. 그러나 이 『자비도량참법』에 대해서는 정사(正史)의 양서(梁書)는 물론 모든 불교측의 문헌에도 보이지 않기 때문에210) 그 성립에 대해서는 전혀 확인할 수가 없다.

대정장경(大正藏經)에 수록된 '자비도량참법전'에 의해 이것이 성립된 연유를 보면, 이 '전(傳)'은 작자는 분명하지 않지만 양(梁)으

---

208) 円珍, 『入唐求法目錄』 大正藏 55 1101中
209) 『신편제종교장총목록』 권3, 大正藏 55 1174下
210) 다만 『속고승전(續高僧傳)』 권29 흥원편(興願編)에, 사료에 엄밀한 도선(道宣)은 "이한경출비본(而恨經出非本) 사수품조육근대참(事須品藻六根大懺) 기본유양무제친행정긍묵식(其本惟梁武帝親行情矜黙識) 고문운(故文云)"(大正藏50 699下)라고 하여 당초(唐初)에 있어서 양무제에 육근대참이 있었던 것이 인정되고 있고, 「문운(文云)」의 용어도 자비도량참법의 내용과 일치한다. 또 『자비도량참법』 권2에는 "앙원(仰願) 당금황제황태자전하…"(大正藏 45 931下)라고 양황제의 세주(細注)가 있고, 원간본(元刊本)에는 황제가 주상폐하왕태자로, 명간본(明刊本)에는 폐하로 되어있다고 한다.

로부터 지금까지 수백 년이라고 언급하고 있고, 양무제가 황후 치씨(郗氏)의 사후에 찬한 것이라고 말하고 있다. 그러므로 수백 년을 5~600년이라 보면 대체로 송의 인종(1022~1063)으로부터 휘종(1100~1125)경의 찬으로 볼 수 있지만 그 신빙성에 대해서는 그다지 기대할 수가 없다. 다만 양황참(梁皇懺)이라고 하는 연유는 이 참자(懺者)가, 양무제가 황후 치씨(郗氏)를 위해서 집성한 것이라 밝히고 있기 때문이다. 황후는 질투심 때문에 사후에 이무기(蟒)로 바뀌어 태어났다고 하는 이야기로 시작되는데, 이무기가 되어 음식할 식(食)도 없고 몸을 보호할 굴혈(窟穴)도 없고 많은 벌레들에게 인갑(鱗甲)을 물리는 고통을 당하면서, 황제의 기념(祈念)하는 공덕에 의해 구제받고 싶다고 호소하자 중승(衆僧)과 논의 끝에 찬술하게 된 것이 이 참법이라고 하는 것이다.211)

3. 자비도량 서원

오늘 이 도량(道場)의 동업대중(同業大衆)이여, 모두 다 보리심을 발하고 환희용약(歡喜勇躍)하며 다시 또 큰 서원을 발하기 위하여 다 같이 간절하게 오체투지(五體投地)하고 세간의 대자대비하신 부처님께 귀의하나이다.

바라옵나니 부사의(不思意)한 힘으로 가피하시고 보호하시어 저희들이 세운 서원을 모두 성취케 하시오며, 나는 곳마다 항상 잊지 말고 위없는 깨달음을 끝까지 얻어 정각을 성취케 하여지이다.

저희들이 오늘부터 세세생생에 나는 곳마다 항상 보리심 발한 것을 기억하여 보리심이 상속하여 끊어지지 않게 하여지이다.

---

211) 塩入良道, 전게서, pp.468~478 참조.

저희들이 오늘부터 세세생생에 나는 곳마다 항상 무량무변하신 모든 부처님을 받들고 공양하려 하오니 모든 공양거리가 만족하여지이다.

저희들이 오늘부터 세세생생에 나는 곳마다 항상 대승방등경(大乘方等經)을 호지하올 적에 모든 공양거리가 만족하여지이다.

저희들이 오늘부터 세세생생에 나는 곳마다 항상 시방의 무량무변하신 모든 보살을 만나올 적에 모든 공양거리가 만족하여지이다.

저희들이 오늘부터 세세생생에 나는 곳마다 항상 시방의 무량무변한 모든 현성(賢聖)을 만나올 적에 모든 공양거리가 만족하여지이다.

저희들이 오늘부터 세세생생에 나는 곳마다 항상 깊은 은혜를 보답하올 적에 이바지할 것이 뜻과 같이 만족하여지이다.

저희 제자들이 오늘부터 세세생생에 나는 곳마다 항상 화상과 아사리(阿闍梨, 큰 스승)를 만나올 적에 공양할 것이 뜻과 같이 만족하여지이다.

저희들이 오늘부터 세세생생에 나는 곳마다 항상 국력이 강대한 나라를 만나서 나라와 더불어 삼보를 흥성케 하여 끊이지 않게 하여지이다.

저희들이 오늘부터 세세생생에 나는 곳마다 항상 불국토를 장엄하여 삼도팔난이란 말까지 없게 하여지이다.

저희들이 오늘부터 세세생생에 나는 곳마다 불법을 자재하게 설하는 지혜와 육신통이 항상 앞에 나타나서 잃어버리지 않게 하여 모든 중생들을 교화하여지이다.

서로서로 지극한 마음으로 다 같이 간절하게 오체투지하고 세간의 대가대비하신 부처님께 귀의하나이다.

또 거듭 시방의 한없는 모든 삼보께 귀의하옵나이다. 여러 부처님과 여러 대보살과 일체 현성의 대자비력을 받자와 저희들이 세운 서원이 나는 곳마다 마음대로 자재케 하여지이다.

오늘부터 세세생생에 저희들이 나는 곳마다 어떤 중생이 나의 몸을 보면 곧 해탈을 얻으며, 만일 지옥에 들어가면 모든 지옥이 극락세계로 변하고, 모든 괴로움은 즐거움으로 변하여 중생들로 하여금 육근이 청정하고 몸과 마음이 안락하여 삼선천(三禪天)212)과 같으며, 모든 의심을 끊고 번뇌가 없어져지이다. 오늘부터 세세생생에 저희들이 나는 곳마다 어떤 중생이든지 나의 음성만 들어도 마음이 편안하여 죄업을 소멸하고 다라니를 얻으며, 해탈삼매로 무생법인(無生法忍)213)을 구족하며 큰 변재를 얻어 법운지(法雲地)214)에 올라서 정각을 이루어지이다.

오늘부터 세세생생에 저희들이 나는 곳마다 모든 중생들이 나의 이름만 들어도 모두 환희하며 미증유를 얻으며, 삼악도에 가게 되면 모든 고통을 끊어버리고 천상이나 인간에 나게 되면 번뇌가 끊어져 가는 곳마다 자재하여 해탈하여지이다.

저희들은 오늘부터 세세생생에 나는 곳마다 모든 중생을 대하여 주는 마음과 빼앗는 마음이 없고, 원수라는 생각과 친하다는 생각이 없으며, 삼독을 끊어버리고 나다 내 것이다 하는 생각이 없으며, 큰 법을 믿어 평등하게 자비를 행하며, 일체가 화합하여 거룩한 대중과 같아지이다.

저희들은 오늘부터 세세생생에 나는 곳마다 모든 중생을 대해 마음이 항상 평등하여 허공과 같으며, 헐뜯고 칭찬하는데 흔들리지 아니하고, 원수와 친한 이가 한 모양이며, 깊고 넓은 마음에 들어가서 부처님의 지혜를 배우며, 중생을 보되 라훌라와 같이 하며, 십주(十住)215)의 업을 만족하여 외아들 같은 지위를 얻으며, 유와 무를 떠나서 항상 중도를 행하여지이다.

---

212) 수행에 의하여 欲界의 迷惑을 넘어 태어나는 色界의 셋째 하늘. 이곳은 ①평등하고 ②항상 불법을 생각하고 ③지혜로우며 ④즐겁고 ⑤한마음이다
213) 진리를 깨달은 평안함. 또는 진여(眞如)의 깨달음
214) 보살의 계위 중 가장 높은 십지(十地)
215) 보살이 수행하는 52단계 중 11부터 20위까지. 진실한 공(空)의 도리에 마음이 안주하는 경지

서로서로 지극한 마음으로 다 같이 간절하게 오체투지하여 세간의 대자대비하신 부처님께 귀의하나이다.

또 거듭 시방의 무한한 모든 삼보님께 귀의하옵나이다. 원컨대 저희들이 참회하고 발원하는 공덕의 인연으로 사생육도들이 오늘부터 보리를 이룰 때까지 보살도를 행하는데 고달픔이 없으며, 재물의 보시와 법의 보시에 다함이 없으며, 지혜와 방편으로 짓는 일이 헛되지 않고, 근기를 따르고 병에 맞추어 법과 약을 베풀며, 보고 듣는 모든 이들이 함께 해탈을 얻어지이다.

저희들은 또 원하나이다. 오늘부터 보리에 이르도록 보살도를 행하되 망설임이 없고, 이르는 곳마다 큰 불사를 지으며, 도량을 건립하되 마음이 자재하고 법에 자재하며 모든 삼매에 모두 들어가고 다라니의 문을 열어 불도 수행의 결과를 나타내 보이며, 법운지(法雲地)에 있으면서 감로의 비를 내리어 중생들의 네 가지 마원(魔怨)216)을 소멸하고 청정한 법신의 과보를 얻게 하여지이다.

저희들이 오늘날 세운 여러 가지 서원이 시방세계의 큰 보살들이 세운 서원과 같으며, 시방세계 여러 부처님이 수행하실 때 세우신 대원과 같아서, 광대하기 법의 성품과 같고 구경(究竟)이 허공과 같아지이다.

저희들이 세운 소원을 성취하여 보리원을 만족하며 모든 중생들도 다 따라서 세운 서원을 성취하기를 원하오니, 시방의 모든 부처님과 일체존법과 일체보살과 일체현성께서 자비하신 힘으로 저희를 위하여 증명하여 주시옵소서.

또 원컨대 모든 하늘, 모든 신선, 모든 선신, 모든 용신들도 삼보를 옹호하는 자비와 선근의 힘으로 증명하여 저희의 모든 행원이 뜻대로 이루어지이다.217)

---

216) ①번뇌 ②괴로움을 낳는 오온(五蘊) ③죽음 ④선행을 막는 것 등. 이 네 가지는 수행에 있어서의 원수임.
217) 『자비도량참법』 第2卷中(耘虛老師 譯) 발췌.

4. 『자비도량참법』의 구성

대정신수대장경에 수록되어 있는『자비도량참법』(10권)은 시오이리료도(塩入良道)교수에 의하면 4종류로 분류되고 각 종류마다 제1 내지 제6이라고 하는 항목순서가 부여되어 있다. 그러나 이것은 고려본 및 원(元)의 연우 3년(1316) 간본에 의한 것이고, 교조(校照)된 명(明)의 만력 13년(1585) 간본에서는 4종류로 나누지 않고 전권(全卷)에 항목순서번호가 부여되어 있다. 이하의 내용에 대해서 간략히 그 개요를 소개한다.

《제1권 ~ 제2권》

제1~2권에는 6개의 분제목이 있다.

「귀의삼보(歸依三寶)」제1

여기서는 세상이란 덧없는 것이어서 모든 것이 끝이 있고 죽음이 있으며, 수행에 의해서만 고통스러운 이 세상을 벗어날 수 있다는 것과, 모두 함께 임금과 나라와 백성, 모든 중생을 위하여 삼보에 귀의할 것을 설하고 있다.

또 부처님이 끝없는 자비심으로 모든 사람을 친자식처럼 보살펴준다는 것과, 자식에 대한 부모의 사랑에는 한도가 있으나 중생에 대한 부처님의 자비는 그렇지 않다는 것, 죄 가운데에서도 제일 큰 죄는 부처님을 믿지 않는 것이므로 모두 함께 성심으로 삼보에 귀의할 것을 권하고 있다.

「단의(斷疑)」 제2

단의란 의심을 끊어버린다는 뜻이다. 의심은 수행을 하는데 있어서 큰 장애가 되므로 이것을 끊는 문제부터 말하게 된다고 한다. 먼저 여기서는 의심을 없애는데 대하여 여러 가지로 설하고 있는데 그 한 예를 소개하면 다음과 같다.

"착하거나 악한 행위는 반드시 그 과보가 따른다는 것을 의심하는 자들이 있다. 그들은 말하기를 그렇다면 어째서 비구는 일찍 죽는데 백정은 오래 살거나, 청렴한 자는 가난하게 지내는데 탐욕스러운 자는 부유하게 사는 것과 같은 일이 생기는가?"라고 한다. 그러나 이것은 다 그들의 전생의 선악에 대한 과보인 것이다.

또 세상살이는 고통이라는 불교교리에 대하여 의심하는 자들이 있다. 그들은 생각하기를, 세상에서 잘 먹고 잘 입으며 일가친척이 많은 것들을 즐거움으로 여기지만, 잘 먹고 잘 입는 것으로 하여 병이 생기거나 가까운 친척이 죽는 것으로 가슴을 치며 통곡하는 괴로움을 생각하지 못한다고 하는 것이다.

계속해서 하루아침에 수행을 다할 수 없으므로 꾸준히 해야 한다는 것과, 부모와 스승, 시주들과 천신들, 또는 모든 중생을 위하여 부처님께 귀의해야 한다고 말하고 있다.

다음으로 수행을 하며 착한 일을 하는 자에 대해서 질투하고 미워하거나 훼방하지 말아야 할 것을 『법화경』을 예로 들어가며 설하고, 끝으로 오늘 도량에 모인 사람들은 남의 선한 행에 대하여 질투하거나 훼방한 죄를 참회해야 한다고 말하고 있다.

「참회(懺悔)」 제3

참회란 지은 죄를 뉘우치는 것을 말한다. 깨닫는 마음을 지니기 위해서는 먼저 참회해야 하므로 의심을 끊는 문제에 이어 참회하는 문제를 말하게 된다.

　보통사람은 세상에 얽매이지만 성인들은 세상을 벗어나며, 세상에 얽매인 자는 온갖 악한 일을 하지만 세상을 벗어난 자는 착한 일은 하는데 자유자재하다는 것과, 성인으로 되기 위해서는 부처님의 설법에 따라 부지런히 도를 닦으며 참회해야 한다는 것, 참회란 매우 위력이 있는 것이어서 아무리 큰 죄라도 그것을 감하거나 없애버릴 수 있다고 설하고 있다.

　다음으로 오늘 도량에 모인 아무개와 아무개 등이 어떠어떠한 죄를 없애주시기를 지성으로 엎드려 기도한다는 식의 수많은 참회문을 열거하고 있는데, 그 한 예를 소개하면 다음과 같다.

　"아무개와 아무개 등은 다시 한 번 지성으로 엎드려 비나이다. 시작이 없는 아득한 옛적부터 오늘에 이르기까지 저희들에게는 살생을 일삼거나, 도둑질하는 것과 같은 몸으로 지은 죄와, 망령된 말이나 아첨하는 말 이간 붙이는 말과 같은 입으로 저지른 죄, 탐욕과 분노, 어리석음과 같은 마음으로 저지른 죄가 수없이 많으며, 스스로 이런 죄를 저질렀을 뿐 아니라 남들까지 부추겨 저지르게 하였사오니 순간에 지은 죄만도 헤아릴 수 없이 많사옵니다. 오늘 이 모든 죄를 참회하오니 원컨대 모두 다 없애 주소서."

「발보리심(發菩提心)」 제4

　발보리심이란 깨닫는 마음을 낸다는 뜻이다. 깨닫는 마음을 낸다는 것은 부처가 되려는 목표 아래 끊임없이 깨달음에로 지향하는 것을 의미한다. 먼저 보리심이라고 하는 깨닫는 마음에 대하여 여러 가지로 설하고 있는데 그것은 대략 다음과 같다.

　"오늘 이 도량에 모인 사람들이 이미 참회하는 것으로 그 마음을 깨끗이 하였으니 이제부터 마음을 굳게 먹고 깨닫는 마음을 내야 한다. 깨닫는 마음이란 곧 부처의 마음이며 그 보람은 헤아릴 수 없다. 사람이 여러 가지 선한 일을 하더라도 깨닫는 마음을 내지 않으면 그것은 마치 밭을 갈고 씨를 뿌리지 않는 것과 같다. 깨닫는 마음은 한 번만 낼 것이 아니라 계속 내야하며 이렇게 함으로서 그 마음이 끊임없이 이어지게 해야 한다."

다음으로 도량에 모인 사람들이 깨닫는 마음을 내기로 다짐하는 말들을 열거하고 있는 데 그 한 예를 소개하면 다음과 같다.

"원컨대 크나큰 자비심으로 저희들을 깨우쳐 오늘 아무개와 아무개로 하여금 깨닫는 마음이 끊어지지 않게 하여주사이다. 다시 한 번 엎드려 시방세계의 삼보님께 지성으로 예배하나이다. 아무개와 아무개는 자신만을 위하여 깨달음을 구하는 것이 아니라 모든 중생을 위하여 깨달음을 구하나이다."

「발원(發願)」 제5

발원이란 소원을 낸다는 뜻으로, 소원을 낸다는 것은 어떠한 소원을 마음속에 지니거나 소원을 담아 맹세를 다짐하는 것을 말한다.

먼저 오늘 도량에 모인 사람들이 이미 깨닫는 마음을 냈기 때문에 이로 인하여 기뻐 환희하며 다시 큰 소원을 내야 한다는 것을 말하고 있다.

다음으로 불가사의한 힘으로 아무개와 아무개의 소원을 다 이루어 달라든지 태어나는 곳마다 부처님을 만나 공양할 수 있게 하여 달라든지 하는 등 수많은 소원을 열거하고 있다.

「발회향심(發廻向心)」 제6

발회향심이란 회향하는 마음을 낸다는 말이고 회향하는 마음이란 모든 것을 도를 깨닫는 데로 돌리는 마음을 말한다. 먼저 도량에 모인 사람들이 이미 깨닫는 마음을 내고 소원을 지녔기 때문에 이제부터는 회향하는 마음을 내야한다는 것을 말하고 있다.

다음으로 아무개와 아무개가 이미 이룩하였거나 지금 이룩하고 있거나 앞으로 이룩하게 될 온갖 선한 일의 공덕을 모든 사람에게 돌린다는 것과, 누구나 다 깨달음을 얻게 되기를 바란다는 것, 황제와 황태자와 황실의 모든 친척들이 이 도량에 이르게 되기를 바란다는 것 등의 이른 바 회향하는 말들을 수없이 열거하고 있다.

《제3권 ~ 제6권》

제3~6권에는 4개의 분제목이 있다.

「현과보(顯果報)」 제1

현과보란 과보가 나타난다는 말이다. 여기서는 사람이 착한 일을 하는가, 악한 일을 하는가에 따라 반드시 그 과보가 있게 된다는 것을 여러 가지로 설하고 있다. 매우 긴 설법문 가운데 몇 가지 예를 소개하면 다음과 같다.

"사람의 선행이나 악행에는 반드시 그 갚음이 따른다. 전생(前生)에 부처님을 잘 섬긴 자는 왕으로 태어나고, 사람들에게 재물을 많이 나누어 준 자는 부자로 태어나며, 계율을 잘 지킨 자는 장수하고, 욕된 일을 참은 자는 단정한 몸매를 가지고 태어나며, 삼보를 찬양한 자는 맑은 목소리를 가진 자로 태어난다. 전생에 남을 업신여긴 자는 난쟁이로 태어나고, 남을 비방한 자는 벙어리로 태어나며, 가르쳐 주기 싫어하는 자는 암둔한 자로 태어난다. 무릇 조그마한 선한 일이나 악한 일도 가볍게 여기지 말 것이니 그것들이 모여 큰 것을 이루기 때문이다. 길흉화복은 다 사람의 마음가짐에서 온다는 것을 알아야 한다."

"부처님이 왕사성에 계실 때 성 동남쪽의 악취 풍기는 지저분한 못에 큰 벌레가 살고 있었다. 아난이 이 벌레의 전생 일에 대하여 물어보니 부처님은 대답하시기를, 이 벌레는 전생에 사찰의 주지였는데 사람들에게서 시주받은 재물을 사사로이 썼기 때문에 이러한 고통을 당한다."

「출지옥(出地獄)」 제2

출지옥이란 지옥을 벗어난다는 뜻이다. 여기서는 이른 바 지옥에 대하여 상세히 설명하고 지옥에 떨어지지 않게 하여 주실 것과, 이미 떨어진 자들을 모두 구제하여 주실 것을 빌고 있다.

앞의 「현과보」에서 선악의 행위에는 반드시 그 과보가 따른다는 것을 보여 주었으므로 여기서는 악한 일의 과보가 어떠하다는 것을 보여주게 되는 것이라고 한다. 지옥의 고통에 대한 장황한 설법 가운데서 그 일부를 소개하면 다음과 같다.

"삼천대천세계에서 철위산으로 둘러싸인 어둠 속을 지옥이라고 한다. 그 크기는 1,600만 리나 되며 온통 불길 속에 싸여있다. 중합지옥, 흑암지옥, 도륜지옥 등 여러 가지 지옥들이 있는데 그 가운데서 아비지옥의 고통이 가장 심하다. 아비지옥이란 끊임없이 고통을 당하는 지옥이라는 뜻으로, 사방이 각각 32만 리이며 일곱 겹의 철성과 일곱 겹의 철망으로 막혀져 있다. 부모형제를 죽이는 등의 오역죄(五逆罪)를 저지른 자들과 같이 모진 죄를 지은 자들이 이 지옥에 떨어지며, 여기에서의 하루는 세상에서의 60소겁(小劫)에 해당하는 기나긴 시간이다."

「해원석결(解怨釋結)」 제3

해원석결이란 원한을 풀고 맺힌 것을 없앤다는 뜻이다. 여기서는 사람들 사이의 원한을 푸는 것을 설하고 있는데 그 한 예를 소개하면 다음과 같다.

"모든 사람이 원한을 품고 있으며 서로 원수처럼 대하고 있다. 무엇으로 이것을 알 수 있는가. 원한이 없다면 악한 짓을 하지 않을 것이며 악이 없으면 고통스러운 이 세상도 없을 것이다. 사람들은 시작이 없는 아득한 옛적부터 불도(佛道)에 대한 무지로 하여 탐욕, 분노, 어리석음에 사로잡혀 있으며, 이로부터 여러 가지 죄악을 저지르고 있는데 순간에 저지르는 죄악만 하여도 끝이 없다. 이 모든 죄악이 사람들을 서로 원수로 만들고 있으므로 부처님의 설법에 따라 서로 원한을 풀지 않는 한 죄악에서 벗어날 수 없다. 사람들은 보살들처럼 용맹한 마음과 자비로운 마음을 지녀야 하며 그들 사이에 맺힌 원한, 일가친척과 맺힌 원한을 다 풀어야 한다. 사람들은 다 깨닫는 마음을 내고 보살도를 닦아야 한다."

「발원(發願)」 제4

발원이란 소원을 낸다는 뜻이다. 여기에서는 오늘 도량에 모인 사람들이 이 『참법懺法』의 참회법에 따라 모든 죄를 소멸하고 고통스러운 이 세상을 벗어나게 해 줄 것과, 과거·현재·미래의 모든 중생이 다 그렇게 되기를 바란다는 것, 오늘 이후로는 언제나 부처님을 만나 뵐 수 있는 세상에 태어나며, 지옥에 떨어지거나 아귀, 짐승 같은 것으로 태어나지 말기를 바란다는 것, 태어나는 곳마다 도량을 베풀고 공양을 올림으로서 중생에게 이익을 주게 되기를 바란다는 것 등의 여러 가지 소원을 말하고 있다.

《제7권 ~ 제10권》

제7~10권에는 5개의 분제목이 있다.

「자경(自慶)」 제1

 자경이란 스스로 경사스럽게 여긴다는 뜻이다. 여기서는 도량에 모인 사람들이 이미 삼보(三寶)에 귀의하고 의심을 풀고 참회를 하였을 뿐만 아니라, 깨닫는 마음을 내고 원한을 풀었으니 누구나 기뻐해야 할 경사가 된다고 하면서 15가지 경사를 들고 있다.
 그 첫 번째는 지옥에 떨어지지 않은 것이고, 두 번째는 아귀, 세 번째는 짐승으로 태어나지 않은 것이며, 네 번째는 불도가 유행하는 중국에 태어난 것, 다섯 번째는 내생에 복 받을 일을 한 것, 여섯 번째는 사람으로 태어난 것, 일곱 번째는 병신으로 태어나지 않은 것, 여덟 번째는 부처님에게 귀의한 것, 아홉 번째는 부처님의 열반 후 태어나서도 그를 알게 된 것, 열 번째는 부처님의 설법을 들은 것, 열한 번째는 스님이 된 것, 열두 번째는 남에게 유익한 일을 한 것, 열세 번째는 부지런히 도를 닦는 것, 열네 번째는 경을 읽게 된 것, 열다섯 번째는 도를 닦는 명상을 하게 된 것이 경사스러운 일이라는 것이다.

「위육도예불(爲六道禮佛)」 제2

 위육도예불이란 여섯 곳의 중생을 위하여 부처님께 예배한다는 뜻이다. 여섯 곳의 중생이란 천신, 아수라, 인간, 축생, 아귀 및 지옥에 떨어진 자의 육도중생, 다시 말해 온갖 중생을 모두 이르는 말이다. 여기서는 이들 모두를 위하여 부처님에게 예배할 것을 설하고 있다.

천신(天神)들을 위하여 예배하는 설법에서는 천상(天上)에 사는 가지각색의 선신(善神)들이 사람들을 보호하고 불법이 잘 펼쳐지도록 해 준다는 것을 말하면서, 이를 위해 천신들을 위하여 부처님에게 예배해야 한다고 말하고 있다.

아수라신들을 위하여 부처님께 예배하는 설법에서는 이들을 비롯한 여러 가지 선신들이 대승교리를 따르는 자들을 다 지켜주시기를 부처님께 기도하라고 설하고 있다.

사람들을 위하여 예배하는 설법에서는 임금과 부모 및 스승, 스님들과 모든 백성들을 위하여 부처님께 예배해야 한다는 것을 말하면서, 그중에서도 임금을 위하여 예배하는 문제를 강조하고 있다. 그것은 임금이 없으면 백성들이 의지할 데가 없기 때문이라는 것이다.

지옥에 떨어진 자와 아귀 및 짐승들을 위하여 부처님께 예배하는 설법에서는 지옥중생들이 당하는 고통에 자비심을 나타내면서 그들 모두를 대신하여 삼보에 귀의해야 한다고 말하고 있다.

「발회향(發廻向)」 제3

발회향이란 회향하는 마음, 다시 말해서 모든 공덕을 중생들을 위하여 돌려주는 마음을 낸다는 뜻이다. 먼저 오늘 도량에 모인 사람들이 이미 깨닫는 마음을 내었고 해야 할 일들을 다했기 때문에 이제부터 응당 모든 공덕을 중생을 위하여 돌려야 한다는 것과, 그러나 중생이 고통을 면하지 못하는 것은 세상에 사로잡혀 있기 때문이고, 그들이 세상에 사로잡혀 있는 것은 비록 조그마한 선한 일이라도 그 공덕을 돌려주지 않기 때문이라는 것이다. 따라서 모든 공덕을 중생에게 돌리는 것이야말로 가장 유익한 일이라고 설하고 있다.

다음으로 도량에 모인 사람들이 다 같이 엎드려 부처님에게 기도하라고 하면서 이른 바 회향문이라는 것을 열거하고 있는데 그 일부를 소개하면 다음과 같다.

　시방세계 천신(天神)들의 모든 공덕에
　내 이제 돌이켜 불도에 귀의합니다.
　시방세계 용과 선신의 모든 공덕에
　내 이제 돌이켜 대승(大乘)에 귀의합니다.

　그리고 계속해서 임금을 위하고, 부모와 친척들을 위하고, 스승과 동학(同學)들을 위하고, 시주들과 벗들을 위하고, 사천왕과 마왕·용왕을 위하고, 일체 중생을 위하여 회향할 것을 설하고 있다.

「발원(發願)」 제4

　발원이란 소원을 낸다는 뜻이다. 여기서는 온갖 죄악이 이른 바 육근(六根)이라고 하는 눈, 귀, 코, 혀, 몸, 마음(意)에 뿌리를 두고 있다고 하는 것과, 하지만 이 육근을 잘 다스리면 복을 불러들일 수 있다는 것을 말하면서, 육근에 대한 소원을 가져야 한다고 설하고 있다.

　눈과 관련된 소원에서는 오늘 도량에 모인 사람들과 모든 중생이 이제부터 완전한 깨달음을 얻을 때까지 사람을 유혹하는 요염한 짓이나, 서로 싸우며 살해하는 살벌한 짓, 어리석고 암둔하고 교만한 것을 보지 않고 언제나 부처님의 금빛 나는 모습과 천신들이 부처님께 꽃을 뿌리는 모습, 부처님의 몸에서 빛을 뿌리며 설법하는 모습만을 보게 되기를 바란다는 것을 말하고 있다

　귀, 코, 혀, 몸과 관련된 소원이라고 하는 것도 다 이와 비슷한 것들이다.

　마음(意)과 관련한 소원에서는 오늘 도량에 모인 사람들과 모든

중생이 언제나 탐욕·분노·어리석음이 우환거리이고, 살생·도적질·음행·거짓말 같은 것이 우환거리이며, 삼보를 믿지 않고 비방하는 것이 큰 죄가 된다는 것을 알게 되기를 바라는 것과, 모든 사람들에게 부처가 될 성품이 있다는 것과, 부처란 자비로운 분이라는 것, 그리고 부처님의 여러 가지 설법에 대해 알게 되기를 바란다는 것을 말하고 있다.

「촉루(囑累)」 제5

촉루란 부탁한다는 뜻이다. 여기서는 보살들이 모든 중생을 보살펴 달라는 것과, 오늘 도량에서 쌓은 여러 가지 공덕으로 하여금 모든 사람이 부처님을 믿게 되기를 바란다는 것을 말하고 있으며, 계속하여 누구나 다 대승교리를 따르게 되고 부처님의 지혜를 얻게 되며 깨달음에 이르게 되기를 바란다는 것 등의 여러 가지를 기원하고 있다.

제3절 『예념미타도량참법(禮念彌陀道場懺法)』

1. 서문

『예념미타도량참법』은 먼저 첫머리에, 나무 과거비바시불·나무 과거시기불·나무 과거비사부불·나무 과거구류손불·나무 과거구나함모니불·나무 과거가섭불의 과거 여섯 부처님과, 나무 교주석가모니불·나무 서방아미타불·나무 당래미륵존불의 삼존불을 모시고 있다.

그리고 다음 서문(序文) 부분에서는 제목을 『미타참』으로 줄여서 봉정대부(奉政大夫) 한림수찬동지제고(翰林修撰同知制誥) 조병문

(趙秉文)이 지은 「미타참찬(彌陀懺讚)」이 실려 있다. 여기에서서 극락거사(極樂居士) 왕경지(王慶之, 王子誠)가 모든 사람들이 정토에 왕생하기 위한 인연을 모아서 예참문을 만든 것을 찬탄하고 있다. 그리고 그 미타정토에 왕생하는 가르침에 중국의 역대 명사들이 많이 귀의하였다. 극락거사야말로 바른 길로 이끌어주는 훌륭한 길잡이이므로 그가 지은 이 참법을 의지하여 모든 불자들이 예참을 닦을 것을 권하고 있다.

이어서 「미타참서(彌陀懺序)」라고 한 서문을 이순보(李純甫)가 숭경 2년(1213)에 지은 것이 첨부되어 있는데, 「미타참」의 '찬'과 '서'를 쓴 두 사람이 다 한림학사이며 동지제고의 벼슬에 있던 사람이다. 서문의 맨 뒤에는 숭경 2년 중춘 망일(望日)에 쓴 글임을 밝히고 있다. 숭경 2년(1213)은 중국에서 남송(南宋)과 금(金) 그리고 몽고(蒙古)의 세 나라가 대립하여 서로 죽느냐 사느냐의 혈전을 벌이고 있던 매우 불안한 시기였다. 금의 연호인 숭경도 연호가 자주 바뀌는 가운데서 겨우 햇수로 2년밖에 가지 못한 아주 수명이 짧은 연호이다. 여기에 약 120년 후인 원(元)의 지순 3년 7월(1332)에 일본에서 간행하면서 쓴 「중간예념미타도량참법서(重刊禮念彌陀道場懺法序)」가 첨가되어 있다.

미타참서(彌陀懺序)

이순보(李純甫) 지음

무릇 천지 사이의 혈기(血氣)가 있는 무리는 모두가 다투는 마음이 있어 서로 잡아먹으니 그 고통이 한량이 없다. 다행히 사람이 되어 약간 즐거운 듯하나 외진 오랑캐 땅에 태어나서 역시 서로 죽이고 해치며 괴로움과 만나고 또 다행히 중국에 나면 매우 즐겁지만 옛 역사를 잠시 살피건대 전쟁·질병·흉년 등의 괴로운 모습이 매우 많았고, 또 다행히 태평시대에서 늙어서 진실로 즐거울 것 같지만 역시 곤궁하고 미천하고 피폐하고 쇠잔한 무리가 있어 그 고통을 이겨내기 어려운 자가 있고, 심지어는 매우 다양하게 부귀하고 강건하고 지혜가 총명한 무리가 있으나 그 즐거움이 얼마나 되겠는가. 어떤 이는 욕락을 즐기되 그 뜻을 채우지 못하기도 하고, 어떤 이는 근심과 걱정이 갑자기 몸에 미치니 슬픔과 놀라움, 탄식을 벗어나지 못하여 괴로워하기도 한다.

부처님께서는 말씀하시기를 "중생의 세계가 고통의 세계(苦趣)다"라고 하셨는데 이는 진실된 말씀이었다. 그러므로 불법을 배우는 이들은 먼저 고행을 닦되 무량겁을 지내면서 적멸락(寂滅樂)을 구하지만 조금도 얻지 못한다. 그렇다면 어찌해야 이 고액을 빨리 지나 즐거운 경지에 이르겠는가.

부처님께서는 대자대비로 방편의 문을 여시고 이르시기를, "여기서 서쪽에 무량수부처님(無量壽佛)의 국토가 있으니 이름이 극락이다. 중생이 한결같은 신심으로 그 부처님의 명호를 지니면 곧 그 국토에 태어나서 무량수와 같아져 다시는 늙음·병듦·죽음이 없고, 지혜와 신통이 무수한 겁 동안 수행한 이와 꼭 같아서 차이가 없기 때문에 극락이라 한다."고 하셨으니, 이 또한 진실된 말씀이었다. 불교가 동쪽으로 건너온 뒤로부터 가만히 수행하고 은밀히 증득한 이가 셀 수 없이 많건만, 다만 미혹하여 알지 못할 뿐이다. 근자에 극락거사가 편집한 『서방정토참문법문(西方淨土讖文法門)』을 읽으니 이것이 불교를 배우는 이의 지름길임을 알았다. 때마침 나에게 치하의 말을 부탁하기에 역시 진실된 말로 기록한다.

    숭경(崇慶) 2년(1210) 중춘(仲春)의 보름날 서한다.[218]

---

218) 한글대장경 132책, 1994, pp.43~44

2. 중간예념미타도량참법서(重刊禮念彌陀道場懺法序)

　내가 고금의 염불을 논하는 이를 보건대, 흔히 자신의 힘을 지나치게 과시하고 있으니 이른바 유심정토(唯心淨土)는 가지 않아도 가며 자성미타(自性彌陀)는 이루지 않아도 이룬다는 등의 유(類)인데, 그윽이 이들 주장을 살피건대 부처님의 힘을 가벼이 여기는 듯하다. 무릇 부처라 함은 그 바탕이 밝고 맑아서 어떠한 어둠도 비추지 않음이 없나니, 혹 어떤 사람이 부처님께서 부처님 되시는 까닭은 전혀 알지 못하더라도 단지 사람마다 이르는 말을 따라 나무불(南無佛)을 부르기만 하면 그 사람은 이미 여래의 마음속의 묘관찰지(妙觀察智) 안에서 불지(佛智)를 이루나니, 정인(正因)이 이른바 연(蓮)이 보배옷(瑤池)에 난다고 한 것과 같다. 비유하건대 물고기가 낚시를 삼켰을 때 비록 낚시가 낚시 된 까닭을 알지 못하더라도 그 고기는 이미 낚시꾼의 손에 들어간 것과 같다. 그러므로 부처라는 한 글자는 깨달음의 바다에 한 개의 낚시이다.

　대도(大都) 대천원연성사(大天源延聖寺) 고려삼장법사 선공(旋公)은 이 요긴한 법에 관하여 오래 침묵을 지키다가 우연히 금(金)나라 때의 왕자성(王子成)이 지은 『미타참법』을 보았는데, 그 일깨워 유도하는 기술과 자신이 모두를 제도하려는 마음이 병부 맞듯함을 보았다. 문득 사재를 내어 그와 뜻을 같이하는 조백비구(祖栢比丘)에게 맡기고 아울러 널리 모연(募緣)하고 또 공인(工人)들을 모아 책을 출간(上梓)하여 후세에 전하고자 하고 나에게 서문을 지으라 하기에, 나는 이르노니 일찍이 없었던 일이라 하노라.

　부처님에게는 팔만사천 가지 상호가 계시고 광명이 시방세계의 염불중생을 비추시어 버리지 않으시고 거두어 주시지만, 그 어찌 우리 삼장공(三藏公)께서 문자반야(文字般若)로 중생을 거두어 주시는데 그 광명이 만고가 다하도록 성대히 비추어 보는 이와 듣는 이로 하여

금 다 같이 물러나지 않는 지위에 오르고 성상의 무량수역(無量壽域)이 영원키를 기원하게 하는 것만이야 하겠는가? 가위 깨달음의 바다에 하나의 낚시를 드리웠다 할 것이다.

때는 지순(至順) 3년 7월 일, 대도(大都) 대각사(大覺寺) 주지 일본국 사문 지도(至道)는 서한다.[219]

3. 구성

『예념미타도량참법』은 10권이며 그 내용의 차례는 다음과 같이 13장으로 나누어져 있다.

제1 귀의서방삼보(歸依西方三寶), 제2 결의생신(決疑生信), 제3 인교비증(引敎比證), 제4 왕생전록(往生傳錄), 제5 극락장엄(極樂莊嚴), 제6 예참죄장(禮懺罪障), 제7 발보리심(發菩提心), 제8 발원왕생(發願往生), 제9 구생행문(求生行門), 제10 총위예불(總爲禮佛), 제11 자경(自慶), 제12 보개회향(普皆廻向), 제13 촉루유통(囑累流通).

제1권의 처음에는 삼보를 계청(啓請)하되 참법수행자가 자신의 이름을 불러서 지금 참법도량에서 참법을 근수하게 되는 연유를 밝히고, 동업대중(同業大衆)이 각기 다른 생각으로 반연하던 일들을 거두어 오직 일념으로 칭명염불하며 업장을 참회 소멸하여 모두가 삼계의 고륜에서 벗어나 함께 극락정토에 왕생하기를 발원한다. '나무 일심봉청'으로 삼보를 통청(通請)하는 12배의 예배를 드린 뒤에 지극한 마음으로 서방정토 극락세계의 아미타불께 귀의하여 참법의 수행정진이 시작된다.

---

219) 한글대장경 132책 『예념아미타도량참법』 1994, pp.44~45

제1권의 「귀의서방삼보(歸依西方三寶)」 제1에서는 아홉 번에 걸친 '금일도량 동업대중'으로 시작되는 유치(由致)·청사(請詞)·발원을 6번 행하면서 삼보에 1배·불47배·보살11배·법보4배·승보1배·현성7배 등 합계 71배를 하며, 그리고 『무량수경』을 2번 인용한 뒤 『관무량수경』·『대승성무량수결정광명왕여래경(大乘聖無量壽決定光明王如來經)』·『아미타삼야삼불살루불단과도인도경(阿彌陀三耶三佛薩樓佛檀過度人道經)』·『십주단결경(十住斷結經)』·『예참의십왕생경(禮懺儀十往生經)』·『경률이상(經律異相)』 등을 각각 한 번씩 인용하여 서방정토에 왕생하려는 원을 일으켜 아미타불에게 귀의하는 연유를 증명하고 있다.

제2권의 「결의생신(決疑生信)」 제2에서는 '금일도량 동업중생' 의례 3번·불102배·보살21배·현성3배 등 합계 126배를 하며, 『관무량수경』 3번·『유마경』·『칭양제불공덕경』·『보적경』 등의 경전을 1번씩, 『지도론』·『십의론(十疑論)』·『백련집(白蓮集)』·『용서문(龍舒文)』을 각 2번씩, 『군의론(群疑論)』·『자은통찬(慈恩通讚)』·『적조집(寂照集)』·『고인운(古人云)』 등을 각각 한 번씩 인용하여 정토왕생에 대한 중생들의 여러 가지 의문을 풀어주어서 아미타불의 원력에 흔들림 없는 확고한 신심을 일으켜 정토왕생을 발원하도록 권유하고 있다.

제3권의 「인교비증(引敎比證)」 제3에서는 '금일도량 동업중생' 의례 8번·불132배·보살30배·법2배·현성8배 등 합계 172배를 하며, 각 경·논·집·설 등의 정토교설을 의지하여 다음과 같이 인용하고 있다.

　　석가교주 편찬법문(偏讚法門) 마명론주 기신법문(起信法門)
　　탄연기주 감로법문(甘露法門) 자각장로 어록법문(語錄法門)

향산거사 서원법문(誓願法門)　당이태백 찬서법문(讚序法門)
동파거사 게송법문(偈頌法門)　양무위자 서찬법문(序讚法門)
효상장원 서인법문(序引法門)　용서허중 정토법문(淨土法門)

이와 같이 불보살 및 출세간 선지식과 세간 명사들의 아미타불 원력과 정토왕생에 관한 법문을 인용하고 있다. 이와 함께 백낙천으로부터 왕허중(王虛中)에 이르는 선세의 이름난 대유학자들이 다 서방극락정토에 왕생하는 법문을 찬탄하고 정토왕생을 발원하도록 권유한 사실들을 밝혀서 인증하고 있다.

제4권의 「왕생전록(往生傳錄)」 제4에서는 '금일도량 동업대중'의 례 7번, 불111배·보살32배·법2배·현성7배 등 합계 152배를 하며, 『왕생전(往生傳)』을 의지하여 왕생한 사실들을 다음같이 21건을 인용하여 증거하고 있다.

천태지자 삼매왕생(三昧往生)　후위담란 신이왕생(神異往生)
전당소강 방광왕생(放光往生)　계방원과 문종왕생(聞鍾往生)
대주회옥 금대왕생(金臺往生)　수이사미 동시왕생(同時往生)
명주가구 보신왕생(報信往生)　장안정진 수기왕생(授記往生)
단양도원 불현왕생(佛現往生)　낙양오성 중품왕생(中品往生)
니대명월 문향왕생(聞香往生)　오장국왕 견불왕생(見佛往生)
학사장항 지과왕생(持課往生)　진유유민 마정왕생(摩頂往生)
신사목경 집번왕생(執幡往生)　참군중회 문희왕생(問疑往生)
신녀양씨 목명왕생(目明往生)　온문정처 사친왕생(辭親往生)
요범행파 불후왕생(佛候往生)　판계종욱 염불왕생(念佛往生)
도우선화 십념왕생(屠牛善和 十念往生)

그리고 이 밖에 『양고승전』·『속고승전』 등 고승전을 의지하여 다음의 3건을 인증(引證)한다.

여산원공 결사왕생(廬山遠公 結社往生)
진궐공칙 보현왕생(晋闕公則 報現往生)
상주도앙 요서왕생(相州道昻 樂西往生)

위 3건의 인증이 끝나면 『용서문(龍舒文)』·『미타감응도』·『법원주림(法苑珠林)』 등의 전설(傳說)에서 인증하여 합계 34건에 이르는 「왕생록」을 전해주고 있다.

제5권의 「극락장엄(極樂莊嚴)」 제5에서는 '금일도량 동업대중' 의례 9번, 불151배·보살30배·법1배·현성7배 등 합계 189배를 하며, 『무량수경』을 의지하여 '법장서원 수인장엄'과 '원력장엄'의 48원을 낱낱이 밝히고, '미타명호 수광장엄'을 『미타경』에서, '삼대사관 보상장엄'을 『관경』에서, '미타국토 안락장엄'을 『대아미타경』에서, '보하청정 덕수장엄'을 『대보적경』에서, '보전여의 누각장엄'을 『대보적경』에서, '주야장원 시분장엄'을 『교량불찰공덕경』에서, '이십사락 정토장엄'을 『안국초』에서, '삼십종익 공덕장엄'을 『군의론』에서 나온 것임을 인증하면서 서방극락정토의 장엄을 밝혀 정토왕생을 권유하고 있다.

제6권의 「예참죄장(禮懺罪障)」 제6에서는 '금일도량 동업대중' 의례 7번, 불140배·보살15배·법1배·현성5배·삼보1배 등 합계 162배를 하며, 『오천오백불명경』을 의지하여 '나무동방해탈주 세계허공공덕 청정미진등 목단정공덕 상광명화 파두마 유리광 보체향 최상향 공양흘 종종장엄 정계무량무변 일월광명 원력장엄 변화장엄 법계출생 무장애왕여래 아라하삼먁삼불타'는 제일존중불명이며, 이 불명호 82자를 부르면서 예배하면 모든 죄장이 다 소멸하고, 또한 '나무서방정토극락세계 삼십육만억 일십일만 구천오백 동명동호 대자대비 아미타불'을 부르면 그 공덕이 심대함을 밝히면서 참회하여 함께 정토에 왕생하기를 권하고 있다.

역시 제6권의 「발보리심(發菩提心)」 제7에서는 '금일도량 동업대중' 의례 3번, 불144배·보살20배·법1배·현성4배 등 합계 169배를 하며, 대중이 큰마음, 즉 보리심을 발하는 데는 정토를 칭찬선양하며, 수승한 행을 일으키며, 바른 발원을 하는 세 가지 문을 열어야 함을 밝히면서 결국 정토에 왕생하기를 원하는 마음이 곧 보리심이라고 말한다.

제7권의 「발원왕생(發願往生)」 제8에서는 '금일도량 동업대중' 의례 15번, 불290배·보살50배·법1배·현성11배 등 합계 352배를 하며, 『승만경』을 의지하여 6근을 수호하고 3업이 청정하여야 만 가지 선의 근본이 되므로 6근의 각 근마다 정토에 왕생하는 큰 서원을 발해야 함을 밝히고 있다.

제8권의 「구생행문(求生行門)」 제9에서는 '금일도량 동업대중' 의례 7번, 불90배·보살20배·법1배·현성4배 등 합계 115배를 하며, 다양한 경·율·논·소 등을 의지하여 3배구생문(三輩求生門)과 9품구생문(九品求生門)을 밝히고 있다.

제9권의 「구생행문(求生行門)」에서는 '금일도량 동업대중' 의례 9번, 불170배·보살25배·현성5배 등 합계 200배를 하며 구생행문, 즉 정토왕생하기 위한 직접적인 수행으로서 『대집경』·『대장엄론』 등을 의지하여 고성으로 염불하기를 권하고, 고성염불의 10종공덕을 밝히고 있다.

제9권의 「총위예불(總爲禮佛)」 제10에서는 '금일도량 동업대중' 의례 4번, 불71배·보살15배·법1배·현성2배·삼보1배 등 합계 90배를 하며, 이와 같이 예배하는 것은 어디까지나 시방법계 사생육도의 모든 중생들을 위하는 위타의 예배인데, 「총위예불」이란 보현보살의 10대원을 행하는 것임을 밝히고 있다.

제10권의 「자경(自慶)」 제11에서는 '금일도량 동업대중' 의례 4번, 불52배 · 보살15배 · 법1배 · 현성3배 등 합계 71배를 하며, 모든 중생들과 다함께 과거 · 현재 · 미래에 걸쳐 해탈하게 됨을 스스로 기뻐하는 30가지 자경을 밝히고 있다.

역시 제10권의 「보개회향(普皆廻向)」 제12에서는 '금일도량 동업대중' 의례 4번, 불60배 · 보살15배 · 법1배 · 현성3배 등 합계 79배를 하며, 이제 행한바 『예념미타참법』의 일체 선근공덕이 널리 법계중생에게 회향되어 오직 이와 같은 뛰어난 인(因)으로 서방정토에 왕생하기를 아미타불께서 자비로 증명하시며, 호법선신 등이 도량과 발원중생들을 옹호하사 구경에는 일체행원을 성취하여 여래와 함께 정각에 오르기를 기원한다.

마지막으로 역시 제10권의 「촉루유통(囑累流通)」 제13에서는 '금일도량 동업대중' 의례 3번, 불15배 · 보살40배 · 법2배 · 현성4배 등 합계 61배를 하며, 이 『예념미타참법』이 미래제가 다하도록 이 세상에 유통하여 단절함이 없어서 널리 많은 중생이 제도되기를 기원하며, "원이차공덕 보급어일체 아등여중생 당생극락국 동견무량수 개공성불도"로 마치고 대각 부처님께서 굽어 살피시어 증명하시기를 바라면서 삼가 참법수행을 끝낸다.

4. 참법사상의 백미

『예념미타참법』은 전체적으로 '금일도량 동업대중' 의례를 도합 80번 행하고, 그 가운데 도합 1,809배를 하여 죄업을 참회하고 왕생을 발원한다. 또 약 25종의 경전을 38번 인증하고, 1종의 율을 인용하며, 8종의 논을 12번 인용하며, 23종의 고인 · 대덕 · 조사들의 논저와 전설 등을 56번이나 인용하면서 정토왕생을 발원하도록 설명하고 권유하고 있다. 가히 미타정토에 왕생하기를 발원하는 참법(懺法)으로는 백미라고 할만하다.[220]

---

220) 한글대장경 『예념미타도량참법』 pp.23~30 참조.

제5장 정토논서의 참회문

제1절 집제경예참의(集諸經禮懺儀)

1. 해설

이 책은 2권으로 되어 있으며 8세기 초에 당나라 학승들인 지승(智昇)과 선도(善導)가 쓴 것이다. 지승은 경과 논에 통달하였으며 특히 율(律)을 숭상하였다. 장안 숭복사에 있으면서 당 개원(開元) 18년(730)년에 『개원석교록(開元釋敎錄)』 20권을 편찬하였다. 저서로는 『속석경도기(續釋經圖記)』와 『속내전록(續內典錄)』 등이 있다.

『집제경예참의』라는 책의 이름은 10종의 경(經)과 부처님에게 절을 하면서 참회하는 법들을 뽑아 묶은 것이라는 뜻이다. 이 책에서는 『시방불명경(十方佛名經)』을 비롯한 여러 종류의 경전 가운데서 비구들이 부처님의 명호를 부르면서 참회하는 절차와 그때 읊는 글과 외우는 주문들을 뽑아 싣고 있으며, 선도가 지은 시 「왕생예찬게」의 전문도 수록하고 있다.

2. 상권-불교 일반

상권은 『시방불명경』・『화엄경』・『대집경』・『약왕약상경』・『결정비니경』 등에 나오는 참회법과 주문, 부처님과 교리를 찬양한 『화엄경』의 시구, 『대지도론』의 시구 등을 싣고 있다. 예를 들어 『시방불명경』에서 인용한 내용을 보면, 우선 비구는 삼보(三寶)에게 예의를 표하고 석가모니를 비롯한 시방의 모든 부처님들의 이름을 외우면서 절을 한다. 이어서 그 무수한 부처님들을 생각하면서 지은 죄를 참회하며 부처님들이 오래도록 세상에 남아 사람들을 구제해 주도록 청한다. 다른 사람들이 불도를 닦아 쌓은 공덕을 진심으로 기뻐하며, 자신의 모든 복과 덕을 중생들과 함께 깨달음을 이룩하도록 하는 데로 돌리고, 사람들이 온갖 번뇌를 끊고 부처의 본성을 깨닫게 되기를 원하여야 한다.

다른 한 가지 예로는 『화엄경』의 시구를 들 수 있다. 그 내용은 사람이란 전생의 행의 과보로 세상에 태어나게 되는데, 사람의 행위는 그 사람의 마음에 의해 일어나고 그 마음이란 허깨비와 같은 것으로 중생 역시 그러하다는 것이다. 말하자면 사람의 본성은 허깨비와 같은 허망한 존재라는 것을 설한 것이다.

3. 하권-왕생예찬

하권에는 당나라 고승 선도(善導)가 쓴 「왕생예찬게」가 들어 있다. 선도의 속성은 주(朱)씨이다. 613년 중국 사주(四洲) 출신이며 어릴 때 출가하여 명승(明勝)을 스승으로 섬겨 10여 년간 삼론(三論)을 연구하였다. 도작(導綽)에게 정토교를 배워 정토문(淨土門)으로 들어가 정토의 행을 전공하였다. 그의 사상은 담란과 도작을 전승하고 정영(淨影)에게서 교상 판석하는 것을 배워 이장(二藏)·이교(二敎)의 교판을 세우고 철저하게 보강하여 정토교의를 크게 이루었다. 자행화타(自行化他)의 방법으로 수백 권의 『아미타경』을 쓰고 정토만다라 3백 폭을 그렸으며, 그 밖의 저서로 『관무량수경소(觀無量壽經疏)』(4권)·『관념법문(觀念法門)』(1권)·『반주찬(般舟讚)』(2권)·『왕생예찬게(往生禮讚偈)』(1권)가 있다. 당 고종 영융 2년

(681) 69세로 입적하였다.

「왕생예찬게」란 극락세계에 태어나기 위하여 부처를 예찬하는 시(詩)라는 뜻이다. 이 시에서는 비구들이 극락세계에 가기 위하여 하루 육시(六時)에 걸쳐서 부처님께 절을 하며 예찬하고 죄를 참회하는 법에 대하여 설하고 있다. 「왕생예찬게」의 앞부분에서는 시(詩)의 줄거리를 제시하고, 아미타부처님께 지성으로 빌면 극락에 갈 수 있다고 하는 것과, 자기가 쌓은 모든 공덕을 극락에 가려는 하나의 목적으로 돌려야 한다는 것 등을 설하였다. 시의 기본 부분에서는 하루 여섯 번에 걸치는 예찬의식에 대하여 일일이 설명하고 있다.

그에 의하면 해가 방금 졌을 때는 『무량수경』에 나오는 아미타부처님의 화신(化身)들인 12분 부처님의 이름을 외우면서 19번 절을 하고 참회하며, 초저녁에는 선도가 지은 예찬게를 외우면서 23번 절을 하고 참회한다. 세 번째로 밤중에는 인도의 용수(龍樹)가 지은 「원왕생게(願往生偈)」를 외우면서 16번 절을 하며, 네 번째로 세친의 「원왕생예찬게」를 외우면서 20번 절을 한다. 아침에는 수나라의 고승 언종(彦悰)이 지은 「왕생게(往生偈)」을 외우면서 22번 절을 하고, 점심때는 선도가 『관무량수경』에 근거하여 지은 「예찬게」를 외우면서 20번 절을 하면서 그때마다 참회를 한다.

하권의 마지막 부분에서는 앞에서 말한 절차대로 부처님을 예찬하고 죄를 참회하면, 현생에서 어떤 죄라도 다 씻을 수 있으며 내생에는 극락에 가게 된다고 하면서 꼭 그대로 할 것을 권고하고 있다.[221]

---

221) 한글대장경 267책, 1999년, pp.14~16. 본문은 pp.176~230을 참조.

제2절 『광명홍집』의 회죄편(悔罪編)

1. 회죄편(悔罪編) 서문

종남산(終南山) 석씨(釋氏)

대저 복은 넉넉히 해야 하고 죄는 끊어야 한다고 이른다. 넉넉히 하여 사취(四趣)에 가까이 태어나면 부유한 과보와 영예로운 벼슬이 눈앞에 가득하며 멀리는 삼성(三聖)을 따르고 그 훌륭한 모양을 귀감삼아 군유(群有)를 풍요하게 한다.

죄로써 얻는 바는 이것과 반대되는 갈래이다. 실로 탐욕과 진노가 중해지는 것에서 급기야 고과(苦果)를 얻고는 고초(苦楚)에 오르게 되는데, 이로써 죄업만 늘리는지라 성인과 범부를 모두 수고로이 하게 된다.

무릇 죄취(罪聚)에 대해서 부족하나마 논해 본다면, 윤망(綸網)의 바른 행실은 매사가 소학(小學)에서 분명해지는 것이다. 이 같은 두 가지 과보에 이르더라도 늘 노여움과 어리석음으로 추해지는지라, 비록 나한(羅漢)이 되어 누(漏)를 다했더라도 그 몸이 부서지는 일을 만나게 된다. 이에 무시이래(無始以來)의 고업(故業)이 분단생사(分段生死)를 따라 그 값을 추징한다는 것을 알 수 있다.

유위(有爲)에서 업장만 쌓고서 생사의 변역(變易)만 기다리는지라 반드시 정도(正道)로 귀의하여야 한다. 자고로 정법(正法)의 성인들이 말씀을 열어 이치를 드러내었는데, 이때 사혹(四惑)을 펼쳐내자면 모두 삼삼은 구품(九品)이 되는데, 그 생각마다 이를 베어내고자 하여도 어찌 요원(燎原)의 불길을 마음대로 할 수 있겠는가? 그리하여 번뇌로서 번잡함을 늘리니 이를 금지하기 어렵다. 번뇌가 한번 일어나면 일어나는 순간에 잊게 되는데, 일찍부터 뿌리를 심었던 과거의 결혹(結惑)이 이루어지고 나면 돌이켜 후회하더라도 어쩔 도리가 없다.

단지 모든 부처님께서 대자비의 선권방편(善權方便)으로 지나간 죄업을 소통하시고 정령을 인도하여 참회의 의례를 세워서 스스로 갱신하는 도를 넓히셨다. 이미 지나간 일을 돌이키기 어려움은 물을 밟는 비유로도 알 수 있으며, 다가오는 허물을 손쉽게 구하는 것은 물에 씻어내는 방편으로도 예가 될 수 있다. 이로써 보현(普賢)과 약왕(藥王)이 도반이 되어 갈래를 나누어 이 진토(塵土)를 교화했으며, 도안(道安)과 혜원(慧遠)이 반려가 되어 대가(大駕)의 명을 받아 이 같은 정술(正術)을 행하였다.

후왕(侯王)과 재백(宰伯)이 모두 그 종과(宗科)를 우러르니, 청신사와 청신녀 모두가 계율을 어기지 않았다. 예전에 남제(南齊) 사도(司徒) 경릉왕(竟陵王)이 포살법의 정행의(淨行儀)를 제정하였는데, 그 상세한 조목은 별도로 기록한 바와 같다.[222]

지금 지묵이 번잡해지겠기에 간단하게 예를 들어 정토관계 세 가지만 헤아려서 허물을 참회하는 줄기를 살펴보도록 하겠다.

2. 묘법연화경참문(妙法蓮華經懺文)

보살계 제자

황제가 시방의 모든 부처님들과 한량없는 존법과 일체의 성현께 머리 숙입니다. 실로 예전의 부처님과 미래의 부처님께서 말씀하시거나 앞으로 말씀하실 각각의 방편마다 참다운 말씀 아닌 것 없어 모두가 묘법(妙法)입니다. 이치에는 두 가지 지극함이 있어 그 갈래를 함께 돌이키게 됩니다. 단지 업에 인하고 마음에 인하여 만류(萬類)의 알음알이를 받았으니, 그 견(見)에 따르고 집착에 따라 군생(群生)의 모양이 달라져서 품류(品類)의 나눔에 깊고 얕음이 있으며 깨달음에 늦고 빠름이 있습니다.

---

222) 한글대장경 『광홍명집』편, pp.592~593

법의 단비는 한 갈래 맛이나 이를 얻는 자마다 어긋남이 있고, 법의 우레는 한 가지 음성이나 이를 듣는 이마다 차별이 있습니다. 이로써 소승(小乘)과 돈교(頓敎)가 그 이름을 달리하고 성문(聲聞)과 보살이 그 길을 나누게 됩니다. 녹야원에서 처음 양승(兩乘)을 설법하시어 소승의 회단열반(灰斷涅槃)과 분단해탈(分段解脫)을 말씀하시면서 모든 부처님의 선교방편으로 중생의 근기에 맞추었기에 이를 '반자(半字)'라 이르고, '삼점(三點)'이라 칭하지 않습니다.

아울러 삼교(三敎)를 회통하여 한 갈래로 돌이키고 근본을 거슬러 근원으로 돌이키고자 대승경전을 설하시어 무량한 이치를 이름하셨으니, 유행하시던 도중에 화성(化城)이 멸하고 네거리에 보배수레를 몰면서 옷고름 속의 명주가 숨어 있다가 다시 드러났으며, 상투 속의 진보가 이에 처음 드러나게 되었습니다. 보탑이 허공에 출현하고 보살이 대지에서 춤을 추며 희유한 일을 드러내어 미묘법(微妙法)을 증득하였으니 가장 수승하고 가장 존귀하여 만나기도 어렵고 보기도 어렵습니다.

제자가 인지(因地)의 범부로서 그 은혜를 짊어지고 헌장(憲章)의 옛 법으로 모든 백성(黎庶)을 건지고자 하였습니다. 실로 희황(羲皇)이 그물을 엮되 대자비를 깊이 잃었고, 성탕(成湯)이 덫을 풀되 묘선(妙善)이 아니었으나 양정(揚旌)과 단수(丹水)가 도의 나무를 달리하여 마군을 항복받고, 옥을 가져다 산을 갈아내었으나 모두 보방(寶坊)에 크게 모인 것이 아니었습니다. 이로써 마음을 칠각(七覺)에 의지하고 생각을 정근(精勤)으로 엮어서 보살승(菩薩乘)에 머물러 삼교가 아닌 가르침을 현양하며, 여래의 행을 배우고 둘이 아닌 문을 열며 군미(群迷)를 인도하여 온갖 미혹을 드러내었습니다.

지금 삼가 모처에서 약간의 스님네와 며칠간 법화참(法華懺)을 이룩하고자 하나이다. 현전하신 대중스님네 및 석가여래와 다보세존(多寶世尊)께 지심(至心)으로 경례하오며, 『묘법화대승경(妙法華大乘經)』에 예배하고 보현보살과 묘광법사(妙光法師)에게 예배합니다.

 원하옵건대 다보여래께서 땅에서 솟아나시고 보현보살께서 코끼리를 타고 허공으로 오시되 나란히 도량에 임하시어 공덕을 증명하시고, 큰 법고(法鼓)를 울리시며 묘한 법륜을 굴리시어 세간을 진동케 하시고, 범품(凡品)을 깨닫게 하여 진공법계(盡空法界)에 성문(聲聞)이 다 시없게 하시며, 한량없는 중생이 모두 보살이 되게 하시옵나니, 총지(總持)의 성품과 모양으로 다 함께 무생(無生)에 이르게 하사이다.

 상주하시는 삼보님께 머리 숙여 경례하나이다.223)

3. 허공장보살참문(虛空藏菩薩懺文)

진나라 문제

 실로 보살은 중생에게 커다란 의지가 되시나이다. 성품과 모양을 관찰하시어 기틀에 따라 제도하시되 한 사람이라도 제도하지 못하면 도과(道果)를 증득하지 않으십니다. 예부터 지금까지 행원(行願)이 한결같으실진대, 참으로 허공장보살께서 가장 으뜸이시고, 대중 가운데서 당왕(幢王)이시며, 대명(大明)의 존주(尊主)이시나이다. 제불(諸佛)의 지혜를 갖추시어 여래의 비밀장(秘密藏)을 얻으시고, 심지어 꿈속에서 그 모습을 나투어 연(緣)을 따라 모양을 드러내시니, 한번 그 명호를 들으면 물과 불도 능히 태우거나 적시지 못하나이다.

 일심(一心)으로 명호를 부르면 칼과 몽둥이도 상해하지 못하고, 수명과 재산의 소원도 생각만 하면 반드시 흡족하게 됩니다. 색(色)·성(聲)·미(味)·촉(觸)으로 원하는 바도 반드시 얻으리니, 몸과 마음이 병들고 고통스럽더라도 불쌍히 여겨 나아지게 하시고 옥에 갇혀 두렵더라도 방편으로 풀어 주십니다.

---

223) 한글대장경, 『광홍명집』편, pp.605~606 참조.

이와 같이 세상의 법에 따라 중생을 안락케 하시고, 저와 같은 중생들에게 신변(神變)의 상(相)을 움직여 향집(香集)의 경계로 옮겨 가시면서 청정한 광명을 높이시며, 염부(閻浮)의 세계로 오시사 삼매정(三昧定)에 드시어 번뇌의 열기를 끄시나이다. 다라니를 말씀하시어 악업의 장애를 깨뜨려서 오탁악세를 일시에 청량케 하시며, 다섯 가지 근본 죄에서 벗어나게 하시니, 이와 같이 세간의 안목이 되시어 열반의 길을 드러내 보이십니다. 제자가 여래의 가르침을 이어받고 제불(諸佛)의 자비를 본받았으니 나라에서는 보살의 공덕에 가피입고 집안에서는 대사(大士)의 업을 본받아 행하나이다.

바야흐로 원하옵건대 시방 찰토(刹土)에 일승(一乘)이 이루어져 시방의 중생들마다 모두 십지(十地)를 닦게 하사이다. 지금 삼가 모처에 다 약간의 스님네가 며칠 동안 허공장보살참(虛空藏菩薩懺)을 이룩하오니 현전하신 대중 스님네와 본사 석가문불(釋迦文佛)께 지심으로 경례하오며 승화부장여래(勝花敷藏如來)께 예배하오며 다라니신주(陀羅尼神呪)께 예배하오며 허공장보살께 예배하나이다.

원하옵건대 허공장보살께서는 음성을 듣고 찾아오시어 신통력을 나투고 지혜의 광명을 열어 내시되 갖가지 화신으로 여러 국토에 다니시며 중생을 제도하셔서 서원에 어김없게 하소서. 상주하시는 삼보님께 머리 숙여 경례하나이다.224)

4. 약사재참문(藥師齋懺文)

진나라 문제

실로 제행(諸行)이 무상(無常)하니 모두가 누법(累法)이 됩니다. 만유(萬有)가 전도되어 모두가 고(苦)의 근본을 이루니, 뜨거운 불꽃이 거울같이 비추면 변역(變易)이 쉬지 않음을 알게 되고, 떠다니는 풀이

---

224) 한글대장경 『광홍명집』편, p.609 참조.

풀더미를 이루면 생멸의 신속함을 보게 됩니다. 업풍(業風)에 밀려 고해로 들어가 과보의 장애에 쫓겨서 유도(幽途)로 나아가니 삼계를 가고 오면서도 편안한 곳을 보지 못하였으며, 오도(五道)를 윤회하더라도 끝내 잠시 휴양할 기약조차 없습니다.

  약사여래께서 큰 서원을 내시어 만물을 인도하고 중생을 구호하시되, 백 갈래 냇물 같은 제유(諸有)의 중생을 인도하시어 법해(法海)의 한 가지 맛으로 돌이키시고, 능히 세속에 화림을 베푸시어 안락함을 얻어 두려움이 없게 하시나이다. 심지어 팔난(八難)·구횡(九橫)·오탁(五濁)·삼재(三災)와 물·불·도적·질병·기근 및 원수 맺고 빚진 이와 왕법(王法)과 관헌이 능멸하는 기세가 만 갈래이고, 학살하는 법이 천 가지로 변하더라도 모두 화를 돌이켜 복을 만들고 위험을 바꾸어 편안함을 이루십니다.

  다시 부귀를 구하면서 봉록과 자리를 바라오며 수명을 늘리고 자식이 많은 것은 생민(生民)의 커다란 욕심이요 세간에서 절실하게 구하는 것이오니, 그 마음에 따라 생각대로 자연히 이루게 하지 않음이 없으십니다. 그러므로 모든 부처님의 방편이 매사에 중생의 헤아림과 끊겨있지 않음을 알게 됩니다.

  제자가 제(齊)나라를 거두더라도 서적(庶績: 모든 功績, 功業)이 교차하지 못하오니, 이에 약사여래의 본원을 빌려 중생을 성취케 하고자 하옵나이다. 지금 삼가 경교(經敎)에 의지하여 모처에다 약간의 스님네와 함께 며칠간의 약사재참(藥師齋懺)을 이룩하고자 현전하신 대중 스님네와 본사 석가여래께 지심으로 경례하며 약사여래를 예배하오니, 자비심을 널리 드리워 본원(本願)에 어긋나지 아니하시고 세간을 저버리지 마사이다.

  사등(四等)에 구름을 일으키시고 육도(六道)에 단비를 뿌리시어 생사의 불길을 끄시고 번뇌의 화살을 빼시며 시방세계를 등불 나투듯 밝게 하시고, 칠백의 귀신이 실을 맺듯이 찾아와 장애가 향불이 타듯

하더라도 재화(災禍)가 다시없게 하소서. 명(命)이 번당(幡幢)이 이어지듯 하며 점차로 상주(常住)에 올라 심심묘묘한 법의 성품에 노닐게 하시며, 무등(無等)의 정각(正覺)에 들어가서 행원(行願)이 약사여래와 같이 원만해지게 하사이다.225)

제3절 『군의론(群疑論)』에 있어서 참회와 멸죄

1. 『군의론(群疑論)』 이전의 참회연구

불교에 있어서 참회와 멸죄의 설은 최초에 율장 가운데서 불교교단에서 제정된 계율을 범한 경우, 그 계율 조항에 비추어 스스로 범한 잘못을 참회고백하는 것을 설하고 있는데, 그것이 참회설의 최초라고 한다. 이것은 출가자가 그 계율을 위반한 경우에 행하는 것이므로 출가 중심의 것이라 말할 수 있다. 따라서 이 가운데는 재가자의 참회라고 하는 것은 볼 수 없다. 또 초기의 불교경전에서는 참회란 용어가 계율 중에서만 보일 뿐이고 경장(經藏) 중에는 거의 볼 수가 없다.

이러한 가운데서 명확하게 참회라고 하는 개념은 아니지만, 후에 대승경전의 『사문과경(沙問果經)』에서 인간의 존재 그 자체를 악(惡)이라고 하는 식으로 생각하기 시작하는 것을 볼 수 있다. 이들의 요소를 기초로 전개된 대승불교의 출가, 재가를 함께 생각하는 의미에서의 참회사상이 명확히 설해지게 된 것은 『화엄경』과 『열반경』 등이 나온 뒤부터로 추정하고 있다. 이상과 같은 경위를 거쳐 형성되어온 참회의 사상을 대승경전을 기본으로 하는 정토교가

---

225) 한글대장경 『광홍명집』편, pp.610~611 참조.

이어받고 있는 것이다.

　참회를 함으로써 멸죄가 되고 멸죄됨으로서 깨닫거나 또는 왕생하고 성불하는 것이지만, 이 멸해 없어져야 할 죄 또는 악의 성격도 참회의 성격의 변화에 따라서 변해온 것이라 볼 수 있다. 율장 중에 있어서의 죄란 교단에서 제정된 계조(戒條)에 위반한 죄이므로, 참회함으로서 용서되는 성격의 것이고 또 용서되지 못하는 중죄는 교단으로부터 추방되게 된다. 그러나 죄 그 자체가 요인이 되어 그 후에까지 영향을 미치는 성격의 것은 아니었던 것 같다.

　그러나 이와는 달리 대승경전에서 설하는 죄는 그 정도로 단순하지 않고 또 여러 가지 요소를 포함하고 있어 복잡하다. 이들 여러 가지 죄의 성격을 많은 경우 성죄(性罪)·차죄(遮罪)·경죄(輕罪)·중죄(重罪) 등으로 분류하고 있다. 율장의 규정에 의하면 이 가운데 경죄는 참회함으로서 정치(淨治)될 수 있지만 사중금(四重禁), 오역(五逆) 등의 중죄는 참회로서 용서되지 못한다. 그러나 대승경전 가운데는 이 중죄도 참회의 법에 의해 멸제(滅除)될 수 있다고 말하고 있다. 회과(悔過), 참법 등 멸죄의 법이 명확하게 설해지게 되는 것도 이 때문이다. 또 참회를 제교(制敎)와 화교(化敎)의 2종(種)으로 생각하여 계율에 위반하였을 때에는 제교의 참회에 의해, 업도(業道)의 죄는 화교의 참회를 하는 것이라고도 말하고 있다.

　이상과 같은 여러 가지 설이 있는 가운데 선도(善導)는 상·중·하의 삼품(三品)의 참회를 설하고, 다시 그 위에 '念念稱名常懺悔'라고 하는 이른바 본원염불을 칭하는 참회의 행(行)을 역설하고 그것에 의해서 멸죄가 가능하다고 설하고 있다.

2. 『군의론』의 참회설

『군의론』에 있어서는 참회와 멸죄는 다른 것이 아니지만, 글 가운데 멸죄의 용어가 종종 보이는 것에 비해 참회의 용어는 비교적 적다. 그러나 실제로는 멸죄의 용어 전에 참회의 용어가 없는 경우에도 그 뜻이 전제되어 있는 것이 아닌가 생각되는 바도 적지 않다. 따라서 지금 여기에서는 될 수 있는 한 참회의 용어를 중심으로 그 참회설의 근거와 그 행법(行法) 그리고 목적에 대해 검토해 보고자 한다.

첫째로 『군의론』 중에 쓰인 참회의 용어를 살펴보면 대체로 다음과 같다.

① 一觀經取者 是懺悔人
② 若念佛能滅 罪者何因言不 懺悔遂被除也
③ 惑對未生慙愧懺悔罪○之人
④ 今淨土教法是發菩提心深生慙愧懺悔往罪
⑤ 四懺悔同者上生經言聞 是菩薩大悲名字 五體投地誠心懺悔
⑥ 如涅槃經第十九券云 耆婆爲阿闍世王 說懺悔法罪得滅… 阿闍世王懺悔 罪已不入地獄
⑦ 問曰經言五體投地求哀懺悔 未知懺悔之徒惑多自撲未知有何聖教… 佛眞金色身發露悔過懺悔諸罪五體投地 如大山崩自拔頭髮 拳身投地婉轉 自撲中血出 滅罪消滅心眼得開見佛色身端嚴微妙如須彌山光顯 大海此 豈不是懺悔經文自撲之法無教輒爲誠如所責經言正作其何怪哉[226]

이상 대체로 7항목에 걸친 참회의 용어의 용례를 볼 수 있지만, 이 가운데 ①②③④는 단지 '참회'라는 용례를 보일 뿐이다. 이 말이 당시 일반적으로 어떠한 개념을 가지고 사용되고 있었는지 등에

---

226) ① 淨全 6, P.34 ② 同, P.34 ③ 同, P.43 ④ 同上 ⑤ 同, P.56 ⑥ 同, P.71 ⑦ 同, P.106

대해서 이들만으로는 어떠한 단서를 얻을 수가 없다.

⑤의 글에서는 도솔(兜率)과 극락의 같고 다름을 논하는 가운데서의 설이기는 하지만 『상생경(上生經)』과 『고음성왕경(鼓音聲王經)』의 설을 들어 그것을 가지고 양자에는 같이 참회의 행법이 있다고 하는 것이다. 회감(懷感) 자신의 의식 가운데 있는 '참회'라고 하는 말의 개념 가운데에는 적어도 이 두 가지의 경설(經說)의 뜻이 포함되어 있는 것으로 보아 좋을 것이다. 이 경설이란 말할 것도 없이 '聞 是菩薩大悲名字 五體投地誠心懺悔'[227]하는 것이고 또 '六時專念五體投地'[228]라고 있으므로 오체투지라고 하는 행(行)이 따르는 참회의 의미인 것을 추정할 수 있다.

또 ⑥의 글에는 『열반경』 제19권에 설하는 아사세왕의 참회의 설이 인용되고 있다. 이미 글에서 보는 바와 같이 이 인용문 중에는 그 참회의 행법 자체가 어떠한 것인지에 대해서는 아무것도 말하고 있지 않다. 그러나 이 경설에 주목한 이상, 그 경문 중에 설하는 참회의 개념이 회감의 염두에는 있었을 것으로 추측된다.

이상 여섯 항목에 대해서 살펴보았지만 참회의 행법에 대해서는 별로 명확하지 않다. 군의론 가운데서 참회의 행법에 대해 가장 잘 정리하여 설하고 있는 것은 ⑦의 「自撲懺悔章」이다. 이미 살펴보았듯이 ⑤⑥에 있어서도 단편적으로는 설하고 있기는 하지만, 이 ⑦의 문장에는 그들의 것도 모두 내포되어 있는 것으로 보인다. 즉 회감의 행법과 그 의미 내용이 이 문답 중에 집약되어 있다고 볼 수 있는 것이다.

이 ⑦의 질문하는 문장에서 생각할 수 있는 것은 회감의 때 '五體投地求哀懺悔'하는 행법은 당시로서는 일반적인 실천법이었을 것으

---

227) 大正藏 14, 420b
228) 大正藏 12, 352c

로 추측된다. 이 오체투지란 '五輪着地頭面禮佛'이므로, 그 참회하는 대상은 불(佛)이다. 그러나 이와 같은 참회의 행이 일반적으로 행해지고 있던 당시에도 '自撲懺悔'의 행은 일반적이지 않았던 것으로 보인다. 이 ⑦의 물음의 뜻은 여기에 있다. 이에 대해 회감은 『관불삼매해경(觀佛三昧海經)』 제3의 경문을 증거로 하여 자박참회(自撲懺悔)의 설을 주장하는 것이다.

여기에서 하나 주의할 것은 이와 같은 참회행을 행하는 것이 '滅罪消滅 心眼得開 見佛色身 端嚴微妙 如須彌山 光顯大海'로 되는 것을 목적으로 하고 있다는 것이다.

이것은 또한 예문 ⑤의 문 중에 『고음성왕경』을 인용하는 가운데도 볼 수 있는 것이다. 인용문에서는 '六時專念五體投地'라고 하고 있지만, 경문의 전후를 다시 주의하여 보면 다음과 같다.

十日十夜 六時專念 五體投地 禮敬彼佛 堅固正念 悉除散亂 若能令心 念念不絶 十日之中 必得見彼 阿彌陀佛229)

즉 십일십야에 전념하여 오체투지의 참회행을 행하면 10일 사이에 반드시 아미타불을 볼 수 있다고 하는 것이다.

3. 『군의론』의 멸죄설

이상 참회멸죄 가운데 참회란 용어의 용례로부터 그 전거, 내용, 방법, 목적 등에 대하여 회감의 설(說)을 살펴보았지만, 다음에는 그 참회의 결과 얻어지는 멸죄에 대하여 생각해보고자 한다. 단 아래에서 말하는 것처럼, 회감의 설에서 볼 수 있는 멸죄설은 단지 참

---

229) 大正藏 12, 352c

회의 방법에 의한 것만은 아니다. 그 설하는바 중에는 '投地自撲懺
悔'에 의한 멸죄 외에 다음과 같은 것을 볼 수 있다.
　① 관법(觀法)에 의한 멸죄
　② 신·구·의(身口意) 삼업의 선행에 의한 멸죄
　③ 독송·수지에 의한 멸죄
　④ 염불삼매에 의한 멸죄
　⑤ 칭명에 의한 멸죄
　⑥ 왕생(往生) 후의 멸죄
　⑦ 제(諸) 도품(道品)의 법(法), 6바라밀 등의 진수(進修)에
의한 멸죄 등을 설하고 있는 것이다.
　그러면 다음에 이들의 설하는 내용에 대해서 생각해보기로 한다.
위에서 살펴본 가운데 ①~⑤까지는 이 사바세계에 있어서의 멸죄
에 관련하여 설한 것이고, ⑥⑦은 왕생 후에 있어서의 문제에 대해
설한 것이다.
　②의 신구의 삼업의 선행에 의한 멸죄의 설을 보면 다음과 같다.

今時念佛至心 卽意業善行也 稱佛名號 卽語業善行也 合掌禮拜 卽身業善
行也 由此三業善行 能滅八十億劫生死重罪 行願相扶卽得往生230)

　여기에서도 주의되는 것은 삼업의 선행→멸죄→왕생이라고 하는
등식을 볼 수 있고, 멸죄와 왕생을 떨어질 수 없는 밀접한 관계로
설하고 있는 것이다.
　③의 독송·수지에 의한 멸죄로는 다음과 같은 글이 있다.

　Ⓐ 訶揩陀羅尼經說 誦神呪罪滅戒生勸令誦呪 開遮不同 訶讚有異
　Ⓑ 然一切經敎 皆化物利益衆生 讀誦受持 咸滅重罪 乘聞正法 皆得離苦231)

---

230) 淨全 6 p.23

Ⓐ에는 『다라니경(陀羅尼經)』이라 하고 Ⓑ에는 일체의 경교(經教)라고 하는데 구체적으로 무엇을 독송하고 무엇을 수지하는 것인가 하는 지시는 볼 수 없다.

④의 염불삼매에 의한 멸죄의 문장에서는 다음과 같은 것을 볼 수 있다.

> Ⓐ 二釋 以見一佛得 念佛三昧 除障滅罪 故能通 見十方佛也. 三釋 阿彌陀佛 光明遍照 十方世界 因光得見 十方佛也. 般舟三昧經 說 … (중략) … 專心稱念 三昧易成 除障滅罪 光明遍照 見十方佛也.
> Ⓑ (念佛三昧의 利益) 一. 見聖衆 二. 聞正法 三. 滅重罪 四. 生淨土 五. 諸定根本 六. 當成佛 … (중략) … 三滅重罪者 觀佛三昧海經 言此三昧 是一切衆生 犯戒者藥 破戒者護 失道者導 盲瞑者眼 愚癡者慧 黑闇者燈 煩惱賊中 是勇猛將

Ⓐ의 문에 의하면, 염불삼매를 얻음으로서 '제장멸죄(除障滅罪)' 하고 그렇게 함으로서 시방제불을 견불(見佛)할 수가 있다고 하고, 다시 『반주삼매경』의 설을 인용하여 이 염불삼매는 '전심칭명(專心稱名)' 하는 것에 의해 성취하기 쉽다고 하는 것을 알 수 있다. 따라서 여기에서는 지금까지 ①②③에서 공통적으로 볼 수 있었던 '멸죄→왕생'이라고 하는 도식과는 다른 '멸죄→견불'이라고 하는 도식을 볼 수 있다.

이로부터 생각해 볼 수 있는 것은 회감의 멸죄설이 단순히 멸죄→왕생이라고 하는 하나의 형식만이 아니라는 것이다. 참회의 항 ⑦에서 설하는 '투지자박(投地自撲)'의 참회에 의해 이르는 경지는 '懺罪消滅 心眼得開 見佛色身 端嚴微妙 如須彌山 光顯大海'이라고 하는 소위 '견불'의 경애(境涯)였던 것이다.

---

231) Ⓐ 淨全 6 p.43 Ⓑ 同 p.45

그것은 그렇다 치고 이 사바세계에서 실천할 행으로서의 회감의 설 가운데 끝의 ⑤ 칭명염불을 통한 멸죄설에 대하여 살펴보면, 다수의 칭명염불에 의한 멸죄의 설을 볼 수 있지만 그 가운데 인용하는 목적에는 여러 가지 다른 점이 있다고 해도 전부『관무량수경』에서 설하는 염불멸죄설을 그 기본에 두고 설하고 있다. 그 가운데서도 하품하생(下品下生)의 오역십악(五逆十惡)의 중죄의 범부의 멸죄를 설하는 것이 중심인 것은 말할 것도 없다. 염불에 의한 하하품(下下品)의 멸죄가 가능하다고 하는 것은 구품(九品)의 모든 사람의 멸죄가 가능하다는 것을 의미하는 것이다.

멸죄설의 근거로 볼 수 있는 것은『관무량수경』외에『미륵상생경』에서도 보이지만, 이것은 다른 것과 비교하기 위해서 인용한 것이다. 따라서 회감의 멸죄설의 근본적인 의거는『관무량수경』이 설하는 바로써 하하품(下下品)의 설이라고 해도 과언이 아니다.

이들 외에도『관무량수경』의 하하품(下下品)의 멸죄는 참회에 의한 멸죄가 아니라 염불멸죄라 하고, 또『관무량수경』에서 설하는 염불은 소승에서 정업(定業)이라고 하는 오역죄(五逆罪)도 멸한다고 하고, 문경(聞經)과 칭불(稱佛) 가운데서는 문경보다도 칭불의 멸죄의 공덕이 뛰어나다고 하는 등, 당시의 사람들에게 염불을 권하는데 있어 세세한 점까지 주의하고 있다.

끝으로 ⑥⑦의 왕생 후의 멸죄설에 대해 살펴보면, 이전에는 멸죄를 함으로서 비로소 왕생이 가능하게 된다고 설해 왔는데,『관무량수경』「하하품(下下品)」에서는 12대겁(大劫)을 거쳐 비로소 연화(蓮華)가 피고, 이들 왕생인(往生人)들에게 관음·세지의 제 보살이 '제법실상 제멸죄법(諸法實相 除滅罪法)'을 설한다고 하는 것은 모순되는 말이 아닌가 하는 문제를 제기하고 있는 것이다. 이 점에 대해서는 지금 문맥에서 보이는 바와 같이 회감의 생각으로서는 이 세상에서의 멸죄왕생이라고는 해도 미세한 죄장(罪障)은 남는다고 보고 있는 것이다. 그러나 다만 죄장(罪障: 罪種)이 남는다고는 해도 그것은 미세의 업종이고 이숙인(異熟因)이므로, 고과(苦果)를 이끌어 내게 하는 기능이 아니라 단지 꽃이 피는 것을 방해하는 정도의 힘밖에 없다고 보는 것이다.

이와 같은 미세한 업종이라도 왕생인(往生人) 가운데 인정되는 이상 왕생했다고 해서 바로 성불했다고는 할 수 없는 것이다. 이 화개(華開) 이후 왕생인(往生人)이 정토에서 어떠한 도정(道程)을 거쳐 미세한 죄종(罪種)을 소멸하고 불과(佛果)를 성취하여 갈 것인지 하는 점에 대해서는 지금 보인 ⑦의 문맥에 의해 회감의 생각을 알 수가 있을 것이다. 거기에서는 화개(華開) 이후, 견불문법(見佛聞法)하고 서서히 모든 불도의 계위와 6바라밀 등의 행을 닦아 무시이래의 죄업을 전부 소멸하고 드디어 무소득공(無所得空)의 경지에 도달한다고 보는 것이다.

4. 염불멸죄(念佛滅罪)의 의미

이상에서 살펴본 바와 같이 여러 가지 방법에 의해 멸죄를 하고 멸죄함으로써 견불(見佛) 혹은 왕생하고, 왕생 후는 퇴전하는 일 없이 불과(佛果)를 증득하는 것인데, 다만 여기에서 문제가 되는 것은 왕생 후에도 또한 죄종(罪種)이 잔존하고, 그것을 제법실상멸죄(諸法實相滅罪)의 법 등에 의해 소멸시켜 간다고 하는 점이다. 즉 이것은 여러 가지 방법에 의해 멸죄하고 왕생한다고는 해도 그것이 완전무흠(完全無欠)의 멸죄를 의미하는 것은 아니다. 따라서 완전히 멸죄하여 없애지 못하고 있다고 하면 그 나머지의 죄업의 장애에 의해 왕생도 할 수 없는 것이 아닌가 하는 문제로도 된다. 이러한 점에 대한 회감의 설을 보면, 회감이 말하는 멸죄란, 악업의 종자를 멸하는 것이 아니고 또 상심(上心)의 죄를 멸하는 것도 아니다. 단지 염불에 의해 멸하는 것은 종자가 염념상속하여 삼도(三途)의 악보(惡報)를 느끼는 그 기능을 멸하는데 지나지 않는다. 죄의 종자가 염불의 힘에 의해 과(果)를 느끼는 공능(功能)의 세력이 세미하고 보(報)를 초래할 수가 없게 된 상태를 가리켜서 '멸죄'라고 하는 것이다.

이와 같은 염불의 멸죄의 힘에 대해서는 "염불행은 거칠어 미세한 장애는 아직 남아있다."라고 하고 제법실상의 법신관(法身觀)을 실천하면 "경지(境智)가 미세하여 능히 미세한 업장(業障)과 죄종(罪種)을 제멸할 공능이 있다."고 하고 있다.

이와 같은 회감이 설하는 바에 대한 가부는 어쨌든 멸죄의 논리를 이 정도로까지 진전시켜 경설(經說)과의 회통을 시도하고 있는 것은 회감 외에는 볼 수가 없는 것이다. 멸죄라고 하는 하나의 종교적인 현상을 법상유식(法相唯識)의 종자설(種子說)에 의탁하여 해명하고 있는 것은 결과적으로 보면 회감이 법상(法相)계의 학자였기 때문이라고 볼 수도 있다. 그러나 선도·회감이 현실적으로 활약하고 있던 당시는 역시 이와 같은 문제가 제기되고 그에 대한 답이 요청되고 있었던 것이라고 볼 수 있다.

회감의 멸죄설을 통한 정토사상 그 자체에 대한 독자적인 탐구는 선도에 비해 특별히 논할 것이 없을지도 모른다. 그러나 종자설에 대하여 설한 그것 자체가 당시로서는 탁견(卓見)이고 또 대단한 노력이었다고 볼 수 있는 것이다.

회감의 종자멸죄설에는 위에서 살펴본 이외에 이 멸죄설로부터 파생한 문제도 아직 논의될 것이 몇 가지가 있다. 그 첫 번째는 염불에 의해 멸죄하여도 최후에 남은 종자가 후에 악연을 만나면 또 악업이 부활되는 것은 아닌가 하는 물음인데, 그것은 있을 수 있다고 한다. 그리고 두 번째의 문제는, 염불 등의 선업의 종자의 세력도 중죄를 지으면 그 공능(功能)이 멸하고 마는지 어떤지 하는 물음이 있을 수 있다. 따라서 명종(命終)의 최후의 순간까지 주의를 기울여 전심으로 염불하여 왕생해야 할 것이라고 하는 것이다.

이상과 같이 살펴볼 때 회감의 멸죄설에는 여러 가지 요소가 내포되어 있기는 하지만 그 귀착(歸着)하는 바는 선도의 멸죄설과 비슷한 것이 아닐까한다.

선도의 경우에는 극락정토 즉 보토(報土)에의 범부왕생이 가능한지 어떤지를 설하는 것이 제일 중심인 것 같다. 그러나 회감의 논설은 선도의 원력, 염불에 의한 보토왕생(報土往生)을 인정한 위에 다시 그 원력과 염불에 의해 스스로를 죄악생사의 범부라고 자각한 인간이 정토에 왕생하여가는 과정에 초점을 맞추어 당시의 지식 계급에게 논리적으로 설명하였던 것이다. 죄악심중(罪惡深重)의 범부가 죄악심중인 채로 보토(報土)에 왕생하는 것은 불도수행상으로는 논리적으로 성립될 수 없다. 그러나 회감의 멸죄설에는 논리를 다하여 설명하는 모습을 볼 수 있다.

당시의 불교계의 중심주류이었던 법상유식학(法相唯識學)에 있어서의 불도수행의 과정에서 윤회전생의 주체라고 생각되는 업종자설을 중심으로 멸죄설을 전개한 회감의 의도는 이상과 같은 당시의 요청에 답을 하였던 것으로 볼 수 있다. 따라서 담란(曇鸞) 이래의 멸죄설이 불(佛)의 측에 중심을 두고 불력(佛力)에 저촉을 받음으로써 어느 때인가 정화 구제된다고 설하는데 반해, 회감의 경우는 인간의 측에 중심을 두고 인간이 갖는 업종자설에 따른 죄장(罪障) 그 자체의 해명에 역점이 두어지고 있다.

그러나 몇 가지 업종자설을 축으로 하여 논리를 전개한다 해도 정토교의 입장을 주장하는 이상, 본원염불에 의한 멸죄의 기능과 일반 불도수행의 과정에 있어서의 업장소멸의 작용이란 어디엔가에서 저촉되지 않을 수 없다. 회감의 경우, 이 양자의 관계를 본원염불의 멸죄작용은 '추(麤)'의 죄장을 멸할 수밖에 없으나, 미세한 죄장까지 완전히 멸진하는 것은 '제법실상관(諸法實相觀)'이라고 하였던 것이다. 즉 절대이어야 할 본원염불의 기능을 한정하는 결과로 되었던 것이다.232)

---

232) 金子寬哉, 「群疑論における懺悔と滅罪」 壬生台舜博士 頌壽記念論文集, 『佛敎の歷史と思想』 大藏出版, 1985 참조.

한국편 III.

제1장 신라시대(新羅時代)
제2장 고려시대(高麗時代)
제3장 조선시대(朝鮮時代)
제4장 근·현대

:: 제1장 신라시대(新羅時代) ::

제1절 신라시대의 정토사상

1. 정토사상의 유입

신라불교의 대성자인 자장(慈藏)은 정관(貞觀) 10년에 입당하고 나서『아미타경의기』1권을 저술하였다. 이 기(記)는 신라시대에 있어서 미타 관계의 장소(章疏) 중 최초의 것으로 보이지만 불행하게도 전해지지 않는다. 그런데 원효, 의상 등이 나오면서 점차 정토교리의 선양에 활기를 띠게 된다. 의상은 661년 입당하여 지상사(至相寺) 지엄(智儼)에 사사하고 그의 정토교의를 전승하였다. 원효는 또 신라가 이 정토교의를 받아들이자 두 권의『무량수경종요(無量壽經宗要)』·『유심안락도(遊心安樂道)』·『아미타경소(阿彌陀經疏)』 등을 지어 정토교의 홍통에 힘쓰는 한편, 가재(迦才)의 정토사상에 접근하여 소위 '본위범부 겸위성인(本爲凡夫 兼爲聖人)'의 주지(主旨)를 철저히 하여 정토교 본래의 면목을 일신시켰다.

그러면 원효의 저서에 의해 그 교의의 개요를 살펴보기로 하겠다. 원효는「유심안락도」제2 '정피토소재(定彼土所在)'의 장233)에서, 원래 정토는 원융 무애하여 동서(東西)의 구별은 없으나 정토의 소재를 논해 보면 일승(一乘)에 대해 논할 때와 삼승(三乘)에 대해 논할 때는 스스로 그 취의를 달리한다고 말한다. 즉 일승에 의해 논하면 극락세계는 화장세계해(華藏世界海)에 포섭되어야 하는 것으로

---

233) 淨全 6, 607

'10불(佛)의 국토 원융함을 가히 설할 수 없다.'며 '보현인분소견무분제(普賢因分所見無分齊)'라고 하고, 삼승에 의거하면 서방극락은 모두 4토(四土)를 이룬다고 한다. 4토란 즉 법성토(法性土), 실보토(實報土), 수용토(受用土), 변화토(變化土)이다. 그 가운데 법성토와 실보토의 2토는 법계에 두루 가득한 진여를 가리키고, 수용토와 변화토의 2토는 정토삼부경에서 설하는 서방미타의 정토에 해당된다고 논하고 있다. 원효의 뜻에 따르면 서방의 미타정토는 수인감과(酬因感果)의 국토이기 때문에 그 방위를 가리키는 것으로 볼 수가 있는데, 『아미타경』에서 설하는 극락세계가 바로 이 2토에 해당된다고 하는 것이다.

원효는 또 「유심안락도」234)에서 왕생의 어렵고 쉬움을 설하여 서방정토와 도솔정토를 비교하고 14종의 우열(優劣)을 들어 오로지 서방정토 이왕설(易往說)을 제창하였다. 또 같은 책 제7 '해방제의'장235)에서는 『섭대승론』에서 설하는 '별시의취(別時意趣)', 『관무량수경』에서 설하는 '위제희득생(韋提希得生) 여인급근결(女人及根缺) 이승종불생(二乘種不生)' 등의 문제들을 논하여 그 회통을 시도하고 있다. 그런데 이들 문제는 가재(迦才)의 『정토론』제2권에 이미 논술되어 있는 것으로 보아 이를 인용한 것으로 보인다.

2. 정토사상의 저술가들

신라의 정토교계에서는 원효 시대를 전후하여 십념론(十念論)이 발흥하고 법위(法位), 현일(玄一), 경흥(憬興), 의적(義寂) 등에 의해 그 정토교의도 번성하게 되었다. 『정토의빙경론장소목록』에 의해

---

234) 淨全 6, 622
235) 淨全 6, 624

정토 관계의 저술을 보면 법위(法位)의 저서로는 『아미타경소』 2권, 『관무량수경소』 1권, 현일(玄一)의 저술로는 『무량수경기』 2권, 『관무량수경기』 2권, 『아미타경기』 1권을 들고 있지만 거의 망실되었다. 다만 현일의 『무량수경기』 상권 잔본이 다행이 속장(續藏, 32권 제2책)에 집록되어 있을 뿐이고, 법위, 현일의 논설은 의상, 원효, 의적, 경흥 등의 설과 함께 장서(長西)의 『염불본원의(念佛本願義)』, 요혜(了惠)의 『무량수경초』 등 대개 일본의 가마쿠라시대(鎌倉時代)를 중심으로 하여 찬술된 『삼경선택집말소(三經選擇集末疏)』 등에 인용되고 있기 때문에 이하 이들 제서에 의해 그 편린을 살펴보기로 하겠다.

(1) 법위(法位)와 현일(玄一)

법위(法位)는 48원 가운데 제18, 19, 20의 3원(三願)을 염불왕생의 원(願)이라 하여 각 상, 중, 하 3품에 배당하고 제18원에서 설하는 십념(十念)을 십법기념(十法起念)의 십념이라고 주해하였다. 그러나 『무량수경』에서 설하는 십념은 '부득궐일(不得闕一)'이라 하고 또 십념의 뜻을 이분하여 일법십념(一法十念)과 십법십념(十法十念)으로 나누고 있다.236) 일법십념이란 구칭(口稱)의 십념을 가리키고 십법십념이란 『미륵발문경』에서 설하는 십법에 의해 일으키는 십념을 의미하는 것이다.

그러나 십법십념은 즉 『염불본원의』 소인의 글237)에 의해 보면 '만약 명종시(命終時)에 임하여 고통을 받아 핍박당할 때는 즉시 칭명십념(稱名十念)…'이라 하여 『관무량수경』의 십념은 즉 칭명의 십념을 설하는 것이라고 보는 것이다. 그리고 『관무량수경』에서 설하는

---

236) 淨全 8, 453
237) 淨全 8, 453

십념을 가지고 하품왕생의 것이라 하고 『무량수경』에서 설하는 십념은 상삼품(上三品)에 생기는 것으로 십법기념(十法起念)의 십념을 의미하는 것이라 말하고 있다.

현일(玄一)은 48원을 유별하여 13원(十三願)으로 하고 제18, 19, 20의 3원(三願)을 왕생개득원(往生皆得願)이라고 한다. 법위의 설을 차용하여 3원(三願)을 상중하 삼품(三品)에 배대하고 똑같이 18원(十八願)에 설하는 십념은 십법기념(十法起念)의 십념(十念)이라 하며, 『관무량수경』에서 설하는 십념을 일법십념(一法十念)이라고 하였다.

(2) 의적(義寂)과 경흥(憬興)

의적(義寂), 경흥(憬興) 등이 정토교를 흥륭시킨 것을 살펴보면, 의적은 의상문하 10대덕의 1인으로 『관무량수경강요』와 『대무량수경소』를 저술하고 있다. 그는 정영사(淨影寺) 혜원의 설에 따라서 48원을 나누어 섭법신(攝法身), 섭정토(攝淨土), 섭중생(攝衆生)의 셋으로 하고, 다시 7과(七科)로 구별했다. 그 가운데 제18, 19, 20의 3원을 섭중생(攝衆生)의 원(願)에 집어넣고, 제18원을 하품의 생인(生因)을 원한 것이라고 논하고 있다. 또 법위의 십념설에 반대하여 십념을 시간적으로 해석하여 십성칭불(十聲稱佛)을 십념이라고 하여 '십념 구족하여 나무아미타불을 칭하고 불명(佛名)을 칭함으로써 왕생할 수 있다.'고 설하였다.

경흥(憬興)의 저술로는 『무량수경소』 3권, 『무량수경연의술문찬』 4권, 『관무량수경소』 2권, 『아미타경기』 1권 등이 있지만 현존하는 것은 오직 『술문찬(述文贊)』뿐이다. 그 48원의 설에서는 정영사(淨影寺)의 혜원의 설에 의해서 셋으로 유별하고 7과(七科)로 구별하였다. 그러면서 제48원으로부터 제21원에 이르는 4원(四願)을 가지고 인천(人天)을 포섭하는 것이라 하고, 처음의 2원(二願)은 직접 중생의 왕생을 원하고, 후의 2원은 정토의 왕생 후에 그 과보를 원한 것이라고 하여, 넌지시 의적(義寂)의 제18, 19, 20의 3원(三願)을 상중하의 삼품에 배대한 설을 부정하고 있다. 또 18원의 오역(五逆)과 방법(謗法)의 섭불섭(攝不攝)의 논에 대해서는 위의 법위(法位) 등의 제설을 파하여 이미 십념(十念) 중에 80억겁 생사의 죄를 멸할 수 있기 때문에 굳이 회불회(悔不悔) 등에 의해 죄의 경중에 좌우될 필요가 없다고 한다. 또 법위(法位) 등이 설하는 『미륵발문경』에서 설하는 십법십념설에 반대하여 『무량수경』과 『관무량수경』의 두 경에서 설하는 십념은 모두 칭명의 십념이라 하고, 이로써 범부이왕(凡夫易往)의 교의를 고취하였다.

이상과 같이 신라불교의 정토교의는 6세기 중엽부터 7세기에 이르는 사이에 장족의 진보를 이루고 있었다.

3. 발징화상의 만일염불회

(1) 염불결사

한국에서 결사염불은 정토신앙의 유통과 더불어 발생하고 있는데, 그 선험적인 것은 신라 정신대왕(淨神大王, 제31대 神文王?)의[238] 태자 보천(寶川, 또는 寶叱徒)의 제의로 강원도 오대산에 설치된 오대사(五台社) 중 수정사(水精社)가 아닐까 한다. 왜냐하면 동대(東台) 관음방에 원통사(圓通社)를, 남대(南台) 지장방에 금강사(金剛社)를, 서대(西台) 미타방에 수정사(水精社)를, 북대(北台) 나한방에 백련사(白蓮社)를, 중대(中台) 진여원(眞如院, 성덕왕 4년 건축)

---

238) 『삼국유사』 권3, 대산오만진신(臺山五萬眞身), 大正藏 49, 998b.

에 화엄사(華嚴社)를 각각 두고, 다시 보천태자가 처음으로 개창했던 보천암(寶川庵)239)을 고쳐 화장사(華藏寺)로 하고 여기에 '법륜사(法輪寺)'를 두었다고 하는 것인데, 그 서대(西台) 미타방의 수정사에서 무량수여래상을 봉안하고 낮에는 법화경을 읽고 밤에는 미타예참을 염했다고 하기 때문이다.

한국에서 본격적인 염불결사가 행해진 것은 아무래도 경덕왕 17년(758) 동량발징(棟梁發徵, 또는 八珍)화상이 승 31인, 향도(香徒) 1천여 인과 함께 금강산 원각사240)에서 '미타만일회(彌陀萬日會)'를 결성하고 도중(徒衆)을 양분하여 근로와 정수(精修)를 번갈아 맡게 하면서 만일(萬日, 29년)을 기해 염불서승(念佛西昇)했다는 것이 그 효시라고 해야 할 것이다.241) 발징화상의 이러한 미타만일회(彌陀萬日會)는 그 뒤 애장왕(哀莊王, 808) 9년 강주(剛州 順安縣) 미타사에서 선사(善士: 신자) 수십 인이 만일(萬日)을 기약하고 염불하였으며, 그 중의 아간귀진가(阿干貴珍家)의 노비 욱면(郁面)은 마침내 헌덕왕 7년(815) 등공서왕(騰空西往)하였다는 설화가 있어242) 제2의 미타만일회가 있었음을 알 수가 있다.243)

---

239) 당시는 중대 진여원 아래에 위치했다.
240) 현재의 乾鳳寺
241) 일연(一然)은 정신대왕(淨神大王)을 신문왕(神文王)으로 추정하고 있다. (『삼국유사』 권3 臺山五萬眞身, 大正藏 49 998c 割註). 『삼국유사』 권3 대산오만진신, 大正藏 49 998b.
242) 이대원(李大遠, 1928)편, 「건봉사사적(乾鳳寺史蹟)」 중의 사료(乾鳳寺事蹟・乾鳳寺萬日會緣起・乾鳳寺事蹟碑 등)와 『삼국유사』 권5 '욱면비염불서승(郁面婢念佛西昇)'조에 의함. 두 사료를 비교하여 후자를 자세히 고찰한 논문으로, 신종원(辛鍾遠)의 「삼국유사(郁面婢念佛西昇)조에 대한 일고찰(一考察)」(史叢26輯, 고려대사학회, 1982)이 있음. 『삼국유사』 권5, 욱면비염불서승, 大正藏 49, 1012a~b
243) 高翊晋, 「圓妙國師 了世의 白蓮結社」 東國大學校 佛敎文化硏究所編, 『韓國天台思想硏究』 東國大學校出版部, 1983. pp.201~202 참조.

(2) 발징화상의 왕생

신라 경덕왕대(758년)부터 원성왕대(787년) 때의 일이다. 758년 고성현 원각사(현 건봉사)의 주지 발징화상(發徵和尙, ?~796)이 큰 서원을 일으켰다. 두타승인 정신, 량순 등 31인을 청하여 미타만일회를 시설하고 향도(香徒) 1,820인을 맺었다. 1,700인은 죽과 밥을 담당하고, 120인은 의복을 담당하는 시주자가 되어 해마다 가가호호 돌아다니며 백미 1말, 기름 1되, 오종포 1단씩을 오랜 기간 동안 함께 마련하였다.

그로부터 29년만인 787년 7월 17일, 한밤중에 큰비가 쏟아져 도량을 넘치더니 아미타부처님과 관세음보살, 대세지보살 두 분이 자금연대를 타고 문 앞에 이르러 금색의 팔을 펴고 염불하는 대중을 맞이하였다. 부처님은 대중을 거느리고 반야선에 올라 48원을 부르면서 연화세계로 가서 상품상생을 명하였다. 이때 발징화상은 두루 다니다가 금성에 도착하여 낭무 아간의 집에서 자고 있는데, 큰 빛이 그 방을 비추니 놀라 일어났다. 관세음보살이 발징화상에게 말씀하시기를, "그대 도량의 스님들이 부처님의 인도로 서방정토의 상상품으로 왕생하였으니 빨리 가 보아라." 하셨다.

발징화상이 즉시 가려고 하자 낭무 아간이 말하기를, "스님은 처음 발원하실 때 우리 어리석은 중생을 먼저 제도한 뒤에 세상을 떠난다고 하셨습니다. 우리들은 적은 힘이나마 최선을 다했다고 할 수 있거늘 오늘 우리들을 버리고 어찌 홀로 가실 수 있습니까." 하면서 온 몸으로 땅을 치면서 울부짖기를 그치지 않았다.

발징화상은 이에 낭무 등을 거느리고 가서 31명의 스님을 본즉 모두 육신으로 등화(登化)하였다. 기쁜 마음으로 도량을 향하여 1,300여 번 절을 한 뒤에 그들의 다비식을 하였다. 그리고는 향도들의 집을 두루 다녀보니, 913명은 도량의 스님과 같은 시간에 단정히 앉아 왕생하였다. 나머지 907명이 돌아온 지 7일이 되었을 때 또 아미타 부처님을 뵈었는데 부처님이 배를 잡고서 같이 타자고 하셨다. 그래서 "우리 향도(香徒)들 가운데 아직 제도하지 못한 자가 있는데 홀로 먼저 가는 것은 저의 본원이 아닙니다."라고 말씀드리자, 부처님께서 다시 말씀하시기를, "18인은 상품중생으로 왕생이 될 것이나 그 나머지는 되돌려 보내어 업(業)이 성숙한 뒤에 와서 제도하리라." 하셨다.

향도가 이 말을 듣고 슬피 울며 후회하기를, "우리들은 무슨 죄업을 지었기에 유독 왕생을 못하는가."하고는 밤낮을 쉬지 않고 더욱 정근하였다. 그러자 7일째 되는 한밤중에 아미타 부처님이 다시 배를 타고 오시어 말씀하시기를, "내가 본래 세운 원력 때문에 너희들을 맞이하여 같이 가야 하겠구나." 하셨다. 발징화상은 울먹이며 다음과 같이 사양하였다.

"만약 신도들 중에 무거운 죄 때문에 왕생하지 못하는 사람이 있다면 저는 맹세코 지옥에 들어가 그 고통을 대신 받으며 영원히 그 죄를 멸하여 사람마다 모두 왕생케 한 연후에야 왕생하겠습니다." 하였다. 그러자 부처님께서 말씀하시기를, "그만 두어라. 31명은 상품하생하고 그 나머지는 그대가 먼저 왕생하여 부처님의 수기를 얻고 무생인(無生忍)을 깨달아 신통한 지혜로 다시 인간세상에 와서 모두 구제하라." 하셨다. 발징화상은 부처님의 가르침을 믿고 그 발에 예배한 후, 배를 타고 서방정토로 왕생하였다.244)

---

244) 『삼국유사』, 정목(正牧), 『한국인의 염불수행과 원효스님』 하늘북(서울), 2006. pp.87~89

제2절 원효의 정토사상과 참회

1. 왕생정토문

원효는 『무량수경종요』에서 정토의 경계를 다음과 같이 분별하였다.

> 청정(淨門)하고 청정하지 않은 문(不淨門)을 밝히는 데는 간략히 네 가지를 서로 대조하여 올라가고 내려가는 것을 나타내었다. 말하자면 인과를 상대하고, 한결같고 한결같지 않음을 상대하고, 순수함과 섞여 있음을 상대하고, 바르게 결정됨과 바르게 결정되지 않음을 상대하였기 때문이다. 정문과 부정문에는 네 단계의 차원이 있다.

(1) 원만문(圓滿門) = 인과상대문(因果相對門)

이것은 원인과 과보를 서로 대조하는 문이다. 말하자면 금강(金剛)[245] 이전의 보살이 머무는 곳은 과보토라 이름하고 정토라 이름하지 않는다. 아직 고제(苦諦)의 과보인 근심을 벗어나지 못했기 때문이다. 오직 부처님이 계시는 곳만을 정토라 이름하는데 일체의 괴로움과 근심이 남김없이 소멸되었기 때문이다. 이러한 뜻에 의거하기 때문에 『인왕경』에서 말씀하시기를, "삼현십성(三賢十聖)은 과보토에 머물고 오직 부처님 한 분만이 정토에 계신다. 일체중생은 잠시 과보토에 머물다가 금강(金剛)의 근원에 오르게 되면 정토에 머물게 된다."라고 하였다.

(2) 일향문(一向門) = 일향불일향상대문(一向不一向相對門)

이것은 한결같고 한결같지 않음을 서로 대조하는 문이다. 제8지 이상의 보살이 주하는 곳은 그 이하에 비하면 정토라 이름할 수 있

---

245) 부처 이전의 지위.

다. 한결같이 삼계(三界)의 일을 벗어났기 때문이다. 또한 4가지 한결같은 뜻을 갖추었기 때문이다.

제7지 이전의 일체중생이 사는 곳은 정토라 이름하지 않는데 한결같이 삼계를 벗어난 것이 아니기 때문이다. 혹 원력에 힘입어 삼계를 벗어났다 하더라도 한결같은 네 가지를 갖추지 못했기 때문이다. 말하자면 한결같이 잃지 않음[常], 한결같이 즐거움[樂], 한결같이 자재함[我], 한결같이 청정함[淨]이다.

제7지 이전의 수행자가 관[觀]으로부터 벗어날 때는 네 가지 한결같음을 향하다가도 어떤 때는 과보로서의 무기심(無記心)이 일어나고, 제7말나식의 네 가지 의혹이 비슷한 때에 나타나 움직이게 된다. 그러므로 한결같이 청정하고 한결같이 잃지 않음이 되지 않는다.

제8지 이상의 보살은 이와 같지 않다. 이러한 뜻에 의거하기 때문에 『섭대승론』에서 말하기를, "출출세선법(善法)의 공능이 일으킨 것이다."라 하였으며, 『섭론석(攝論釋)』에서 말하기를, "이승선(二乘善)은 출세라 이름하고 제8지 이상의 보살로부터 불지(佛地)까지는 출출세라 이름한다. 출세법은 세간법에 상대하여 다스리는 것을 말하고, 출출세법은 출세법에 상대하여 다스리는 것이다."라고 하였다.

(3) 순정문(純淨門) = 순잡 상대문(純雜 相對門)

이것은 순수함과 섞여 있음을 서로 대조하는 문이다. 범부와 이승[성문, 연각]이 섞여서 사는 곳은 청정한 세계라고 이름할 수 없다. 오직 대지(大地, 초지 이상)에 들어간 보살이 사는 곳만을 청정한 세계라 이름할 수 있다. 저 곳은 순수한 청정이 아니며, 이곳이 순수한 청정이기 때문이다. 이러한 뜻에 의하기 때문에 『유가론』에서 말하기를, "세계가 무량하지만 그곳에는 두 가지가 있다. 말하자면 청정하고 청정하지 않은 곳이다. 청정한 세계 가운데는 지옥·축생·아귀가 없다. 또한 욕계·색계·무색계가 없고 순수한 보살대중이 그 가운데 머물러 살고 있다. 이러하기 때문에 이름하여 청정한 세계라고 말한다. 이미 제3지(논에서 설한 초지보살)에 들어간 보살은 원력으로 말미암아 저 세계에 몸을 받아 태어날 수 있다. 이생(異生) 및 이생이 아닌 성문과 독각은 없다. 만약 이생이 아닌 보살이라면 저 세계에 태어날 수 있다."라고 하였다.

(4) 정정취문(正定聚門) = 정정비정정 상대문(正定非正定 相對門)

바르게 결정된 사람과 바르게 결정되지 않은 사람을 서로 대조하는 문이다. 삼취(三趣)246)중생의 고통이 일어나는 땅을 예토라 하고, 오직 정정취(正定聚)247)만이 사는 곳을 정토라 이름한다. 정토 가운데는 사과(四果)의 성문도 있고, 또한 네 가지 지혜를 의혹하는 범부도 있다. 그러나 다만 사정취와 부정취는 없을 뿐이다.248)

2. 염불과 십념(十念)

『무량수경』이나 『관무량수경』에서는 십념(十念)을 갖추라고 설하고 있다. 그러나 그 십념의 의의나 내용에 대한 설법이 없다.249) 그러면 『무량수경』과 『관무량수경』에서 설하고 있는 십념은 무엇을 말

---

246) 삼취(三趣): 삼악취(三惡趣)의 준말.
247) 정정취(正定聚): 반드시 부처가 되도록 결정되어 있는 성자. 또는 개달음에 이르기까지 퇴보하는 일 없이 진전하여 보살이 되는 것.
248) 정목(正牧), 『한국인의 염불수행과 원효스님』 하늘북, 2006. pp.67~69
249) 예컨대 『증일아함경』에는 毗羅先長者(virasena)가 命終하였을 때에 念佛(buddhānussati)·念法(dharmānussati)·念僧(saṅghānussati)·念戒(silānussati)·念施(cāgānussati)·念天(devatānussati)·念休息(upasámānussati)·念安般(ānāpānussati)·念身(kāyāgatāsati)·念死(māraṇāsati) 등의 十念의 법으로써 四天王天에 태어났다고 설해져 있다.

하는 것인가. 이미 원효에 앞서서 담란(曇鸞)도 이를 문제 삼은 바 있었는데, 그는 아미타불의 총상(總相)과 별상(別相)을 억념(憶念) 하는 것을 일념(一念)이라 하고 이 일념을 끊임없이 계속하여 가되 칭념하는 것을 잊지 않는 것을 십념(十念)이라고 이해하였다. 담란의 이러한 견해는 도작에게 계승되었다. 한편 선도는 염(念)을 성(聲)으로 이해하여 일념즉일성(一念卽一聲) 십념즉십성(十念卽十聲) 즉 십성칭불(十聲稱佛)의 염불을 십념이라 하였다. 그리고 후에 신라의 의적(義寂)은 '나무아미타불'의 육자명호를 칭하는 그 시간을 일념이라 하고 십성(十聲)을 상속하여 칭념하는 그 시간적 단위를 십념으로 이해하였다. 이렇듯250) 십념에 대해서는 여러 설이 혼재되어 왔다.251)

그렇다면 원효는 이 하배(下輩)의 십념을 구체적으로 어떻게 받아들였을까. 원효는 우선 이 십념을 현료(顯了)의 십념과 은밀(隱密)의 십념의 두 가지 뜻으로 나누었다. 극락의 정(淨)과 부정(不淨)을 4대계제(四對階除)로 논했던 것인데, 그 제3대의 경우는 환희지(歡喜地: 初地)의 거(居)하는 국토였고, 제4대의 경우는 이승정위(二乘頂位) 이상과 보살초발심주(菩薩初發心住) 이상이 거(居)하는 국토였다. 따라서 원효는 은밀의 십념을 제3대 정토의 하배인(下輩因)이라 하였고, 현료(顯了)의 십념을 제4대 정토의 하배인(下輩因)이라 하였다.252) 그리하여 은밀(隱密)의 십념으로서『미륵발문경』

---

250) 經十念頃 專稱佛名 名爲十念也 此言念者 謂稱南無阿彌陀佛 經此六字頃名一念(『無量壽經述義記』)
251) 근자에는 경전발달사적 고찰에 의하여『대아미타경』과『무량청정평등각경』에 설해져 있는 ①不得殺生 ②不得盜 ③不婬妷奸愛他人婦女 ④不得調欺 ⑤不得飮酒 ⑥不得兩舌 ⑦不得惡口 ⑧不得妄語 ⑨不得嫉妬 ⑩不得貪餐의 十善이 곧『무량수경』의 十念이 되는 것이라는 설이 제창되었다.(森二郞,「無量壽經の硏究」『인도학불교학연구』통권 제7·12호 참조)
252)『無量壽經宗要』第二簡經宗致門

에서 설하고 있는 십념을 다음과 같이 열거하였다.

① 일체중생에 대해서 항상 자심(慈心)을 일으켜 고통을 주어서는 아니 된다. (一者 於一切衆生 常生慈心 於一切衆生 不毀其行)
② 일체중생에 대해서 깊이 비심(悲心)을 일으켜 잔해심(殘害心)을 없앤다. (二者 於一切衆生 深起悲心除殘害意)
③ 호법심(護法心)을 발하여 신명(身命)을 아끼지 않고 호법에 힘쓸 것이며, 일체법을 비방하는 일이 없도록 한다. (三者 發護法心 不惜身命 於一切法 不生誹謗)
④ 인욕(忍辱)하는 가운데서 결정심(決定心)을 일으켜야 한다. (四者 於忍辱中 生決定心)
⑤ 심심청정(深心淸淨)토록 항상 힘써서 재물을 탐내는 세속적인 욕망에 물들지 않아야 한다. (五者 深心淸淨 不染利養)
⑥ 일체종지심(一切種智心)을 발하되 매일 한결같이 염하여 하루라도 이를 버리거나 잊는 일이 없도록 한다. (六者 發一切種智心 日日常念無有廢忘)
⑦ 일체중생에 대해서 존중한 마음씨로써 대할 것이며, 또한 자만심을 버리고 겸손하게 대답해야 한다. (七者 於一切衆生 起尊重心 除我慢意 謙下言說)
⑧ 항간에 떠도는 이야기에 마음이 이끌리지 않아야 한다. (八者 於世談話 不生味著心)
⑨ 여러 가지 선근(善根)의 인연을 깊이 일으킴으로써 산란한 마음을 갖지 않도록 한다. (九者 近於覺意 深起種種善根因緣 遠離憒鬧散亂之意)
⑩ 정념(正念)으로 관불(觀佛)하여 망령된 제근(諸根)을 없애도록 하여야 한다. (十者 正念觀佛 除去諸根)

위의 열 가지를 끊임없이 계속 염하여 가면 극락에 왕생할 수 있는 것이라 하였다. 그러나 이 『미륵발문경』의 십념은 능히 초지(初地, 歡喜地) 이상의 보살이 갖출 수 있는 것이므로 범부(pṛthagjana)로서는 도저히 어려운 것이라 하고,253) 다시 범부를 위하여 보다 쉬운

---

253) 如是十念 旣非凡夫 當知初地以上菩薩 乃能具足(『無量壽經宗要』제2 簡經宗

현료(顯了)의 십념으로서 『관무량수경』에서 설하는 하품하생자(下品下生者)의 경우인 십념(十念)을 지적하였다.

원효에 있어서 『미륵발문경』의 십념은 은밀의 십념이었던 것에 반해 『관무량수경』의 십념은 범부로서도 능히 할 수 있는 현료(顯了)의 십념이었다. 『관무량수경』에서 설하는 것처럼 하품하생자(下品下生者)가 그 임종 때에 왕생할 수 있는 것은 십념염불에 의하기 때문이다. 이 하품하생자의 십념염불을 원효는 그의 『무량수경종요』에서 다음과 같이 말하고 있다.

> 만약 불명(佛名)을 염하고 불상(佛相) 등을 염하며 무간염불(無間念佛)하고 내지 십념(十念)하되 이와 같이 지심(至心)으로 하면 이름하여 십념(十念)이라 한다. 이를 일러 현료십념(顯了十念)이라 한다.254)

이상과 같이 지심으로 쉴 새 없이 '나무아미타불'을 계속하여 칭념하거나 혹은 아미타불의 총상(總相)과 별상(別相)을 억념하여 가는 것으로 이해하였다. 그리하여 원효는 『무량수경』의 십념에는 『미륵발문경』과 『관무량수경』의 두 경전에 설해진 두 가지 뜻의 십념 즉 은밀과 현료의 십념이 있는 것이라 하였다. 그러면 『관무량수경』에 설하는 것처럼 이른바 현료의 십념으로써 왕생할 수 있게 되는 그 근거는 무엇인가. 원효는 다음과 같은 자문자답을 하고 있다.

(A) 문(問) : 중생의 악업(惡業) 심히 중하여 능히 정토에서도 장애가 있다. 작은 선(善) 능히 없애지 못하니 왜 그러한가. 『관경(觀經)』에 이르되 임종십념 즉득왕생(臨終十念卽得往生也)이라.
　　　　　　　　　　(『遊心安樂道』 제7 解妨除疑門 第5問)
(B) 문(問) : 중생의 죄업(罪業) 산(山)과 같이 크게 쌓였다. 어떻게 십념

致門)
254) 『無量壽經宗要』 第2 簡經宗致門

을 하여 악업을 멸하겠는가. 가령 백천만겁도 오히려 크게 부족하니 만약 악업(惡業)을 멸하지 못하면 또한 어떻게 왕생정토를 할 수 있겠는가. (『同上』第7問)

즉 (A)·(B)의 두 물음은 다 "중생의 죄업 또는 악업이 태산처럼 크고 무거운데, 어떻게 임종 때에 십념염불로써 능히 왕생할 수 있겠는가."라는 것이다. 이어서 (A)의 물음에 답하기를 '마음(心: citta)'은 업(業: karma, 行爲·生活)의 근본이 되는 것인 즉, 임종 때의 마음은 능히 일체의 업을 이끌기 때문에 가령 임종 때의 마음이 악하면 자연히 일체 모든 악업을 이끌게 되며 반대로 선하면 일체의 선업을 이끌게 되는 것이므로, 마음을 서방극락으로 돌린다면 업(業)도 자연히 이에 따르게 되어255) 임종 때에 능히 왕생할 수 있는 것이라 하였다.

또한 (B)의 물음에 대해서는 세 가지 이유로 임종 때 십념염불에 의해 왕생될 수 있다고 하였는데, 그 셋이란 첫째 십념염불하는 그 마음에는 능히 무시이래(無始以來)로 또는 일생에 걸쳐 지은 선업(善業)을 모두 이끌어 쌓는 힘이 있기 때문이며, 둘째는 불명(佛名)을 칭명하는 그 자체에 80억겁에 걸친 생사의 죄를 모두 없앨 수 있기 때문이고, 셋째로는 염불공덕은 태양과 같이 밝은 진심(眞心)으로부터 일어나기 때문에 어둠과 같은 망심(妄心)으로부터 생기는 무시이래의 악업을 능히 제거해 낼 수 있기 때문이라는 것이다.256)

그러나 이상과 같이 십념염불에 의해서 왕생할 수 있다하더라도 원효에 있어서는 발원 없는 십념염불은 별시의(別時意)257)에 지나지 않는 것이고, 발원회향하고서 삼복업(三福業), 십육관(十六觀),

---

255) 『遊心安樂道』 제7해방제의문 제5문답
256) 『遊心安樂道』 제7문 제7문답
257) 別時意란 別時意趣의 약칭으로 아미타불을 염하면 극락정토에 왕생한다고 말하듯이 그 證果가 눈앞에 나타나는 것은 아니지만 미래에 얻을 果를 가까이 나타낸 것을 말한다.

십념염불 등의 행을 닦는 원행(願行)을 갖추어야 별시의가 아닌 것이다.258)

이제까지 미타정토에 왕생키 위해서 닦아야 할 십념과 염불을 원효는 어떻게 보고 있었는지를 살펴보았다. 원효는 십념을 은밀(隱密)과 현료(顯了)의 두 가지 뜻으로 회통시킴으로서 『무량수경』의 십념과 『관무량수경』의 십념이 서로 다름이 없다는 것을 주창하였고, 그럼으로써 성범개왕(聖凡皆往)의 길을 열어 놓았다. 그리고 그 염불은 칭명염불(稱名念佛)이나 억념·관념(憶念觀念, 觀相念佛)이나 그 어느 것에도 치중치 않았던 칭관염불(稱觀念佛)이었다. 삿된 마음을 두지 않고 오로지 계속하여 아미타불의 상호(相好)를 억념(憶念)하는 동시에 '나무아미타불' 육자명호를 칭명하기를 극진한 마음으로 하는 그 순정심(淳淨心)259)이 바로 원효에 있어서의 염불이었고 또 십념이기도 하였던 것이다.260)

3. 원효의 정토참회관

(1) 죄의식과 참회

『범망경』 「노사나불설보살심지계품」에는 십종금계(十種禁戒)와 사십팔경계(四十八經戒)를 설하고 있다. 이 가운데 살생·투도·사음·망어·고주(酤酒)·설타죄과(說他罪過)·자찬훼타(自讚毁他)·간석가훼(慳惜加毁)·진불수회(瞋不受悔)·훼방삼보(毀謗三寶) 등 십중금계261)를 범하면 근본죄인 바라이죄(Pārājika)를 짓게 되

---

258) 『遊心安樂道』 제7문 제1문답
259) 念佛是淳淨心 『遊心安樂道』 제7 해방제의문 제6문답)
260) 『보살영락본업경』 권하 「대중수학품」 참조. 『보살영락본업경소』 원효대사전집 제4책 수록) 안계현, 『新羅淨土 思想史研究』 玄音社, 1987. 「원효의 미타정토왕생사상」 pp. 38~46 참조.

는 것으로, 『사분율』이나 『우바리문불경』 등에서도 살(殺)·도(盜)·음(婬)·망(忘)은 4바라이법으로 규정되어 있다. 『관무량수경』에는 "혹은 중생이 있어 불선업(不善業) 및 오역십악(五逆十惡)을 짓고 불선(不善)을 갖춘 이와 같은 어리석은 사람은 악업이기 때문에 응당 악도에 떨어져 마침내 다겁에 걸쳐 무궁한 고통을 받으리니, 이와 같은 어리석은 사람은 명종(命終)에 임해서 … 구족십념(具足十念)하여 나무아미타불을 칭하면, 염념(念念) 가운데 불명(佛名)을 칭한 연고로 80억겁 생사의 죄를 없애고 … 즉득왕생 극락세계"라고 설하고 있어서 오역십악(五逆十惡)262)의 중죄자인 하품하생자라 할지라도 왕생이 가능한 것으로 되어 있다.

원효는 그 신념과 자각의 하나로서 뚜렷이 참회(ksama)를 내걸었다. 참회는 자기의 죄를 개진하여 용서를 받고 다시는 그러한 죄를 안 짓기를 다짐하는 것이어서 종교적 생활에 있어서 매우 중요한 실천인 것이다.263)

---

261) 원효(元曉)·의적(義寂)·승장(勝莊)·태현(太賢)은 각각 그의 『범망경보살계본사기』(원효대사전집 제5책), 『보살계본소』(대정신수대장경 No.1714), 『범망경보살계본솔기』(卍속장경 제60套 제2책), 『범망경고적기』(대정신수대장경 No.1815) 가운데서 십중금계(十重禁戒)의 각 계(戒)에 계명을 붙였다.

262) 오역(五逆)에는 두 가지 경우가 있어서 소승의 오역은 해모(害母:殺母)·해부(害父, 殺父)·해아라한(害阿羅漢,殺阿羅漢)·출불신혈(出佛身血)·파화합승(破和合僧)을 말하며, 대승의 오역은 『대살차니건자소설경』에 설해진 바와같이 ①탑사(塔寺)를 파괴하고 경상(經像)을 불태우며 ②성문·연각·대승의 법을 비방하며 ③출가자의 수행을 방해하며 ④소승의 오역 가운데 어느 하나를 행하며 ⑤십악(十惡)을 감행하는 것을 말한다. 한편 십악은 살생(殺生)·투도(偸盜)·사음(邪淫)·망어(妄語)·양설(兩舌)·악구(惡口)·기어(綺語)·탐욕(貪欲)·진에(瞋恚)·우치(愚癡)의 10을 말한다.

263) 따라서 경전에서는 이 참회를 역설한다. 예컨대 『금광명경』 권1에는 "천겁에 걸쳐 지은 무거운 악업이라고 지심으로 참회하면 그러한 중생의 죄는 모두 제멸된다."고 설해져 있으며, 원효는 『보살영락본업경』 권하의 경문의 대강을 "부처님은 이르시기를 수계방편(受戒方便)하고 이 가운데 셋이 있으니, 먼저 삼예삼보(三禮三寶)하고, 다음에 사의(四依: 法, 了義經, 義, 지혜에 의지하는 것)를 존중하고, 후에 즉 회과(悔過)한다."(『보살영락

원효가 얼마나 참회를 중요시하였던 것인가는 그가 도솔정토에의 왕생인(往生因)으로서 설정한 이관(二觀)·삼행(三行) 가운데서도 그 제일행(第一行)을 참회로 한 것264)을 미루어 보아도 알 수 있다. 한편 『대승육정참회』265)는 다음과 같이 설하고 있다.

- 지금불전(佛前)에 깊이 참괴심(慚愧心)을 내어 발보리심(發菩提心) 하고 성심으로 참회하고 나와 중생이 무시이래(無始以來) 무명(無明)에 취한바 되어 무량한 죄를 짓고 오역십악(五逆十惡)을 짓지 않은 게 없다. 스스로 짓고 남을 시켜 짓게 하며 기뻐하면서 보았으니, 이와 같은 무거운 죄 가히 이를 수가 없다. 제불현성(諸佛賢聖)이 증지(證知)하는 바이다.
- 또한 마땅히 참회해야 하리니, 육정방일(六情放逸)한 나와 중생 무시이래로 제법(諸法)이 본래 무생(無生)함을 알지 못하고

이상과 같이 한 가지 과거에 지었던 혹은 현재 짓고 있는 죄를 씻음으로써 미래에는 다시는 죄짓지 않기를 참회하는 것에 그치지 않고, 나 자신과 중생이 모두 무시이래로 무량의 죄를 짓고 있다는 죄의식을 가져야 하는 이에 대한 참회라는 데서, 우리는 불제자로서의 자각과 신념을 지니고 생활하였던 원효의 면모를 새삼 알게 된다. 물론 이러한 죄의식과 이에 따르는 참회가 오직 원효에 국한된 것은 아니었지만,266) 『무량수경』과 『관무량수경』의 오역자(五逆者)를 뚜렷

본업경소』 원효대사전집 제4책 소수)라고 하였거니와, 광겸(光謙, 1654~1739)은 그의『보살계경회소집주』권2에 원효의 이 설을 들었다. 『보살계경회소집주』에 들어있는 원효설은 이것 하나뿐이나 원효설 이외에도 신라승의 계율 관계저서나 학설은 다음과 같이 보이고 있다.

범망경술기(勝莊)	보살계본소(義寂)	범망경고적기(太賢)
1회	125회	40회

264) 안계현, 『원효의 미륵정토왕생사상』 역사학보 제17·18합.
265) 원효대사전집 제10책 소수. "이『대승육정참회』는 아주 짧은 문장이나 불교를 생활화하고 대중에게 불교도덕을 수립하고자 한 것이다."(조명기, 『신라불교의 이념과 역사』p.119)
266) 담란(曇鸞)·도작(道綽)·선도(善導)·가재(迦才)도 이러한 죄의식과 참회

이 참회로써 회통시켜 놓았다고 하는 점에서 우리는 원효가 참회를 생활에 있어서 얼마나 중요시했던가를 알 수 있다.267)

(2) 역방제취(逆謗除取)의 문제

원효는 말하기를, 『관무량수경』에서는 오역(五逆)을 범해도 참회하면 되는 것이고, 『무량수경』에서 제외시키는 것은 오역(五逆)을 범하고도 참회하지 않는 자를 제외하는 것이라고 해석한다.268) 원효는 『기신론소』에서 지관법(止觀法)을 설하는 가운데 참회의 중요성을 말하고 있고, 또한 『대승육정참회(大乘六情懺悔)』의 저술도 있다. 역방제취의 문제는 회감(懷感)의 『군의론(群疑論)』에도 15설이 나오고 있다. 선도(善導)의 제자이자 법상종에 속한 회감은 『군의론』 제3에서 역방제취에 관한 15인의 설을 소개한다. 15인의 설 가운데 첫 번째가 원효가 취한 설이다.

제1의 석(釋)에 의하면 참인(懺人)을 취하고 참(懺)하지 않는 자를 제외한다고 하는데, 이 해석을 한번 살펴보고자 한다. 아직 염불이 죄를 멸하는지 안하는지를 알지 못하고 만약 능히 멸하지 못한다고 한다면 어떤 이유로 그런가? 경(經)에 염념(念念) 중에 80억겁 생사의 죄를 멸한다고 한다. 만약 능히 멸한다고 한다면 어떤 이유로 참회하지 않는 자를 제외한다고 하는 것인가?269)

염불이 멸죄의 공덕이 없다고 할 경우 『관경』에서 염념(念念)에 80억겁 생사의 죄를 멸한다고 하는 것과 모순이 생기고, 또한 멸죄의 공덕이 있다면 어떻게 참회하지 않는 자를 제외할 필요가 있겠는가.

를 하고 있다.
267) 安啓賢, 『新羅淨土思想史硏究』, 玄音社, 1987年. 「원효의 미타정토왕생사상」 pp.46~51 참조.
268) 『무량수경종요』 大正藏 37, p.129中
269) 『釋淨土群疑論』 大正藏 47, p.44上

감히 참회할 필요가 없지 않은가? 라고 하는 것이다. 또한 회감은 역방제취를 설명하는데 있어서『무량수경』은 '내지(乃至: 十念)'이고『관경』은 '구족(具足: 十念)'의 차이에 주목해서『무량수경』은 '내지(乃至)'이기 때문에 '오역(五逆)'을 제외하지만,『관경』은 '구족(具足)'이기 때문에 오역도 왕생할 수 있다고 한다.

요컨대『무량수경』에는 오역 및 비방정법이 제외되어 있고,『관경』에는 오역이 허용되어 있기 때문에『관경』에 나타난 수행자를 보다 높이 평가하는 경향이 보이고 있다.270)

(3) 원효의 참회관(懺悔觀)

역방섭취(逆謗攝取)의 기준을 참회의 유무에 둔 원효는 앙신(仰信)을 강조하고 있다. 앙신은 신해(信解)도 포섭한 신(信)이며 자신의 죄업성의 자각을 필요로 한다. 자신의 죄업성을 자각할 때, 거기에는 참회 즉 그 잘못을 두 번 다시 범하지 않겠다는 결의를 수반하는 것이다. 원효는『기신론소』「수행신심분(修行信心分)」에서 참회의 논리를 전개하고 있다.「수행신심분」에서 그는 자신의 체험을 통한 지관문(止觀門)의 실천을 밝히고 있다.

『기신론』은 '선세(先世)부터의 중죄악업'으로 인해 많은 장애가 있을 경우에, "주야(晝夜) 육시에 제불에게 예배해서 성심으로 참회하고 권청하고 수희하고 회향하면 제장(諸障)을 받을 것을 면한다. 선근(善根)이 증장하기 때문에."271)라고 설하고 있다.

이에 대해서 원효는, 이것은 장애를 제거하기 위한 방편이라며 다

---

270) 藤能成(후지요시나리),『원효의 정토사상연구』 민족사, 2001, pp311~315 참조.
271)『起信論』(大正藏 32, p.582上).『起信論』의 '참회, 권청, 수희, 회향'의 항목은 용수의『십주비바사론』「除業品」제10(大正藏 26, pp.45上~47上)에도 나타나 참회의 중요한 실천덕목으로 규정되어 있다.

음과 같이 설한다.

> 제불(諸佛)에게 예배를 하는 것은 총괄해서 여러 장애를 없애는 방편을 밝힌 것이다. 어떤 사람이 자신에게 부채가 있어도 왕에게 맡긴다면 즉 채주(債主)에서 부채가 없어지는 것과 같다. 이와 같이 행하는 사람은 제불을 예배하면 제불의 수호를 받고 능(能)과 소(所)의 장애를 벗어날 수 있다.272)

이 부분의 논술은 그의 앙신(仰信)의 사상을 뒷받침하는 것이다. 또한 예배제불(禮拜諸佛) 이하에 대해서는 다음과 같이 따로 설하고 있다.

① 제악업장(諸惡業障) - 참회제멸(懺悔除滅)
② 비방정법(誹謗正法) - 권청멸제(勸請滅除)
③ 질투타승(嫉妬他勝) - 수희대치(隨喜對治)
④ 낙착삼유(樂著三有) - 회향대치(廻向對治)

이상과 같은 네 가지 방법에 의해서 장애를 소멸시키므로 제행(諸行)을 행하여 깨달음(菩提)으로 들어갈 수 있다고 한다. 이들의 근거는 『유가론』에 의한 것이다.273) 용수(龍樹)의 『십주비바사론』 「제업품」에도 참회, 권청, 수희, 회향이 나오는데, 이것이 용수 이후 일반화되어 채용되고 있는 것이다. 원효의 참회에 대한 설명으로서 또 하나는 「수행신심분」에서 볼 수 있다. 지관을 닦는 중에 마(魔)가 들었을 때, 정마연(定磨研), 본수치(本修治), 지혜관찰(智慧觀察)의 삼험법(三驗法)을 행하여 마를 멸한 후에는 "나의 정심(定心)이 명정(明定)해지고, 구름이 없어져 해가 나타나는 것과 같다."라고 말한다. 만약 삼험(三驗)의 법을 닦아도 마가 없어지지 않

---

272) 『起信論疏』(大正藏 44, p.221下).
273) 『起信論疏』(大正藏 44, p.221下). 是義具如瑜伽論說 又非直能除諸障 亦乃功德無量 故言免諸障 善根無量.

을 때에는 자신의 죄장에 의해서 일어나는 것이기 때문에 대승참회를 행해서 죄를 멸하면 정(定)이 스스로 맑아진다고 말한다.

원효의 저술『대승육정참회(大乘六情懺悔)』는 일본 교토(京都)의 토우지(東寺) 보보리원(寶菩提院)에 한 권의 사본만 있을 뿐이라서 원효의 저작인지 의문시하는 주장도 있지만,274) 일단 원효의 저작으로 간주해도 사상적 모순은 없을 듯하다.275) 또한『기신론』속에서 지관(止觀)을 닦는 과정에서 천(天), 마(魔), 귀(鬼), 퇴척마(堆惕魔), 정미신(精眉神) 등이 나타날 때가 있지만, 이것들은 자기의 마음이 만들어낸 것이라고 지적한다.

> 만약 능히 사유한다면 앞과 같은 제진(諸塵)은 단지 이것이 자심(自心)이 분별하고 만들어낸 것이다. 자심밖에는 다른 진상(塵相)이 없다. 능히 이 염(念)을 하면 경상(境相)은 멸한다.276)

이들 원효의 참회에 관한 견해는『대승육정참회』와 일치한다.

> 행자(行者)가 능히 수많이 사유해서 여실상(如實相)을 참회하면 사중오역(四重五逆)은 능히 할 수 있는 것이 없다. 그러나 허공과 같이 화소(火燒)를 내지 않고 방일(放逸), 무참(無慚), 무괴(無愧)로서 업(業)의 실상(實相)을 사유할 수 없으면 죄성(罪性)이 없다 하더라도 바로 니이(泥

---

274) 木村淸孝는『大乘六情懺悔』가 경록류에 수록된 것이, 관영(寬永) 13년(1633) 서사된『고산사성교목록』에 '대승육정참회 1권 元曉造'라고 쓴 것 하나뿐이라는 것과, 원효의 기타 저작과 일치하지 않는 부분이 있다는 이유로 본서를 원효의 저작으로 단정하기에 다소의 의문이 남는다고 말한다 (「大乘六情懺悔の基礎的 硏究」『韓國佛敎學セミナ』, 1985, pp.35~38).
275)『大乘六情懺悔』를 원효의 저작으로 보는 이유로는『金剛三昧經論』「本覺利品」에 같은 논리전개가 보이는 점(大正藏 3, p.977中), 또한『起信論疏』(大正藏 44, p.223下, p.225上)와 죄에 대한 관념이 일치하는 점 등 藤能成의「元曉における行について」(『印度學佛敎學硏究』42-2, 1994)에서 언급하고 있는데, 또한 원효의 수도과정과도 일치하고,『起信論疏』의 논리체계와도 모순이 없는 것 같다.
276)『起信論疏』(大正藏 44, p.223下)

梨)로 들어가 환호(幻虎)가 돌아오고 환사(幻師)를 섬기는 것과 같다.277)

이상과 같이 원효의 수행생활에서 참회는 중요한 의미를 지니고 있고 또한 그의 정토교학의 바탕인 '앙신(仰信)'은 반드시 참회를 수반하는 것이라고 볼 수 있다. 원효는 앙신을 강조한 만큼 자신의 죄업성(罪業性)에 대한 자각에 깊이가 있었고, 생명의 실상인 부처를 대할 때 참괴의 마음으로 참회하지 않을 수 없는 자신을 항상 찾았을 것이다. 원효의 참회사상을 보다 확실하게 밝힘으로써 원효의 정토관과 깨달음에 대한 의미를 보다 뚜렷하게 이해할 수 있을 것이다.278)

제3절 향가(鄕歌)에 나타난 정토참회사상

본론에서는 문헌적 기록이 남아있는 향가(鄕歌) 가운데 정토사상에 관계된 내용을 살펴보고 현존하는 민요의 가사를 대상으로 하여 정토사상과 관계된 내용을 살펴보고자 한다. 그러나 이러한 연구는 그 범위가 방대하여 연구범위를 설정하지 않을 수가 없으므로 정토사상과 관계가 있는 곡만을 선별하고 민요 역시 현재 불려지고 있는 곡 중에 정토사상과 관계가 있는 곡만을 연구대상으로 삼고자 한다.

---

277) 『大乘六情懺悔』(大正藏 45, p.922上)
278) 藤能成, 『원효의 정토사상연구』 pp.311~318 참조.

1. 정토사상과 염불

왕생정토사상은 인도에서 붓다에 의해 설해지고 용수(龍樹)·세친(世親)에 의하여 개척되었다. 용수는 자력수행의 성불은 난행도(難行道)이고 아미타불의 원력에 의한 염불행으로 정토에 왕생하는 것은 이행도(易行道)라 논평하여 정토사상을 선양한 것으로 전한다.279) 정토왕생을 믿고 발원하여 정업(正業)을 닦으면 아미타불의 원력(願力)에 의하여 극락에 왕생하고 그 국토에서 도업(道業)을 성취하면 성불한다는 것이다.280)

아미타불을 열 번만 지성으로 염하면 난행(難行)을 하지 않고도 극락정토에 왕생할 수 있다고 하자 많은 중생들이 아미타불을 염하게 되었다. 또 이러한 이유로 찬불가를 비롯하여 일상생활 속에서 부르는 민요에서까지 아미타불의 명호가 불려지게 되었을 것이다.

향가(鄕歌)는 문헌으로 전래되는 시가(詩歌) 중에 가장 오래된 노래이다. 박성의(朴晟義)는 『한국가요문학론과 사(史)』에서 향가란 우리 고유의 노래라는 뜻에서 붙여진 이름이라 하였고 자국지가(自國之歌), 즉 국가(國歌)의 의미로 쓰였다고 했다.281)

본론에서는 『삼국유사』에 전하는 향가 14수와 『균여전(均如傳)』에 전하는 향가 11수282) 등 총 25수 중에서 정토사상과 관련이 깊다고 생각되는 곡을 대상으로 하여 살펴보고자 한다.

---

279) 『十住毘婆沙論』 「易行道」 참조.
280) 이종익(李種益), 『불교사상개론』 서울, 寶蓮閣, 1985, p.385
281) 박성의(朴晟義), 『한국가요문학론과 사(史)』 서울, 集文堂, 1989, p.73.
282) 예경제불가(禮敬諸佛歌)·칭찬여래가(稱讚如來歌)·광수공양가(廣修供養歌)·참회업장가(懺悔業障歌)·수희공덕가(隨喜功德歌)·청전법륜가(請轉法輪歌)·청불주세가(請佛住世歌)·상수불학가(常隨佛學歌)·항순중생가(恒順衆生歌)·보개회향가(普皆廻向歌)·총결무진가(總結無盡歌)

2. 원왕생가(願往生歌)283)

「원왕생가」에 대하여 김기동(金起東)은 광덕(廣德)의 「원왕생가」와 균여대사(均如大師)의 「보현십종원왕가(普賢十種願王歌)」를 열거하면서 아미타불에의 신앙생활이 기초가 된 정토사상과 직결됨을 논하였다.284) 가사의 내용을 보면 다음과 같다.

> 달하, 이제 서방꺼정 가셔서
> 무량수불전에 일러다가 사뢰소서.
> 다짐 깊으신 존(尊)을 우러러 두 손을 모두와
> 원왕생 원왕생, 그릴 사람 있다고 사뢰소서.
> 아으 이 몸을 끼쳐두고 사십팔대원(四十八大願) 이루실까. (梁柱東 풀이)

「원왕생가」는 『삼국유사』 권제5 광덕엄장조(廣德嚴莊條)에 기록되어 전하는데 곡의 내용은 가사에서 알 수 있듯이 서방정토에 왕생함을 소원하는 노래이다. 이 곡은 불교가 생활화된 문무왕대(文武王代)에 사문인 광덕과 엄장이 수도하여 극락(安養)으로 갔다는 설화와 관련된 노래로서 아미타사상에 근원을 둔 노래로 보고 있다.285)

김종우(金種雨)는 『향가문학론』286)에서 「원왕생가」는 불교가 일반화된 문무왕대에 민간에 유포되었던 정토사상을 대변하는 곡이라고 하였으며, 김기동은 「신라가요에 나타난 불교의 서원사상」이라는

---

283) 「원왕생가(願往生歌)」의 작가에 대해서는 광덕(廣德)으로 보는 설과 그의 처로 보는 설, 그리고 원효가 지었다고 하는 설 또는 전승가요설 등이 있는데, 곡의 작자가 누구든 관계없이 가사의 내용상으로 보아 미타신앙을 바탕으로 한 정토사상에 있음을 알 수 있다.
284) 김기동(金起東), 「신라가요에 나타난 불교의 서원사상」 『불교학보』 동국대학교 불교문화연구원, 1963, 제1집, p.135
285) 윤영옥(尹榮玉), 「원왕생가(願往生歌)」 김승찬(金承璨), 『향가문학론』 p.216.
286) 김종우(金種雨), 『향가문학론』 서울, 연학문화사, 1971, pp.71~74

논문에서 「원왕생가」를 사문 광덕이 지은 것으로 보았고, 균여(均如)의 「보현십종원왕가」와 함께 아미타불의 신앙생활이 기초가 된 정토사상과 직결된다고 논하였다.287) 그리고 윤영옥은 그의 논문 「원왕생가(願往生歌)」에서 미타신앙의 근본사상에 「원왕생가」를 비유하면서 인간의 비원이 깃들어 있는 애조를 띤 노래이며, 「제망매가(祭亡妹歌)」와 같은 부류의 곡이라고 하였다.

이상에서 살펴보았듯이 「원왕생가」는 서방극락정토를 주관하는 아미타불께 서방정토의 왕생을 기원하는 찬불가(讚佛歌)임이 확실하다.

3. 제망매가(祭亡妹歌)288)

> 생사의 길은 여기에 있으매
> 두려워져서 나는 간다 하고 말도 못 다 이르고 가느냐.
> 어느 가을 이른 바람에 여기저기 떨어지는 잎같이
> 한 가지에 나고도 가는 곳을 모르는 구나.
> 아! 극락세계에 만나 볼 나는 도를 닦아 기다리겠노라."289)

『삼국유사』권5 월명사(月明師) 도솔가조(兜率歌條)에는 월명사가 망매(亡妹)를 위하여 영재(靈齋)할 때에 이 노래를 지어 제사를 지냈더니 갑자기 경표(警飇)가 불어 지전(紙錢)이 서쪽으로 가버렸다고 한다. 노랫말의 내용은 무상한 인생과 남매간의 애정을 표현한

---

287) 김동욱(金東旭), 『한국가요의 연구』p.109.
288) 이 노래는 젊은 나이에 세상을 버린 누이의 죽음을 애타하며 부른 노래이다. 한 가지 나무에 태어났다가 가을바람에 흩어져 떨어지는 나뭇잎과 같이, 한 혈육으로 태어났다가 행방조차 모르게 흩어져 사라져가는 인생에 대한 무상함과 절망감을 느끼면서 아미타정토로의 인도를 기원하고 있다.
289) 박성의(朴晟義), 『한국가요문학론과 사(史)』p.115. 『삼국유사』권5 월명사도솔가조(月明師兜率歌條) 뒤에 기록되어 있다.

일반적인 내용으로 보이지만, 결국은 영생의 미타찰토(彌陀刹土)에
서 다시 만나기 위하여 불도를 닦으며 만나는 날을 기다리겠다는 극
락왕생의 정토사상에 바탕을 두고 있다. 이상 소개한 두 곡의 향가
외에도 대부분의 향가가 불교와 깊은 관계를 맺고 있으나 정토사상
과의 관계가 미약하므로 생략하기로 하고, 다음은 균여(均如)의 「보
현십원가」를 살펴보기로 하겠다.

4. 보현십원가(普賢十願歌)290)

「보현십원가」는 승려인 균여(均如)가 지은 곡으로서 향가라기보
다는 대중화된 불가(佛歌)이다. 균여가 11수의 향가를 언제 지었는
지 그 시기에 관해서는 확실한 문헌이 발견되지 않아 알 수 없다.
균여는 보현십원가 외에도 많은 향가를 지어 불렀던 것으로 보인다.
이러한 내용은 『균여전』의 「보현십종원왕가」 서문의 기록을 통하여
알 수 있다.291)

---

290) 균여대사(均如大師, 923~973)가 지은 「보현십종원왕가(普賢十種願王歌)」는 『대방광불화엄경』「보현행원품」에 전하는 보현보살의 열 가지 대원을 소재로 하여 지은 삼구육명(三句六名)식의 사뇌가(詞腦歌)이다. 이 시가(詩歌)는 고려대장경「석화엄교분기」 원통초 권10의 끝에 부록으로 실린 '대화엄수좌원통양중대사균여전병서' 중 7 가행화세분(歌行化世分)에 향찰문자로 표기되어 전하고 있다. 『균여전』은 균여가 입적한 지 100여년이 지난 뒤 그의 문도 가운데 혁연정(赫連挺)이 지은 것인데, 균여가 지은 「보현십원가」의 향가 11수가 여기에 실려 전한다. 11수의 곡명은 다음과 같다. ①예경제불가(禮敬諸佛歌) ②칭찬여래가(稱讚如來歌) ③광수공양가(廣修供養歌) ④참회업장가(懺悔業障歌) ⑤수희공덕가(隨喜功德歌) ⑥청전법륜가(請轉法輪歌) ⑦제불주세가(諸佛住世歌) ⑧상수불학가(常隨佛學歌) ⑨항순중생가(恒順衆生歌) ⑩보개회향가(普皆廻向歌) ⑪총결무진가(總結無盡歌).
291) 균여는 서문에서 다음과 같이 말하고 있다. "대개 사뇌(詞腦)란 세인의 희락(戱樂)의 도구요, 원행(願行)이란 보살 수행의 추요(樞要)이다. 그러므로 얕은 곳을 건너 깊은 곳으로 돌아가게 되고 가까운 곳으로부터 먼 곳으로 이르게 되니, 세도(世道)에 따르지 않고는 열근(劣根)을 인도할 길이 없으며, 루언(陋言, 鄕言)에 의탁하지 않고는 크고 넓은 인연을 나타낼 길이 없

서문에서 주목이 가는 것은 원종(遠宗)을 만나게 하기 위하여 세속의 도리와 알기 쉬운 근사(近事)에 의탁하여「보현십종원가」를 향찰문으로 하여 사뇌가 형식에 맞추어 지었다는 점이다.

「보현십종원가」는 본론에서 밝히고자 하는 정토사상뿐만 아니라 불가적인 향가로서 대표적인 위치를 차지하고 있으므로 11곡의 가사 내용을 요약해 소개하고자 한다.292)

(1) 예경제불가(禮敬諸佛歌)

예경제불가(禮敬諸佛歌)에서는 불심을 '마음의 붓'으로 표현하고 있다.293)

> 마음의 붓으로 그리워 삶은 부처 앞에 절하는 몸은 법계 다하도록 이르(到達)거라. 티끌마다 부처의 절이오, 절마다 뫼실 바이신 법계에 가득차신 부처 아홉 대까지 다 예배하고저. 아 몸과 말과 뜻의 세 업(業)이 고단하고 싫음이 없이 이렇게 사뭇 부지런하고 싶다.

(2) 칭찬여래가(稱讚如來歌)

칭찬여래가(稱讚如來歌)는 삶의 근원이 되는 법해(法海)와 덕해(德海)를 불성으로 상징하였고 바다의 넓고 원융함을 부처님의 큰 이상에 비유하고 있다.

다. 이제 알기 쉬운 근사(近事)에 의탁해서 도리어 생각하기 어려운 원종(遠宗)을 만나기 위해 십대원지문(十大願之文)에 의거하여 십일황가지구(十一荒歌之句)를 지으니, 중인(衆人)의 눈에는 극히 부끄럽지만 제불의 마음에는 부합되기를 바란다. 비록 뜻을 잃고 말이 어긋나 성현의 묘취(妙趣)에는 합치되지 못하나 글을 맞추고 글귀를 지어 풍속이 선근(善根)을 낳기를 바란다. 웃으면서 외우려는 이들 송원(誦願)의 인연을 맺을 것이며, 비방하면서 염하려는 이도 염원의 이익을 얻을 것이다."

292) 보현십원가(普賢十願歌)의 가사 번역은 박성의, 『한국가요문학론과 사』 pp.131~139의 내용을 참조하였다.
293) 본장의 보현십원가 가사풀이는 최철(崔喆), 「향가의 수사기법」 김승찬(金承璨), 『한국가요문학론과 사』 pp.89~92의 내용을 참조하였다.

오늘 중생들을 위하여 나무불(南無佛)을 삶은 혀에 무진변재(無盡辯才)의 바다들아 일념 안에 솟아나거라. 티끌 같은 헛된 것 뫼신 공덕의 몸을 대(對)하삷기, 갓없는 덕(德)바다를 간왕(間王)으로 칭찬하옵고져. 아- 비록 한 터럭 덕도 다못 삷나이다.

(3) 광수공양가(廣修供養歌)

광수공양가(廣修供養歌)는 부처님께 올리는 공양 중에 등공양(燈供養)이 제일이라고 강조하는 내용이 돋보이는 노래이다.294)

부져 잡으며 부처 앞 등잔을 고치란대, 불심지는 수미산 같고 불 기름은 큰 바다 이루거라. 손은 법계(法界) 어디나 다 이르도록 하며, 손에 마다 법의 공양으로 법계에 차신 부처께 부처 모다 공양하시옵고져. 아- 법계 공양 많으나, 이것이 아- 최승(最勝)의 공양이여.

(4) 참회업장가(懺悔業障歌)

참회업장가(懺悔業障歌)는 인간이 짓는 죄가 너무나 굳어져 있어 그것이 정상적인 줄 알고 살아가지만 이러한 인간죄업에 대해 중생들에게 참회할 것을 강조하는 시가이다.

전도(顚倒)를 이루어 보리(菩提)에 향한 길을 어즈럽게 하여 지은 악한 사람은 법계나마 나는 것이니이다. 모진 버릇 떨어지는 삼업(三業)을 정계(淨戒)로 가지고, 오늘 중생돈부(衆生頓部)의 참회를 시방부처는 알고 계시소서. 아- 중생계(衆生界)에서 나의 참회를 다하여 미래에 영원히 악한 조물(造物)을 버리고져.

(5) 수희공덕가(隨喜功德歌)

수희공덕가(隨喜功德歌)는 피아일체(彼我一體)의 사상을 표현한 것이다. 즉 미오(迷悟)가 동체(同體)이고 부처와 중생도 나와 남이 아니라는 것이다.

---

294) 최철(崔喆), 「향가의 수사기법」 김승찬(金承璨), 『한국가요문학론과 사』 p.90.

미(迷)와 오(悟)가 같은 한 몸인 연기(緣起)의 이치를 찾아보면 부처와 중생 모두 다 내 몸이 아닌 남이시랴. 닦을(修行) 것은 돈부(頓部)인 내가 닦을 것이로다. 얻으신 사람마다 남이 아니고 어느 사람의 선(善)인들 아니 기쁨을 두오릿가. 아 이렇게 너겨 행할진대 질투하는 마음인들 날 수 있으랴.

(6) 청전법륜가(請轉法輪歌)

청전법륜가(請轉法輪歌)는 절실한 예찬의 어법을 구사하고 있다. 자비와 은혜를 법우로 표현하였고 중생의 마음을 심전(心田)으로 표현했는데, 이는 좋은 싹이 자라 선업의 열매를 맺을 수 있는 바탕이 됨을 상징화한 것이다.

> 저 넓은 법계 안의 불회(佛會)에 나는 또 나아가서 법우(法雨)를 내리라고 빌도다. 무명(無明)의 흙으로 깊이 묻어 번뇌의 열(熱)로 다려내매, 착한 싹을 못 기른 중생의 밭을 젖이심이여. 아 보리수의 열매 열은 각월(覺月)이 밝은 가을밭이여.

(7) 제불주세가(諸佛住世歌)

제불주세가(諸佛住世歌)는 중생의 길을 고해(苦海)와 방향을 잃은 미로로 보고, 인간의 안주를 기원하고 있다.

> 모든 부처는 비록 화연(化緣)은 마치셨으나 손을 부비어 올림으로써 세상에 머물게 할러라. 새벽 아침부터 밤중까지 부처를 향하고 있을 벗들아 알세라. 이같이 알게 하오매 길을 어즈럽게한 무리만 섧도다. 아 우리 마음의 물이 맑은 다음에야 부처의 그림자가 어찌 아니 응하시리.

(8) 상수불학가(常隨佛學歌)

부처님의 고행을 찬탄하고 이를 수행하려는 자의 다짐을 노래한 것이다.

우리 부처가 지나간 세상에 닦으려시던 난행고행(難行苦行)의 원(願)을 나는 돈부(頓部)를 쫓으리이다. 몸이 바스러져 가루가 되매 신명(身命)을 버릴 사이에도 그렇게 배우리라. 모든 부처도 그렇게 하신이로다. 아- 불도(佛道)에 직면한 마음아. 다른 길로 아니 빗나가게 하소서.

(9) 항순중생가(恒順衆生歌)

항순중생가(恒順衆生歌)는 부처님께서 언제나 길 잃은 중생들을 뿌리(根本)로 삼으시고 대비(大悲)의 물로 중생의 마음을 시들지 않도록 항상 적셔주시어 새롭고 싱싱하게 자랄 수 있게 해 주시기를 서원하는 것이다.

각수왕(覺樹王)은 중생들을 뿌리로 삼으신 이(者)라. 대비(大悲)의 물로 젖어어 아니 이울어질 것이더라. 법계 가득차서 꾸물꾸물할 나도 동생동사(同生同死)하는 터이라. 염념이 서로 이어 간단(間斷)이 없이 부처게 하듯이 공경하더라. 아- 중생이 편안하면 부처도 또 기뻐하리라.

(10) 보개회향가(普皆廻向歌)

보개회향가(普皆廻向歌)는 모든 것을 중생들에게 돌려주고 싶어 하는 노래다.

모든 나(一切我)의 닦는 일체선(一切善)은 돈부(頓部)를 돌리어 중생의 바다 안에 입은 무리 없이 알리어 가고져. 부처의 바다를 이룬 날은 뉘우친 악업도 법성(法性) 집의 보배라. 예로부터 그러하더라. 아- 위하는 부처도 나의 몸이니 딴 남이 있으랴.

(11) 총결무진가(總結無盡歌)

총결무진가(總結無盡歌)는 보현보살의 원이 중생을 제도하는데 그 목적이 있는 만큼 보현원을 따르기 위해 정진하여 힘을 얻자는 것이다.

중생계가 다하면(없어지면) 나의 원(願)도 다할 날도 있을 것인가. 중생 깨우침이 갓없는 원해(願海)이고 이같이 가면 향한 바가 곧 선한 길이라. 어와, 보현행원(普賢行願)이 또한 부처일러라. 아 보현(普賢)의 마음을 알고 싶어 이 방면으로 마음이 남아 다른 일은 버리고져.

이상으로 균여가 지은 「보현십종원왕가」 11수에 대해 간략하게 정리하여 살펴보았다. 균여의 향가와 신라의 향가가 같은 것이냐에 대한 의문도 제기되고 있으나, 균여 자신이 서문에서 말했듯이 본인이 만든 「보현십종원왕가」가 사뇌가(詞腦歌) 형식을 취하고 있다고 했음을 생각해 볼 때 신라향가와 같은 범주에 속하는 것으로 볼 수 있다.

이상 살펴보았듯이 균여의 「보현십종원왕가」 역시 불보살의 공덕을 칭송하고 중생들의 서원을 노래를 통하여 염하는 가운데 참회의 사상이 깃들어 있음을 알 수 있다.[295]

---

295) 박범훈, 「鄕歌와 민요에 나타난 정토사상에 관한 연구」 한국정토학회편, 『淨土學硏究』 第4輯, 2001년, pp.97~119 참조.

∷ 제2장 고려시대(高麗時代) ∷

제1절 고려전기의 정토참회사상

1. 서

『삼국유사』에는 아미타신앙자들의 수행과 왕생담이 실려 있다. 일찍부터 신라시대의 아미타신앙과 승려들의 정토사상에 대해서는 많은 연구가 이루어졌다. 그러나 고려시대에는 『삼국유사』와 같이 당시 신앙자들의 수행을 생생하게 전하는 사료를 찾아보기 어렵고, 그만큼 아미타신앙과 관련된 경전에 대한 연구도 거의 이루어지지 않았다.296) 그런 중에도 아미타신앙의 사회적 의미를 잘 알려주는 것은 결사(結社), 계(契), 향도(香徒) 등으로 칭해지는 집단적 신앙행위라고 볼 수 있다.

이에 본고에서는 먼저 아미타신앙의 사회적 의미를 파악하기 위해 극락왕생을 기약하는 집단적인 신앙행위인 결사를 유형에 따라 나누어 살펴보려고 한다.297)

---

296) 의통(義通, 927~988)이 『관경소기』(현재 전하지 않음)를 남겼지만, 중국에 들어가 천태종 제16조가 되었고 귀국하지 못하였다. 따라서 그의 영향은 제자인 지례(知禮)와 준식(遵式)의 저술을 통해 다시 고려에 전해졌을 가능성을 추측할 뿐이다. (동국대학교 불교문화연구소 편 『한국불교찬술문헌목록』 동국대학교출판부, 1976. p.161)

297) 결사(結社)는 향도(香徒), 보(寶), 계(契), 도량(道場), 회(會), 사(社) 등으로도 사용되었으며, 그 성립이념은 정토형(淨土型), 선정형(禪定型), 교리형(敎理型)으로 대별된다는 연구도 있다(韓普光,「신앙결사의 유형과 그 역할」『불교학보』 30, 1993). 그리고 이 연구에서는 결사가 종교적이고 실천 수행적이며 정신적이고 내면적이며 계속성을 가지는 반면, 향도는 종교적이지만 신앙적이고 경제적 보시와 외형적 불사중심의 한시적인 경향이 많다고 하였다(위의 글, p.173).

결사는 크게 나누면 1만일로 날짜를 정해놓고 수행하는 경우와 사(寺) 또는 사(社)가 존속하는 한 계속되는 유형으로 나누어 볼 수 있다. 이에 두 유형으로 나누고 구체적 수행사례를 살펴봄으로써 아미타신앙의 특징을 알아보기로 하겠다.

2. 만일결사(萬日結社)와 법화예참

결사(結社)는 1만일 등으로 날짜를 정해 놓는 경우와, 사(寺) 또는 사(社)가 존속하는 한 계속되는 유형으로 나누어 볼 수 있다. 먼저 만일결사를 살펴보면, 결사를 1만일에 걸쳐 행하는 것은 신라 이래의 전통이었다. 신라 경덕왕대 때에는 강주(康州)의 아간(阿干) 귀진(貴珍)을 비롯한 청신사 수십 인이 1만일을 기약하고 염불하여 극락왕생을 기원했다. 이 결사에는 노비 욱면(郁面)이 참가했는데 제일 먼저 왕생하였다고 한다.298) 그 외에도 경덕왕 17년(758) 금강산 건봉사(乾鳳寺)에서 발징화상이 주도한 만일염불회 등의 기록도 있다.299) 이러한 만일결사는 우리나라에서만 찾아볼 수 있으며,300) 고려후기에도 계속된다.301)

고려시대 최초의 만일결사의 사례는 승 성범(成範)이 성종 원년(982) 포산(包山)에서 만일미타도량을 개설하여 50여 년간을 정근한 것이다.302) 이때의 수행으로는 미타도량을 개설하였다는 것으로 보

---

298) 『삼국유사』 권5 感通7 욱면비념불서승(郁面婢念佛西昇)
299) 한국학문헌연구소 편, 『乾鳳寺本末事蹟 楡岾寺本末寺誌』아세아출판사, 영인본, 1977.
300) 韓普光, 「萬日念佛結社의 성립과 그 역할」『정토학연구』창간호, 1998에서는 원효가 『아미타경소』에서 일수(日數)가 많을수록 상위의 극락에 왕생한다고 한 것이 일수신앙의 교리적 근거라고 보았다. 그리고 만일은 평생염불, 장시념불(長時念佛)의 의미라고 풀이하였다.
301) 고려말의 일이지만 1378년에는 보법사(報法寺)에서 만일미타회가 조계종 선사의 주관으로 이루어지기도 하였다.(李穡, 『報法寺記』『東文選』권75記).

아 당연히 참회의식도 겸하였을 것으로 볼 수 있다.

이러한 만일결사는 선종 9년(1092) 인예태후의 만일결사로 이어졌다. 인예태후 이씨는 문종의 왕비이고 순종과 선종, 숙종, 대각국사 의천의 모후인데, 그녀가 견불사(見佛寺)에서 천태종예참법303)을 시행하여 1만일을 기약하였다는 것이다.304)

견불사에서 수행했다는 천태종예참법은 천태종의 창시자인 지의(智顗, 538~597)와 관계가 있는데, 이것은 예불과 참회를 행하는 것이다.305) 천태종예참법을 수행하는 결사는 아미타불의 극락정토에 왕생하기를 기약하는 것이었다. 이것은 천태종예참법을 시행할 때 예불 및 염불의 대상은 대체로 아미타불이라는 것에서 알 수 있다.306)

의천에 의하면 인예태후는 결사 당시 여산 18현의 진용을 모시려고 했었다.307) 여산 18현은 연사(蓮社) 18현이라고 불리기도 하는데, 402년에 혜원의 결사에 주도적으로 참여했던 사령운(謝靈運)과

---

302) 『삼국유사』 권5 피은(避隱) 포산(包山) 이성(二聖). 1만일은 27년이 넘는 기간이므로 50년을 정근했다면 만일결사를 두 번째 하고 있었던 것으로 볼 수 있다.
303) 신라시대에도 법화참은 시행되었다. 그 예로 문성왕 1년(839, 당 문종 개성 4년) 당 적산촌의 법화원에서 법화경 강의와 예참(禮懺)이 행해진 사실을 들 수 있다. 이들의 강경(講經), 예참(禮懺)은 신라의 풍속에 의거하였으며 황혼과 인시(寅時)의 조석예참은 당나라 풍속을 따랐다고 한다.(圓仁, 『입당구법순례행기』 권2, 開成 4년 11월 16일). 이때의 예참은 『법화경』의 강의와 함께 행해진 것으로 보아 「법화삼매참의」에 근거했을 것으로 여겨진다.
304) 한편 견불사의 결사와 천태종예참법에 대해서는 金英美, 「대각국사 의천의 아미타신앙과 정토관」 『역사학보』 156, 1997 및 「고려전기의 아미타신앙과 천태종예참법」 참조.
305) 李永子, 「천인(天因)의 법화참법의 전개」 불교문화연구소편, 『한국천태사상연구』 동국대출판부, 1983. p.254.
306) 『마하지관』의 사종삼매가 모두 아미타불을 대상으로 극락왕생을 기약하기 위한 것이었음은 김영미, 「고려전기 아미타신앙과 천태종예참법」을 참조할 것.
307) 『대각국사문집』 권20에 의하면 인예태후가 결사할 적에 여산 18현의 진용을 모실 것을 발원하였다.

유유민(劉遺民) 등을 일컫는다. 이들은 무량수불 상(像) 앞에서 서원을 세우고 정토행(淨土行)을 닦았다.308) 그렇다면 인예태후가 참여한 견불사의 결사도 극락왕생을 기약했다고 보아야 할 것이다. 더구나 의천이 여산 18현의 진용을 국청사의 전각에 모시는 인연으로 서방의 업(業)을 닦고 왕생의 길을 빌고자 한 사실은 이 결사가 극락왕생을 기약하는 것이었음을 입증해준다고 볼 수 있다. 즉 인예태후는 만년에 극락왕생을 기원하는 결사를 시작하였으며, 아들 의천이 들여온 천태종예참법을 실천하였던 것으로 볼 수 있다.

위에서 살펴보았듯이 견불사에서 이루어진 결사는 통일신라 경덕왕대 이래 행해지던 만일결사(萬日結社)의 형태를 계승하였으며, 천태종예참법에 따라 수행했다는 두 가지 특징을 지닌다. 천태종예참법은 단순히 칭명염불만을 의미하지 않으므로 견불사 결사에서는 지관(止觀: 坐禪), 송경(誦經), 염불, 참회 등의 다양한 방법이 신앙의례로서 실천되었을 것이다.309) 그렇다면 의천이 자신의 형인 순종(順宗)의 기일에 행한 예참(禮懺)310)도 순종의 극락왕생을 기원하는 천태정토 예참법이었다고 볼 수 있다.311)

---

308) 『고승전』 권6 釋慧遠(新修大藏經 50, p.358)
309) 지의는 혜사(惠思)의 법화참(法華懺)을 받아들여 「법화삼매참의」를 저술하였으며, 법화삼매의 구성은 크게 권수(勸修), 법전방편(法前方便), 일심정진(一心精進), 정수행(正修行), 증상(證相) 다섯 부분으로 이루어져 있다. 이 중 참회와 관련된 것은 정수행으로, 그 절차는 엄정도량(嚴淨道場), 정신(淨身), 삼업공양(三業供養), 청삼보(請三寶), 찬탄삼보(讚歎三寶), 예불, 육근참회, 행도선요(行道旋遶), 송경(誦經: 法華), 실상정관(實相正觀)의 10단계이다. 특히 참회의 과정은 권청, 수희, 회향, 발원으로 이루어지는데 발원의 순서에서 아미타불의 정토인 극락에 왕생하기를 기원한다. 지의는 이 법화참을 발전시켜 「마하지관(摩訶止觀)」에서 상좌삼매, 상행삼매, 반행반좌삼매, 비행비좌삼매 등의 4종삼매로 정립하였다. 즉 천태종예참법은 예불, 참회, 송경, 좌선 등의 절차에 따라 진행되었다.(金英美, 「고려전기의 아미타신앙과 천태종예참법」, pp.92~94)
310) 의천(義天), 「順王忌晨禮懺疏」 『대각국사문집』 권15 疏文2.
311) 김영미(金英美), 「고려전기의 아미타신앙과 천태종예참법」 p.103. 참조.

3. 기타의 결사와 예참

(1) 오대산 수정사의 미타예참

미타예참을 행하던 결사도 있었는데 이는 신라시대에 시작되어 고려시대까지 계속되었다. 오대산의 수정사가 바로 그것이다.

> 보천이 세상을 떠나는 날에 뒷날 이 산중에서 시행할 행사로 국가에 도움이 될 만한 일들을 기록해 놓았는데, 거기에 이르기를, "…흰 빛은 서방이니 서대의 남쪽 면에 미타방을 두고 둥근 형상의 무량수상을 봉안하고, 흰 바탕에 무량수여래를 우두머리로 한 1만의 대세지보살을 그려 모시고 승려 다섯 명이 낮에는 8권 법화경을 읽고 밤에는 미타예참을 외우며 수정사(水精社)라 불러라…"고 하였다.312)

위의 내용은 오대산의 각 사찰에서 행해진 예참법에 대한 기록의 일부이다. 오대산에서는 고려 초기에 아미타신앙결사가 행해지고 있었다. 더구나 민지(閔漬)가 찬술한 「오대산불궁산중명당기(五台山佛宮山中明堂記)」에는 월정사로 명맥이 전해진 오대산의 각대(臺)에 고려 태조 왕건이 특별히 공양하여 그것을 항규(恒規)로 삼았다는 내용이 전하고 있다.313) 즉 오대산의 각 사찰에서는 낮에는 독경을, 밤에는 예참을 행하고 있었는데,314) 미타방에서는 수정사라는

---

312) 『삼국유사』 권3 塔像 臺山五萬眞身
313) 李能和, 『조선불교통사』 下, p.138.
314) 보천이 국가의 안녕을 위해 계속하도록 권유한 사(社)와 수행법은 다음과 같다.

구분	암자명	주 존	晝 讀	夜 念	社 名
동	관음방	관 음	8권金經·인왕반야경·千手呪	관음예참	圓通社
남	지장방	지 장	지장경·금강반야경	占察예참	金剛社
서	미타방	무량수불	법화경	미타예참	水精社
북	나한당	석 가	佛報恩經	열반예참	白蓮社
중	진여원	문수보살	華嚴經·6백반야경	문수예참	華嚴社
보천암	화엄사	비로자나불	長文藏經	화엄신중	法輪社

결사를 맺어 무량수상(아미타불)을 봉안하고 낮에는 법화경을 독송하며 밤에는 미타예참을 행했다고 한다. 그렇다면 고려초부터 오대산에서는 법화경을 읽고 미타예참을 외우는 결사가 지속되었다고 볼 수 있을 것이다. 미타방에서 행해진 미타예참은 미타정토인 극락왕생을 발원하는 것으로 사찰이 존속하는 한 계속 시행되었을 것이다.

(2) 지리산 수정사의 점찰참회

고려전기에 극락왕생을 기약하며 이루어진 결사 중에는 『점찰경』에 근거한 사례도 있다. 즉 인종대에 이루어진 지리산 수정사(水精社)가 그 예다.

> 대각국사(大覺國師)가 일찍이 그곳에 이르러 머물며 두루 구경하고 "여기는 큰 법이 머물 곳이다."고 하였다. … (중략) … 여기에 들어오기를 희망하는 사람이 무려 3천 명이나 되었다. … (중략) … 사(社)에 참여한 모든 사람은 그가 생존했거나 사망하였음을 불문하고 나무 간자(簡子)에 이름을 새긴다. 15일마다 점찰업보경에서 말한 바에 따라 나무간자를 꺼내 척륜(擲輪)하여 선악의 보응을 점친다. 315)

수정사는 혜덕왕사(慧德王師) 소현(韶顯, 1083~1097)의 제자인 진억(津億)이 인종 1년(1123)부터 인종 7년(1129)에 이르기까지 폐허가 된 지리산 오대사(五臺寺)에 세우고 사주(社主)가 되어 결성한 결사이다. 권적(權適)이 쓴 「지리산 수정사기」316)에 의하면, 결사의 목표는 서방극락에 왕생하는 것이었고 무량수불 및 탑·대장경을 봉안하고 자신의 근기에 따라 송경, 염불, 좌선 등 적절한 방법을 택하였다. 주목되는 것은 결사에 참여한 사람은 생사를 불문하고 나무간자에 이름을 쓰고 15일마다 『점찰선악업보경』(약칭 占察經)에

---

315) 『동문선(東文選)』 권64
316) 權適, 「智異山水晶社記」 『東文選』 권64記

근거하여 나무간자를 던져 자신의 수행의 과보를 확인하고 악보(惡報)가 나오면 참회를 행하였다는 점이다. 또 선보(善報)가 나온 경우에도 다시 악보에 떨어질 것을 염려하여 1년마다 다시 간자를 던져 점쳐 수행하였다. 이렇듯 『점찰경』에 근거하여 선악의 과보를 점친 후 참회를 행해 극락왕생을 기원하고 있다는 점은 수정사 결사의 가장 큰 특징이었다.

『점찰경』에서는 과거세의 선악업(善惡業)의 종류를 점칠 수 있는 열 개의 윤(輪)과, 과거세의 업이 오래전에 지은 것인지 근래에 지은 것인지 또 업의 강약대소의 차별을 점치는 세 개의 윤, 그리고 삼세의 과보의 차별을 점치는 여섯 개의 윤을 던져 자신의 업과 과보를 점치고 자신의 악업을 참회하도록 권하고 있다. 지장보살이 석가여래의 지시를 받아 견정신(堅淨信)보살에게 설하는 형태를 취하고 있는 이 경은 참회를 시행하는 법에 대해 다음과 같이 제시하고 있다.

> …그러므로 참회의 법을 먼저 닦아야 합니다. … 선남자여, 참회의 법을 닦고자 하는 이는 고요한 곳에 머물며 힘이 할 수 있는 바를 따라 1실(室)을 장엄하여 안에 부처님을 모시고, 경전을 두고 비단으로 만든 번기와 일산을 걸며 향과 꽃을 구하여 모아서 공양을 닦을 것입니다. 몸을 씻고 의복을 빨아 입어 악취와 더러움이 없게 할 것입니다. 낮에는 이 방에 있으면서 3시에 명호를 부르되 한마음으로 과거7불과 53불을 공경하고 예배하며, 다음은 시방의 방위에 따라 낱낱이 모두 귀의하고 마음으로 생각하면서 두루 일체의 부처님의 온갖 색신(色身), 사리(舍利), 형상, 부도, 탑묘와 일체의 부처님 일에 예배해야 합니다. … 그렇게 한 뒤에 다시 따로 명호를 부르면서 나 지장보살마하살에게 예배할 것이며, 이렇게 예배를 마치고 지었던 죄를 설명하여 한마음으로 우러러 아뢸 것입니다. 317)

---

317) 『점찰선악업보경』 권상, 新修大藏經 17, p.903

즉 참회를 위해 예배하는 대상으로 과거7불, 53불, 그리고 시방의 모든 정토의 부처님을 제시하고 있으며 마지막으로 설주(說主)인 지장보살에게 예배할 것을 권하고 있다. 따라서 이 결사에서 무량수불을 봉안하고 참회를 행하면서 극락정토에 왕생하기를 기원했다는 사실은 부처님의 깨끗한 시방의 국토 가운데 극락정토를 택했음을 의미한다. 신라 하대의 점찰법회가 주로 미륵신앙과 관련하여 나타나는 것과 달리 수정사는 극락왕생을 기원하였던 것이다.[318]

(3) 묘향산 보현사의 염불번경

화엄교관(華嚴敎觀)을 전한 것으로 미루어 화엄종 승려로 생각되는 심밀(深密)과 굉곽(宏廓)은 중희(重熙) 11년(靖宗 8, 1042) 묘향산에 보현사를 세운 후 청중 300여 사람을 소집하여 염불과 독경을 하였다.[319]

고려전기의 화엄종 사찰에서는 아미타신앙이 널리 행해지고 있었다. 「부석사원융국사비」에 의하면 원융국사 결응(決凝: 964~1054)이 부석사에 머물게 되었을 때, 부석사에는 보처보살도 없는 아미타불만을 법당에 모셨으며 탑도 없었다.[320] 의상이 부석사에 무량수불을 봉안한 이래 결응이 정종(靖宗) 7년(1041) 왕사로 책봉된 후 주석할 때까지 아미타불이 봉안되어 신앙되었음을 알 수 있다. 이로 볼

---

318) 진표의 점찰법회와 미륵신앙을 다룬 金南允의 「신라 미륵신앙의 전개와 성격」(『신라법상종연구』 서울대 박사학위논문, 1995)과 尹汝聖, 「신라 진표의 불교신앙과 金山寺」(『전북사학』 11·12, 1989) 등에서는 진표의 신앙이 도솔천상생신앙이라고 하였다.
319) 「영변묘향산보현사기」 『한국금석전문』 중세 상, pp.626~627.
320) 「부석사원융국사비」 『조선금석총람』 상, p.271. 그 이유는 의상이 지엄의 "일승아미타는 열반에 드는 일이 없으니 시방정토를 체(体)로 삼아 생멸상이 없다. 그러므로 『화엄경』 「입법계품」에서는 혹 아미타불과 관세음보살에게 관정수기를 받은 사람이 법계에 충만하여 보처(補處)와 보궐(補闕)이 다 라고 하였다. 佛은 열반에 들지 않아 없는 때가 없으므로 보처보살도 영탑도 세우지 않는다. 이것이 일승(一乘)의 깊은 뜻"이라는 입장을 받들었기 때문이다.

때 고려전기 화엄종 사찰에서는 지엄(智儼)과 의상(義相)의 뜻을 따라 아미타신앙이 행해졌던 것으로 볼 수 있다.321)

또 의천이 머물던 흥왕사(興王寺), 영통사(靈通寺) 등의 화엄종 사찰에서도 그 문도들에 의해 아미타신앙이 계승되고 있었다. 즉 의천의 법손(法孫)들에게서 아미타신앙이 행해지고 있다. 이상으로 미루어 본다면 고려 초부터 보현사가 이루어진 시기까지 화엄종 사찰에서는 아미타신앙이 널리 행해지고 있었던 것으로 볼 수 있다.

보현사에서 이루어진 이 결사는 제자들에 의해 인종대까지 지속되었다. 문종은 동왕 21년(1067) 절에 토지를 지급하고 결사의 주관자를 계속 문인(門人) 중에서 선출하도록 하였으며, 김부식은 인종 19년(1141) 왕명을 받들어「보현사기(普賢寺記)」를 찬술하기에 이르렀던 것이다.

---

321) 그 외의 화엄종 사찰에서도 아미타신앙이 행해졌음은 황룡사(皇龍寺) 및 취서사(鷲棲寺) 등지에 세워진 무구정탑을 통해서도 짐작할 수 있다.(金英美,「新羅 下代의 아미타신앙」『伽山 李智冠스님 華甲紀念論叢 한국불교사상사』상, 1992. pp.495~496)

4. 정토참회와 결사

이상에서 살펴본 고려전기의 정토참회와 관련된 결사를 정리하면 <표 1>과 같다.

<표 1> 고려전기 정토참회와 관련된 결사

시 기	주동자	장 소	수 행 법	참여인원/국가와의 관계
태조대	태조	오대산 수정사	미타예참, 법화경	태조가 고려초 기존의 오대산 각 사찰의 결사에 후원하는 것을 항규로 함.
성종 1 (982)	成範(승)	포산	만일미타도량	
성종 1 (982)	信士	현풍	성범의 결사에 향목 바침	20여 인
정종 8 (1042)	深密 宏廓(승)	묘향산 보현사	염불번경(念佛繙經)	淸衆 300여인(아미타불 염불 추정)/ 문종 21년 토지지급/ 왕명으로 「보현사기」찬술(인종 19년)
선종 9 (1092)	인예태후	白州 見佛寺	천태종 예참법, 만일결사	인예태후(문종비), 의천, [선종] 등 왕족, 관리의 참여
인종 7 (1129)	津億	지리산 수정사	점찰경에 근거한 참회, 송경, 염불, 좌선 등	해인사 주지 승통 익승, 공배사 주지 승록 영석, 수좌 법연, 권적 등 3000여 인/ 왕명으로 「수정사기」찬술(인종15년)

극락왕생을 기원하는 집단적 신앙행위의 사례는 매우 적어 이들이 시대별 특징을 대변한다고 할 수는 없다. 그러나 당시에 행해지던 다른 신앙사례와 함께 비교 검토해본다면 시대별 경향성을 파악할 수는 있을 듯하다.

첫째, 결사에 참여한 재가신자들의 역할이 변화하고 있다. 즉 결사의 후원자적 역할에서 점차 결사에 적극적으로 참여하여 염불, 독경, 참회 등의 수행에 힘쓴 것으로 보인다. 태조~현종대까지의 결사에서는 재가신자들의 역할이 결사의 후원자로서의 비중이 더 컸던 듯하다. 그러나 정종대 이후의 결사에서는 염불을 비롯한 실천적 수행이 증가하고 있으며, 일반민들도 결사에 적극적으로 참여하는 모습을 엿볼 수 있다. 극락왕생을 위한 결사에서도 정종~인종대에 걸쳐 묘향산 보현사의 결사, 견불사의 결사. 지리산 수정사 등에서 결사가 이루어져 모두 참회, 염불, 독경이나 송경 등을 행하고 있는 것이다.

성범의 만일미타도량에 향목을 제공하던 결사에 참여한 신자의 수가 20여 인으로 소규모였던데 비해, 정종대의 보현사에는 청중(淸衆)으로 표현된 승속이 300여 명이 참여했고 인종대의 수정사에는 3,000여 명이 참여하고 있다. 더욱이 수정사는 "종실(宗室)과 상부(相府) 이하 진신(縉紳)으로서 명망이 있는 자, 선원과 강원의 뛰어난 승려로부터 청신사·청신녀에 이르기까지" 참여했다는 것으로 보아 왕족으로부터 일반민들에 이르는 다양한 계층이 참여한 결사였다고 볼 수 있다. 또한 숙종대와 인종대에 걸쳐 만불회(萬佛會) 또는 만불향도(萬佛香徒)라는 이름의 결사가 나타나는데, 다음 자료는 많은 사람들이 참여하는 결사가 빈번하게 이루어졌음을 알려준다.

> 숙종 6년(1101)에 남녀와 승니(僧尼)들이 떼를 지어 만불회를 하거나 개인의 집을 절로 만드는 것을 금지하였다. 322)

위의 자료에서 금지대상이 된 만불회, 만불향도의 실체는 분명하지 않지만, 국가에서 금지케 한 데는 그 부작용 또한 컸던 것으로 보아야 할 것이다. 만불향도라고 칭하던 여러 결사들은 개경과 지방 여러 곳에서 나타나고 있으며, 참여계층도 잡류라고 칭해질 정도의

---

322) 『고려사』 권85 志38 형법2

다양한 사람들이 참여했음을 알 수 있다.

이상과 같이 고려전기의 아미타신앙결사는 염불과 독경을 주로 하는 결사와 염불, 독경, 참선, 참회 등을 모두 포괄하는 예참법이 시행되는 경우가 있었다.323)

제2절 보조국사의 염불요문(念佛要門) - 부처님께 가는 길

1. 행장

보조국사(1158~1210)는 황해도 서흥 사람으로 성은 정(鄭)씨이며 8세에 출가하였다. 법명은 지눌(知訥)이며, 호는 목우자(牧牛子)라 하였고, 시호를 불일보조국사(佛日普照國師)라 하였다. 일정한 스승 없이 도를 구하다가 1182년 25세 되던 해에 선종의 승려 자격시험에 뽑혔고, 『육조단경』을 보다가 스스로 깨달은 바가 있었다.

그 후 산림에 은둔하여 수행하다가 28세 되던 해 예천 하가산 보문사에서 대장경을 열람하였다. 1190년 33세 때 팔공산 거조사에서 뜻을 같이 하는 몇 사람과 정혜결사를 하고 8년간 정진하였다. 1198년 41세 때 도반들과 함께 지리산 상무주암에 들어가 정혜를 닦았는데 그때 송나라 대혜(大慧)선사의 어록을 처음 보다가 현묘한 뜻에 계합하였다. 43세 되던 1200년부터 11년간 조계산 송광사(옛 이름은 송광산 갈상사)에서 선종을 부흥케 하는데 중추적인 역할을 담당하였다.

보조국사가 활동하던 고려중기는 화엄, 천태 등의 교학이 성행하

---

323) 김영미, 「高麗 전기의 阿彌陀信仰과 結社」『淨土學硏究』 제3輯, 韓國淨土學會, 2000년, pp.145~173 참조.

였고, 염불도 천태종에서 받아들여 선종의 방편으로 실천되는 경우가 많았다. 고려시대에 널리 알려진 염불법으로 보조국사의 『염불요문(念佛要門)』이 있는데 이를 소개한다. 이것은 염불을 선종에서 염불선의 형식으로 체계화한 것이다.324)

2. 염불요문

　요즘 사람들은 그 마음이 흐리고 어두워서 욕망과 삶의 버릇이 짙고 두텁기만 합니다. 그래서 오래도록 어둠에 막히고 길이 애욕에 빠져 온갖 괴로움에서 벗어나지 못하고 있습니다. 만약 저들이 벗과 같은 스승이나 스승과 같은 벗의 깨달음을 따르지 않는다면 끝내 괴로움을 벗어난 참 행복을 얻기란 참으로 어렵고 어려울 것입니다.
　나는 여러분들이 지난날 저지른 잘못들을 잘 일깨워주는 좋은 벗이 되고 싶습니다. 그래서 여러분이 다섯 가지 잘못된 마음의 흐름을 편히 쉬고 행복한 삶을 가로막고 있는 다섯 가지 거침새들을 밝게 안 뒤 다섯 가지 어둡고 흐린 삶을 훌쩍 뛰어넘어 아홉층 연꽃 세상 위로 둥근 보름달처럼 밝게 떠오르게 하고 싶습니다. 여러분들은 부디 뜻을 모아 내 말에 귀를 기울여 주십시오.
　다섯 갈래 잘못된 마음의 흐름을 편히 쉬게 하는 길인 오정심(五停心)이란 무엇입니까? 첫째는 탐심이 많은 중생들로 하여금 사랑하는 나의 몸이 깨끗하지 않음을 보게 함이요, 두 번째는 화 잘 내는 중생들로 하여금 자비로운 삶을 보게 함이요, 세 번째는 마음이 어지러운 중생들로 하여금 들이쉬고 내쉬는 숨길을 보게 함이요, 네 번째는 어리석은 중생으로 하여금 끝없는 인연의 바다를 보게 함이요, 다섯 번째는 살아가는데 거침새가 많은 중생들로 하여금 부처님의 이름과 모

---

324) 正牧, 상게서, 2006. pp.97 참조.

습이 끊임없이 피어나고 있음을 밝게 보게 함이 그것들입니다.

그러나 이 다섯 가지 잘못된 흐름이 멈춘다 해도 세상의 인연을 여의지 못하는 이는 다시 다섯 가지 걸림새에 걸리고 맙니다. 다섯 가지 걸림새란 무엇입니까? 첫째는 애욕이 끊임없이 흐르는 번뇌의 걸림새요, 두 번째는 진리라는 것에 덥석 집착하는 앎의 걸림새요, 세 번째는 몸뚱이를 아끼고 사랑해서 갖가지 업을 지어 만든 과보의 걸림새요, 네 번째는 아무 생각 없이 고요함만을 지키는 이치의 걸림새요, 다섯 번째는 이런 저런 사물들을 헤아려 따지는 사물의 걸림새가 그것입니다.

그리고 이 다섯 가지 걸림새들을 밝게 깨닫지 못하면 다섯 가지 어둡고 흐린 삶에 걸려들어 헤어나지 못하게 됩니다.

다섯 가지 어둡고 흐린 삶의 오탁(五濁)이란 무엇입니까? 첫 번째는 한 생각이 일어나자마자 공(空)과 색(色)의 참 모습을 알지 못하게 되는 시간의 어두움인 겁탁(劫濁)입니다. 두 번째는 온갖 알음알이가 들고 일어나 맑고 고요한 성품을 어지럽히는 생각의 어두움인 견탁(見濁)입니다. 세 번째는 어지럽게 그릇된 생각을 일으켜 앎을 내서 바깥세계를 지어내는 번뇌의 어두움인 번뇌탁(煩惱濁)입니다. 네 번째는 일어나고 사라짐이 쉬지 않고 생각 생각에 흐르는 중생의 어두움인 중생탁(衆生濁)입니다. 다섯 번째는 저마다 의식의 시킴을 받으면서도 그 근원을 돌아보지 않는 목숨의 어두움인 명탁(明濁)입니다.

이 다섯 가지 잘못된 마음의 흐름을 쉬지 않으면 어떻게 다섯 가지 걸림새를 밝게 알겠습니까. 또 다섯 가지 걸림새를 밝게 알지 못한다면 다섯 가지 어둡고 흐린 삶을 어찌 맑힐 수 있겠습니까. 다섯 가지 잘못된 마음의 흐름을 쉬지 않는 이는 걸림새도 많고 어둡고 흐림 또한 클 것입니다.

그러므로 이런 이들은 반드시 열 가지 염불삼매의 힘으로 점차로 청정한 계율의 문에 들어가야 티 없이 깨끗한 삶을 생각 생각마다 이루게 됩니다. 이렇게 된 뒤에야 잘못된 마음의 흐름을 편히 쉬어서 저 다섯 가지 걸림새와 다섯 가지 어둡고 흐린 삶을 훌쩍 뛰어넘어 곧바로 극락세계에 이를 수 있습니다. 그리고는 세 가지 새어나감이 없는 배움인 삼무루학(三無漏學)을 맑게 닦아서 저 아미타부처님의 위없는 큰 깨달음을 함께 증득할 수 있는 것입니다.

이 같은 아미타불의 큰 깨달음을 증득하려면 마땅히 열 가지 염불을 수행(修行)해야 합니다. 열 가지 염불이란 어떤 것입니까? 몸가짐의 염불인 계신염불(戒身念佛), 말가짐의 염불인 계구염불(戒口念佛), 마음가짐의 염불인 계의염불(戒意念佛), 움직이면서 하는 동억염불(動憶念佛), 움직이지 않고 하는 정억염불(靜憶念佛), 말하면서 하는 어지염불(語持念佛), 말하지 않고 하는 묵지염불(黙持念佛), 부처님 모습을 그리면서 하는 관상염불(觀想念佛), 무심하게 하는 무심염불(無心念佛), 부처님이 부처님을 염하는 진여염불(眞如念佛)이 그것들입니다.

이 열 가지 염불은 모두 한결같은 참 깨달음의 자리에서 피어나 부처님과 하나를 이루게 하는 더할 수 없이 지극한 수행법입니다. 그러므로 염불에서 말하는 염(念)이란 바로 지킴(守)을 뜻합니다. 참 성품을 늘 드러나게 하고 끝없이 기르려면 그것을 지키어 잃어버리지 않아야 합니다. 그리고 염불에서 말하는 불(佛)이란 깨달음이라는 뜻입니다. 깨달음이란 참 마음을 밝게 비춰서 늘 개어있어 어둡지 않음을 말합니다. 그러므로 한결같은 무념(無念)으로 밝고 뚜렷하게 깨닫고 이렇듯 밝고 뚜렷하게 깨달으면 온갖 생각이 끊어지니 이것을 일러 참 염불이라 합니다.

열 가지 참 염불이란 어떤 것들입니까? 첫 번째는 몸가짐의 염불인 계신염불(戒身念佛)입니다. 죽이고, 훔치고, 음행하는 짓들을 말끔히 없애어 몸을 청정하게 해서 계율의 거울이 밝고 뚜렷해지게 합니다. 그런 뒤로 몸을 단정히 하고 바르게 앉아서 합장하고 서쪽을 향해 마음 다해 공경히 나무아미타불을 염(念)하되, 그 수가 끝이 없도록 합니다. 그리하여 생각 생각에 끊어짐이 없어 마침내 앉아있음마저 없어져서 앉아있지 않을 때도 염하는 일이 한결같이 밝고 분명합니다. 이를 계신염불이라 합니다.

두 번째는 말가짐의 염불인 계구염불(戒口念佛)입니다. 실없는 말, 속이는 말, 두말, 험한 말짓들을 말끔히 없애고 입을 지켜 마음을 거둡니다. 몸을 맑히고 입을 깨끗이 한 뒤에 마음 다해 공경히 나무아미타불을 염(念)하되 그 수가 끝이 없도록 합니다. 그리하여 생각 생각에 끊어짐이 없어 마침내 입마저 없어져 입으로 부르지 않을 때에도 스스로 염하는 일이 밝고 분명합니다. 이를 계구염불이라 합니다.

세 번째는 마음가짐의 염불인 계의염불(戒意念佛)입니다. 욕심 부리고, 화내고, 어리석은 마음을 말끔히 없애고 뜻을 거두고 맑힙니다. 마음 거울에 번뇌의 때가 사라진 뒤에 마음 다해 깊게 나무아미타불을 염하되, 그 수가 끝이 없도록 합니다. 그리하여 생각 생각에 끊어짐이 없어 마침내 마음마저 없어져 마음을 내지 않을 때에도 스스로 염하는 일이 밝고 분명합니다. 이를 계의염불이라 합니다.

네 번째는 움직이면서 하는 동억염불(動憶念佛)입니다. 열 가지 모질고 나쁜 짓거리를 말끔히 없애고 열 가지 계를 올바로 지닙니다. 움직이고 오고 감에 한 틈에도 염불하고 찰나에도 염불하여 마음 다해 늘 아미타불을 염하되, 그 수가 끝이 없도록 합니다. 그리하여 생각 생각에 끊어짐이 없어 마침내 움직임이 다해서 움직임이 없을 때에도 스스로 염하는 일이 밝고 분명합니다. 이를 동억염불이라 합니다.

다섯 번째는 움직임이 없이 하는 정억염불(靜憶念佛)입니다. 저 열 가지 계율이 이미 깨끗해져서 고요할 때나 일 없을 때나 깊은 밤 홀로 있을 때나 한결같이 마음 다해 나무아미타불을 염하되, 그 수가 끝이 없도록 합니다. 그리하여 생각 생각에 끊어짐이 없어 마침내 고요함이 다해서 움직일 때도 스스로 염하는 일이 밝고 분명합니다. 이를 정억염불이라 합니다.

　여섯 번째는 말하면서 하는 어지염불(語持念佛)입니다. 사람을 맞이해 말을 나누고, 아이를 부르며 함께 일하고 일을 시킴에 밖으로는 그런 일들을 따르되 안으로는 염불하는 마음이 흔들림이 없습니다. 한 마음으로 아미타불을 고요히 염하되, 그 수가 끝이 없도록 합니다. 그리하여 생각 생각에 끊어짐이 없어 마침내 말이 없어져서 말을 하지 않을 때도 스스로 염하는 일이 밝고 분명합니다. 이를 어지염불이라 합니다.

　일곱 번째는 말없이 하는 묵지염불(黙持念佛)입니다. 입으로 부르면서 하는 염(念)이 다하고 다해 생각의 때가 없는 염(念)이 됩니다. 자나 깨나 어둡지 않으며 움직일 때나 고요할 때나 늘 잊어버리지 않고 마음 다해 나무아미타불을 말없이 염하되, 그 수가 끝이 없도록 합니다. 그리하여 생각 생각에 끊어짐이 없어 끝내 말없음마저 없어져 염하지 않을 때에도 스스로 염하는 일이 밝고 분명합니다. 이를 묵지염불이라 합니다.

　여덟 번째는 부처님의 거룩한 모습을 그리면서 하는 관상염불(觀想念佛)입니다. 저 부처님의 몸이 법계에 가득하며 묘한 광명 눈부신 금빛이 모든 중생들 앞에 두루 나타남을 관합니다. 또 부처님의 맑고 밝은 자비의 광명이 나의 몸과 마음을 비추고 있음을 깨닫습니다. 눈을 감아도 눈을 떠도 보이는 것 들리는 것들이 모두 부처님의 빛임을 밝게 깨달아서 뜻을 다하고 정성을 다해 한결같은 마음으로 나무아미타불을 염하되 그 수가 끝이 없도록 합니다. 그리하여 생각 생각에 끊어짐이 없어 하루 내내 다니고 머물고 앉고 누움에 늘 삼가고 늘 깨어서 찰나도 어둡지가 않습니다. 이를 관상염불이라 합니다.

　아홉 번째는 무심히 하는 무심염불(無心念佛)입니다. 염불하는 마음이 오래되어 공을 이루면 차차로 무심삼매(無心三昧)를 얻게 됩니다. 생각의 때가 없는 진실한 염(念)이 애쓰지 않아도 저절로 들리고 알음알이의 티끌이 없는 참 지혜가 애쓰지 않아도 저절로 뚜렷해집니다. 받음이 없이 받아들이고 함이 없이 다 이룹니다. 이를 무심염불이라 합니다.

열 번째는 부처님이 부처님을 염하는 진여염불(眞如念佛)입니다. 염불하는 마음이 이미 끝머리에 이르러 깨달음이 없이 깨닫습니다. 스스로 심(心), 의(意), 식(識)이 본디 텅 빈 것임을 알아서 한 가지 밝은 성품이 움직이지 않습니다. 모자람 없는 깨달음의 큰 지혜가 밝고 뚜렷하게 드러납니다. 이를 진여염불이라 합니다.

염불하는 이치가 이와 같으니, 만약 먼저 열 가지 악(惡)과 저 여덟 가지 행복한 삶의 길인 팔정도(八正道)에 맞서는 여덟 가지 그릇됨을 끊어 버리지 않는다면 어떻게 저 열 가지 계율의 맑고 깨끗함을 따를 수 있겠습니까. 또 몸이 맑고 깨끗하고 계율의 거울이 환히 밝지 않으면 어떻게 저 열 가지 염불법과 한 몸이 되겠습니까. 그러니 몸을 맑고 깨끗하게 한 뒤에야 진리의 온갖 보배들을 쌓고 모을 수 있으며, 계율의 거울을 환히 밝게 한 뒤에야 부처님께서 자비의 빛을 드리워 주실 것입니다.

부처님께서는 이렇게 말씀하셨습니다. "가장 뛰어난 맛을 지닌 제호(酉十是酉十胡)를 얻더라도 보배 그릇이 아니면 그것을 담아두기 어렵다." 그러니 염불하는 수행자가 몸이 청정하고 계율의 거울이 밝고 뚜렷하면 어떻게 진리의 기막힌 맛을 부처님만이 담아 지닐 수 있다고 하겠습니까.

요즈음 욕심투성이인 옳지 않은 무리들이 열 가지 악(惡)과 여덟 가지 그릇됨을 끊지 않고, 또 다섯 가지 계율과 열 가지 착함을 닦지 않고도 그릇된 앎과 혼자만의 생각으로 헛되이 염불수행법을 찾아 그릇된 바람들을 드러내 놓고 극락세계에 태어나고자 합니다.

이것은 모난 나무로 둥근 구멍을 막으려는 것과 같습니다. 이런 사람들은 스스로는 염불수행을 한다고 생각할지 몰라도 부처님의 뜻이야 어찌 그런 삿된 생각과 함께 하시겠습니까. 쉼 없이 파계(破戒)하는 몸으로 순간순간 부처님을 비방하면서도 오히려 실없이 참되고 깨끗한 세계를 구하는 죄는 참으로 풀어 줄 수 없고 무겁기 그지없는 죄입니다. 죽어 지옥에 떨어져 스스로 몸과 마음을 해치는 것이 누구의 허물이겠습니까? 여러분은 계율로 벗을 삼고 이제까지 밝힌 이치를 거울삼아 비춰보고 먼저 열 가지 착함을 굳게 지녀서 앞서 저지른 잘못들을 참회하고 깨달음의 열매 얻기를 굳게 다짐해야 합니다.

그리고 그런 다짐과 더불어 힘쓰고 애쓰며 나고 죽음을 벗어나야겠다는 뜻을 야무지게 다져야 합니다. 해마다 선악의 업이 드러난다는 정월, 오월, 구월에 수행을 닦듯이 염불수행을 놓지 않아야 합니다. 또 날씨가 엇바뀌는 여덟 절기마다 염불수행에 새롭게 힘써 닦아야 합니다. 그리고 달마다 여섯 재일(齋日)의 가르침을 본받아 저 열 가지 염불(十種念佛)로 참 살림살이를 삼아야 합니다.

오래 공들이고 있는 힘을 다 모아 저 진여염불(眞如念佛)과 하나를 이루면 날마다 시간마다 가고오고 앉고 누움에 아미타불의 참 모습이 그윽이 앞에 나타나셔서 그대 머리 위에 향기로운 손을 얹으시고 길이길이 피어나는 큰 기쁨을 주실 것입니다.

또 목숨을 마칠 때에 이르러서는 아미타부처님께서 몸소 극락세계의 아홉층 연꽃 세계로 맞아들이사, 반드시 가장 뛰어난 저 아홉 번째 연꽃세계에서 여러분을 맞으시고 길이길이 그곳에 머물게 하실 것이니, 아! 부디 애쓰고 또 애쓰십시오.[325]

---

325) 청화 큰스님, 『아미타불수행법』솔과학, 서울, 2000. pp.53~67 발췌.

제3절 나옹화상(懶翁和尙)의 서왕가(西往歌)

1. 나옹화상의 행장

나옹(懶翁, 1320~1376)은 고려 공민왕 때 스님으로 이름은 혜근(慧勤)이다. 20세 때 친구의 죽음을 계기로 출가하였다. 1344년 양주 회암사에서 4년 동안 좌선하여 깨우치고 중국 원나라 북경에서 지공(指空)선사를 친견하고 깨달음을 확인받았다. 다시 남쪽으로 가서 평산처림 선사로부터 법의와 불자(拂子)를 받았다. 1358년 귀국하여 가는 곳마다 설법하다가 1371년 왕사가 되고 1376년 여주의 신륵사에서 57세로 입적하였다. 스님은 대선사이면서도 극락세계에 왕생하길 원하는 노래인「서왕가」를 지어 염불하기를 권장하였고,「승원가」를 지어 염불수행법을 알기 쉽게 가르쳤다. 선법으로 깨달음에 이르도록 이끌어주는 반면에 근기에 따라 염불을 권하였으니 선과 정토문을 수용한 보기 드문 선지식이다.

2. 서왕가(西往歌)

나도 이럴망정 세상에 인재지만 무상(無常)함을 생각하니 모두가 허망된 것이로다. 부모의 거친 얼굴 돌아가신 후에는 속절없는 일이다. 잠시 동안 생각하여 세상일을 뿌리치고 부모님께 하직하고 단 한 개의 표주박과 한 벌의 누더기에 명아주 지팡이를 비껴들고 명산을 찾아든다. 선지식을 친견하여 마음을 밝히려고 천경만론(千經萬論)을 자세히 열람하여 육적(六賊, 六根)을 잡으려고 허공을 다 아는 사람도 모르게 틈을 타서 반야검을 손에 들고 오온산(五蘊山, 몸과 마음)에 들어가네. 번뇌는 첩첩하고 사상산(四相山: 아상, 인상, 중생상, 수자상)이 더욱 높다. 육근(六根, 안이비설신의)의 문 앞에 자취 없는 도적이 들락거리는 가운데 번뇌심 베어 놓고 지혜로 배를 만들어 삼계(三界: 욕계, 색계, 무색계) 바다 건너리라. 염불중생 실어두고 삼승(三乘: 성문, 연각, 보살)의 돛대에 일승(一乘) 깃발 달아두니 춘풍은 순탄히 불어, 나는 구름 섞여 도는데 인간을 생각하니 슬프고 서럽구나.

  염불 않는 중생들아, 몇 생을 살려고 세상일만 탐착하여 애욕에 잠겼는가. 하루에도 열두시요 한 달에도 서른 날에 어느 날에 한가할까. 청정한 불성은 사람마다 가졌거늘 어느 날에 생각하며, 무량한 공덕은 본래 구족하였거늘 어느 때에 꺼내 쓸까. 극락은 멀어지고 지옥은 가깝도다.

  여보시오, 어르신네! 권하노니 갖가지 선근을 심으시오. 금생에 쌓은 공덕 후생에 받으리니 백년탐물은 하루아침 티끌이요 삼일염불은 백천만겁에 다함없는 보배로다. 아! 이 보배, 천겁을 지나도 없어지지 아니하고 만세에 이르러도 길이 값진 것이로다. 하늘과 땅이 넓다한들 이 마음에 미칠 것이며 해와 달이 밝다한들 이 마음에 비기겠는가. 삼세의 모든 부처님은 이 마음을 깨달으시고 육도의 중생은 이 마음 저버리니 삼계윤회는 어느 날에 그치겠나.

  잠시 동안 생각하여 마음을 고쳐먹고 주위를 살펴보니 청산은 첩첩이요 유수는 잔잔하네. 바람은 슬슬하며 꽃들은 화사하고 송죽은 낙낙한데 범부세계 건너가서 극락세계 들어가니 칠보금대에 칠보망을 둘러싸니 구경하기 더욱 좋다. 구품연대는 염불소리 또렷하고 청학·백학·앵무·공작·금청봉황 소리마다 염불이요 청풍이 건듯 부니 염불소리 이어지네. 아! 슬프도다. 우리도 인간으로 나왔다가 염불 않고 어찌할까. 나무아미타불.326)

---

326) 『명연집』에서 발췌. 1704년 명연(明衍)스님이 모아 적은 것으로 1764년 구월산 흥률사, 1775년 해인사에서 간행 유포하였다.

3. 염불게

나옹스님은 어머님이 돌아가셨을 때 슬피 우는 누이에게 염불을 권하면서 이러한 게송을 들려주었다고 한다. 이 게송은 염불하는 사람들에게 보이는 시 8수를 남겼는데 다음은 그 가운데 제6수로 우리가 잘 알고 있는 게송이다.

아미타불이 어느 곳에 계신가
마음 머리에 두고 간절히 잊지 말라
생각하여 생각이 다하고 무념처에 이르면
육근이 항상 광명을 놓으리라.[327]

4. 승원가

나옹스님은 정토의 법문도 이론에 그치지 않고 수행방법을 자세히 말씀하셨다. 그리하여 유심정토 타방정토 관념 및 칭념에 대해서까지 구체적으로 서술하였다. 스님은 「승원가(僧元歌)」라 이름 붙인 노래를 남겼는데 모두 염불을 권하고 정토와 아미타불을 찬탄하는 내용들이다. 여기에는 염불수행에 대해서 특별히 강조한 두 가지가 있는데 살펴보고자 한다. 그 하나는 『관무량수경』에서 설하신 16관법, 즉 극락세계의 장엄을 관하되 일상관(日想觀)이 그중에서 제일이라고 강조한 것이다. 이는 관념염불의 이관(理觀)과 사관(事觀) 중에 사관에 속한다.

---

327) 『나옹집』

> 십륙관경 하신 말씀 일몰관이 제일이라
> 서산에 지는 해를 눈 뜨거나 눈감거나
> 눈앞에 걸어 두고 아미타불 대성호를
> 주야 없이 많이 외라.

「승원가」에서 특별히 언급한 염불수행법의 또 다른 하나는 칭명염불에 대한 것인데, 육자명호(나무아미타불)이든 사자명호(아미타불)이든 구애받지 말고 일할 때나 쉴 때나 노는 입에 염불하기를 권하고 있다.

> 아미타불 대성호를 주야없이 많이 외라.
> 농부거든 농사하며 노는 입에 아미타불
> 직녀거든 길쌈하며 노는 입에 아미타불

> 많은즉 육자(六字)염불 적은즉 사자(四字)염불
> 행주좌와 어묵간에 고성(高聲)이나 은념(隱念)이나
> 육자 사자 염불하라.

이와 같이 나옹스님은 칭념이든 관념이든 근기 따라 각자 염불수행 하도록 권하였으며, 대중이 알기 쉽게 노래로 엮어 민중 교화에 힘썼다.[328]

---

328) 正牧『한국의 염불수행』경서원, 2001. pp.151~156 참조.

제4절 『현행서방경(現行西方經)』

1. 『현행서방경』의 성립과 전개

『현행서방경』(혹은『西方經』이라고도 함) 1권은 경에 가탁(假托)하여 밀교화 된 정토신앙 관계의 문헌이다. 이 경은 고려 충렬왕 24년(1298)에 해동 영주 공산 거조사(居祖社) 도인인 원참(元旵)의 집록이다. 원참에 대해서는 그의 행록이 없으므로 어떠한 사람이었는지 전혀 알 길이 없다. 다만『현행서방경』의 기록으로 보아 영주 공산 거조사의 스님이었음을 알 수 있을 뿐이다.

원참은 거조사에서 불설아미타불본심미묘진언[329]을 근념수행하던 중 그 마지막 회향하는 날인 1298년(고려 충열왕 24) 1월 8일, 야반에 낙서(樂西)라는 신승(神僧)을 만나 후세에 수생(受生)할 선악지처(善惡之處)를 판별하는 미타정토 왕생의궤로서 척생참법(擲栍懺法)을 전해 받았다.

척생법(擲栍法)이란 41개로 된 간자(簡子, 栍)를 던져 후생의 수생처(受生處)를 점지하여 아미타정토에 왕생할 참법을 닦는 것을 말한다. 『현행서방경』에 의하면,[330] 41개의 간자(簡子)를 만들고 각 간자에다 '나무아미타불 불불본심미묘진언(南無阿彌陀佛佛佛本心微妙眞言) 재문어이즉왕생(才聞於耳卽往生) 여제성중(與諸聖衆) 동유희여래대지복덕해(同遊戲如來大智福德海) 일시분부송지자(一時分付誦持者)' 등 41자의 글자를 한 자씩 쓴다. 그리고 현행참회에 동참한 자는 먼저 간자를 깨끗한 그릇에 담아 부처님 앞에 바쳐놓고, 아미타불본심미묘진언을 1만 편 이상을 염송한 다음에 간자를 깨끗한

---

329) 다냐타 옴 이리다라 사바하
330) 『현행서방경』 正統 13년판, 2右~4左 참조.

자리에 던진다. 이때에 엎어져 글자가 보이지 않는 간자는 제거하고, 글자가 보이도록 뒤집혀진 간자만 주어모아서 다시 던진다. 이렇게 하여 마지막 한 글자가 남을 때 그것이 행자의 후세 수생처(受生處)를 점지하는 것이다.(41자가 의미하는 후세 受生處는 생략)

이러한 『현행서방경』의 정토왕생을 위한 참법의궤와 간자점법(簡子占法)이 우리나라에서 시작된 것은 고려 충열왕대 원참(元旵)이 그 처음이었다. 그러나 『현행서방경』에서 전하고 있는 그 내력331)을 보면 아미타불본심미묘진언의 참법은 이미 인도에서부터 행해졌다고 한다. 부처님께서 열반하신 후 400년경에 가연타(加連咃)라고 하는 한 법사(法師)가 있었는데 그는 아미타불본심미묘진언을 염송 정진하여 대신통력을 얻었다. 이에 가연타법사는 인과법을 믿지 않는 중생들을 가엾게 생각하고 부처님의 위신력을 승계 받아 『현행서방경』의 참법으로서의 간자점법을 지었고, 이후 350년 동안이나 세상에 머물면서 이 참법을 폈는데, 그 가피신력(加被神力)을 받아 정토에 왕생한 사람이 불가승수였다고 한다. 가연타법사가 세상을 뜬 다음에는 그 문도들에 의해 이 법이 밀전되었는데, 낙서(樂西)가 바로 그러한 비전(秘傳)의 법을 전해받고 낙서는 다시 고려의 원참에게 전하여 준 것이다.

원참(元旵)이 『현행서방경』에서 그 역사와 전법의 과정을 기술하면서 설명한 바에 의하면, 아미타불본심미묘진언의 참법을 수행했던 것으로 생각되는 한 범승(梵僧)이 중국의 앙산(仰山) 혜적선사(慧寂禪師, ?~883)의 시기에 앙산의 한 선객에게 이 법을 전한 것이 분명하다.332) 따라서 이 『현행서방경』의 참법은 9세기 말경에 중국에 전해졌으며, 그것은 주로 위앙종(潙仰宗) 계통의 승려들에 의해 세

---

331) 『현행서방경』 9右~10左 참조.
332) 金東華, 『禪宗思想史』 pp.264~267 참조.

상에 널리 알려졌고 또 뒷날까지 구전으로 오래 상전돼 왔다고 볼 수 있다. 낙서는 이렇게 구전된 법을 받아 원참에게 또 구전한 것이고 원참이 고려에서 처음으로 집록하여 문자화한 것이다.

원참이 고려 충렬왕 24년(1298) 1월 8일에 낙서로부터 아미타불본심미묘진언의 참법을 받아『현행서방경』을 처음으로 집록한 뒤, 그것은 고려말 조선초에 걸쳐 여러 사암(寺庵)에서 간행되었다. 동국대학교 불교문화연구소에서 펴낸『한국불교찬술문헌총록』[333])에 의하면, 고사본으로서 광무 4년(1900)에 간행된『현행서방극락경』이 있다. 원래『현행서방경』은 교학적인 것보다는 아미타불본심미묘진언의 염송과 그 참법이 위주였으며,[334]) 인도나 중국 또는 고려 원참의 집록 이전까지 그것은 구전(실제적인 체험과 실천을 통하여)으로 피차상전 되어 왔던 것이다.[335])

2.『현행서방경』의 목적 - 정토구생(淨土求生)

이제부터는『현행서방경』이 지니는 중심사상과 참회첨법을 행하는 근본 목적 등을 살펴보기로 하겠다.

『현행서방경』의 구성내용을 살펴보면 아미타불본심미묘진언인 '다냐타 옴 이리다라 사바하'와 그 공덕을 앞에서 잠시 언급하고 있을 뿐, 그 대부분이 41간자의 첨생법(占栍法)에 대한 것들로 가득 차

---

333)『한국불교찬술문헌총록』p.144 참조.
334) 원래 첨법(占法)이나 참법(懺法)과 같은 실천위주의 것은 그에 대한 교학이나 방법을 기술한 문헌을 존중하여 개간하는 것보다는 피차상전(彼此相傳)을 통한 실제를 더욱 중요시한다. 그렇기에 신라의 첨찰법도 그에 대한 문헌의 번다한 개간 없이도 오랫동안 널리 신앙되고 있었다. 金煐泰,「신라 첨찰법회와 진표의 교법연구」불교학보 제9집, pp.99~136 참조.
335) 徐閏吉,「高麗의 밀교와 정토신앙」『東國思想』第14집, 동국대학교불교대학, 1981. pp.33~39 참조.

있다. 그러나『현행서방경』의 근본 목적은 정토구생(淨土求生)에 있고 그를 위하여 수행자들은 아미타불본심미묘진언의 염송과 참회를 본래의 임무로 하고 있다. 따라서 간자의 점성법은 수행자들로 하여금 정토왕생의 목적을 성취케 하기 위한 하나의 방편에 지나지 않는 것이다.

3.『현행서방경』의 수행

현행서방경법의 도량에 참례하여 정토왕생을 닦는 수행자들은 승속(僧俗)을 막론하고 먼저 팔재계(八齋戒)를 수지하여 사대원(四大願)336)을 세우고 아미타불본심미묘진언을 최소한 1만 편 이상 염송해야 한다. 그리고서 척생점법(擲栍占法)에 임하여 자기의 후세 수생처를 점치게 된다. 이때 수행자는 자기의 수생처가 척생에서 결정되었다 할지라도 그것으로서 수행을 멈추거나 끝내지는 않는다.『현행서방경』에서 41자의 수보지생처(受報之生處)에 대하여 논하면서 제일 강조하는 것은, 수행자가 어떠한 후세 수생처를 받았든 더 정진하면 정토에 왕생할 수 있고 정진하지 않으면 자기가 받은 수생처보다 못한 곳으로 전락할 수도 있다는 점이다.

조선시대 대선사였던 명안(明眼)도 칠불암에서『현행서방경』을 중간(重刊)하는 서문337)에서, "미타지본심(彌陀之本心) 석가지권찬(釋迦之勸讚) 제불지호념(諸佛之護念) 시왕생지승방편(是往生之

---

336)『현행서방경』6우~6좌에 의하면 이 법회를 熏修할 때는 제1번 위법계수륙망혼정진(爲法界水陸亡魂精進)제2번 위국주정진(爲國主精進) 제3번 칠세부모사장정진(七世父母師長精進) 제4번 위회내부등정토지중정진(爲會內不登淨土之衆精進) 등의 사대서원을 세워야 한다고 하였다.
337) 강희(康熙) 49년(1710) 칠불암 개간본의 중각현행경(重刻現行經) 명안(明眼)의 서문 참조.

勝方便)"이라고 하여 점생법(占栍法) 자체가 목적이 아니라 하나의 수단이 되고 있음을 지적하고 있다. 그러므로 『현행서방경』에서 도량을 개설하고 수행자들이 척생(擲栍)을 행하는 것은 수행자들로 하여금 일단 자기들의 수행력에 따른 후세 수생처(受生處)를 알게 함으로써 각자가 더 높은 단계의 수생처를 받기 위하여 신심(信心)을 높이고 용맹스런 정진력을 고취시키고자 하는데 깊은 뜻이 있다.

이와 같이 『현행서방경』의 교법은 박복하고 죄업이 두터운 하열중생(下劣衆生)에서부터 신근(信根)이 성숙한 상상품(上上品)의 사람에 이르기까지 모든 수행자들에게 적합한 방편이요 수승한 왕생 교법이다. 『현행서방경』의 참회점생법(懺悔占栍法)에 불·보살·천·인·지옥·축생·아귀 등 십계법(十界法)338)이 동시에 교설되어 있는 것도 이런 이유 때문이다. 따라서 『현행서방경』은 업장이 두터운 하근기(下根機)의 중생으로부터 지혜가 높은 상근기(上根機)의 사람에 이르기까지 모두가 미타정토에 왕생할 수 있는 점진적인 수행법339)과 돈증(頓證·頓悟)의 법문이 동시에 개설되었다고 볼 수 있다.

『현행서방경』의 방편적 교설은 설법의 돈(頓)·점(漸)과 대기(對機)의 상·하만을 포섭한 것이 아니다. 불법수행에 있어 가장 중요한 증법(證法)의 돈·점과 대기(對機)의 상·하 법문이 모두 『현행서방경』에 교설되어 있기 때문에 그 밖의 남녀·노소·귀천·재가출가 등의 외적인 요소라는 것은 전혀 문제가 되지 않는다. 그러므로 경에서, "현행회(現行會)를 행하는 자는 귀천노소 남녀승속을 물론

---

338) 『현행서방경』의 41자 간자가 의미하는 후세 수생처의 내용은 불에서 아수라까지의 십계를 더욱 세분화한 것이다. 그러므로 그 41수행처를 다시 요약하면 결국 십계(十界)가 될 수 있다.
339) 41간자에 의한 참회점법은 하근기인(下根機人)을 위한 점수적 수행의 방편으로 이해된다.

하고 대중에 따르기를 요망하면 모두 허락한다."340)고 하여, 이 현행회(現行會)에는 외적인 조건에 구애되지 않고 누구나 원하는 자는 모두가 동참할 수 있도록 하고 있는 것이다.341)

4. 『현행서방경』의 밀교적 성격

『현행서방경』의 미타정토 왕생교법의 특징은 죄업중생은 물론이요 돈오(頓悟)의 상근기(上根機)의 법문까지도 이에 포섭하고 있다는 점과 그것이 더욱 밀교화된 미타신앙342)이라는 점에 있다. 『현행서방경』의 왕생교법은 아미타불본심미묘진언과 그 참법의궤에 의하여 신앙되고 있다. 따라서『현행서방경』의 사상과 교법은 미타정토의 입장에서 보면 밀교의 총지법(總持法)이 이에 포섭된 것이고, 또 밀교의 입장에서 보면 미타정토가 이에 포섭된 것으로 볼 수 있다. 즉『현행서방경』의 교법은 밀교와 미타정토가 서로 융섭(融攝)된 것으로 볼 수 있는 것이다. 이와 같이 미타정토와 밀교가 융합된『현행서방경』이 고려 충렬왕 이후에 널리 신앙되었다는 것은 정토와 밀교의 융합이라는 점에서 고려 밀교의 한 특성이라고 볼 수 있다.

우리나라에 있어서의 밀교는 신라시대부터 그 독자적인 발전도 있었지만 불교의 다른 사상과의 융합적인 발전도 있었다.343) 더욱이

---

340) 『현행서방경』 4좌
341) 徐閏吉, 앞의 논문 pp.39~42 참조.
342) 『현행서방경』 41우에서 "념미타구생어정토(念彌陀求生於淨土) 차어위지대총지문(此語謂之大摠持門)"이라고 하여 이 경법을 진언총지문(眞言摠持門)이라 하였고, 명안(明眼)의『현행경』중간서에도 "개문(盖聞) 비밀교중 일체다라니(秘密敎中一切多羅尼) 개법신해탈지장(皆法身解脫之藏)"이라고 하여 미타신앙이 밀교화된 것으로 이해하고 있다.
343) 박태화(朴泰華), 「신라시대의 밀교전래고」『趙明基博士 華甲記念 佛敎史學論叢』pp.67~97 참조.

고려시대에 오게 되면 밀교는 오히려 타사상과의 융합 속에서 더욱 발전하는 양상이 두드러지게 나타난다. 『현행서방경』의 정토와 밀교의 융합적인 고려의 밀교도 결국은 이와 같은 역사적 맥락 속에서 배태된 것으로 볼 수 있다. 마찬가지로 원참의 『현행서방경』의 사상과 그 교학 또는 『현행서방경』에 대한 고려에서의 폭넓은 신앙은 바로 미타정토의 신앙과 사상이 밀교화된 사조(思潮)의 배경 속에서 발전한 것으로 볼 수 있다. 이와 같은 경향은 동시대의 일본 천태종의 사상의 흐름 속에서도, 즉 원정밀(圓淨密)의 융섭적인 신앙과 수행의 형태로서 그대로 나타나고 있던 것이다.

그 결과 고려에서의 밀교는 아미타 정토사상과의 완전한 융섭적 신앙으로 발전되었고, 더 나아가 밀교화 된 고려의 아미타 정토신앙에는 수행자가 정토왕생보다는 현생에서 유·무상(無相)의 염불(혹은 미타진언)에 의하여 아미타불의 가지상응(加持相應)을 염원하는 고려 밀교의 특성이 있던 것으로 볼 수 있다.[344]

---

344) 徐閏吉, 「고려의 밀교와 정토신앙」 『동국사상』 제14집, 동국대학교 불교대학 1981, pp.43~48 참조.

:: 제3장 조선시대(朝鮮時代) ::

서

조선시대에 발달한 정토사상을 보면 만일염불회(萬日念佛會), 회향의례(廻向儀禮) 등이 대종을 이루고 있는데, 염불의례가 발달함에 따라 염불의 방법도 나무아미타불십념, 장엄염불, 후송염불 등으로 의례화한 염불이 점차 성행하였다. 그리고 이러한 염불의례가 발달함에 따라 염불에 새로운 성격이 부여되었는데 염불의례에 밀교의식의례가 혼입된 것이 바로 그것이다. 따라서 조선시대의 염불의례는 밀교적 성격을 띠는 하나의 특징을 갖게 된다. 즉 예경의례(禮敬儀禮)의 염불에서는 상품상생진언, 원성취진언, 보궐진언, 보회향진언 등이 그리고 송경의례(誦經儀禮)의 염불에서는 결정왕생정토진언, 아미타불본심미묘진언, 무량수여래주, 무량수여래근본주 등이 혼입되고 있음이 그것이다.

의례를 통한 조선시대의 염불신앙은 보다 대중사회에 깊이 뿌리를 내렸고, 이에 따라 조선시대의 불교신앙하면 전술한 정토신앙을 중심으로 생각하지 않을 수 없게 되었다. 조선시대의 불교신앙을 대표한다고 할 수 있는『범음집(梵音集)』,『작법구감(作法龜鑑)』,『중예문(中禮文)』등의 의식집(儀式集)이 정토신앙을 중심으로 편찬된 것은 물론, 오늘날 전불교인이 신앙행위의 규범으로 삼고 있는『석문의범(釋門儀範)』또한 정토신앙을 간과하고서는 그 의미를 찾아볼 수 없다는 것은, 조선시대에 발달한 염불의례가 오늘에 이르기까지 대중사회에 얼마나 깊이 뿌리를 내리고 있었는지를 미루어 알 수 있는 것이다.

또한 이렇게 서민 대중사회에 깊이 뿌리내린 염불신앙은 정토를 희구하는 간절한 신앙심으로서 노래를 통하여 더욱 널리 유포되었는데 「보시염불」·「회심곡」·「염불타령」 등은 그 대표적인 것으로 오늘날에도 전하고 있다.345)

한편 조선시대에 찬술된 정토관련 저술로는 17세기 전반의 『권념요록(勸念要錄)』, 17세기 중반의 『정토보서(淨土寶書)』·『백암정토찬(栢庵淨土讚)』, 18세기의 『보권염불문(普勸念佛文)』·『신편보권문(新編普勸文)』·『염불환향곡(念佛還鄕曲)』, 19세기의 「권왕가(勸往歌)」·「자책가(自責歌)」, 20세기의 「정토찬백영(淨土讚百詠)」 등이 대표적이다.

17세기 중반 이후에는 백암성총의 저술활동이 두드러지는데, 1686년에 개간한 『정토보서』와 1693년에 간행한 『백암정토찬』이 있다.

제1절 함허득통선사의 염불향사와 정토찬

1. 행장

함허득통선사(函虛得通禪師, 1376~1433)의 이름은 기화(己和)이며, 충주 태생으로 성은 유(劉)씨이다. 일찍이 성균관에 들어가 공부하다가 21세 때 출가하였다. 1414년 자모산 연봉사에 함허당(涵虛堂)이라 이름붙인 작은 거실에서 3년간 수도한 뒤 『금강경오가해』를 세 번이나 강설하였다. 1420년 45세 되는 가을에 강릉 오대산의 나옹스님(1320~1376)이 머물던 영감암에 가서 진영에 공양하였다. 그곳에서 이틀 밤을 잤는데, 그때 꿈에 한 선사가 나타나서 "이름을 기화

---

345) 홍윤식, 『淨土思想』 경서원, 1983. pp.40~41 참조.

(己和)라 하고 호를 득통(得通)으로 하라." 하였으므로 그대로 따랐다. 그 후 기화보다는 함허득통으로 잘 알려져 있다.

그는 무학대사(無學大師, 1327~1405)의 법을 계승하였으니 고려와 조선을 이어온 대선사이다. 여러 저술을 남겼는데 그 가운데는 정토와 염불에 관한 법어와 글도 상당수 포함되어 있다. 또한 초기에는 염불향사(念佛香社)라는 모임을 만들어 아미타불을 전념하는 염불정진을 한 것으로 보인다. 여기서는 『함허록』에 실린 정토사상에 대하여 살펴보기로 한다.

2. 염불향사(念佛香社)

『함어록』에 의하면 기화스님은 동문인 혜봉(惠峰)의 영가를 위해 설한 법어에서 염불향사에 관하여 이렇게 언급하고 있다.

> 혜봉 각령이시어, 60여년을 인간 세상에 살면서 몇 번이나 즐거운 자리에 오르고 근심의 바다에 빠졌던가요. 마치 지금 가죽 주머니를 벗어버리고 가벼운 마음으로 고향집으로 돌아가는 길을 밟으시겠지요. 제가 지금 생각해 보니 사형께서 생전에 평소 하신 일은 아침저녁으로 대승경전을 염송하시고 회향을 발원하셨습니다. 역시 그로 말미암아 저도 염불향사(念佛香社)를 결성하여 오로지 아미타불을 생각하고 아미타불의 명호를 한결같이 염하였습니다.

이러한 말씀으로 보아 스님이 한때 염불도량을 만들어 아미타불의 명호를 전념하는 수행을 했던 것으로 보이지만 자세한 내용은 알 길이 없다.346)

---

346) 正牧, 전게서, 2001. pp.158~159 참조.

3. 염불왕생법어(念佛往生法語)

『함어록』에는 스님의 법어가 수록되어 있는데 염불왕생에 대한 법어 몇 가지만 살펴보면서 그의 염불관을 살펴보고자 한다. 조선조 태종의 넷째 아들인 성령대군은 14세에 병으로 죽었다. 스님은 그를 위해 이렇게 법어를 내렸다.

> 성령대군 선가(仙駕)여, 바른 안목을 열었는가. 무명(無明)을 깨뜨렸는가. 만약에 아직도 바른 안목을 열지 못하고 무명을 깨뜨리지 못했다면 기쁜 마음으로 아미타불의 대원력에 의지하여 곧바로 구품연대(극락세계)를 향하여 오르시고 노니소서.

정상국(鄭相國)의 영가를 위해서는 이런 법어를 내렸다.

> 만약에 이 길(성불의 길)을 밟으려고 하거든 한 발짝도 움직이지 말고 깨달음의 길에 오르라. 만약 이 길에서 어긋나게 되었거든(손으로 무량수불을 가리키면서) 다음에는 무량수 무량광명 가운데를 향하여 몸을 던져 가거라.

어떤 스님의 죽음 앞에서 이와 같은 법어를 내렸다.

> 관(觀)하여 보건데 그대의 지은 바가 비록 참선학도(參禪學道)에는 능하지 못하였다 하더라도 분수를 따라 계를 지키고 염불하며 분수에 따라 복을 닦고 선행을 하였으니 이는 가히 경하할 일이다.

이상의 법어를 통해 알 수 있듯이 함허스님은 선사의 입장에서 깨달음을 얻는 것을 무엇보다 중요하게 여겼지만, 그렇지 못한 경우 염불왕생을 적극 권하는 염불관을 보여주고 있다.

4. 아미타불 · 정토 · 아미타경의 찬탄

기화스님은 「미타찬(彌陀讚)」·「안양찬(安養讚)」·「미타경찬(彌陀經讚)」을 지어 아미타불과 정토와 아미타경을 찬탄하였으니 그의 적극적이고 깊은 정토신앙을 이해할 수 있다. 위의 세 가지 찬문은 각각 10절로 나누어 제목을 붙여 구체적으로 찬탄하고 있는데, 각 찬문의 1절을 살펴보기로 하겠다.

(1) 「미타찬」의 제일
종진기화(從眞起化) - 참되고 청정함으로부터 중생을 위해 교화를 일으킴

두루 밝고 공한 진정계(眞淨界)에는 본래 부처도 정토도 없지만 중생을 위하여 비원(悲願)을 일으키는 데는 그 방편으로 은밀함과 드러냄이 있습니다. 우리들 중생이 오랫동안 미혹의 길에서 헤매면서 의지하고 돌아갈 곳이 없으므로 장엄한 정토의 모습을 펴 보이셨으니 정말로 희유하십니다. 이것은 곧 환주장엄(幻住莊嚴: 방편으로 세운 장엄)이오니, 방편으로 안아 이끌어 주소서. 방편으로 안아 이끌어 주소서.

(2) 「안양찬」의 제일
피차동화(彼此同化) - 두 부처님이 함께 교화함

대도사이신 아미타부처님은 서쪽에서 나투시어 끌어안아 인도해 주시고, 우리의 본사 석가모니 부처님은 왕생을 권유하시네. 저곳과 이곳의 부처님이 같은 대비심으로 각기 방편을 설하여 함께 미혹한 중생들을 제도하시니 정말로 희유하십니다. 두 부처님이 대자대비로 제도하시니 부모의 은혜보다 더 크시옵니다. 부모의 은혜보다 더 크시옵니다.

(3) 「미타경찬」의 제일
개시첩경(開示捷徑) - 지름길을 열어 보임

거룩하신 대도사 석가모니 부처님, 중생의 근기에 맞추어 삼승(三乘)을 열어 보이셨으니 법을 설하지 않는 것이 없습니다. 다시 그 사이에 따로 방편

을 여시고 이 법을 널리 설하시어 정토를 닦게 하시니 정말로 희유하십니다. 대비하신 세존께서 이 경을 말씀하셨으니 마치 어둠에서 등불을 얻은 것 같습니다. 어둠에서 등불을 얻을 것 같습니다.

함허선사는 대선사이이지만 이와 같이 우리들을 위하여 정토사상으로서의 아미타불과 정토와 아미타경에 대하여 자세히 말씀하셨다.347)

제2절 허응당 보우대사의 왕생정토관

1. 행장

보우(普雨, 1515~1565)는 호를 허응당(虛應堂) 혹은 나암(懶庵)이라고 하였다. 조선조 명종대에 혜성처럼 나타나 꺼져가던 법단(法壇)의 불을 다시 일으켜 비록 짧은 기간(5년간)이기는 하였으나 조선시대에서 가장 화려한 불교 전성시대를 이룩하였던 걸승이다.

그의 본관과 출생에 관한 사실을 밝힐 만한 자료는 전해지는 것이 없다. 하지만 대략 연대순으로 편찬된 『허응당집(虛應堂集)』348)은 파란 많은 그의 삶의 내면을 외부적 사건과의 관련 속에서 엿볼 수 있게 한다. 보우의 사적에 대하여는 다카하시(高橋亨)의 상세한 소개가 있다. 15세의 약관으로 출가할 때 머리를 깎고 입도(入道)할

---

347) 正牧, 상게서, 2001. pp.158~163 참조.
348) 日本의 蓬左文庫에 보우의 문집 『虛應堂集』 상하 2부가 소장되어 있다. 1959년 10월17일 일본 天理大學おやさと研究所 제2부에서 원본 크기로 影印하여 발행하였다. 一冊 상하 2부. 上部는 상하 2권 詩偈集, 下部는 懶庵 雜著(법어 및 문집). 문인 比丘 太均 編次. 原板筆者 檜巖寺 住持 大禪師 天齡. 校正 直持寺 주지 中德惟政(松雲大師). 이와 따로 高橋亨의 『虛應堂集 解題』가 별책으로 붙어 있다.

당시의 스승은 지평현(砥平縣) 용문사(龍門寺) 견성암(見性庵)의 노승이었던 듯하다.349)

보우는 15세에 출가하여 금강산에서 6년간 입산수도하고 하산하였다. 그러나 막상 하산하고 보니 현실은 너무나 암담했다. 중종 33년(1538) 9월, 『동국여지승람』에 수록되지 않은 사찰은 모조리 소각의 비운을 맞았다. 아직 때가 아님을 깨닫고 다음해 다시 입산하여 옛 선우(禪友)의 품으로 돌아갔다. 석왕사(釋王寺) 근처 은선암(隱仙庵)에 기거했던 그는 함흥감사 정만종(鄭萬鐘)의 배려로 백운산(白雲山)에 국계암(掬溪庵)을 짓고 옮겨갔다. 정만종은 보우의 인격과 학덕을 깊이 존경하였다.

중종(中宗)이 죽고 명종(明宗)이 어린 나이로 등극하였다. 이에 모후(母后) 윤씨(尹氏, 文定王后)가 섭정하게 되는데, 불교의 신심이 돈독하던 그녀는 불교진흥을 꾀하여 이를 담당할 도승(道僧)을 널리 구하던 중 강원감사 정만종이 보우를 천거했다고 한다.350) 국계암에서 3년을 보낸 보우는 명종 3년(1548) 12월 15일 봉은사 주지로 임명받아 부임하였다. 이로부터 보우의 불교중흥의 꿈은 현실화의 단계에 들어선다. 1550년 12월 그는 문정왕후를 움직여 선교양종부립(禪敎兩宗復立)의 영(令)을 내리게 했다.351)

보우는 명종 6년 6월 선종판사(禪宗判事)가 되어 선종의 통령(統領)의 직책을 갖게 되었다. 선종판사가 되면서 여러 고을 300여 사찰을 국가 공인의 정찰(淨刹)로 하여 보호하고, 또 도첩제를 부활하여 2년 동안 승려 4,000여 명을 뽑았다. 그리고 명종 5년에는 승과(僧

---

349) 黃浿江,「懶庵普雨와 王郞返魂傳」『한국서사문학연구』단국대학교출판부, 1972, p.223 참조.
350)『西厓雜記』權相老撰,「奉恩寺事蹟碑文」. 李能和『朝鮮佛敎通史』下, 明宗 復禪科明心宗 참고.
351) 黃浿江, 앞의 책, pp.226~227 참고.

科)를 다시 행(行)하여 문정왕후가 죽은 명종 20년까지 15년 동안 식년승과(式年僧科)에서 매회마다 쟁쟁한 인물을 배출하여 불교계의 면목을 새롭게 하였다. 서산대사휴정(西山大師休靜)과 그 제자 송운대사유정(松雲大師惟政) 같은 명승도 바로 이때 실시한 승과 1회에 급제한 승려였다.352)

보우는 명종 10년(1555) 가을 신병을 이유로 강원도 춘천 청평사 주지로 갔다. 청평사 주지로 있는 동안 문정왕후와 왕실의 양재기복(禳災祈福)의 대법회를 낙산사(洛山寺)에서 주재하였다. 명종 14년 다시 봉은사 주지로 갔다. 그리고 명종 20년 봄 회암사(檜岩寺) 중창을 끝내고 같은 해 4월 5일 회암사에서 무차대회(無遮大會)를 열었다. 이것도 왕가의 융성과 문정왕후의 불복(佛福)을 빌기 위한 보우의 미충(微衷)의 발로임은 물론이다. 그러나 명종 18년(1563) 9월 왕세자 순회(順懷)가 죽은 후 건강이 좋지 않던 문정왕후가 무차대회를 앞두고 건강이 더욱 악화되더니 4월 6일에는 중사(中使)를 보내어 무차회를 중지하게 하였다. 다음날인 4월 7일 문정왕후는 자신이 재기 못할 것을 알고 대신에게 언문유교(諺文遺敎)를 내리고 그 날 사시(巳時) 창덕궁 소덕당(昭德堂)에서 훙거(薨去)하였다.

문정왕후를 잃은 보우는 척불성토(斥佛聲討)의 소용돌이 한가운데 서게 되었다. 문정왕후의 상중임에도 불구하고 사림유생들은 봉기하여 연일연장(連日連章) 보우를 '죄 주라'는 소(疏)와 계(啓)를 올렸다. 동년 4월 25일 왕은 양사(兩司)의 끈덕진 계(啓)에 못 이겨 보우의 승직을 박탈하고 끝내는 명종 20년 6월 25일 경인(庚寅) 제주도로 귀양 보냈다.353) 제주로 귀양 간 보우는 그곳에서 순교한다. 본의 아니게 세상의 오해를 받고 있는 자신의 진실을 오직 상천(上

---

352) 黃浿江, 앞의 책, p.229, 『허응당집』 권하, 「登東岾口占」 참고.
353) 앞의 책, 234~235쪽 참고.

天, 하늘)은 알아주리라고 기대하는 고독한 그의 위치를 그의 시구에서나마 엿볼 수 있다.354) 사명대사 유정(惟政)은 그의 스승 보우를 다음과 같이 예찬하여 평하였다.

> 생각건대 우리 대사께서 동방의 편소한 나라에 태어나 백세 부전(不傳)의 깨침을 얻었던가. 지금의 학자 이를 의지하여 돌아갈 바를 얻고, 그 길로 하여금 마침내 멸절치 않게 하였도다. … (중략) … 이를 논하건대, 가히 천고에 홀로 와서 홀로 돌아가는 자로다. 대체 스님의 타고난 품성은 홀로 근고(近古)에 뛰어나고, 도(道)는 충만하여 홀로 행하며, 인의도덕(仁義道德)이 아니면 사람 앞에서 감히 말하지 않았다. … (중략) … 무릇 사람에게 품을 열어 설함에 석화(石火)와 같고 사자가 땅에 웅크림과 같아서 감히 그 날카로움을 감당할 자가 없었다. 혹 소리 부르고, 혹 응수하고, 혹 길게 읊조리고, 혹 짧게 끊고, 혹 말씀으로, 혹 글로 마음 내키는 대로 두드려 울리니 그 성음(聲音)은 마치 금석(金石)에서 나옴 같고, 한마디 외짝 글자라도 잠규(箴規)가 될 만하였다.355)

2. 저술

보우대사가 생애 마지막에 제주도로 귀양을 가서 순교를 당하다 보니 그에 대한 연구가 미진하였다. 그러나 다행스럽게도 제자 태균(太均)이 편집한 『허응당집(虛應堂集)』과 『나옹잡저(懶翁雜著)』· 『수월도량공화불사여환빈주몽중문답(水月道場空花佛事如幻賓主夢中問答)』· 『권념요록(勸念要錄)』 등이 남아있어 그의 행적과 사상을 연구할 수 있게 되었다.

나암보우(懶庵普雨)의 『권념요록』은 원나라 사람인 왕자성(王子成)의 『예념미타도량참법(禮念彌陀道場懺法)』에서 왕생전 10편을

---

354) 懶庵於世拙於謀 每被求全毁可羞 然彼上天知我意(『虛應堂集』 卷下, 「酬醉仙」).
355) 『懶庵雜著』 跋.

가려내고 여기에 「왕랑반혼전」을 추가하여 펴낸 한글현토본 염불권 장서이다.

지금까지 보우에 대한 연구는 주로 생애와 시(詩), 선사상(禪思想)을 중심으로 이루어져 왔다.356) 이에 정토사상에 관련된 『권념요록』을 중심으로 그의 정토참회사상을 살펴보기로 하겠다.

(1) 『권념요록』과 보우

『권념요록(勸念要錄)』은 전남 구례군 화엄사에 그 판본이 소장되어 내려오고 있다. 염불을 권하는 공덕담(功德譚) 11편을 수록한 이 책은 인조(仁祖) 15년(1637) 7월 화엄사에서 각간(刻刊)한 것이다. 서(序)에 제시한 서명 아래 찬자명(撰者名)을 '나암(懶庵)'으로 명기하였다. 이 '나암'은 고증 결과 보우임이 거의 확실하다.357) 『권념요록』은 총35장으로 각각 단락별로 한문 현토본문과 국문으로 된 본문이 대칭되어 있다. 『권념요록』 11편 가운데 10편은 중국에 원전을 두고 있는데, 「왕랑반혼전(王郎返魂傳)」 1편만은 보우 자신의 저작임이 드러나고 있다. 책에 수록된 11편은 이른바 '죄복지설(罪福之說)'로 '언문(諺文)'으로 쓰여 있다. 보우는 선우(禪友)에게도 촌음을 아껴 염불 송경할 것을 권하고 있다.358) 『권념요록』에 수록된 「수문황후전(隋文皇后傳)」은 염불공덕하여 왕생정토한 수문황후의 이야기이다.

『권념요록』의 구성은 11편의 왕생담으로 이루어져 있는데, 그 중

---

356) 高橋亨(1959a); 高橋亨(1959b); 金芿石(1960); 黃浿江(1969); 尹炳植(浩眞: 1971); 黃浿江(1991); 姜錫瑾(2001); 李鍾燦(1977); 朴映基(1998); 석도림 편저(2003); 金箕寧(2005); 황인규(2005) 등의 연구가 있다. 한태식(보광), 『한국불교학』 제56집, p.94.
357) 黃浿江, 앞의 책 p.220, 242 참조.
358) 四山如玉月光浮 出處無端憶共遊 念佛誦經無懶怠 寸陰曾不爲君留(『虛應堂集』卷下, 「寄禪友」).

「왕랑반혼전」은 우리나라의 왕생담으로 추정되고, 나머지 10편은 중국의 왕생담으로 보인다. 그 이유는 「왕랑반혼전」을 제외한 10편의 출처는 원(元)나라 왕자성(王子成)이 집록한 『예념미타도량참법』 권4의 『왕생전록(往生傳錄)』359)에 등장하는 34편의 왕생담 가운데서 선택한 것으로 보인다. 그 증거로는 다른 왕생전에 나오는 내용은 『권념요록』과 다소 차이가 있으나 『예념미타도량참법』에 게재된 왕생담에는 거의 동일한 내용이 실려 있기 때문이다.

한편 황패강 교수는 1991년에 발표한 논문에서 고려판 『아미타경』(1304)에 『궁원집(窮原集)』 인용의 한문 본문 「왕랑반혼전」을 발견했다고 발표하기도 했다.360)

(2) 「왕랑반혼전」과 보우

『권념요록』에 수록된 11인의 공덕담 가운데 「왕랑반혼전」은 이 책 첫머리에 실려 있는 가장 장편의 염불공덕담으로 유일하게 소설적 구성을 갖춘 서사작품이다. 다른 10편의 단편이 설화작품이면서 중국에 한문 원전을 가지고 있는데 반하여, 「왕랑반혼전」은 원전(原典)이라고 할 만한 것을 달리 구해볼 수가 없다. 황패강 교수는 별고에서 「왕랑반혼전」의 작자를 나암 보우로 논증한바 있다.

내용을 보면 「왕랑반혼전」의 주인공 왕사궤(王思机)와 송씨는 이웃 안노숙(安老宿)이 새벽에 서배(西拜)하고 염불함을 늘 비방해오던 반불교적인 인물이다. 작품의 제목부터가 '반혼(返魂)'을 내걸고 있는 것으로 보아도 작자는 '반혼(返魂)'이라는 환생문제에 보다 이야기의 역점을 두고 있음을 알 수 있다.

「왕랑반혼전」을 수록한 『권념요록』은 나암 보우의 찬술인바, 그

---

359) 王子成(X128) pp.181~192)
360) 黃浿江(1991) p.204.

는 평소의 소신과 이상을 실감 있게 형상화하고 있다. 그는 그것을 '성은의 깊이가 바다와 같은(聖恩深似海)'361) 문정왕후에게 드려서 그녀의 숭불심(崇佛心)을 받드는 데 일조가 되고자 했다. 한문에 능한 그는 당초 한문으로 짓고, 내궁을 위해서 다시 '언서'로 옮겼다. 그리고 비슷한 의도에서 해집한 염불공덕담 기타와 함께 권념요록을 엮으면서 자작의 장편「왕랑반혼전」을 권도에 실어 다른 단편 설화와 구별하였다.362) 이상으로 보우의『권념요록』을 요약하면 다음과 같다.

첫째 편찬 동기는 정토신앙과 불법의 홍포를 위해 알기 쉽도록 모은 것이다. 그 내용이 영험담이나 왕생담을 중심으로 하여 이야기체로 엮고 있다. 둘째 서문의 출전과 복원문제는 그 증거를 찾기가 어려우나 다행히 왕자성(王子成)의『예념미타도량참법』의 첫 부분에 전재되었음을 알 수 있다. 셋째『권념요록』에 소개된 11편의 왕생담 중에서「왕랑반혼전」을 제외한 10편은 중국의 왕생담이며, 보우의 저술로 인정되는「왕랑반혼전」은 그 이야기의 배경이 국내로 추정된다. 넷째 나머지 10편은 모두 왕자성의『예념미타도량참법』권4「왕생전록」에서 소개되고 있는 34편의 왕생담에서 선별한 것이다. 다섯째 관법수행과 칭명염불 및 경전상의 증거를 제시하고 있다. 관법은 주로『관무량수경』을 중심으로 설명하고, 칭명염불과 관념염불을 하나로 하여 일심염불(一心念佛)이 되기를 설하고 있다. 인증(引證)은 경전상의 염불 가르침을 소개하고 있다.363)

그러나 본고에서는 좀 더 보우에 대한 연구를 진척하기 위해 지금

---

361)『虛應堂集』卷下,「楮子島望龍門山」
362)「왕랑반혼전」의 전문 국역은 한글본 한국불교전서『보권염불문』에도 실려 있다. 황패강, pp.215~239 참조.
363) 황패강,「보우론」『虛應堂 普雨大師硏究』普雨思想硏究會, 佛舍利塔, 1993. 한태식(보광),「허응당 보우선사의 정토관」『한국불교학』56집, 2010. pp.130~131

까지 도외시 되어왔던 보우의 정토왕생관에 대하여 살펴보겠다.

그는 정토염불에 대해서 특별히 강조하지는 않았지만, 몇 편의 남아있는 글에서 그의 정토관을 엿볼 수 있다. 이를 정리해보면 그의 염불수행은 첫째 선정쌍수적(禪淨雙修的)인 염불선(念佛禪)의 수행방법을 선택하였고 타인에게도 권장하였다. 둘째는 견불(見佛)에 관한 견해이다. 이것은 『반주삼매경』에의 관심사이다. 셋째는 극락왕생발원이다. 넷째는 각종 기원문(祈願文)이고, 다섯째는 왕생설화(往生說話)의 유포로 정토신앙의 홍포이다. 그러나 본고에서는 정토참회사상과 관련되는 그의 시문(詩文)과 각종 소(疎) 등에 나타난 선정쌍수사상과 정토왕생관을 살펴보고자 한다.

3. 선정쌍수(禪淨雙修)

먼저 보우의 선정쌍수론적 수행방법에 대하여 살펴보고자 한다. 그는 참선정진을 열심히 하면서도 염불을 겸행하였던 것 같다. 그는 참선하는 도반에게 보낸 「기선우(寄禪友)」라는 시에서 염불과 간경을 게을리하지는 않는가 물어보고 있다.

> 달빛 떠오르니 사방의 산, 옥(玉)과 같이 아름다워라.
> 선정(禪定)에서 벗어나니 함께 놀던 일 끝없이 생각나네.
> 염불과 송경(誦經)을 게을리하지는 않는가.
> 촌음의 시간도 그대 위해 머물지를 않으리. 364)

아마도 선방에서 함께 수행하던 친한 도반이었던 것 같다. 보우는 선원에서 수선(修禪)을 하면서도 염불과 송경에 관심이 많았던 것

---

364) 『虛應堂集』(HD7) p.538c ; 四山如玉月光浮 出定無端憶共遊 念佛誦經無懈否 寸陰曾不爲君留

같다. 더 나아가서 이 글을 볼 때 보우 자신도 염불과 송경수행을 하지 않았나 생각된다.

한편 회암사(檜巖寺)를 중수하고 난 뒤 쓴 「회암사중수경찬소(檜巖寺重修慶讚疏)」에는 십이시염불(十二時念佛)을 하라는 내용이 실려 있다. 그 내용을 살펴보면 다음과 같다.

> 이 절은 한 나라 가람의 중심이고, 육화(六和)로 화합된 스님들의 총림(叢林)이다. 임금의 수명이 억만년토록 되기를 축원하는 청정한 가람이다. 십이시(十二時) 동안 염불소리가 끊이지 않아야 하고, 삼십구(三十九) 요사(寮舍)의 선방(禪房)에는 항상 오백 명의 스님들이 거주한다.[365]

보우는 회암사를 중창하고 난 뒤 그 중창기(重創記)를 지었다. 여기에서는 여러 가지로 국가에 대한 고마움과 왕실의 안녕과 번영을 기원하고 있다. 그런데 회암사의 수행방법에 대하여 당부의 글을 담고 있다. 임금을 위한 기도와 국가의 안녕을 위하여 십이시염불(十二時念佛)을 강조하고 있다. 십이시염불이란 과거에는 일일일야를 12시(時)로 구분하였으니, 요즈음 시간으로는 24시간 염불이다. 곧 주야 24시 염불이 그치지 않도록 했던 것이다. 그리고 39개의 선방에는 500명의 선승들이 수행할 것을 당부하고 있다.

이로 볼 때 조선조의 가장 중심사찰이었던 회암사에는 염불과 수선(修禪)이 함께 공존하였던 선정쌍수적(禪淨雙修的)인 수행을 하고 있었던 것 같다. 염불과 수선의 불이(不二) 도량으로 염불과 선을 구분하지 않고 겸수(兼修)하고 쌍수(雙修)한 것으로 보이는 것이다.[366]

---

365) 『懶庵雜著』(HD7) p.593a; 一國伽藍之喉襟 六和芝蕙之淵藪 祝君壽億萬年之淸梵 無虛於十二時念佛名 三九寮之高禪 常居於五百指
366) 한태식(2009b), 「朝鮮, 虛應堂普雨禪師의 念佛禪에 대하여」 『印度學佛敎學研究』

4. 극락왕생발원(極樂往生發願)

보우스님이 지은 극락왕생발원문은 여러 가지 형태로 나타나고 있다. 다음은 어느 불자를 위하여 올린 소(疏)이다. 그 불자는 네 살 된 아들을 잃고 사십구재와 천도재를 올리면서 보우스님에게 왕생극락소를 부탁하였던 것 같다. 「천망소자소(遷亡少子疏)」에서 보우는 다음과 같이 설하고 있다.

> 오직 천도하는 재를 베푸는 것이 마땅하리라. 칠칠일 사십구재를 맞이하여 특별히 일승의 묘법을 전개하고, 이에 하루의 길한 밤을 골라서 공손히 세단의 좋은 자리를 여노라. 이에 허공에는 사방에서 꽃이 흩날리고, 땅은 진동하고 육방에서 상서스러운 기운이 떨치는구나. 우수의 향이 코를 찌르고, 목어의 범패가 귀에 가득하구나. 생불의 이치는 원융 정대하여 온갖 냇물이 큰 바다로 들어가게 되고, 어미 자식의 정에는 막힘없이 흡족하기가 마치 아침 해가 높은 산을 비추는 것과도 같도다. 슬프고 슬픈 이 마음을 밝혀서 귀감으로 삼으소서.
> 엎드려 바라건대 죽은 자식 아무개 영가는 이 오묘한 힘을 빌려 저 극락정토의 구품연지에 태어나서 친히 여러 성현의 접인을 받으소서. 삼계화택에서 영원토록 모든 아이들과 함께 불 속에서 피하소서. 천당에서 비록 노닌다고 할지라도 인간 세상에 내려와서 역시 자재롭게 노니소서. 현묘한 변화는 헤아리기 어려우니 환상으로 오는 것이 무엇이 그리 어려우랴. 되돌아와서 다시 내 자식이 되어 너의 아비에게 효도를 다하고, 반드시 환생하여 나라의 보배가 되고 임금에게 충성을 다하소서. 그대에게 이르노라.367)

이 소(疏)는 아마도 평소에 보우스님과 가까운 사람이 네 살 된 아들을 잃고 사십구재의 천도를 하면서 지은 것으로 추정된다. 소에서는 사십구재의 의식에 대해서도 간단하게 소개하고 있다. 밤에 천

第57卷 2號 pp.31~32 참조.
367) 『懶庵雜著』(HD7) p.585c.

혼재를 행하면서 꽃을 뿌리고 향을 피웠으며, 범패로 천도재를 행하였던 것 같다. 그리고 먼저 극락왕생발원을 한 후에는 다시 사바사계로 환생하기를 기원하고 있다. 인도로 다시 돌아와서 부모와 자식의 인연을 맺기를 기원하고 있다.

이외에도 그의 왕생발원은 각종 소에 나타나 있는데, 주로 예수재소(豫修齋疏)나 천혼소(薦魂疏) 등이 그것이다. 그 중 몇 편의 소를 살펴보고자 한다. 청평사에서 열렸던 예수재(豫修齋)의 「예수시왕재소(豫修十王齋疏)」에서는 다음과 같이 발원하고 있다.

> 운명하는 저녁에 함께 아미타불을 친견케 하고 임종하는 아침에 함께 극락세계에 태어나게 하소서. 십층의 누각에 각기 소원을 따라 노닐게 하고 칠보의 연대에 여러 부처님과 함께 놀게 하소서. 나머지 물결도 저절로 무젖기 바랍니다. 368)

이 「예수시왕재소」는 임금의 어명으로 청평사에서 행한 예수시왕재의 축원문이다. 위 인용문은 그 말미에 실린 극락왕생의 발원 내용이다. 이 발원에서는 임종시에 아미타불을 친견하고 왕생극락하여 보배누각에 노니면서 칠보연화대에서 제불보살을 친견하기를 발원하고 있다. 또 「천부소(薦父疏)」에서도 다음과 같이 발원하고 있다.

> 그지없이 사모하는 마음으로 약간의 향공양을 갖추어서 낮에는 네 가지의 경전을 설하노니 말씀마다 중생을 제도하는 비결이고, 밤에는 삼단을 차려서 좋은 법회를 여니 일마다 아버지를 천도하는 연화의 법연입니다. 구구한 정성을 밝혀 살피소서.
> 엎드려 원하옵건대 먼저 가신 부모님은 이 선근 가피력으로 극락세계에 왕생하시어 만덕을 갖추신 자비로운 부처님을 함께 보시고, 일승의 미묘한 설법을 들으시고, 허황한 형체를 여의시고 허망한 감정을 버리소서. 관세음보살을 친구로 삼아 노니시고, 대세지보살을 친구삼아 노니소서. 항하사 같은

---

368) 『懶庵雜著』 (HD7) p.588a.

나라 수생하시어 인천의 모든 중생 널리 제도하시고, 먼지 같은 영겁 중에 인연 따라 강탄하시어 널리 원수와 친한 이를 제도하소서. 369)

지인의 아버지가 돌아가시고 소상을 맞이하여 지은 천혼소이다. 지인은 아마도 사대부의 권세가였던 것 같다. 낮에는 경전을 독송하고 밤에는 천도재를 지낸 것으로 보인다. 그런데 영가의 왕생극락을 간절히 원하면서 관음세지를 친구로 삼아 극락에 노니기를 발원하고 있다. 이와 같은 천혼문인 「천모소(薦母疏)」에서도 다음과 같이 간절히 극락왕생발원을 하고 있다.

> 엎드려 발원하옵나니 모(某) 영가께서는 이 수승한 인연에 힘입어 저 극락국의 구품연대 중 상품에 오르시옵소서. 항상 부처님의 법문을 들으시고 백층누각에서 항시 백호광명의 부처님 상호를 뵈옵고 자신의 몸도 그와 같이 되기를 발원하옵소서. 370)

누군가가 어머니의 왕생극락을 위하여 보우선사를 모시고 『지장경』과 『자비도량참법』 두 경전을 법공양하면서 천혼재(薦魂齋)를 지냈을 때 지은 천모소(薦母疏)인 듯하다. 여기에서도 망자의 왕생극락과 구품연대 중 상품에 태어나길 발원하고 있다. 한편 왕실의 여러 영가들의 왕생극락을 발원한 것으로는 「회암사중수경찬소(檜巖寺重修慶讚疏)」 등이 있다.

> 다음으로 원하옵건대 중종공희대왕선가(仙駕)와 인종영정대왕선가(仙駕)와 선왕선후의 조종(祖宗)의 여러 위의 선가도 더욱 보리정인을 요달하시고, 다시 여래의 큰 깨달음을 증득하소서. 순회세자영가도 불법의 미묘한 힘에 의지하여 부모의 슬픈 정을 알아 속히 동궁으로 하강하시어 다시 세자로 탄생하소서. 위와 같이 각기 모신 여러 영가들께서는 오늘의 신비한 천혼(薦魂)에 힘입어 모두 함께 극락국토의 연화대에 왕생하소서. 371)

---

369) 『懶庵雜著』 (HD7) p.589b.
370) 『懶庵雜著』 (HD7) p.590a.

여기에서는 왕실의 선대의 조상영가를 살펴볼 수 있는데, 중종공희대왕과 인종영정대왕의 영가를 중시하고 있음을 알 수 있다. 그 외의 여러 역대 왕들과 왕비들의 영가들이 보리정인을 성취하여 깨달음의 불과를 증득하기를 발원하고 있다. 그런데 「세자소상재소(世子小祥齋疏)」에서 보면, 순회세자의 영가는 왕생극락보다는 다시 왕실로 탄생하기를 바라는, 속히 사바세계로 환생하기를 발원하고 있음을 알 수 있다. 그러나 결론적으로는 왕실의 모든 조고(祖考) 조상들이 극락국토에 왕생하기를 기원하고 있다. 이와 같은 왕실의 중종, 인종 등 영가들의 왕생발원과 순회세자의 환생발원은 「청평사보상춘추수륙재소(淸平寺保上春秋水陸齋疏)」에서도 잘 나타나 있다.372)

제3절 서산대사의 염불과 참회사상

서산대사(西山大師) 휴정(休靜)의 저서 중의 『선가귀감(禪家龜鑑)』에서 그 대요를 살펴 그의 염불관 및 정토관을 고찰해보고자 한다.

1. 염불문

그는 「염불문」이라는 글에서 다음과 같이 논하고 있다.

> 마음으로는 부처님(阿彌陀佛)에 반연하는 경계의 정토를 항상 깊이 생각하여 잊는 일이 없고, 입으로는 아미타불의 명호를 부르되 이를 명백한

---

371) 『懈庵雜著』(HD7) p.593c.
372) 『懈庵雜著』(HD7) p.591a.

마음으로 잊지 않도록 하지 않으면 안된다. 이와 같이 마음과 입이 상응하면 염불의 일성(一聲)이 80억겁 사이에 범한 생사의 죄를 능히 소멸시키고 80억겁이나 지속하는 수승한 공덕을 성취할 수 있는 것이다. 이와 같이 겨우 일성에도 이와 같은 수승한 공덕이 있는데 하물며 천만 번의 소리를 칭하였다고 하면 어느 만큼의 공덕이 있겠는가. 또 일념(一念)에도 그와 같은 공덕이 있으므로 만일 천만 번이나 염하였다고 하면 어느 만큼의 수승한 공덕이 있겠는가. 소위 10번을 소리를 내어 염불하면 극락세계의 연화지(蓮華池, 淨土)에 왕생한다고 하는 것은 이것을 만한 것이다. 그런데 입으로 송(誦)하는 것을 송불(誦佛)이라 하고, 마음으로 염하는 것을 염불이라고 하는 것으로, 입만으로 염송하고 마음으로 염하는 것이 없으면 이치로 어떤 이익도 없는 것이므로 잘 생각하고 다시 또 잘 생각하지 않으면 안되는 것이다.

석존은 상근기(上根機)의 사람을 위해서는 심즉불(心卽佛)이고 심즉정토(心卽淨土)이며, 자성즉아미타불(自性卽阿彌陀佛)이라고 말씀하셨다. 소위 서방(西方, 極樂)이 이곳으로부터 멀지 않다고 하는 말이 이것을 가리키고 있다. 또 하근기(下根機)의 사람을 위해서는 십만(十万, 十惡) 팔천(八千, 八邪)리나 멀어진다고 설하고 있지만 이것은 소위 서방정토가 이곳으로부터 먼 곳에 있다고 하는 것을 의미하는 것이다. …(중략)… 그러므로 서방정토가 먼 곳이라든지 가까운 곳이라고 하는 것은 사람에게 있는 것이지 법(法)에 있는 것이 아니다.

또 서방정토가 현(顯)이라든지 밀(密)이라고 하는 것은 말이 있을 뿐이고 사람의 의중(意中)에 있는 것이 아니다. 만일 어떤 사람이 일념(一念)이라도 차별의 마음을 내지 않으면 과거와 미래가 단절되고 바로 자성의 아미타불이 홀연히 드러나 자심(自心)의 정토가 눈앞에 출현하는 것이다. 이것이 즉 돈오돈수(頓悟頓修)와 돈단돈증(頓斷頓証)에 의한 것이기 때문에 그 고정된 지위라고 하는 것이 없는 것이다. 그러나 망행(妄行)과 형상을 뒤집는 것은 일조일석으로 되는 것이 아니다. 반드시 오랫동안 훈수(熏修)를 필요로 하는 것이다. 그러므로 불(佛)은 본래 이 올바른 것이나 또한 근면하여 염하고 업(業)은 이미 공(空)으로 돌아가 있는데 또한 업(業)을 끊겠다고 힘쓰는 것이다.

한편 이와 유사한 의미의 문장을 그의 『선가귀감(禪家龜鑑)』에서도 볼 수가 있다. 이에 그 의의의 개략만을 살펴보기로 한다.

염불이란 입으로 하는 것을 송불(誦佛)이라 하고 마음으로 하는 것을 염불이라 한다. 입으로만 송(誦)하고 마음으로 염(念)하는 일이 없으면 도(道)에 있어 어떠한 이익도 없다고 하고, 이것을 부연하여 이르기를, 나무아미타불의 육자 법문은 반드시 윤회를 벗어나는 첩경이다. 마음으로는 아미타불과 인연을 맺는 경계의 불국정토를 항상 염하여 잊는 일이 없고, 입으로는 아미타불의 명호를 칭하여 분명하고 흐트러지는 일이 없도록 한다. 이와 같이 마음과 입이 서로 상응하는 것을 염불이라고 한다.

2. 사종염불(四種念佛)

휴정(休靜)은 또 「염불유사종(念佛有四種)」편에서는 ①구송(口誦) ②사상(思像) ③관상(觀相) ④실상(實相)이라 하고, 중생에게는 "이근(利根)과 둔근(鈍根)의 구별이 있기 때문에 그 근기(根機)에 응하여 들어가는 것이다."라고 주석을 한 후 다음과 같이 읊고 있다.

아미타불재하방(阿彌陀佛在何方)　착득심두절막망(着得心頭切莫忘)
염도염궁무념처(念到念窮無念處)　육문상방자금광(六門常放紫金光)
자성미타하처재(自性彌陀何處在)　시시염염불수망(時時念念不須忘)
맥연일일여망억(驀然一日如忘憶)　물물두두불복장(物物頭頭不覆藏)

이것은 고려 말의 나옹혜근(懶翁惠勤)의 가송(歌頌)에서 인용한 것인데, 그 순서만을 바꾼 것이라고 할 수 있다.
"위는 자성미타송(自性彌陀頌)으로 이것은 사상염불(思像念佛)이다. 이근상지(利根上智)의 사람은 구송(口誦)을 거치지 않고 행주좌와 어묵동정과 희노애락 가운데서 사념할 뿐이지만, 둔근열기(鈍根劣機)의 사람은 이와는 반대가 된다."고 설명하고 있다.
그리고 「염송(念誦)」편에서는, "심상일금산(心想一金山) 수회주백

팔(手回珠百八) 반관염자수(反觀念者誰) 비심역비물(非心亦非物)"
이라고 일구의 시를 읊고 있다.

또 이 송의 「사상염불(思想念佛)」편에서는 다음과 같이 읊고 있다.

> 합장하고 서방을 향하여 마음을 모아 아미타불을 염한다. 일생을 꿈속에 생각하는 것은 언제나 백련화(白蓮花)에 있는 것이다. 염불의 입이 겨우 열리면 이미 금지(金池)에 연화를 심은 것이 된다. 믿는 마음이 퇴보하지 않으면 드디어 불타(金仙)에 예배할 것이다.
> 날이 저물 때까지 마음을 모아 사바의 일을 잊고 십육관경(十六觀經)에서 석가여래의 말을 듣고 무한한 빛과 소리에 이목(耳目)을 맑게 하면 삼라만상의 천지는 유일의 아미타불만으로 된다. 서방정토를 원하여 염불에 집중하면 결정적으로 생사를 초월할 수가 있는 것이다.
> 마음과 입이 상응하게 되면 극락왕생이 손가락 튀기는 것처럼 간단할 것이다. 일념이 연화를 디디게 되면 누가 팔천 리 머나먼 길을 지나갈 필요가 있을까. 공덕을 이루고 명(命)이 마치기를 기다리고 있으면 대성(大聖: 彌陀聖衆)이 와서 그대를 맞이하여 주실 것이다. 참선 즉 염불이고 염불 즉 참선이다. 본성은 방편을 여의고 본래 소소(昭昭)한 것이고 또한 본래 적적(寂寂)하여 고요한 것이다.

이상으로 그의 저술을 통하여 염불 및 정토에 관한 부분을 개략적으로 살펴보았다. 그러나 마음이 즉 불타이고 자성(自性)이 즉 미타라고 주장하면서도 그는 마음 외에 정토가 없고 자성 외에 미타가 없다고 하는 우직한 집착을 또한 크게 경계하고 있다. 십만팔천 리(실은 경전에서는 십만억국토)나 먼 서방에 극락정토가 있다고 해도 오직 내 마음을 통해서만 피안에 향하게 되고, 멀리 타방에 있는 아미타여래도 자성을 통해서 만날 수가 있다고 하였던 것이다.

이러한 신앙을 가졌던 서산대사휴정은 아미타불 탱화 한 폭을 그리고 다음과 같은 발문을 쓰고 있다.

제자겸판선교사도대선사(弟子兼判禪敎事都大禪師)를 직하였던 모(某)가 힘써 극락교주 아미타불의 존용(尊容)을 그리고 분향하고 정례(頂禮)하여 대서원을 발하여 말씀드리오니, 원컨대 저의 임종에 있어서 죄업의 장애를 없애고 서방대자존(西方大慈尊, 阿彌陀佛)의 금색광명 가운데에 나아가 수기(授記)를 입어 미래세가 다하기까지 중생을 제도하겠나이다. 허공이 다하는 일이 있다고 해도 이 서원은 다하는 일 없이 시방의 제불은 이것을 증명하여 주사이다.

3. 정토참법(淨土懺法)의 개요

참법(懺法)에는 자력과 타력이 있어 한쪽(一方)은 늦고 다른 쪽(他方)은 빠르다. 바다를 건너는 자가 나무를 심고 그 나무를 가지고 배를 만들어 그것을 타고 바다를 건너면 대안(對岸)에 이르는 것이 늦어지는 것인데 이것은 자력(自力)에 비교할 수가 있다. 사람이 배를 빌려 바다를 건너면 빠르게 목적지에 이를 수가 있는데 이것은 불력(佛力, 아미타불의 願力)에 비교되는 것이라고 할 수 있다. 또 어린 아이가 물과 불에 쫓겨 큰소리로 부르짖으면 그 부모가 그 소리를 듣고 빨리 달려가 돕는 것처럼, 사람이 임종 때 고성(高聲)으로 염불하면 아미타불은 신통력을 갖추고 있기 때문에 반드시 와서 맞이해 줄 것이다.

그리고 대성(大聖, 佛陀)의 자비는 부모보다도 더욱 수승하고 중생이 생사에 쫓기는 괴로움은 수화(水火)보다도 더욱 심한 것이라고 설하고 있다. 어떤 사람이 말하기를 자심(自心)이 정토인데 따로 정토에 태어난다고 하는 것은 올바른 것이 아니다. 또 자성이 미타이기 때문에 미타불을 볼 수가 있다고 하는 것은 바른 것 같지만 바른 것이 아닌 것이다. 부처는 탐진치(貪瞋痴)가 없기 때문에 나도 또한 탐진치가 없다고 할 수 있겠는가. 부처가 지옥을 연화의 세계로 변케 하는 것은 손바닥을 뒤집는 것처럼 쉽다고 하지만, 나는 죄업 때문에 항상 지옥에 떨어지는 것이 두려운데 어떻게 그 지옥을 연화(蓮花)로 변하게 할 수가 있겠는가. 부처는 또 무진세계를 보는 것이 바로 눈앞을 보듯이 할 수 있지만, 나는 벽을 향하는 것도 알 수가 없는데 어떻게 하여 시방세계를 눈앞의 물건 보듯이 할 수가 있겠는가. 그러므로 사람의 성품(自性)은 가령 부처와 다른 것은 없다고 해도 그 행동은 중생이기 때문에 그 상(相)과 용(用)을 논하면 하늘과 땅처럼 차이가 생기는 것이다.

또 마명(馬鳴)과 용수(龍樹)는 모두 조사(祖師)이지만 이 두 분은 똑같이 언교(言敎)를 분명히 하고나서 왕생하기를 깊이 권하고 있는데, 우리들은 어째서 왕생하기를 원하지 않는 것일까. 또 부처는 서방정토는 이곳으로부터 멀리 십만(十万, 十惡) 팔천(八千, 八邪) 리(里)나 된다고 설하고 있지만 이것은 둔근(鈍根)을 위해서 현상을 설한 것이다. 또 서방정토는 이곳에서 멀지 않다, 직심시불(直心是佛, 衆生卽彌陀)이라고 말하고 있지만 이것은 이근(利根)을 위해서 그 성품을 설한 것이다. 교법(敎法)에는 권도(權道)와 실상(實相)이 있고 설법(說法)에는 현(顯)과 밀(密)이 있지만, 만일 행(行)과 이해하는 것이 상응하는 자는 원근(遠近)이 모두 통할 것이다. 그러므로 조사(祖師)의 문하에도 아미타불을 칭하는 자 -혜원(慧遠)- 가 있었고, 혹은 주인공이라고 칭하는 자 -서엄(瑞巖)- 도 있었던 것이다.[373]

---

373) 申正午『西山大師の禪家龜鑑硏究』山喜房, 1991. pp.132~143 참조.
　　"弟子 兼判禪敎事都大禪師某 敬畵極樂敎主阿彌陀佛尊容一幀 焚香頂禮 發大誓願云 願我臨終滅罪障 往參西方大慈尊 金色光中蒙授記 盡未來際度衆生 虛空有盡願不盡 十方諸佛作証明."

제4절 『백암정토찬(栢庵淨土讚)』과 『보권염불문』

1. 『백암정토찬』

(1) 저자의 행장

백암성총(栢庵性聰, 1631~1700)은 1631년(인조 9년)에 전라도 남원에서 태어났다. 13세에 순창 취암사(鷲岩寺)에서 출가하여 16세에 법계를 받았다. 18세에는 지리산 취미(翠微)대사에게 나아가 9년간 수학해 법을 전해 받고 30세부터는 명산을 두루 다니면서 송광사, 징광사(澄光寺), 쌍계사 등지에서 강석을 펴 후인을 지도하였다.

그가 남긴 『정토보서(淨土寶書)』는 1686년(숙종 12년)에 저술된 것이다. 그의 저술들 가운데 정토신앙과 관련된 문헌으로는 『정토보서』와 『백암정토찬』이 있다. 『백암정토찬』은 그가 만년에 귀의한 염불신앙의 요체와 자신의 체험적 신앙을 담은 가요이다. 『정토보서』에는 아미타불의 인지(因地), 정토기신문(淨土起信文), 염불법문, 염불의 공덕, 불설아미타경, 염불현응(念佛現應), 일과염불(日課念佛), 역대존숙(歷代尊宿), 정토과험(淨土果驗) 등 염불과 관련된 여러 글들이 다채롭게 소개되어 있다. 이에 반해 『백암정토찬』은 『정토보서』를 간행한 저자가 인생의 노년기에 정토신앙을 구현하기 위해 부른 정토의 노래이다. 백암 성총은 1692년(숙종 18년) 선암사(仙巖寺)에서 화엄대법회를 개설하였고, 1700년(숙종 26년)에 세수 70세, 법랍 54세로 입적하였다.

(2) 내용과 성격

『백암정토찬』은 백암성총이 지은 장편의 염불가요이자 이를 단권

책자로 펴낸 단행본의 제목이다.『한국불교전서』에 수록된 텍스트는 송광사 소장 목판본이다. 간행 장소와 연대는 드러나 있지 않으나 내용을 통해 볼 때 백암이 63세 때(1693년) 지은 것으로 파악된다. 성총은 1686년(56세)에 정토신앙 지침서인『정토보서』를 펴낸바 있는데, 말년에는 정토신앙에 더욱 침잠하여 득의의 저술인『백암정토찬』을 펴내게 된다.

  작품의 내용은 크게 두 가지로 나누어 볼 수 있다. 하나는 정토신앙의 소의경전인『아미타경』·『불설무량수경』·『관무량수경』의 내용에 기반한 정토세계와 관련된 다양한 내용이고, 다른 하나는 시인이자 수행인으로서 화자 자신이 느끼는 삶과 수행에 대한 여러 감상이 담겨있는 내용이다. 정토를 노래한 장은 그 순서에 상관없이 크게 다음과 같이 나누어 볼 수 있다.

① 법장보살의 인지(48大願): 26, 88장
② 극락 장엄(正報장엄, 依報장엄): 2장~28장
③ 극락왕생 방법(염불문): 6, 13, 20, 40, 41, 42, 67, 68, 70, 90, 93, 94장
④ 왕생전(염불문의 유전): 30, 91, 99장

이러한 내용은 정토신앙의 소의경전인 정토3부경을 토대로 하고, 여기에『정토보서』에 담긴 여러 내용이 교차되어 형성되어 있다. 작품의 대체적인 흐름을 살펴보면 다음과 같이 정리할 수 있다.

서사(1장)
본사
    ① 2~28장: 극락세계(依報장엄).
    ② 29~36장: 화자의 인생회고와 염불다짐.
    ③ 37~42장: 정토의 광경과 의미. 왕생의 방법.

④ 43~87장: 화자의 인생회고. 유유자적한 삶과 지향.
　　　⑤ 88~99장: 정토문 개관.
　결사(100장)

　작품은 극락세계에 대한 묘사와 화자의 인생회고, 염불정진의 내용이 교차되는 반복구조를 지니고 있으며, 극락세계와 관련된 담론으로는 본사의 ①, ③, ⑤단락이다. 먼저 ①단락에서는 극락세계의 다양한 광경을 소개하면서 일정한 분량으로 묶어 그곳에 이르는 방법을 소개하고 있다. 이는 동일한 주제를 나열하는 ③단락에서 다시 반복된다.
　⑤단락에서는 이상에서 제시한 여러 담론들을 다시 약술하는 내용으로 되어 있다. 법장비구의 48대원·16관·정토삼부경, 염불문이 전승된 유래 등에서부터 극락의 명칭, 정보·의보장엄의 묘사에 이르기까지 종합적으로 제시되어 있다. 이에 비해 ②, ④단락은 화자의 정서를 서정적으로 표출하고 있어 전체적으로 서정적인 시상을 이끌어 가는 기능을 하고 있다. 그 전환이 되는 장은 29장이다.

　　　태어난 지 육십하고도 삼년
　　　헛되이 세월만 보내 잔설이 머리에 가득하네.
　　　불자 휘두르며 강론할 때 헛되이 혀를 놀렸고
　　　게송을 읊는 곳도 또한 선에 방해될 뿐.
　　　푸른 넝쿨 안개 낀 달 그 누가 주인인가.
　　　푸른 멧부리 운무 낀 시내 나 홀로 다 차지했네.
　　　지금부터 이 가운데서 마음 고요히 머문 채
　　　서방 가는 정토업 지극정성 닦으리라.

　이외에도 한가한 절집에서 아미타경을 외는 모습(33장), 낮에는 경을 외우고 밤에는 염주를 돌리는 모습(35장), 연지회에 들어가서 정토맹세 다짐하는 모습(55장), 강원과 선방이 황폐해진 어지러운 불교계를 한탄하는 모습(54장), 63년의 생애를 반추하며 인생무상을 느끼며 아미타불이 으뜸임을 표방하는 내용(62장), 세상일이 헛된 꿈이라며 장자를 읽는 모습(81장), 강설을 그칠 것을 다짐하며 염불에 전념하겠다는 내용(87장) 등 다채로운 소재와 정황을 보여주고 있다. 이에 87장을 소개한다.

> 바람은 골짜기 새와 화답하여 봄의 따스함 희롱하고
> 삼나무 계수나무 그늘 속에 낮에도 문을 닫고 있네.
> 소나무 대나무는 겨울에도 오히려 절개 있거늘
> 배나무 복숭아는 봄 다하자 스스로 말이 없네.
> 이승에는 차마 견디기 어려움 이미 알고서
> 비로소 서방에 세존 계심을 믿네.
> 이제부턴 모름지기 강설을 열지 않고
> 부처님 명호 부르며 아침저녁 지내리라.

봄날에 훈풍이 불고 새가 지저귀는 아름다운 서경 속에 화자는 절집 문을 굳게 닫은 채 고요함에 묻혀 있다. 자연과 인간이 서로를 경계 짓지 않는 여여한 삶을 살고 있는 모습을 묘사한 것으로 보인다. 그러나 이승에서의 안온한 즐거움은 더 이상 내 삶의 목표나 지향이 될 수는 없으며, 오직 서방세계 부처님을 뵈옵는 것이 하나 남은 내 삶의 지향이 되고 있다.

『백암정토찬』이 한 편의 시로서 승화되는 것은 단순한 교리의 나열이 아니라, 시의 약 반을 차지하는 분량에 담은 자신의 삶의 체취와 지향 때문이다.[374]

---

374) 한국불교전서 『백암정토찬』 백암성총, 김종진 옮김, 동국대출판부, 2010.

2. 『보권염불문(普勸念佛文)』

(1) 『대미타참약초요람보권염불문』[375]

아미타불이 상주하는 극락정토의 환희상을 제시하고, 극락왕생의 방편으로 염불하기를 권하는 대중을 위한 포교서이며, 염불의 공덕과 여러 가지 의식의 절차를 소개한 의례서이다. 원래의 제목은 「대미타참약초요람보권염불문(大彌陀懺略抄要覽普勸念佛文)」이다. 『아미타경』·『무량수경』·『화엄경』 등의 여러 경전에서 가려 뽑아 염불문을 만들고 이를 다시 한글로 번역하여 일반대중들에게 쉽게 읽히도록 하였다. 편자는 명연(明衍)이며 숙종 17년(1704) 경북 예천의 용문사(龍門寺)에서 처음으로 판각하였다. 이후 여러 차례 개간되어 현재 수도사본(1741), 동화사본(1764), 흥률사본(1765), 묘향산 용문사본(1765), 해인사본(1776), 선운사본(1787) 등 다수가 전한다.[376] 이중 흥률사본에는 불교가사가 수록되지 않았다. 용문사본과 수도사본은 같은 판목으로 「나옹화상서왕가」와 「인과문」이 순한글의 줄글체로 수록되어 있다. 동화사본은 「나옹화샹셔왕가라」와 「인과문」이 역시 순한글의 줄글체로 실려 있고, 「회심가고」가 순한글의 귀글체로 실려 있다. 묘향산 용문사본에는 「나옹화샹셔왕가라」가 순한글의 줄글체로, 「회심가고」가 순한글의 귀글체로 실려있다. 해인사본은 「나옹화샹셔왕가라」와 「인과문」은 순한글의 줄글체로, 「회심가고」는 순한글의 귀글체로 수록되었다. 선운사본은 해인사본을 복각한 것으로 판본의 양상도 동일하다.

---

375) 한국불교전서 『明衍集』에 실려 있다
376) 각 판본간의 변이와 첨삭되는 양상, 그리고 판본의 계통에 대한 연구는 김영배, 「염불보권문의 해제」『염불보권문의 국어학적 연구』『동악어문학회 학술총서』 5, 1996. pp.93~117 참조.

(2) 『신편보권문(新編普勸文)』

영조 52년(1776) 승려 유기(有璣, 1707~1785)가 편집하여 해인사에서 개간하였다. 『염불보권문』의 속편격으로, 여기에 새로운 내용의 권불문(勸佛文)을 첨가하거나 삭제하여 내용상의 변화를 가져왔다. 『보권염불문』이 한문경전을 '언서로 해석하여 선남선녀가 쉽게 이해할 수 있도록' 한다는 의도에서 한문과 한글을 나란히 배열했던 것에 비해, 이 책은 한문으로만 제시하여 설정된 독자층이 『보권염불문』과는 다르다. 불교가사로는 「강월존자서왕가(江月尊者西往歌)」와 「청허존자회심가(淸虛尊者回心歌)」가 국한문혼용의 줄글체로 수록되어 있다.

(3) 필사본 『보권염불문』

국립도서관에 전한다. 필사자와 필사연대는 미상377)이며 56장으로 구성되어 있다. 한문과 국문이 대역된 목판본 『보권염불문』(해인사장판. 1776)에서 한글로 된 부분만을 그대로 베껴 놓았다. 목판본과 같이 불교가사도 세 편이 수록되었는데 「나옹화샹셔왕가」와 「인과문」은 순한글의 줄글체로, 「회심가고」는 순한글의 귀글체로 전사되었다.378) 이에 염불문 서(序)를 소개한다.

대미타참 약초요람 보권염불문서(大彌陀懺畧抄要覽普勸念佛文序)

살펴보건대, 도는 사람을 멀리하지 아니하고 가르침은 이치를 달리함이 없도다. 비록 만물의 모습이 각기 다르나 깨달음(靈覺)379)의 본성은 이에 같으며, 중생의 이름이 비록 다르나 심성의 이치는 다르지

---

377) 책의 말미에는 "당려숙조이십칠년삼월회일필셔흐다"라는 기록이 있다.
378) 임기중, 『불교가사연구』동국대학교출판부, 2001年, pp.4~7
379) 靈覺: 중생이 본래 구비하고 있는 신령하고 밝은 깨달음의 본성.

않다. 그러므로 『화엄경』에서는 마음과 부처와 중생, 이 셋은 차별이 없다고 하였다. 그러나 시대가 흘러 성인으로부터 멀어지자 도 닦는 마음이 드디어 희미해져 사람들이 모두 본래 지니고 있던 불성을 알지 못하고, 뜬구름 같은 허깨비 몸을 아껴 오도(五途)380)에서 괴로움을 겪고 사생(四生)381)을 겪는다. 이에 오직 우리 부처님 세존께서 정반왕 태자로서 만승의 보위를 버리고 출가 수도하여 중생을 널리 구제하시기를 49년 동안 하셨고, 부처 입멸 후 천년에 불법이 중국에 전파되니 대승의 가르침의 바다(敎海)가 없는 곳이 없었다. 그러므로 고금 천하에 여러 나라의 황제나 현명한 임금이나 이름난 재상, 고관들이 모두 불법을 숭상하였고, 이태백(李太白)·백낙천(白樂天)·소동파(蘇東坡)·황산곡(黃山谷) 같은 지혜롭고 통달한 선비들이 모두 저 아미타불을 높이고 찬양할 줄 알아 스스로 발원문을 지었다. 고금 승속에 이름난 이로서 염불하고 도를 행하여 이미 서방으로 돌아가 성불한 이들은 문헌에 소상히 기록되어 있다.

　극락거사(極樂居士) 왕자성(王子成)은 본래 유가의 이름난 재상군자였다. 유교의 온갖 책과 불교의 여러 경론을 두루 알아 가려 뽑고 요약해 「염불참죄십삼문(念佛懺罪十三文)」382)을 만들고 여러 사람들에게 염불을 권하여 모두 괴로움을 벗어나 즐거움을 얻게 하니 그 공덕이 적지 않다. 그러나 글이 광대하고 뜻이 깊은데 말세의 여러 사람들은 아는 것이 적고 의심이 많아 두루 알지 못하고 또 염불의 큰 이

---

380) 五途: 五道, 五趣와 같다. 중생이 저지른 행위에 따라 받는다고 하는 다섯 가지 세계. 地獄道·餓鬼道·畜生道·人間道·天道의 오도를 말한다. 육도는 여기에 修羅道를 합한 것이다.
381) 四生: 모든 살아있는 것을 그 태어나는 방법의 차이에 따라 네 가지로 분류한 것. ①胎生: 모태에서 태어나는 것 ②卵生: 알에서 깨어나는 것 ③濕生: 습한 곳에서 생기는 것 ④化生 : 어느 것에 의존하지 않고 스스로의 業力으로 태어나는 것. 어떤 것에 의존하지 않고 저절로 태어나는 것.
382) 念佛懺罪十三文: 元나라 때 王子成이 편찬한 『예념미타도량참법』이다. 아미타불을 염송하면서 극락왕생을 발원하는 참회법에 대해 설하며, 모두 13항목으로 구성되어 있다. 조선조 염불신앙의 홍포에 저본으로 중요한 역할을 한 문헌이다.

익을 알지 못해 세간의 물욕에만 탐내고 집착한다. 이에 내가 좁은 소견이지만 여러 경의 말씀을 대략 가려 뽑아 염불문을 만들고 언문으로 해석을 하여 선남선녀가 쉽게 통달하여 알도록 하였다. 잎을 따서 뿌리를 찾고 거친 곳에서 정밀한 곳으로 들어가게 한 것이다. 경에 "나무아미타불을 한번 염하는 자는 능히 생사의 고해를 벗어나 서방극락에 곧장 왕생하여 모두 불도를 이룬다."고 하였고, 또 "남에게 염불을 권하면 스스로 염불하지 않더라도 함께 극락에 왕생한다."고 하였으니, 이로 말미암아 여러분에게 염불을 권하여 함께 서방정토에 가고자 한다. 그러나 여기 적은 좁은 견해는 모두 명아주 잎과 콩잎 같아서 배부른 이는 기꺼이 먹을 수가 없을 것이니, 이에 양식 떨어진 무리를 기다리며 감히 작은 정성을 다하여 삼가 짧은 글을 올린다.

강희(康熙) 갑신년(1704) 봄 경상좌도(慶尙左道) 예천(醴泉) 용문사(龍門寺) 청허(淸虛) 후예(後裔) 명연(明衍) 모음(集)383)

---

383) 『염불보권문』의 저본은 건륭 41년(1776) 경상도 합천군 해인사 개간본(정신문화연구원 도서관 소장)이다. 이와 비교되는 건륭 30년(1765) 구월산 흥륭사 개간본(국립도서관 소장)을 갑본이라 칭한다. 갑본의 편차와 본문의 유무가 저본과 상이하여 같은 곳을 따라 대교하였다. 이 서문은 간기 뒤에 있었으나 편자가 이곳으로 옮겨 놓았다. 大彌陀懺畧抄要覽普勸念佛文序: 詳夫道不遠人. 敎無異致. 雖萬物之形各異. 而靈覺之性斯同. 衆生之名各殊. 而心性之理不異. 故華嚴經云. 心佛及衆生. 是三無差別也. 然而世降聖遠. 道心逾微. 故人皆不知本有之佛性. 愛惜浮雲之幻身. 困五途而歷四生. 肆唯我佛世尊. 以淨飯王之太子. 捨萬乘之寶位. 出家修道. 普濟衆生. 四十有九年. 佛滅千載. 法播中夏. 大乘教海. 無處不有. 故古今天下. 諸國大帝明王. 及名相尊宮. 兼崇佛法. 如太白樂天東坡山谷. 有智達士. 而皆知尊向讚彼陁佛 自作願文. 古今緇素名人. 念佛行道. 已歸西方而成佛者. 昭載傳錄. 故極樂居士王子成. 本儒家名相君子也. 儒之百家之書. 佛之諸經之論. 通知撮畧. 作念佛懺禮十三文. 普勸諸人念佛. 咸皆離苦得樂. 其功莫少也. 然文廣意深. 末世諸人. 少知多疑. 不能通知. 亦不知念佛之大有益. 貪着世間之物慾也. 我以管見. 畧抄諸經之說. 以爲念佛之文. 且以諺書解釋. 使善男善女. 易通易知. 摘葉尋根. 由粗入精. 故經云. 一念南無阿彌陀佛者. 能免生死之苦海. 直往西方之極樂. 皆成佛道. 亦所謂勸他念佛. 則自不念佛. 而同生極樂. 由是普勸諸人念佛. 咸歸西方淨土. 然所述管見. 皆是藜藿之類. 飽人不堪食. 以俟絶陳之流. 敢竭鄙誠. 恭頌短引. 康熙甲申春. 慶尙左道. 醴泉龍門寺. 淸虛後裔. 明衍集(한글본 한국불교전서, 조선9, 염불보권문, 東大출판부, 2012).

:: 제4장 근·현대 ::

제1절 용성선사의 왕생가(往生歌)

1. 용성선사의 행장

　용성선사(龍城禪師)의 속명은 상규(相奎)이고, 법명은 진종(震鐘), 법호는 용성(龍城)이다. 1864년 5월 8일 전라도 남원군 하번암면 죽림리에서 아버지 수원 백(白)씨 남현(南賢)과 어머니 밀양 손(孫)씨 사이에서 장남으로 태어났다. 14세 때 꿈속에서 부처님을 친견한 후, 16세(1879) 때 해인사 극락암에서 화월(華月)을 은사로, 혜조(慧造)를 계사로 하여 득도했다. 수개월 후 양주 보광사 도솔암을 거쳐 금강산 등지에서 무자화두(無字話頭)를 참구하여 의단(疑團)을 풀었다. 21세(1884)에 통도사 금강계단에서 선곡율사(禪谷律師)에게 비구계와 보살계를 받았다. 조계산 송광사 삼일암에서 『전등록』을 보던 중 "월사만궁(月似彎弓)하고 소우다풍(少雨多風)"이라는 구절에 이르렀을 때 깨달음을 얻은 후 그동안 소홀히 하였던 경전을 열람하였다.
　그는 전국을 다니면서 40세 때까지 안거와 운수생활을 하고 『각해일륜(覺海日輪)』을 지었다. 47세 때 지리산 칠불암에서 『소원정종(歸源正宗)』을 저술하고, 48세(1911) 때 여러 사람과 뜻을 모아 서울에 선학원(禪學院)을 건립하였으며 봉익동에 대각사(大覺寺)를 설립했다. 또한 나라가 어려움에 처하자 1919년 3·1독립운동의 민족대표 33인 가운데 불교계 대표로 서명하였다. 이로 인해 1년 6개월의 옥고를 치르고 출옥 후부터 불경간행을 위해 삼장역회(三

藏譯會)를 조직해서 『심조만유론(心造萬有論)』 등의 저서와 함께 역경에도 착수하여 80권 『화엄경』을 한글로 번역하고, 『석가사(釋迦史)』와 『팔상록』을 저술하였다.

선농불교(禪農佛敎)를 제창하면서 만주에 대각교당(大覺敎堂)을 세우고, 또 백운산(白雲山)을 개간하여 화과원(華果院)을 이룩하기도 하였다. 포교의 현대화에 관심을 가져 일요학교를 설립하고 의식과 염불을 우리말로 바꾸고 찬불가도 지어 부르도록 하였다.

1940년 2월 24일에 목욕재계한 뒤 제자들을 모은 용성은, "그동안 수고했다. 나는 간다."는 말을 남기고 입적하니, 세수가 77세이며 법랍이 61세였다.384)

2. 왕생가(往生歌)

불타님의 자비원력 도우시고 증명하사
일심으로 염불공덕 극락인도 하옵소서.
삼계윤회 화택(火宅)이요 육도왕래 고해로다.
어서어서 크게 깨쳐 적광세계(寂光世界) 수용하오.
원각(圓覺) 적멸(寂滅) 둘이 없어 처처극락 즐거워라.
항사세계 공화(空華)같고 백년광음 번개같소.
하늘나라 좋다 하나 오쇠상(五衰相)이 나타나서
복(福) 다하면 타락되니 생사윤회 못 면하오.
만고제왕 영웅호걸 북망산에 티끌 되고
문장재예 부귀가도 장생불사 하나없소.
다생겁에 익힌 업장(業障) 기름 결듯 한없으나
지성으로 정진하면 해탈하고 복 받으오.

---

384) 본문은 韓普光 『龍城禪師硏究』, 甘露堂, 1981, pp.5~13을 참조하였다.

자비하신 제불전(諸佛前)에 지성으로 참회하면
무명혹업(無明惑業) 녹아지고 청정세계 나타나오.
초로인생(草露人生) 우리 몸은 꿈결같이 무상하다.
물 위에 뜬 거품이요 바람에 켠 등불일세.
어서어서 염불하여 왕생극락 하올 적에
영겁(永劫)생사 끊어지면 불생불멸 즐겁도다.
삼계가 다 마음이요 만법(萬法)이 다 알음이라.
마음 맑혀 청정하면 부처나라 따로 없소.
세속범부 마음이요 제불성인(諸佛聖人) 마음이라.
천진면목 둘 아닌데 집착하면 길 닳으오.
선(善) 지은 자 천당 가고 악(惡) 지은 자 지옥 가니
선악차별 분명하여 인과응보 못 면하오.
생각 돌려 애착 말고 몸을 잊어 원결(寃結) 풀면
걸림 없이 자재하여 세상고통 자연 없소.
곧게 자란 소나무는 그림자도 굽지 않고
빈 골에 메아리는 소리 쫓아 대답하오.
자비심은 관음이요 희사심은 대세지요
청정심은 석가시요 평등심은 미타로다.
악심(惡心)바다 망상물결 독해악룡 진뇌어별(塵惱魚鱉)
간탐지옥 우치축생 맘이 된 것 분명하오.
하염없는 적광토(寂光土)는 삼라만상 공적(空寂)하여
밝은 혜성(慧性) 큰 광명이 미진세계 둘렀도다.
탁한 물이 맑은 대로 그림자가 나타나듯
무명혹업(無明惑業) 녹는 대로 구품연대(九品蓮臺) 차별 있소.
극락세계 한번 가면 한량없는 종종방편(種種方便)
고생된 일 볼 수 없고 영영 즐거움 변함없소.
칠중난간 칠중그물 칠중보수(七重寶樹) 모든 장엄

금은유리 좋은 보배 줄을 맞춰 벌려 있소.
일곱 보배 못 가운데 팔공덕수(八功德水) 충만하고
못 밑에는 순금모래 광명 놓아 청정하오.
향기 좋은 큰 연화(蓮華)여 청색청광 황색황광
적색적광 백색백광 미묘하고 정결하오.
아름다운 하늘 풍악 주야육시 끊임없이
제일가는 하늘꽃비 허공으로 내려지오.
궁전타고 하루아침 십만억 불 공양한 후
본국 와서 밥 먹으니 자재왕래 걸림 없소.
가릉빈가 공명(共鳴)새여 주야 없이 맑은 소리
무진법문 연설하니 미타신력(彌陀神力) 분명하오.
맑은 바람 슬슬 불면 백천종악(百千種樂) 풍류소리
번뇌망상 녹아지니 어서어서 왕생하오.
국토설법 중생설법 무정초목 설법하니
미타변신 묘한 신력(神力) 즐겁도다. 극락세계.
시방제불 찬탄하고 항사보살(恒沙菩薩) 유희하니
불생불멸 나의 본분 즐겁도다. 극락세계.
시방제불 성도(成道)하사 광제중생 하오시니
우리들도 마음 닦아 자타(自他)없이 깨칩시다.[385]

---

385) 임기중 『불교가사원전연구』 동국대출판부, 2000. pp.803~809 참조 - 이것은 『대각교의식』(1927), 『용성대종사전집』 제8집, 신영사, (1991)에 국한문혼용으로 표기되어 있다.

제2절 청담선사의 참회사상과 염불참회[386]

1. 청담선사의 행장

청담선사(靑潭禪師, 1902~1971)의 속성은 이(李)씨, 속명은 찬호(讚浩), 법명은 순호(淳浩), 법호는 청담(靑潭)이다. 진주에서 태어난 선사는 진주고등농림학교에 재학 중, 여름방학 때 진주 비봉산 호국사에 갔다가 승려 박포명(朴抱明)을 만나 불교와 인연을 맺었다. 졸업 후 23세에 일본으로 건너가 효고껭(兵庫懸) 송운사(松雲寺)로 출가하여 아키모토 쥰가(秋元淳雅) 스님 밑에서 2년 3개월간 불법을 배우고 귀국하여 고성 옥천사에서 박한영(朴漢永)을 은사로 득도 수계하고 순호(淳浩)라는 법명을 받았다. 29세에 서울 개운사의 대원불교전문강원에서 대교과를 이수했으며, 33세에 충청남도 정혜사(定慧寺) 선원에서 수선안거에 들어 만공(滿空)스님으로부터 깨달음을 인정받고 올연(兀然)이라는 법호를 전수받았다. 31세부터 33세까지 금강산 마하연, 묘향산 설영대 등지에서 용맹정진 끝에 오도(悟道)의 경지에 이르렀다. 이때 "상래불조둔치한(上來佛祖鈍痴漢) 안득료공자변사(安得了公玆邊事) 약인문아하소능(若人問我何所能) 노방고탑경서방(路傍古塔傾西方)"이라는 오도송(悟道頌)을 남겼다. 이후 20년 동안 전국 선원에서 참선 수행하였다.

1955년 대한불교조계종 초대 총무원장에 취임한 이후 조계종중앙종회 의장, 해인사 주지, 도선사 주지, 동국학원이사장을 거쳐 1966년 대한불교조계종통합종단 제2대 종정, 조계종장로원장 등을

---

[386] 본 편은 필자가 2003년 11월7일에 있었던 진주산업대학교 부설 청담사상연구소 주최 '청담사상 학술세미나'에서 발표한 내용 중에 정토참회사상 관련 내용을 간추린 것이다. 발표 전문은 필자의 『불교의 참회사상사』(우리출판사, 2006)를 참고할 것.

역임했으며, '교육, 역경, 포교'라는 3대 역점사업을 내걸고 군승제, 석탄절 공휴일, 불교방송국 설립 등을 추진하였다.

1967년 도선사 마애석불전을 참회도량(懺悔道場)으로 꾸미고, 이어서 1968년에 호국참회원을 설립하였다. 청담스님의 참회수행법은 오늘날에 이르기까지 도선사에서 연면히 이어져오고 있다.

2. 청담선사의 참회사상

(1) 사상적 기초

청담스님의 참회사상을 논하기에 앞서 스님이 어떠한 정신으로 불교의 근본사상에 접근하고 있는지를 알아보기로 하자. 청담스님은 『마음』(1999)론에서 다음과 같이 적고 있다.

> 나는 당시의 석학 박한영(朴漢永) 스님이 계시는 서울 안암동 개운사 강원에서 대교과정을 이수하였다. 즉 경·율·논의 삼장(三藏)을 마친 것이다. 그때 나는 부처님이 설법하신 1만4천 경 중에서도 『능엄경』을 가장 깊이 탐구하였고 오나가나 그것을 외며 다녔다.
> 방정토(方淨土)의 밝고 깨끗함은 마치 수정 속에 밝은 달이 떠있는 것과 같다. 그러니 몸과 마음이 상쾌하고 묘하고 뚜렷하고 평등하여 크게 편안함을 얻게 되면, 온갖 부처님의 비밀하고 뚜렷하고 깨끗하고 묘한 이치가 모두 그 가운데 나타날 것이며, 그리하여 그들은 빨리 무생법인(無生法忍)을 얻게 되고, 이로부터 점차로 닦아 나아가면 가는 곳마다 수행하여 성인(聖人)의 자리에 이르게 될 것이니, 이것이 수행하여 나아가는 차례이니라.
> 아난아, 이 선남자(善男子)가 욕심과 애정이 말라버리고 근(根)과 경(境)이 짝하지 아니하므로, 지금 남아있는 이 몸이 다시는 나지 아니하게 되며 고집하던 마음이 훤히 밝아져 순전히 지혜뿐이게 되리라. 이 마음으로써 가운데로 점점 들어가 뚜렷하고, 묘한 것이 비로소 열리고, 참되고 묘하고 뚜렷한데서 더욱 참되고 묘한 것이 발생하여 그 신심이 항상 머물러 있고, 온갖 허망한 생각이 사라지며 중도(中道)의 이치가 열리리라.

위 문장에서 중요한 내용은 방정토(方淨土)와 무생법인(無生法忍) 중도(中道)라는 용어들이다. 먼저 방정토란 차방(此方) 즉 마음의 정토를 의미하는 것으로 이해된다. 그러면 무생법인(無生法忍)이란 무엇인가. 『화엄경』「십지품」에서는 무생법인에 대해 다음과 같이 말하고 있다.

> 일체법에 들어가니 본래 나는 일도 없고 일어남도 없고 모양도 없고 이름도 없고 무너짐도 없고 다함도 없고 옮아감도 없으며, 성품이 없는 것으로 성품을 삼으며, 처음과 중간과 나중이 모두 평등하여 분별이 없는 진여와 같은 지혜로 들어갈 곳이니, 모든 마음과 뜻과 식으로 분별하는 생각을 여의였으며, 집착함이 없으며, 허공과 같으며, 일체법에 들어가 허공의 성품과 같나니 이것을 말하여 무생법인(無生法忍)을 얻었다 하느니라.[387]

그리고 또 중도란 무엇인가. 소승경전에서는 중도(中道)란 8정도(八正道)를 가리키고 4제(四諦) 중의 도제(道諦)를 뜻한다. 그리고 법상유식(法相唯識)에서는 비유비공(非有非空)의 중도를 논하고 있다. 또한 『유식론』권7에서는 "진리로서 중도(中道)로 삼는다. 도(道)는 도리의 뜻이고 진리는 유(有)·무(無)의 2변(二邊)을 떠난 도리이므로 중도라 하는 것이다."라고 논하고 있다. 그러므로 비유비무(非有非無)의 중도는 실로 이 우주법계의 진실상을 논하고 있는 것이다.

(2) '호국참회원'의 설립

봉래화상에 따르면 청담스님은 "신라 도선국사가 창간한 사찰이 전국적으로 3백여 곳이 되는데 한양의 삼각산 도선사의 절 자리는 삼각산 전체에서 달걀 노른자위에 해당된다. 으뜸가는 법당자리이

---

387) 『한글화엄경』 5, p.193.

고 수승한 도량이다."라고 하시면서 다음과 같이 말씀하셨다.

    서울 장안의 시민을 비롯하여 남·북한 전 국민이 개개인의 신구의(身口意) 삼업의 업장을 일심으로 참회해야 한다. 참회를 통하여 우리 국민 개개인의 건강과 크고 작은 소원, 가정의 화평, 사회의 행복이 이루어지고, 분단된 남과 북의 조국의 평화통일을 하루속히 실현시키는 원동력이 될 것이다. 남북한의 전 국민이 일심으로 참회하지 않으면 잘살 수가 없고, 남북평화통일도 성취할 수 없다. 분단의 처절한 고통과 슬픔을 함께 절감하는 우리 국민 모두가 이런 불행을 내 잘못, 내 탓으로 돌리며 자신을 성찰하는 겸허한 자세에서 진심으로 참회해야 한다.
    그리고 나아가 전 세계 모든 인류가 이러한 참회결사운동에 적극 동참하여 성의 있고 진실된 참회를 함으로써 인류의 궁극적 최대과제인 '잃어버린(상실한) 자아'를 찾을 수 있다. 그러므로 민주진영이니 공산진영이니 하는 세계의 양대 이념과 사상을 바탕으로 물리적인 힘의 팽창과 대결로써 철저하게 경쟁하고 무장되어 있는 세계가 대화합의 장(場)으로 나갈 때 인류의 진정한 이상과 가치를 창조하고 전쟁, 질병, 기아 등의 고통, 불행, 공포를 없애고, 인류의 평화와 행복을 실현시키는 지상낙원, 지상불국토를 건설할 수 있다. 이런 까닭으로 여기 한국 삼각산 도선사의 호국참회도량이 근식(根識)이 우둔한 말법시대 중생의 십악업(十惡業)을 참회하여 혁범성성하는 그 중추적 참회결사(懺悔結社)의 발원지가 되어 참회의 물결이 전국적으로 파급되고, 나아가 세계적으로 확산되기를 발원하는 것이다.

3. 수행으로서의 염불참회

    청담스님은 참회를 해야 하는 이유를 다음과 같이 설하고 있다.

    인간이란 자기가 하는 일의 뜻을 자각할 때는 어떠한 괴로움을 당하더라도 기쁘게 살아갈 수 있다. 그러나 자기가 하는 일의 뜻을 깨닫지 못할 때에는 아무리 풍대하더라도 기쁨을 모르는 법이다. 그래서 현대인에게는 삶의 즐거움(快樂)은 있어도 기쁨(歡喜)은 없다고 말한다. 왜냐하면 물질의 충족에 의한 일시적인 쾌락을 느끼는데 있는 까닭이다. 따라서 부처님께서는 우리 인간이 마음의 안정과 삶의 보람을 찾기 위해 끊임없이 '참회기도하라'고 가르쳤던 것이다. 그러니 『유교경(遺敎經)』에서 '잘못을 부끄러워할 줄 아는 마음이 가장 으뜸가는 장엄이다.'라고 하신 것이다.388)

청담스님께서 강조하고 계신 중요한 내용은 바로 악업(惡業)은 참회하여 불행의 씨앗을 없애버리고 선업(善業)을 닦아서 복 받고 행복을 누리며 정법을 깨닫고 성불하자는 것이다. 청담스님은 참회기도를 할 때에는 불·보살의 명호를 염송하면서 하는 염불참회(念佛懺悔)를 하도록 하였다. 이는 불·보살의 명호를 외우면서 참회하면 불·보살의 서원력(誓願力)에 의해 업장이 모두 소멸된다고 보았기 때문이다. 비석화상(飛錫和尙)389)이 『염불삼매보왕론』에서 다음과 같이 설한 것도 다 같은 까닭이다.

> 물을 맑게 하는 구슬인 수정주(水淸珠)를 탁한 물에 넣으면 아무리 탁한 물이라도 맑아지지 않음이 없는 것처럼, 어지러운 마음에 염불을 던져 넣으면 아무리 탁한 죄업(罪業)의 마음이라도 맑아지지 않음이 없느니라.

또한 청담스님은 다음과 같이 말하고 있다.

> "흔히 우리는 악한 사람을 보면 근본적인 악인으로 간주해 버리기 쉽다. 암(癌)에 걸리면 그 암이 본래부터 있는 것처럼 생각하여 그 환(幻)에서 헤어나지 못하기 때문에 이것에 대한 변화의 여지가 없게 된다. 그래서 악인은 선인이 될 수 없고, 암은 아주 치료할 수 없는 병이 되고 만다."

---

388) 1975. 2. 1. 『도선법보』
389) 비석화상은 당대(唐代)의 인물로 처음에 율의(律儀)를 배우고 후에 천태학(天台學)을 연수한 후, 종남산(終南山)의 법화도량(法華道場)에 들어가 지냈다. 『인왕반야경』·『밀엄경』·『허공장경』 등의 역경에 참여했고, 저작에는 『염불삼매보왕론』 3권과 『왕생정토전』 5권이 있다.

이러한 것은 결국 모두가 자기의 마음의 상태에 달려있다고 하는 '일체유심조(一切唯心造)'의 사상을 말하는 것이다. 그리하여 환자가 찾아오면 다음과 같이 설하곤 했다.

"우리 중생의 생사고락(生死苦樂)이 내 마음의 조작이라, 콩 심어 콩이 나고 팥 심어 팥이 나는 것과 같이 인과(因果)는 지체 없이 내 뒤를 따릅니다. 눈 깜짝하는 사이에 마음 한번 그르치면 천만겁(千萬劫) 생사고락의 씨가 되리니, 인과(因果)가 얼마나 무서운가 생각하고, 앞으로는 지금 당신이 받고 있는 바와 같은 고통을 타인에게 주지 않고 '오직 큰마음으로 일체 만물을 평등하게 아끼고 사랑할 수 있는 몸이 되어 주십사'하고 참회하십시오."

그러면 환자는 그리하겠다고 굳게 약속을 한다. 이후 하루 한 번도 못할 절을 3천 번씩하면서 7일간을 지성으로 참회기도하여 마침내 소원을 이루는 것이다. 사랑은 사랑을 부르고 화는 화를 낳는 것이다. 우리는 부처님을 멀리에서만 찾으려 하는데 실은 가장 가까운 내 마음 안에 계시는 분이시다. 이 세상을 커다란 배라 한다면 그 배의 노를 젓고 있는 우리에게 이 세상의 거친 노도(怒濤)를 넘도록 무한의 힘을 불어 넣어주는 은인으로 생각하면 된다. 그에 감사해 하고 작은 일에서나 큰일에서나 서로 사랑해서 우리 자신을 부처님이라는 한 나무의 가지(枝)로 인식해야 한다. 무아(無我)의 사랑을 주는 자만이 그 사랑을 받을 것이다. 그리하여 염념(念念)히 마음의 고요를 찾아서 번뇌망상을 저버리고 고요한 마음의 힘을 길러 고요한 가운데서 부처님의 소리를 들어야 한다. 기도는 자기 생명 속에다 깊이 선언하는 것이다. 생명 속 깊이 염(念)하여서 형(形)의 세계로 나타나는 것이 마음의 법칙이다. 확실히 구하려는 것을 얻고 자각력(自覺力)을 가지고 기도를 하면 성취되는 것이 마

음의 법칙이다. 염불과 기도는 부처님을 변화시키는 것이 아니고 자기 자신을 변화시키는 일이다.390)

4. 인과사상(因果思想)에 의한 참회론

(1) 부부간의 경우

남녀간의 사랑, 부부간의 애정 문제에 있어서도 청담스님은 언제나 인과사상에 의한 참회론을 말하고 있음을 볼 수 있다. 가령 남편이 바람 피워 첫날 저녁부터 생과부가 되어 일생동안을 지내는 사람이라도 남편을 나쁘다고 하지 말라는 것이다. 청담스님은 다음과 같이 말하고 있다.

> 좋아하든지 싫어하든지 남편을 따라주어야 한다. 밤에는 남편이 가는대로 등불을 들어 비래다주고, 상대에게 몇 십만 원씩이라도 갖다 주면서 우리 남편 비위 좀 잘 맞추어 달라고 부탁을 해야 한다. 우리 주인은 내 힘 가지고는 위안이 안되니, 당신이 좀 그렇게 해주면 내가 그 은혜를 갚겠다고 정성으로 부탁하면서 알지도 못하게 가만히 놓아두고 오라는 것이다. 이것은 변태적이고 자학적인 행동이거나 히피족들의 경우와 같은 막살이식이 결코 아니다. 어디까지나 진심으로 하는 참회생활이고, 진심으로 남편을 행복하게 하려는 사랑의 행동이어야 한다. 그러면 다음 생(生)에는 그러한 남편을 만나지 않게 될 것이다. 빚을 다 갚았기 때문이다.
> 남편이 첩을 얻었을 때는 여자가 흔히 저주를 한다. '두 사람이 꼭 껴안고 누웠을 때 불이나 나서 타 죽었으면….' 만일 여자가 이렇게 기도를 하였다면 복을 받겠는가? 전생(前生)에 제가 나빠서 남편이 그렇게 하는 줄을 모르고, 다시 산 사람 둘이나 불에 타 죽게 하는 죄를 지었으니, 이런 여자는 죽어서 틀림없이 지옥에 갈 것이다. 낮이고 밤이고 24시간을 두 사람이 타죽는 생각만 할 것이다. 이것은 어디까지나 질투의 불길이고,

390) 도선사편, 『마음』 p.255~258 참조.

성내는 마음이고, 어리석은 중생의 인과생활(因果生活)이기 때문에 죄악이 연속이 될 뿐이다. 적어도 불자(佛子)라면 이런 죄악의 불구덩이로 빠져 들어가서는 안된다. 자기를 뉘우쳐야 하고, 이런 업의 고랑을 벗어나는 길을 갈 줄 알아야 한다.

불교신앙이란 인과를 철저히 믿는 자세이다. 삼라만상이 다 내 마음의 그림자이고 내가 주동이 된 것이니, 내게 모든 책임이 있다는 것이다. 호강도 고생도 내가 다 지은 일이며, 부모나 남이 나를 호강도 고생도 시킬 수 없다. 내 마음 가운데 있는 복을 남이 받을 수 없고, 내 마음이 죄 지은 것을 누구에게 줄 수도 없으므로, 제 복 제가 받고 제 화 제가 당한다는 것이다. 여자가 바람을 피울 때도 마찬가지이다.

'이년 자동차에 쳐서 죽지나 않나? 오늘 당장 죽어서 택시에 송장으로 실려 들어왔으면!'

이렇게 생각하는 남자도 신세 망친다. 세세생생 그렇게 만나 가지고 나중에 개미가 되어도 싸우고, 병아리가 되어도 싸우고, 비둘기가 되어도 싸운다. 비둘기 암컷 수컷 둘이 퍽 좋아하고 다정하지만, 그 놈도 수백 마리 길러 보면 싸우는 놈이 있다. 비둘기 기르는 사람이 매일 모이를 주는데, 한번은 모이를 다 주어도 안 나오는 놈이 있더란다. 이상해서 나중에 들어가 보니 두 놈이 싸워서 털이란 털은 다 뜯겨 없어지고, 알몸으로 며칠씩 우리에서 나오지도 않고 소리도 없이 서로 주둥이를 물고 피투성이가 되어 죽어가고 있더란다. 그런데 한 놈이 콩을 주워 먹으러 나가려하니 '콩이 다 무어냐? 네 입에 콩이 들어가게 할 줄 아느냐.' 하는 것처럼 놓아주지 않더라는 것이다.

인과응보가 이렇게 무섭다. 그러므로 부인이 저녁마다 밖에 나가더라도 욕하지 말고 원망하지도 말아야 한다. 못 나가게 절을 하여도 안되고, 달래고 욕을 해도 안되고, 결국 때려주고 행패를 해도 안된다.

'전생에 네가 나를 배신하고 다른 사람하고만 좋아해서 나의 마음을 얼마나 아프게 했느냐?'

이런 원한이 골수에 박혀서 영원히 남아있기 때문이다. 이 원한을 푸는 방법은 오직 참회뿐이다. 영혼은 이렇게 전생의 인연관계를 다 기억하고 있기 때문에 첫눈에 좋은 사람, 보기 싫은 사람을 다 안다. 그러므로 부인이 밤에 잘 나가더라도 어디로 가느냐고 등불을 들고 바래다주고 또 따라가서 간청을 해야 한다.

"나의 힘과 재주로는 우리 마누라를 마음껏 즐겁게 해줄 수 없으니, 제발

당신이 우리 마누라 비위를 좀 맞추어 주시오."
이렇게 참회를 해야 전생의 죄가 참회되고, 그래야 내생에는 그러한 여자를 만나지 않는다는 것이다. [391]

(2) 전생의 원결(怨結)의 경우

1970년경 청담스님께서 법문을 하실 때 한 편의 이야기를 들려주신 적이 있다. 당시 도선사의 신도 가운데 월남전에 참전하고 돌아온 육군 중령이 있었다. 일찍이 결혼적령기를 놓친 그는 월남에서 돌아온 후 40세가 넘어 결혼을 하게 되었다. 하루는 그가 다음과 같이 말했다.

"그런데 묘한 일이었습니다. 낮에는 아내가 그토록 사랑스럽고 아름다운데 밤만 되면 아내가 무섭고 으스스하기까지 합니다. 목숨을 내건 전투에 수없이 참여했지만, 밤만 되면 아내가 무서워 잠자리는커녕 아내가 있는 방에조차 들어갈 수가 없습니다."

매일 밤 아내의 방 주위를 맴돌며 고민을 하던 그는 차츰 야위어 갔고, 마침내 청담스님을 찾아와 속사정을 털어놓게 되었던 것이다. 그 군인의 이야기를 듣고 계시던 청담스님은 다음과 같이 대답했다.

"아내와는 과거 전생에 맺은 원결(怨結)이 있는 모양이오. 아내에게 참회하시오."

"어떻게 하면 됩니까?"

"한밤중에 잠자고 있는 아내를 향해 세 번 절하고, 아내 앞에 앉아 관세음보살을 외우면서 '내가 잘못했습니다. 잘못했습니다.' 하고 말해보십시오."

그는 청담스님 앞에서는 "예" 하고 돌아왔지만, 그러나 도저히 그

---

391) 『마음』 p.262~263

렇게 할 수가 없었으므로 '젠장! 잘못한 것도 없는데 마누라한테 절을 하라니. 내가 미쳤나? 안한다.' 이렇게 생각했다고 한다.

그러나 이렇게 스스로 다짐을 했지만 밤늦도록 잠도 오지 않고 해서 그는 아내의 방문을 열고 살며시 들어가서는 새근새근 잠자고 있는 아내를 향해 절을 하고는 '잘못했습니다.'라는 말을 하려니 왠지 쑥스러워 방을 나와 버렸다는 것이다. 이튿날도 그 다음날도 그는 아내의 방으로 들어가서 절을 한 두 번씩 꾸벅꾸벅하고 관세음보살을 우물우물 외우다가는 쫓기듯이 나오고 말았다고 한다.

약 10일이 지났을 무렵 습관적으로 또 아내의 방으로 가서 절을 하는데, 문득 말할 수 없는 설움이 복받쳐 오르면서, '내 신세가 어쩌다가 이렇게 되었는가? 친구들은 모두 아이 낳고 재미있게 사는데, 병신도 아닌 나는 어찌 이렇게 지내야 하는가?' 하는 심정이 되어 잠자고 있는 아내를 향해서 "여보, 내가 잘못했소. 용서하구려." 하면서 울먹이며 말을 했다는 것이다.

그런데 그 이후 이상한 일이 일어났다. 깊은 잠에 빠져있던 아내가 한숨을 푹 쉬며 대답하듯이 잠꼬대를 하더라는 것이다.

"휴, 잘못했다니 할 수 없지."

그리고 그날 이후 모든 것이 바뀌게 되었다는 것이다. 밤이 되어도 아내가 무섭기는커녕 그렇게 예뻐 보일 수가 없었고, 두 사람은 찰떡궁합을 이루며 아기도 낳고 행복하게 살았다.[392]

실로 보이지 않는 과거의 숙업(宿業)은 볼 수 있고 느낄 수 있는 현재의 것보다 훨씬 크다는 사실을 생각해보지 않을 수 없다. 현대의 정신의학 또한 마음의 병을 만드는 원인이 현재의 의식계에 있는 것이 아니라 과거의 무의식계에 있는 것임을 밝히고 있는 것이

---

392) 김현준, 『참회, 참회기도법』 효림, 2008. p.56~59 참조.

다. 청담스님은 또 다음과 같이 말하고 있다.

> 이 현실세상은 과거 무량겁의 세월을 내려오며 서로가 지어놓은 죄악의 업력(業力)으로 만들어진 인과응보의 보복의 결산장(決算場)이다. 서로가 지은바 업력과 업보로 괴로운 재난이 눈앞에 전개됨은 피할 수 없는 필연적인 인과응보의 법칙이라는 것을 깊이 깨달아, 자기 성품을 바로 보아야 할 것이다. 성품을 보라 하는 것은 나의 실체의 존재성을 알라는 것이요, 나의 실체를 알라는 것은 나의 영원의 삶을 터득하라는 것이다.[393]

청담스님은 인간성 자체를 다음과 같이 설했다.

> 불교의 생명관은 무명(無明)으로 전도(顚倒)되어 망령되이 바깥경계를 일으켜 나(我)와 내것(我所)에 집착되어 갖가지의 업을 짓고 스스로가 뒤덮고 가려서 보지도 듣지도 못하는 것이니, 이를 깨닫는 것이 중요하다. 마음을 밝히는 것이 이른바 견성(見性)이다. 그리고 밝혀진 마음자리에서 천상천하 유아독존으로 우뚝 서는 것이 불교에 있어서의 깨달음의 의미이다. 참회의 구경목표는 위없는 깨달음인 것이다.[394]

제3절 자운율사와 정토예참

1. 자운율사의 행장과 저술

(1) 행장

자운율사(慈雲律師)는 1911년 3월 3일 강원도 평창군 진부면 노동리 41번지에 태어나 1992년 2월 7일 해인사 홍제암에서 세수 82세, 법랍 66세로 입적하였다. 자운율사는 근대 한국불교계에 사

---

[393] 『마음』 p.143.
[394] 이광준, 『佛敎의 懺悔思想史』 우리출판사, 2006, pp.518~542 참조.

라져 가는 계율사상을 진작시켰을 뿐만 아니라 신라불교 후에 맥이 끊어진 정토사상을 오늘에 되살리기 위해 6.25 전시와 같은 때에도 전국을 헤매며 대학 도서관 등에 들어앉아 정토사상을 연구하는 등 그 사상의 복원을 위해 평생을 진력하면서 일반 대중들에게 염불을 권하며 정토참법을 실천한 정토참회의 선구자적인 역할을 하였다.

자운율사의 참회의 정신은 『자비수참』・『자비도량참법』・『고독지옥참회』 등을 발간한 것으로 보아도 알 수 있다. 자운율사의 예배와 참회의 정신은 그의 행적에 의해서도 살펴볼 수 있다. 즉 부모의 반대에도 불구하고 해인사에 출가하여 팔만대장경판전에서 1만배 절을 하기도 하였고,395) 강원도 오대산 중대(中臺) 적멸보궁에서 1일 20시간씩 백 일간 문수기도를 봉행하던 중 문수보살로부터 '견지금계(堅持禁戒)하면 불법재흥(佛法再興)이라'는 가르침을 받기도 하였으며, 평소에는 매일 새벽 2시에 일어나 본인의 방 안에 봉안한 불상 앞에서 수천 배를 절을 하면서 참회한 데서도 찾아볼 수 있다.

뿐만 아니라 그의 정토실천은 매일 아미타불 칭명염불을 수만 번 하였고, '아미타불 종자진언'과 '아미타불 본심미묘진언' 등의 진언을 주력하는 등으로 하루의 일과를 삼은 것은 그가 얼마나 확고한 정토를 신앙하였는지를 알 수가 있다. 그리고 자운율사는 재가자들에게 염불신앙을 고취시키기 위하여 계율을 지키는 것을 근본으로 한 '대동염불회(大同念佛會)'396)를 조직하여 손수 지도하였다.

(2) 저술

자운율사가 신앙의 지침서로 펴낸 책들을 분류해보면 다음과 같

---

395) 1926년 1월 5일.
396) 현재 서울 성북구 정릉동 보국사에 존재한다.

다. 한국불교계에 계율사상을 진작시키기 위해 펴낸 책으로는 『사분비구계본』(1976년 8월), 『사분비구니계본』(1976년 8월), 『보살현감(菩薩玄鑑)』(1977년 8월), 『계단예경(戒壇禮敬)』(1982년 10월) 등 네 종류가 있는데, 이들은 모두 출가자와 재가자들이 계율을 지키는데 필요한 내용을 한글로 번역하여 출판한 것이다.

정토사상을 진작시키기 위한 책으로는 『정토법요』(1971년 8월), 『정토예경(淨土禮敬)』(1976년 5월), 『삼시계념불사(三時繫念佛事)』(1978년 12월), 『아미타불종자진언』(1987년 10월), 『정토삼부경』(1971년 8월), 『정토심요(淨土心要)』(1971년 8월) 등 여섯 종이 있다. 이들은 한글로 출판되어 일반인들이 보기 쉽게 한 것으로 정토경전 독송과 예참 등을 수록하고 있으며 정토밀교적인 특색을 지니고 있다고 볼 수 있다.

참회와 관계된 책으로는 『자비수참』(1970년 7월)의 간행, 『자비도량참법』(1978년 11월)의 간행, 『고독지옥참회』(1988년 3월)의 간행 등이 있으며, 이 밖에 부처님이나 보살 그리고 아라한을 찬탄하면서 예배하는 책을 간행한 것으로는 『마니예송(摩尼禮誦)』(1975년 10월), 『제경예송(諸經禮誦)』(1977년 9월), 『문수보살예찬』(1981년 10월), 『십육대아라한예찬』(1982년 12월) 등이 있다. 끝으로 신앙을 지침으로 한 책은 『제경정화(諸經精華)』(1975년 10월), 『보현행원품』(1976년 8월), 『권발보리심문(勸發菩提心文)』(1977년 8월), 『문수성행록(文殊聖行錄)』(1982년 4월), 『불정존승다라니경』(1984년 5월), 『대승장엄보왕경』(1975년 10월), 『철오선사어록(徹悟禪師語錄)』(1976년 12월) 등이 있다.

이들 저작 가운데 정토예참에 대한 것은 『정토예경』과 『삼시계념불사』이고, 『정토법요』는 『정토예경』 가운데 있는 내용을 뽑아 하루에 세 번 아미타불전에 예배하는 의식으로 만든 것으로, 이것은 현재 서울의 보국사, 부산 감로사, 해인사 홍재암 등의 사찰에서 행해지고 있다. 그러면 본고에서는 『정토예경』을 살펴본 뒤 정토참회의식에 대해 살펴보고자 한다.

2. 정토예경(淨土禮敬)

『정토예경』은 자운율사가 직접 편찬하여 발행한 것으로 예배의 의식절차를 행하기 쉽게 만들었다. 먼저 아미타부처님 전에 향을 사르고 게송을 외운 뒤, 시방법계에 항상 상주하고 계신 불법승 삼보께 아뢰는 예배를 시작하여 총 206배를 하는 것이다. 이 206배를 하는 절차를 보면 먼저 찬탄하는 게송을 무릎을 끊고 한 후 50배씩 세 번하고 마지막에는 56배를 한 후 본인의 서원을 아뢰는 것으로 되어 있다. 이러한 의식이 끝난 후 연지대사가 지은 서방원문(西方願文)[397]을 낭독하고, 염불은 정념게(正念偈)와 찬불게(讚佛偈)를 낭송한 후 아미타불의 염(念)을 자기의 형편에 따라 한다. 그리고 나무관세음보살과 나무대세지보살, 나무청정대해중보살을 세 번씩 한 후 회향게를 외우고 마치는 의식집이다.

먼저 예배의 대상을 분석해 보면 다음과 같다. 첫째는 부처님에 대한 예배이다. 이 예배는 본사 석가모니불을 비롯하여 동방·남방·서방·북방·동남방·서남방·서북방·동북방·하방·상방 등 시방의 부처님에게 예배한 후 아미타불의 예배가 시작되는데 아미타불의 예배는 총 151배다. 먼저 『무량수경』에 나오는 12광불의 명호를 거론하면서 하고, 뒤는 48원의 내용과 정토의 정보장엄과 의보장엄 등

---

397) 이것을 지은 사람은 주굉(袾宏, 1536~1615)으로 중국 명나라 시대의 승려로 자는 불혜(佛慧)이고, 호는 연지(蓮池)다. 이 서방원문의 내용은 『卍속장경』 108권, pp403~408(新文豊出版公司)에 수록되어 있다.

정토경전에 있는 내용을 찬탄하면서 하고, 마지막에는 담란대사와 선도대사와 달리 '진시방삼세일체제불(盡十方三世一切諸佛)'에게 예배하도록 되어 있다.

둘째는 법(法)에 대한 예배이다. 먼저『정토삼부경』의 경명을 하나하나를 거론하면서 하고, '진시방삼세일체존법'에게 예배한다.

셋째는 보살에 대한 예배이다. 먼저『십왕생경』398)에 나오는 관세음보살부터 마지막 무변신보살(無邊身菩薩)까지 25보살의 명호를 한 분 한 분 열거하면서 예배하도록 되어 있다. 이 25보살이 등장하는『십왕생경』은 진의(眞疑)의 문제가 있으나, 이 경에서는 석가모니불과 아미타불 등 두 성인이 염불하는 수행자를 그림자가 따라다니듯이 보호하기 위해 25보살을 보낸다고 하였다. 이러한 내용을 선도대사가 그의 저서『관념법문』에서도 인용하여『십왕생경』에서 말씀한 바와 같다고 하면서 "어떤 사람이 오로지 서방의 아미타불을 염(念)하여 왕생하기를 원하면 25보살로 하여금 수행자를 그림자가 따르듯이 보호하게 한다."399)고 하였다. 그러나 자운율사는 본인이 평소 아미타불 다음의 신앙의 대상으로 하고 있는 문수보살을 25보살 다음으로 넣었고, 미륵보살, 인도의 용수보살, 마명보살, 세친보살을 25보살과 같은 지위에 넣어 예배하도록 하면서, 마지막에는 '진시방삼세일체보살'로 한 것 또한 하나의 특징이라 하지 않을 수 없다.

넷째는 석가모니불의 제자인 가섭존자, 아난다존자, 사리불존자, 목건련존자, 가전연존자, 빈두로파라타존자, 진시방삼세일체현성승으로 한 예배를 하고 마쳤다.

다음은『정토삼부경』을 하나하나 거론하면서 예배한 후 경전의

---

398)『卍속장경』87권, pp.907~909(新文豊出版公司)에는『佛說十往生阿彌陀佛國經』이라는 제명으로 수록되어 있다.
399)『大正藏』47권, p.25b.

이름을 거론하지 못한 '진시방삼세일체법'에 대한 예배를 하고, 그리고 극락세계의 보살과 현세에 생존했던 보살 등 일체 보살, 석존의 제자와 일체 승가에 대한 예배의 형식을 취한 것은 현 불교계를 감안한 예참법으로 탁월한 생각에서 나온 것으로 보인다.

다음은 『정토예경』의 예찬게송의 내용을 검토해 보면, 예배하는 데 피곤하지 않게 무릎을 꿇고 게송으로 찬탄한 후 예배하는 형식을 취하였다. 첫 번째 찬탄의 게송을 보면 아미타불의 공덕장엄을 "빛나신 얼굴 우뚝하시고 위엄과 신통 그지없으니…"로부터 시작하여 모든 중생을 다 제도하신다는 것을 찬탄하고, 두 번째 게송은 시방세계에서 오는 중생들이 정토의 공덕장엄을 누리는 것과 예경하는 수행자의 서원을 부처님이 증명하여 성취시켜 주기를 바라는 것이 주된 내용이며, 세 번째 게송은 시방의 모든 보살과 대중들이 아미타불을 친견하고 공양하고 정토장엄공덕을 누리는 것 등이다. 네 번째 게송은 석가모니 부처님이 정토에 왕생해야 하는 이유를 찬탄하고, 전생에 지은 공덕 없이는 정토경전을 만나서 믿기 어려운 것과 정토법문을 믿는 공덕이 얼마나 수승한가를 찬탄하는 것이며, 염불행자 스스로 다음 세상에는 반드시 부처가 되어 중생을 제도하겠다는 원(願)이 있는 게송이다. 그리고 예배를 다 한 후 마지막에는 "바랍노니 서방정토에 나되 상품 연꽃을 부모로 삼고 부처님 뵙고 무생법인 이루어 불퇴전 보살과 도반되어지이다."로 회향하였다.

3. 삼시계념불사

『삼시계념불사(三時繫念佛事)』는 돌아가신 영가를 위하여 하루 삼시(三時)에 걸쳐 천도시키는 의식집으로 보아도 무리는 아니다. 이 책의 저자는 우리나라에도 잘 알려진 영명연수(永明延壽)선사로, 법안종(法眼宗) 문익(文益)의 3세 법손(法孫)이다. 천태덕소(天台德韶)의 법을 이은 영명선사는 904년에 여항(餘杭)400)에서 태어나 35세에 출가하였다. 천태산의 천주봉(天柱峯)에서 구순간(九旬間) 선정을 닦고, 그 뒤에 송경만선(誦經萬善)에 중점을 두고 『법화경』을 독송하면서 오로지 정토의 업(業)을 수행하였다. 즉 매일 송경·예불·염불·설계·시식·방생 등 모든 선행을 행하였다. 이후 항주(杭州) 영은사(靈隱寺)를 부흥시켰고, 다음해는 영명대도량(永明大道場)으로 옮겨와 크게 대중들을 교화하였다. 영명(永明)401)에 살면서 15년간 제자 1,700명을 둔 것과 당시 사람들이 영명연수를 자씨보살이 하생(下生)한 것이라고 불렀던 것을 보면 그의 교화의 덕풍(德風)이 얼마나 대단하였는지를 엿볼 수 있다. 그는 송나라 개보(開寶) 8년(975) 12월 26일에 춘추 72세, 법랍 37세로 입적하였다. 그의 휘(諱)는 연수(延壽), 호(號)는 지상선사(智賞禪師), 자(字)는 중원(仲元)이다.

 그의 저서로는 『종경록』 100권, 『만선동귀집』 3권, 『영명지각선사유심결』 1권, 『수보살계법』 1권, 『정혜상자가』 1권, 『경세』 1권, 『심부주』 4권 등이 있고, 이외 『신루안양부』 등 대략 60여 부가 있다고 하는데,402) 이 가운데 하나가 『삼시계념불사(三時繫念佛事)』로 보면 된다. 그의 사상은 제행겸수(諸行兼修)와 선정겸수(禪淨兼修)이다.

 『삼시계념불사』의 내용은 제1시(時)에 정토의 불보살을 청한 뒤 『아미타경』을 독송한 후 '발일체업장근본득생정토다라니(拔一切業障根本得生淨土多羅尼)'를 외우고 나서, 마음에 대한 법을 설하고

---

400) 浙江省 餘杭縣
401) 湖南省 永明縣 北쪽
402) 영명연수의 전기와 정토사상에 대해서는 이태원의 『염불의 원류와 전개사』 pp.658~682를 참조할 것.

아미타불 염불을 백 번 하고 다시 법을 설하고 아미타불 염불을 천 번, 관세음보살 염을 세 번, 대세지보살 염을 세 번, 청정대해중보살 염을 세 번하게 되어 있고, 다시 법을 설하여 이러한 공덕으로 영가가 정토에 왕생하기를 원하는 형식을 취하였다.

법문의 내용은 다르나 제2시와 제3시도 제1시와 같은 순서로 하게 되어 있다. 자운율사가 이것을 손수 번역하여 발행하면서 부록으로 한글로 된 다비문을 수록한 것은 정토사상에 의해 죽은 영가를 극락정토에 왕생하게 하기 위한 염원에서 비롯되었다고 보아야 하며, 자운율사의 정토신앙사상도 깃들어 있다고 보아야 할 것이다.403)

4. 정토예경참문

(1) 정토예참(향을 사르면서 합장하고 이르기를)
향로에 향을 사르니
법계에 향기가 진동
부처님 회상에 퍼지어
가는 곳마다 상서구름
저의 뜻 간절하오니
부처님 강림하옵소서.
지심귀명례 시방법계 상주삼보(至心歸命禮 十方法界 常住三寶)

(무릎 꿇고 합장하여 이르기를)
빛나신 얼굴 우뚝하시고

---

403) 이태원, 「淨土 諸師의 禮懺에 관한 小考」 한국정토학회편, 『淨土學硏究』 제6집, 2003, pp.89~95.

위엄과 신통 그지없으니
이처럼 밝고 빛나는 광명
뉘라서 감히 따르오리이까.
햇빛과 달빛 여의주의 빛
맑은 진주 빛 눈부시지만
여기에 온통 가리워져서
검은 먹덩이 되고 맙니다.
여래의 얼굴 뛰어나시사
이 세상에는 짝할 이 없고
바르게 깨달은 이의 크신 소리
시방세계에 두루 들리네.
청정한 계율 다문(多聞)과 정신
삼매의 큰 힘, 지혜의 밝음
거룩한 위덕 짝할 이 없어
수승한 거동 처음 뵈옵네.
여러 부처님의 많은 그 법을
자세히 보고 깊이 생각해
끝까지 알고 속까지 뚫어
바닥과 가에 두루 비쳤네.
캄캄한 무명 탐욕과 분심
우리 부처님 다 끊으시니
사자와 같이 영특한 어른
거룩한 도덕 어떠하신가.
크신 도덕과 넓으신 공덕
밝은 지혜는 깊고 묘하여
끝없는 광명 거룩한 상호
대천세계에 널리 떨치시네.

원컨대 나도 부처님 되어
거룩한 공덕 저 법왕처럼
끝없는 생사 모두 건지고
온갖 번뇌에서 벗어지이다.
보시를 닦아 뜻을 고루고
계행 지니어 분한 일 참아
멀고 아득한 길 가고 또 가고
이러한 삼매 지혜가 으뜸일세.
나도 맹세코 부처님 되어
이러한 원을 모두 행하고
두려움 많은 중생 위하여
의지할 자리 되어지고져.
저곳에 계신 여러 부처님
백인가 천인가 몇 억만인가.
그 수효 이루 다 세일 수 없어
항하의 모래보다 많을지라도
저렇듯 많은 부처님들을
받들어 섬겨 공양하여도
보리의 도를 굳게 구하여
퇴전치 않은 것만 같지 못하리.
항하의 모래 수효와 같이
많고도 많은 부처님 세계
그보다 더 많아 셀 수가 없는
그처럼 많은 세계 국토를
부처님 광명 널리 비치어
모든 국토에 두루하거늘
이러한 정진과 또 신통을

무슨 지혜로 세어볼 것인가.
만약에 내가 부처님 되면
그 국토 장엄 으뜸가게 하리.
중생들은 모두 훌륭하게 되고
도량은 가장 뛰어나게 되리.
이 나라 땅은 그지없이 고요해
세상에 다시 짝이 없거늘
온갖 중생들 가엾이 여겨
내가 마땅히 제도하리라.

지심귀명례 본사 석가모니불
지심귀명례 동방 아축불
지심귀명례 남방 보만불
지심귀명례 서방 무량수불
지심귀명례 북방 난승불
지심귀명례 동남방 치지불
지심귀명례 서남방 아라연불
지심귀명례 서북방 월광면불
지심귀명례 동북방 적제근불
지심귀명례 하방 실행불
지심귀명례 상방 무량승불
지심귀명례 서방극락세계 무량광불
지심귀명례 서방극락세계 무변광불
지심귀명례 서방극락세계 무애광불
지심귀명례 서방극락세계 무대광불
지심귀명례 서방극락세계 염왕광불
지심귀명례 서방극락세계 청정광불

지심귀명례 서방극락세계 환희광불
지심귀명례 서방극락세계 지혜광불
지심귀명례 서방극락세계 부단광불
지심귀명례 서방극락세계 난사광불
지심귀명례 서방극락세계 무칭광불
지심귀명례 서방극락세계 초일월광불
지심귀명례 악취무명(惡趣無名) 서방극락세계 아미타불
지심귀명례 무타악도(無墮惡道) 서방극락세계 아미타불
지심귀명례 동진금색(同眞金色) 서방극락세계 아미타불
지심귀명례 형모무차(形貌無差) 서방극락세계 아미타불
지심귀명례 성취숙명(成就宿命) 서방극락세계 아미타불
지심귀명례 생획천안(生獲天眼) 서방극락세계 아미타불
지심귀명례 생획천이(生獲天耳) 서방극락세계 아미타불
지심귀명례 보인심행(普認心行) 서방극락세계 아미타불
지심귀명례 신족초월(神足超越) 서방극락세계 아미타불
지심귀명례 정무아상(淨無我相) 서방극락세계 아미타불
지심귀명례 결정정각(決定正覺) 서방극락세계 아미타불
지심귀명례 광명보조(光明普照) 서방극락세계 아미타불
지심귀명례 수량무궁(壽量無窮) 서방극락세계 아미타불
지심귀명례 성문무수(聲聞無數) 서방극락세계 아미타불
지심귀명례 중생장수(衆生長壽) 서방극락세계 아미타불
지심귀명례 개획선명(皆獲善名) 서방극락세계 아미타불
지심귀명례 제불칭찬(諸佛稱讚) 서방극락세계 아미타불
지심귀명례 십념왕생(十念往生) 서방극락세계 아미타불
지심귀명례 임종현전(臨終現前) 서방극락세계 아미타불
지심귀명례 회향개생(廻向皆生) 서방극락세계 아미타불
지심귀명례 구족묘상(具足妙相) 서방극락세계 아미타불

지심귀명례 함계보처(咸階補處) 서방극락세계 아미타불
지심귀명례 보공제불(普供諸佛) 서방극락세계 아미타불
지심귀명례 공구여의(供具如意) 서방극락세계 아미타불
지심귀명례 선인본지(善人本智) 서방극락세계 아미타불
지심귀명례 나라연력(那羅延力) 서방극락세계 아미타불
지심귀명례 장엄무량(莊嚴無量) 서방극락세계 아미타불

시방세계에서 오는 중생들
마음 즐겁고 청정하여서
이 나라에 와서 나게 되면
즐겁고 또한 편안하리라.
원컨대 부처님 굽어 살피사
저의 이 뜻을 증명하소서.
저 국토에서 원력을 세워
하려는 일들을 힘써 하리라.
시방 세계에 계신 부처님들
밝으신 지혜 걸림이 없으시니
저의 마음과 저의 수행을
부처님들께서 살펴 주옵소서.
이 몸이 만일 어떻게 하다
고난의 경계에 들어간다 한들
제가 행하는 이 정신을
참지 못하고 후회하리까.
내가 세운 이 원은 세상에 없는 일
위없는 바른 길에 가고야 말리.
이 원을 이루지 못한다면
언제라도 부처님 안 되렵니다.

한량없는 오랜 겁 지나가면서
내가 만일 큰 시주되지 못하여
가난뱅이 고생을 제도 못하면
언제라도 부처는 안 되렵니다.
내가 만일 이 다음 부처가 되어
그 이름 온 세계에 떨칠 때에
못들은 한 사람이 있다면은
언제라도 부처는 안 되렵니다.
욕심 없고 바른 마른 마음 굳게 지니고
청정한 지혜로 도를 닦으며
위없는 어른 되는 길을 찾아서
천상과 인간의 스승이 되리.
신통으로 밝고 큰 광명을 놓아
끝없는 여러 세계 두루 비추어
세 가지 어두운 때 녹여 버리고
여러 가지 액난을 건져지이다.
그네들의 지혜 눈 열어 밝히고
앞 못 보는 장님들 눈을 띄우며
여러 가지 나쁜 길 막아 버리고
좋은 세상 가는 길 활짝 틔우리.
지혜와 자비 충만하게 닦아
거룩한 빛 온 세상에 널리 비치니
해와 달의 밝은 빛 무색해시고
하늘나라 광명도 숨어버리네.
중생들을 위하여 교법을 열고
공덕 보배 골고루 보시할 때에
언제나 맑은 대중 모인 곳에서

법문한 그 말씀 사자의 소리.
온 세계 부처님께 공양을 하여
여러 가지 공덕을 두루 갖추고
그 소원 그 지혜를 가득 이루어
삼계에 거룩한 부처님 되리.
걸림 없는 부처님의 지혜와 같이
안 비치는 데 없이 사무치리니
바라건대 내 공덕 복과 지혜가
가장 높은 부처님과 같아지이다.
만약 이내 소원 이루어지려면
삼천대천세계가 다 진동하고
허공중에 가득한 천인들도
아름다운 꽃잎을 뿌려 주리라.

지심귀명례 보수실지(實樹悉知) 서방극락세계 아미타불
지심귀명례 획승변재(獲勝辯才) 서방극락세계 아미타불
지심귀명례 대변무변(大辯無邊) 서방극락세계 아미타불
지심귀명례 국정보조(國淨普照) 서방극락세계 아미타불
지심귀명례 무량승향(無量勝香) 서방극락세계 아미타불
지심귀명례 몽광안락(蒙光安樂) 서방극락세계 아미타불
지심귀명례 성취총지(成就總持) 서방극락세계 아미타불
지심귀명례 영리여신(永離女身) 서방극락세계 아미타불
지심귀명례 문명지과(聞名至果) 서방극락세계 아미타불
지심귀명례 인천치경(人天致敬) 서방극락세계 아미타불
지심귀명례 묘복응념(妙服應念) 서방극락세계 아미타불
지심귀명례 수락무염(受樂無染) 서방극락세계 아미타불
지심귀명례 수현불찰(樹現佛刹) 서방극락세계 아미타불

지심귀명례 제근구족(諸根具足) 서방극락세계 아미타불
지심귀명례 현증등지(現證等持) 서방극락세계 아미타불
지심귀명례 문생호귀(聞生豪貴) 서방극락세계 아미타불
지심귀명례 구족덕본(具足德本) 서방극락세계 아미타불
지심귀명례 주정견불(住定見佛) 서방극락세계 아미타불
지심귀명례 수욕문법(隨欲聞法) 서방극락세계 아미타불
지심귀명례 불퇴보리(不退菩提) 서방극락세계 아미타불
지심귀명례 현획인지(現獲忍地) 서방극락세계 아미타불
지심귀명례 계수천인소공경(稽首天人所恭敬) 아미타불
지심귀명례 재피미묘안락국(在彼微妙安樂國) 아미타불
지심귀명례 금색신정여산왕(金色身淨如山王) 아미타불
지심귀명례 사마타행여상보(奢摩他行如象步) 아미타불
지심귀명례 양목정야청연화(兩目淨若靑蓮華) 아미타불
지심귀명례 면선원정여만월(面善圓淨如滿月) 아미타불
지심귀명례 위광유여백천일(威光猶如百千日) 아미타불
지심귀명례 성야천고구시라(聲若天鼓俱翅羅) 아미타불
지심귀명례 종종묘상보장엄(種種妙相寶莊嚴) 아미타불
지심귀명례 능복외도마교만(能伏外道魔憍慢) 아미타불
지심귀명례 무비무구광청정(無比無垢廣淸淨) 아미타불
지심귀명례 중덕교결여허공(衆德皎潔如虛空) 아미타불
지심귀명례 소작이익득자재(所作利益得自在) 아미타불
지심귀명례 무량제마상찬탄(無量諸魔常讚歎) 아미타불
지심귀명례 금저보간지생화(金底寶澗池生華) 아미타불
지심귀명례 선근소성묘대좌(善根所成妙臺座) 아미타불
지심귀명례 어피좌상여산왕(於彼座上如山王) 아미타불
지심귀명례 위중설법무명자(爲衆說法無名字) 아미타불
지심귀명례 피존불찰무악명(彼尊佛刹無惡名) 아미타불

지심귀명례 역무여인악도포(亦無女人惡道怖) 아미타불
지심귀명례 중선무변여해수(衆善無邊如海水) 아미타불
지심귀명례 성불이래역십겁(成佛已來歷十劫) 아미타불
지심귀명례 수명방장무유량(壽命方將無有量) 아미타불
지심귀명례 지혜광명불가량(智慧光明不可量) 아미타불
지심귀명례 유량제상몽광효(有量諸相蒙光曉) 아미타불
지심귀명례 해탈광륜무한제(解脫廣輪無限齊) 아미타불
지심귀명례 몽광촉자리유무(蒙光觸者離有無) 아미타불
지심귀명례 광운무애여허공(光雲無礙如虛空) 아미타불

동방에 널려있는 여러 불국토
항하의 모래처럼 셀 수가 없네.
이렇듯 많은 국토 보살 대중이
무량수 부처님을 가서 뵈옵다.
남방 서방 북방 네 간방과
상방하방에도 다 그렇거든
이같이 많은 국토 보살대중이
무량수 부처님을 가서 뵈옵다.
시방세계 그와 같이 많은 보살들
아름다운 하늘 꽃과 향과 보석과
한량없는 하늘 옷을 가지고 와서
무량수 부처님께 공양하였네.
모두들 천상 음악 연주할 때에
밝고 곱고 화평한 노래를 불러
가장 높은 부처님 찬탄하면서
무량수 부처님께 공양하였네.
신통과 바른 지혜 끝까지 알아

저같이 깊은 법문 드나들면서
공덕이 창고에 가득 차지고
미묘한 밝은 지혜 짝할 이 없네.
지혜의 해 이 세상을 환히 비추어
생사의 구름이 활짝 걷히니
중생들 조심조심 세 번을 돌아
위없는 부처님께 예배하니라.
청정하고 장엄한 저 국토 보니
생각도 말도 못할 기묘한 세계
보는 사람 위없는 보리심 내어
원컨대 우리 국토 그와 같아지라고.
그 때에 무량수 부처님께서
반가운 얼굴로 기뻐 웃으시니
입에서 눈부신 광명이 나와
시방세계를 두루 비추시었네.
그 광명 되돌려 몸을 둘러싸
세 번 돌고 두상(頭上)으로 들어가니
온 세계 천상인간 많은 대중들
기꺼이 뛰고 놀며 즐거워했네.
그때에 관음보살 옷깃 여미고
머리를 숙이며 여쭙는 말씀
부처님 무슨 일로 웃으시온지
원컨대 그 까닭을 일러 주소서.
우레처럼 우렁찬 맑은 음성으로
여덟 가지 미묘한 소리를 내어
내 이제 보살들께 수기(授記)주리니
이 말을 똑똑히 명심하여 들으라.

시방 세계에서 모인 저 보살들
저마다 지닌 소원 내가 아노니
청정한 좋은 국토 구해 가지고
반드시 수기 받아 성불하리라.
온갖 법 꿈과 같고 요술과 같고
메아리 같은 줄을 밝게 깨달아
여러 가지 큰 원을 이루게 되면
이러한 좋은 국토 얻게 되리라.
법이 번개나 그림자 같은 줄 알고
끝까지 보살도를 닦아 행하여
여러 가지 공덕을 모두 갖추면
반드시 수기 받아 성불하리라.
법의 성품은 모두 공(空)한 것이고
나조차 없는 줄을 깊이 깨달아
청정한 불국토를 힘써 구하면
반드시 이런 국토 얻게 되리라.

지심귀명례 일체유애몽광택(一切有礙蒙光澤) 아미타불
지심귀명례 청정광명무유대(淸淨光明無有對) 아미타불
지심귀명례 우사광자업계제(遇斯光者業繫除) 아미타불
지심귀명례 불광조요최제일(佛光照耀最第一) 아미타불
지심귀명례 삼도흑암몽광계(三途黑闇蒙光啓) 아미타불
지심귀명례 도광명랑색초절(道光明朗色超絶) 아미타불
지심귀명례 일몽광조죄구제(一蒙光照罪垢除) 아미타불
지심귀명례 자광하피시안락(慈光遐被施安樂) 아미타불
지심귀명례 광소지처득법회(光所至處得法會) 아미타불
지심귀명례 불광능파무명암(佛光能破無明闇) 아미타불

지심귀명례 광명일체시보조(光明一切時普照) 아미타불
지심귀명례 기광제불막능측(其光除佛莫能測) 아미타불
지심귀명례 시방제불탄왕생(十方諸佛歎往生) 아미타불
지심귀명례 신광리상불가명(神光離相不可名) 아미타불
지심귀명례 인광성불광혁연(因光成佛光赫然) 아미타불
지심귀명례 광명조요과일월(光明照耀過日月) 아미타불
지심귀명례 석가불탄상부진(釋迦佛歎尙不盡) 아미타불
지심귀명례 세계광요묘수절(世界光耀妙殊絶) 아미타불
지심귀명례 적열연안무사시(寂悅宴安無四時) 아미타불
지심귀명례 무유산천능곡조(無有山川陵谷阻) 아미타불
지심귀명례 도수고사백만리(道樹高四百萬里) 아미타불
지심귀명례 칠보수림주세계(七寶樹林周世界) 아미타불
지심귀명례 풍취산화만불토(風吹散華滿佛土) 아미타불
지심귀명례 중보연화영세계(衆寶蓮華盈世界) 아미타불
지심귀명례 일일화백천억엽(一一華百千億葉) 아미타불
지심귀명례 보위시방설묘법(普爲十方說妙法) 아미타불
지심귀명례 팔공덕수만지중(八功德水滿池中) 아미타불
지심귀명례 황금지자백은사(黃金池者白銀沙) 아미타불
지심귀명례 육방여래증불허(六方如來證不許) 아미타불
지심귀명례 제불대비심무이(諸佛大悲心無二) 아미타불
지심귀명례 방편화문등무수(方便化門等無殊) 아미타불
지심귀명례 사피장엄무승토(捨彼莊嚴無勝土) 아미타불
지심귀명례 비심념념연삼계(非心念念緣三界) 아미타불
지심귀명례 법림즉시미타국(法林卽是彌陀國) 아미타불
지심귀명례 소요쾌락불상침(逍遙快樂不相侵) 아미타불
지심귀명례 여래교법원무이(如來敎法元無二) 아미타불
지심귀명례 원폐삼도절육도(願閉三塗絶六道) 아미타불

지심귀명례 개현무생정토문(開顯無生淨土門) 아미타불
지심귀명례 서도미타안양계(誓到彌陀安養界) 아미타불
지심귀명례 환래예국도인천(還來穢國度人天) 아미타불
지심귀명례 여래별지서방국(如來別指西方國) 아미타불
지심귀명례 종시초과십만억(從是超過十萬億) 아미타불
지심귀명례 칠보장엄최위승(七寶莊嚴最爲勝) 아미타불
지심귀명례 성중인천수명장(聖衆人天壽命長) 아미타불
지심귀명례 불호미타상설법(佛號彌陀常說法) 아미타불
지심귀명례 극락중생장자망(極樂衆生障自亡) 아미타불
지심귀명례 주라보망백천중(珠羅寶網百千重) 아미타불
지심귀명례 극락세계광청정(極樂世界廣淸淨) 아미타불
지심귀명례 지상장엄난가량(地上莊嚴難可量) 아미타불
지심귀명례 팔공향지유변만(八功香池流徧滿) 아미타불

부처님 보살들께 하시는 말씀
극락세계 무량수불 가서 뵈오라.
법문 듣고 기꺼이 받아 행하면
청정한 저 국토를 빨리 얻으리.
청정한 그 나라에 가기만 하면
어느덧 신통 묘용(妙用) 두루 갖추고
무량수 부처님께 수기를 받아
위없는 바른 길을 이룰 것이다.
저 부처님 처음에 세우신 원력
그 이름 듣고서 가서 나려면
누구든지 그 나라에 왕생을 하여
물러나지 않는데 앉게 되리라.
그러므로 보살들아 지극한 원을 세워

내 국토도 그 세계와 같아지라고,
나도 많은 중생 구제하겠노라고
그러면 그 이름이 시방에 떨치리라.
그 많은 부처님을 섬길 때에는
이 몸으로 여러 세계 두루 다니며
정성껏 기쁨으로 공양드리고
거듭 극락세계에 돌아가리라.
전생에 착한 공덕 못 쌓은 이는
이 경전의 말씀을 들을 길 없고
온갖 계행 청정하게 닦은 이라야
부처님 바른 법문 들을 수 있네.
일찍이 부처님을 뵈온 사람은
의심을 않고 이런 일 믿으리니
겸손하고 조심스레 듣고 행하여
즐거이 뛰놀면서 기뻐하리라.
교만하고 게을러빠진 사람은
이 법문을 믿기가 매우 어렵지마는
전생에 부처님을 뵈온 사람은
이와 같은 가르침을 즐겨 들으리.
성문은 물론이고 보살이라도
부처님의 거룩한 마음 알 길 없나니
이 세상에 날 때부터 눈먼 사람이
어떻게 남에게 바른 길 가리키리.
여래님의 크신 지혜 바다는
깊고도 넓어 그 끝이 없어
성문이나 보살로는 헤아릴 길이 없고
부처님만이 그 덕을 알고 있네.

이 세상 사람으로 누구나 없이
원만하게 모두 다 도를 이루어
청정한 지혜로 공(空)임을 알고
억겁 동안에 부처 지혜 생각하고
있는 힘을 기울여 그것을 해설하고
목숨을 다하여도 알 수 없나니
부처님의 지혜는 한량이 없어
이와 같이 끝없이 청정하니라.
이 목숨 오래 살기 어렵거니와
부처님 만나 뵙긴 더욱 어렵고
믿음과 지혜 갖긴 더욱 더 어렵나니
좋은 법 들었을 때 힘써 닦아라.
법문 듣고 마땅히 잊지 말 것이
뵈옵고 공경하면 큰 기쁨 얻네.
그를 일러 우리들의 선지식이라.
그러므로 너희들은 발심하여라.
온 세계에 불길이 가득할지라도
뚫고 가서 그 법문을 들을 것이니
다음 세상 반드시 부처가 되어
생사에 허덕이는 중생들 구하리라.

지심귀명례 저포금사조이광(底布金沙照異光) 아미타불
지심귀명례 사변계도비일색(四邊階道非一色) 아미타불
지심귀명례 안상중루백만행(岸上重樓百萬行) 아미타불
지심귀명례 진주마뇌상영식(眞珠碼碯相映飾) 아미타불
지심귀명례 사종연화개즉향(四種蓮華開卽香) 아미타불
지심귀명례 천락음성상편만(天樂音聲常徧滿) 아미타불

지심귀명례 황금위지간기진(黃金爲地間奇珍) 아미타불
지심귀명례 주야육시화자산(晝夜六時華自散) 아미타불
지심귀명례 법음상설자연문(法音常說自然聞) 아미타불
지심귀명례 피국중생갱무사(彼國衆生更無事) 아미타불
지심귀명례 의극404)성화예시방(衣襋盛華詣十方) 아미타불
지심귀명례 극락무위열반계(極樂無爲涅槃界) 아미타불
지심귀명례 진시방삼세(盡十方三世) 일체제불
지심귀명례 무량수경
지심귀명례 관무량수경
지심귀명례 아미타경
지심귀명례 진시방삼세일체존법
지심귀명례 관세음보살
지심귀명례 대세지보살
지심귀명례 약왕보살
지심귀명례 약상보살
지심귀명례 보현보살
지심귀명례 법자재보살
지심귀명례 사자후보살
지심귀명례 다라니보살
지심귀명례 허공장보살
지심귀명례 불장보살
지심귀명례 보장보살
지심귀명례 금장보살
지심귀명례 금강장보살
지심귀명례 산해혜보살
지심귀명례 광명왕보살

---

404) 옷 뒤 자락 극 字다.

지심귀명례 화엄왕보살
지심귀명례 중보왕보살
지심귀명례 월광왕보살
지심귀명례 일조왕보살
지심귀명례 삼매왕보살
지심귀명례 정자재왕보살
지심귀명례 대자재왕보살
지심귀명례 백상왕보살
지심귀명례 대위덕보살
지심귀명례 무변신보살
지심귀명례 문수보살
지심귀명례 미륵보살
지심귀명례 용수보살
지심귀명례 마명보살
지심귀명례 천친보살
지심귀명례 진시방삼세일체보살
지심귀명례 가섭존자
지심귀명례 아난다존자
지심귀명례 사리불존자
지심귀명례 목건련존자
지심귀명례 가전연존자
지심귀명례 빈두로파라타 존자
지심귀명례 진시방삼세일체현성승
바랍노니 서방정토에 나되
상품 연꽃을 부모로 삼고
부처님 뵙고 무생법인 이루어
불퇴전 보살과 도반되어지이다.

(2) 연지대사(蓮池大師)의 서방원문(西方願文)

극락세계 계시사 중생을 이끌어 주시는 아미타불께 귀의하옵고 그 세계에 가서 나기를 발원하옵나니 자비하신 원력으로 굽어 살펴 주옵소서.

저희들이 네 가지 은혜 끼친 이와 삼계중생을 위해 부처님의 위없는 도를 이루려는 정성으로 아미타불의 거룩하신 명호를 불러 극락세계에 왕생하기를 원하나이다. 업장은 두터운데 복과 지혜 옅사와, 때 묻은 마음 물들기 쉽고 깨끗한 공덕 이루기 어려워, 이제 부처님 앞에 지극한 정성으로 예배하고 참회하나이다.

저희들이 아득한 옛적부터 오늘에 이르도록 몸과 말과 생각으로 한량없이 지은 죄와 무수히 맺은 원결 모두 다 풀어 버리고, 이제 서원을 세워 나쁜 짓 멀리하여 다시 짓지 아니하고 보살도 항상 닦아 물러나지 아니하며, 정각을 이루어서 중생을 제도하려 하옵나이다.

아미타 부처님이시여, 대자대비하신 원력으로 저를 증명하시고 가엾이 여기사 가피를 내리소서. 삼매에서나 꿈속에서나 거룩한 상호를 뵙게 하시고, 아미타불의 장엄하신 국토에 다니면서 감로로 뿌려 주시고 광명으로 비쳐 주시며 손으로 쓰다듬어 주시고 가사로 덮어 주심 입사와, 업장은 소멸되고 선근은 자라나며 번뇌는 없어지고 무명은 깨어져서, 원각의 묘한 마음 뚜렷하게 열리옵고 극락세계가 항상 앞에 나타나게 하옵소서. 그리고 이 목숨 마칠 때에 갈 시간 미리 알아 여러 가지 병고 액난 이 몸에서 사라지고 탐진치 온갖 번뇌 씻은 듯이 없어져, 육근이 화락하고 한 생각 분명하여 이 몸을 버리옵기 전에 들듯 하여지이다.

아미타불께서 관음·세지 두 보살과 성중들을 데리시고 광명 놓아 맞으시며 손들어 이끄시와, 높고 넓은 누각과 아름다운 깃발과 맑은 향기 천상 음악 거룩한 서방정토 눈앞에 나타나면, 보는 이와 듣는 이들 기쁘고 감격하여 위없는 보리심을 내게 하여지이다.

그때 이내 몸도 금강대에 올라앉아 부처님 뒤를 따라 극락정토 나아가서, 칠보로 된 연못 속에 삼품상생 하온 뒤에 불보살 뵈옵거든, 미묘한 법문 듣고 무생법인 증득하여 부처님 섬기옵고 수기를 친히 받아 삼신(三身)·사지(四智)·오안(五眼)·육통(六通)·백천다라니와 온갖 공덕을 원만하게 갖추어지이다.

그런 다음 극락세계를 떠나지 아니하고 사바세계에 다시 돌아와, 한량없는 분신(分身)으로 시방세계 다니면서 여러 가지 신통력과 갖가지 방편으로 무량중생 제도하여 삼독번뇌 여의옵고 청정한 본심으로 극락세계 함께 가서 물러나지 않는 자리에 들게 하여지이다.

세계가 끝이 없고 중생이 끝이 없고 번뇌업장 또한 끝이 없사오니 이내 서원도 끝이 없나이다. 저희들이 지금 예배하고 발원하여 닦아 지닌 공덕을 온갖 중생에게 두루 베풀어, 네 가지 은혜 골고루 갚사옵고 삼계중생을 모두 제도하여 다 같이 일체종지를 이루게 하여지이다.

(3) 정념게(正念偈)

저희들 제자와 법계 중생들이 죄업이 지중하여 육도에 윤회하매 그 괴로움은 이루 다 말할 수 없었나이다. 그러나 다행히도 이제 선지식을 만나 아미타불의 명호와 공덕을 듣고 일심으로 염불하여 왕생하기를 원하옵나니, 바라건대 자비를 드리우사 가엾이 여겨 거두어 주옵소서.

어리석은 저는 부처님 몸의 상호와 광명을 알지 못하오니, 원컨대 나투시어 저로 하여금 친견하게 하옵소서. 그리고 관세음과 대세지 여러 보살들을 뵙게 하시고, 서방정토의 청정한 장엄과 광명과 미묘한 형상들을 역력히 보게 하여 주옵소서.

(4) 찬불게(讚佛偈)

아마타 부처님의 몸은 황금빛
그 몸매와 그 광명 짝할 이 없어

미간백호 도는 모양 다섯 수미산
맑은 눈 깨끗하기 네 바다 같네.
광명 속 화신불 한량이 없고
화신보살 대중도 그지 없으사
四十八 큰 원으로 중생 건지니
구품으로 모두 다 저 언덕 가네.
나무서방극락세계 대자대비아미타불
나무아미타불(형편에 따라 백, 천, 만 번)
나무관세음보살(세 번)
나무대세지보살(세 번)
나무청정대해중보살(세 번)

(5) 회향게(回向偈)
이내 몸 임종 때에 장애가 없고
아미타불 왕림하여 나를 맞으며
관세음은 내 머리에 감로 뿌리고
대세지의 금련대에 발을 얹고서
한 찰나에 이 흐린 세상 떠나고
팔 한 번 펼 동안에 정토에 나서
연꽃이 피는 때에 부처님 뵙고
설법하는 음성을 듣자오리라.
법문 듣고 무생법인 증득한 뒤에
극락세계 안 떠나고 사바에 와서
방편을 잘 알아 중생 건지고
걸림없는 지혜로 불사 지으리.
부처님 저의 마음 아시오리니
오는 세상 이 소원 이뤄지이다.

시방삼세일체불 제존보살마하살 마하반야바라밀
부처님께 귀의할 때 바라나니 모든 중생
큰 도리를 이해하고 위없는 맘 내어지이다.
법보에게 귀의할 때 바라나니 모든 중생
삼장 속에 깊이 들어 큰 지혜를 얻어지이다.
스님네께 귀의할 때 바라나니 모든 중생
많은 대중 통솔하여 온갖 장애 없어지이다.
화남성중405)

---

405) 慈雲,『淨土禮敬』1976. 5, 이정모.「淨土諸師의 禮懺에 관한 小考」한국정토학회편,『淨土學硏究』第6輯, 2003, pp.89~121 참조.『정토법요』감로사, 2009, 참조.

일본(日本)편 Ⅳ.

제1장 정토교의 참회사상
제2장 정토종의 참회
제3장 정토진종의 참회관
제4장 정토참회논서

:: 제1장 정토교의 참회사상 ::

제1절 일본 정토교와 치코우(智光)의 『무량수경논석』

1. 서

일본정토교에 대해서는 신라불교의 영향을 받은 나라시대(奈良時代)의 간코지(元興寺)의 치코우(智光, 709?~780)의 『무량수경론석』(이하 『논석(論釋)』)에 대해 살펴보기로 한다. 치코우(智光)는 세친의 『정토론』을 담란(曇鸞)의 『논주(論註)』에 의해 주석한 최초의 일본인이고, 신라의 48원(願)의 해석을 수용한 사람이다. 그것을 료겐(良源)이 이어받아 일본 정토교는 겐신화상(源信和尙, 942~1017)으로 전개되고 호넨(法然)과 신란(親鸞)에 이르러 완성되었다.

2. 신라의 정토사상

(1) 신라 정토교

신라 정토교가 일본에 준 영향은 크고 정창원문서(正倉院文書)에 정토교 관계는 202건에 이른다. 동시대의 당(唐)의 정토교는 가재(迦才, 7세기 중반)·선도(善導, 7세기 초)·회감선사(懷感禪師, 7세기) 등에 의해서 『관무량수경』의 연구가 성행하기는 했지만, 『무량수경』의 소(疏)는 거의 없다. 한편 신라에서는 『무량수경』의 주석이 성행하고 있었다. 대체로 50년 사이에 원효(元曉, 617~686)·

법위(法位, 7세기)·의적(義寂, 7~8세기)·현일(玄一, 7세기)·경흥(憬興, 7세기 후반)의 오사(五師)가 『무량수경』의 주석을 지었다.

도작(道綽)과 선도의 『관무량수경』 중심의 정토교는 신라에서는 의적(義寂) 이외는 도입하고 있지 않다. 신라불교의 고승들은 48원 가운데 제18원을 중시하고 있다. 제18원에 대해서는 십념(十念)과 역방(逆謗)406)에 대해 어떻게 이해하는가 하는 문제가 있다.

(2) 원효

원효는 『유심안락도(遊心安樂道)』에서 "정토종의 뜻은 범부본위이고 겸하여 성인(聖人)을 위한 것이다."407)라고 말한다. 호넨(法然)의 『선택집(選擇集)』은 이것을 인용하여 아미타불의 구제의 목표는 범부이고, 또 『구전초(口傳抄)』에서도 이를 인용하여, 아미타여래의 48원은 탐욕·진에·우치의 삼독의 번뇌가 무성한 범부를 위한 원(願)이고, 삼독이 구족하여 있기 때문에 일으킨 원이며, 이에 의해 왕생은 반드시 정해진 것이고, 기(機)가 비열하더라도 왕생에서 빠질 수가 없는 것이라고 말하고 있다. 원효의 『무량수경종요』에서는 십념(十念)에 대해 은밀의(隱密義)의 십념과 현료의(顯了義)의 십념을 논하고 있다.

은밀(隱密)의 십념은 『미륵발문경』에서 논하고 있는데,408) "첫째 일체중생에게 항상 자심(慈心)을 내고, 둘째 일체중생에게 깊이 비심(悲心)을 일으키고, 셋째 호법심을 발하여 신명(身命)을 아끼지 않고, 넷째 인욕하는 가운데 결정심을 내고, 다섯째 심심(深心) 청정히 하여 이양(利養)에 물들이지 않고, 여섯째 일체종(一切種)

---

406) 逆謗이란 오역죄를 짓고 정법을 비방하는 것을 말한다.
407) 大正藏 47, p.119b 『遊心安樂道』, 『眞宗聖敎全書』(이하 眞聖全) 1권 p.930. 『選擇集』
408) 大正藏 37, p.129a 『無量壽經宗要』, 『淨土宗全書』(이하, 淨全) 5 p.83

의 마음을 발하고, 일곱째 일체중생에게 존중심을 일으키고, 여덟째 세상의 이야기에 미착심(味著心)을 내지 않고, 아홉째 각의(覺意)에 가까이 하여 깊이 여러 가지 선근(善根)의 인연을 일으켜 마음이 번잡하고 산란한 마음을 멀리 여의고, 열째 정념(正念)으로 불(佛)을 관하여 제근(諸根)을 제거한다."는 것을 말하는 십념이고, 초지(初地) 이상의 보살이 태어나는 순정토(純淨土)에 대한 인(因)이다.

현료(顯了)의 십념은 『관무량수경』의 하품하생(下品下生)의 십념으로, 소리를 내어 나무아미타불을 칭한다. 지심(至心) 십념상속을 『약론안락정토의』의 강을 건너는 비유의 문장을 사용하여 설명하고, 일체의 여념이 끼어들지 못하게 하고 불명(佛名)·불상(佛相) 등을 염하여 끊어지는 일없이 십념에 이른다. 『무량수경』과 『관무량수경』의 십념에는 차이가 없고 보살로부터 오역십악(五逆十惡)의 범부까지 정토에 왕생할 수 있다고 설하고 있다.

역방(逆謗)에 대해서는 『무량수경종요』[409]에서 이르기를, "『무량수경』에서 오역죄와 정법(正法)을 비방하는 자를 왕생자에서 제외하는 것은 참회하지 않기 때문이고, 『관무량수경』에서 오역십악(五逆十惡)을 허용한 것은 그들이 참회하기 때문이다."라고 한다.

(3) 의적

의적(義寂)은 중국의 선도와 회감(懷感)의 사상을 도입하고 있다. 십념에 대해서 『진종성교전서(眞宗聖敎全書)』[410]에 실려 있는 것을 보면, 『무량수경』과 『관무량수경』의 십념은 동일한 것으로, 나무아미타불을 칭하는 것을 일념(一念)이라 하여 이 일념을 오로

---

409) 上同 p.129b 淨全 5 p.84.
410) 眞宗聖敎全書 1권 p.903.

지 칭하여 가는 것이 십념이고, 전심으로 구칭염불하는 가운데 미륵의 십념이 자연히 구족하여 구칭염불의 회수에 관계없이 모두 왕생할 수 있다고 주장하고 있다.

역방(逆謗)에 대해서는 오역(五逆)을 지어도 믿음(信)을 무너트리지 않고 정법을 비방하지 않는 자와, 오역을 짓고 믿음(信)을 무너트리고 정법을 비방하는 자로 이분(二分)하였다. 전자는 믿음(信)을 무너트리지 않았으므로 오역을 지어도 오역을 돌릴 수가 있고, 『관무량수경』의 역방은 정법을 비방하지 않으므로 오역을 범한 자라도 염불을 함으로서 왕생할 수 있다. 후자는 믿음(信)도 정법도 무너져있으므로 오역죄를 되돌릴 수가 없어『무량수경』의 역방은 왕생할 수 없다고 하는 것이다.

(4) 현일

현일(玄一)도 원효의 참회설과 같아서 혜원의 사상에 의해 정토교를 이해하고 있다. 『무량수경기(記)』에 오역자에는 선취(善趣)와 선취 이하의 부류가 있다. 선취의 계위는 보살의 수행단계 가운데서 십신위(十信位) 이상이다. 반드시 참회하여 그 죄를 소멸시키기 때문에 왕생할 수가 있다. 선취위(善趣位) 이하의 오역자는 참회가 없기 때문에 왕생할 수 없다.『관무량수경』의 오역자는 선취위이기 때문에 왕생할 수 있고『무량수경』의 오역자는 선취위 이하이기 때문에 왕생할 수 없다.

또 오역을『관무량수경』의 오역자는 관불삼매(觀佛三昧)를 닦기 때문에 왕생할 수 있고, 『무량수경』의 오역자는 아무리 선근을 쌓아도 관불삼매를 닦지 않으므로 왕생할 수가 없다. 관불삼매는 오역의 중죄를 소멸할 수 있지만 그 이외의 선근의 힘으로는 불가능하다고도 논하고 있다.

⑸ 경흥

경흥(憬興)은 유가유식학자로 『무량수경연의술문찬』에서 혜원이나 법위·의적의 설을 배척하고, 유식으로 정토교를 선양하고 있다. 법위의 십념설(十念說)을 논파하여 『무량수경』과 『관무량수경』의 십념은 모두 구칭(口稱)의 십념이라고 주장하고 있다. 『미륵발문경』에 설하는 십념을 『무량수경』·『관무량수경』의 십념에서 배제하였다. 원효나 의적에게서 볼 수 있던 『무량수경』이 『관무량수경』보다 수승하다고 하는 견해는 전혀 볼 수 없다. 제18원은 상품을 섭수하는 원(願)이라 하고, 제19원은 중품을 섭하는 원(願)이라하며, 제20원은 하품을 섭하는 원으로 배당하였다. 방법(謗法)은 불생(不生)이다. 경흥은 구품 전체를 범부로 간주하고, 『무량수경』과 『관무량수경』은 범부만을 대상으로 하고 있다는 것을 강조하였다.

3. 치코우(智光)의 『논석』

⑴ 『논석(論釋)』이란

일본 정토교 여명기의 인물인 치코우(智光)는 『논석』·『관무량수경소』·『사십팔원석』을 지었다. 『논석(論釋)』은 현존하지 않지만 『안양집』·『안양초』 등에 많이 인용되어 있다. 『논석』은 담란의 『논주(論註)』를 참고하면서 세친의 『정토론』을 주석한 것이다. 그 특징은 혜원이나 신라의 법위, 현일, 경흥, 의적 등의 영향을 받아 일본인으로서는 처음으로 48원에 원명(願名)을 붙인 것이다. 그 후의 료겐(良源)은 『구품왕생의(九品往生義)』에서, 세이쇼(靜照, ?~1003)는 『무량수경사십팔원석』에서, 호넨(法然)은 『선택집』 등에서 48원에 원명(願名)을 붙여 각기 종(宗)의 뜻을 나타내었다.

⑵ 왕생인(往生因)

치코우(智光)는 왕생의 수인(修因)을 『정토론』의 오념문을 염두에 두고 『논주』를 계승하고 있다. 치코우의 오념문(五念門)을 모두 알 수는 없지만, 『논석』 2에 기관생신(起觀生信)에 상당하는 문장411)이 있고 그 가운데 염불에 대하여 논하고 있는데, 그 염불은 칭명이 심념(心念)을 성취하기 위한 방편이라고 하는 것이다.

치코우(智光)는 혜원과 신라불교의 영향을 받아 『무량수경』의 생인삼원(生因三願)에 대하여 각각의 원(願)에 의해서 왕생할 수 있는 자를 나누어 논하고 있다. 제18원을 제연신락십념왕생원(諸緣信樂十念往生願)이라하고, "18원은 제연신락십념왕생원으로 이른바 모든 중생은 신락욕생(信樂欲生) 내지 십념왕생(十念往生)할 수 있고 오직 오역비방정법자를 제한다."412)라고 하여 신락(信樂)과 십념(十念)을 주시하고 있다. 『대아미타경』의 회악생선원(悔惡生善願)에 상당하고,413) 제18원은 악인왕생의 원(願)이고 악인인 하품의 자에 한한 것이다. 오역십악의 기(機)는 불명(佛名)을 듣고 정토에 왕생하고자 참회하여 삼심(三心)을 발하여 십념하면 왕생할 수 있다고 하는 것이다.

제19원을 행자명종현전도생원(行者命終現前導生願)이라 하고, 『대아미타경』의 제7원에 상당하여 지혜용맹이라 하였다.414) 공덕(功德)을 닦은 행으로부터 정토에 태어나고자 원하면 명(命)이 끝날 때에 아미타불의 내영(來迎)의 이익이 있다면서 제18원의 기(機)보다 높은 기류(機類)라고 하였다. 제20원은 문명계념수덕즉생원(聞名繫念修德卽生願)이라하여 명호를 듣고 염을 정토에 두고

---

411) 惠谷版 p.9.
412) 惠谷版 p.23.
413) 惠谷版 p.25.
414) 惠谷版 p.25.

많은 공덕을 쌓으면 왕생할 수 있다고 하고, 『대아미타경』의 제4원에 해당하여 선중생(善衆生)이라고 하였다.415)

(3) 십념(十念)

십념(十念)에 대해서 치코우(智光)는 칭명의 십념과 『미륵발문경』의 십념을 언급하고 있다. 이 십념론은 『무량수경』의 본원의 십념과 하품하생의 십념과 『미륵발문경』의 십념을 말하고 있는데, 미륵의 십념을 말하는 것은 신라불교의 영향을 받고 있다. 미륵의 십념은 항상 자심(慈心) 이하의 십념이 구족한 것으로 '자(慈) 등의 십념'이라고 한다. '자(慈) 등의 십념'에서 『무량수경』의 십념을 이해한 것은 법위(法位)이다. 법위는 십념은 반드시 십법십념(十法十念)이 아니면 안된다고 하였다. 원효는 하품의 범부에게는 왕생이 불가능하다고 하였다. 의적은 미륵의 십념은 하품하생의 십념에 자연히 구족하고, 범부에게도 왕생이 가능하다고 하였다. 전심으로 불명을 칭할 때에 항상 '자(慈) 등의 십념'이 하품하생의 십념에 구족하는 것이다. 치코우(智光)는 원효의 설을 받아들여 역악인(逆惡人)의 칭명염불과 『미륵발문경』의 십념에 대해 고도의 행(行)이라고 하였다.

치코우(智光)는 미륵의 십념을 범우(凡愚)의 염이 아니고 불선(不善)의 염이 아니며 잡결사(雜結使)의 염이 아니라고 하여 하품하생의 십념과 『미륵발문경』의 십념은 다른 것이라고 하였다. 또 제18원은 악인왕생의 원(願)이기 때문에 '자(慈) 등의 십념'과는 다른 것이다.

---

415) 惠谷版 p.25.

(4) 역방(逆謗)

역방(逆謗)에 대해서는 『논석』에서 『논주』의 8번 문답을 어떻게 설했는지를 검토하여 보겠다. 8번 문답에 해당하는 것은 『논석』416) 제1의 말미에 『정토론』의 「보공제중생(普共諸衆生)」의 기(機)에 대하여 『무량수경』의 제18원 성취문과 『관무량수경』 하품하생의 문장을 인용하여 오역십악의 하품하생도 십념염불에 의해서 왕생이 될 수 있다고 말하고 있다. 『논주』의 제1번 문답과 같은 것이다. 제2번 문답은 『무량수경』에서는 오역과 정법비방죄의 자는 구할 수 없으나, 『관무량수경』은 십악오역(十惡五逆)만으로 정법을 비방하고 있지 않으므로 구원받는다. 제3번 문답에서는 정법을 비방하지 않고 오역죄의 자가 구원을 받는다면, 오역을 범하지 않고 비방하는 자는 구원을 받을 수 있는가하는 물음에, 여죄가 없어도 왕생은 할 수 없다고 답한다. 제4번 문답은 방법죄(謗法罪)에 대하여 묻고, 불법승이 없고 보살과 보살의 법이 없다고 사견(邪見)을 주장하는 것이라고 답한다. 제5번 문답에서는 정법을 비방하는 것이 오역죄보다 무겁다 하여 방법(謗法)으로부터 오역(五逆)이 생기는 것을 분명히 하고 있다. 제6·제7·제8번 문답은 현존하지 않지만, 치코우(智光)의 8번 문답은 『논주』와 같다고 볼 수 있다.

오역십악의 하품하생의 기류가 칭명의 십념으로 왕생할 수 있다고 하는 것을 『논석』 3에서는 주장하기를 여실의(如實義)라고 하는 것은 자설(自說)을 말하는 것으로, 치코우(智光)는 숙세(宿世)의 보리심의 유무에 관계없이 하품하생의 자는 칭명의 십념에 의해서 왕생할 수 있다고 하면서 『논주』와 같다고 주장하고 있다. 그러나 치코우(智光)의 본원관(本願觀)은 혜원이나 신라 정토교의 영

---

416) 原文은 惠谷隆戒, 『無量壽經論釋』 1, 2, 3, 4, 5권에 의함.

향을 받아 제18원은 제연신락십념왕생원(諸緣信樂十念往生願)으로 악인왕생의 원(願)이라고 본다. 즉, 앞서 악을 지은 자가 불명(佛名)을 듣고 정토에 태어나겠다고 생각하고 참회하여 삼심(三心)을 일으켜 십념(十念)한다면 왕생할 수 있다고 보고 있다. 오역(五逆)의 죄인이 선지식을 만나 십념의 칭명으로 왕생할 수 있는 것은 일시적으로 악도에 떨어져도 과거에 보리심을 일으키고 있었기 때문이다. 본래 부처의 종자(種子)를 가지고 있지만 유제(唯除)라는 것은 불종자를 갖지 않은 자이고, 오역과 정법비방자는 선천적으로 불종자를 갖지 못한 자라고 보아, 의적(義寂)의 오역을 범하여도 믿음(信)이 있는 자는 왕생을 할 수 있다는 생각과 통하고 있는 것이다.417)

제2절 잇펜(一遍)의 염불참회

1. 잇펜의 생애

잇펜지신(一遍智眞, 1239~1289)은 10세에 모(母)를 잃고 부(父)의 명으로 출가하여 수연(隨緣)이라 이름하였다. 13세 때 규수태재부(九州太宰府)의 쇼닷츠(聖達)에게 가서 입문한다. 쇼닷츠는 세이잔쇼쿠(西山証空)의 제자로 호넨(法然)의 손제자이다. 그런데 가마쿠라시대(鎌倉時代)의 신불교의 조사(祖師)들은 모두 귀족불교의 근본도량인 히에이산(比叡山)에서 배우고 당시의 수도의 최고 교육을 받고 있었다. 그러나 지신(智眞)은 규슈의 쇼닷츠(聖達)의 가

---

417) 永原智行,「論釋」と'九品往生義'た中心に十念と逆謗釋についての考察」眞宗連合學會編,『眞宗研究』第56輯, 平成 24年, pp.159~169 참조.

르침을 받았으며,418) 1289년 8월 51년의 생애를 마감하였다. 『성회(聖絵)』(제12)는 그 모습을 다음과 같이 전하고 있다.

"새벽 예찬의 참회의 귀삼보(歸三寶) 정도로 들고나는 숨 쉬는 모습도 보이지 않는다. 선정(禪定)에 든 것처럼 하고 왕생하시다."

여기에서 알 수 있듯이 잇펜(一遍)은 일찍부터 자신의 죽을 때와 모습을 예고하고 있었다. 실로 잇펜의 생애는 놀라움과 부사의의 연속이었다고 볼 수 있다. 그는 '신탁(神託)' 이래 '사람'이기를 벗어나게 된다. 그리고 그 후의 기나긴 유행생활(遊行生活)에서도 오로지 이것만을 추구하였다고 볼 수 있는데, 그 구극이 명실 공히 임종(臨終)이었다. 사람이 사람이기를 벗어난다는 것은 즉 자기로부터의 초월인 것이다. 그러면서도 초인(超人)이 아니다. 따라서 그것은 단순한 사상으로부터의 탈각임과 동시에 신앙에의 귀의였다.419) 시고쿠(四國)의 도고(道後)에 태어난 잇펜방지신(一遍房智眞)은 호넨류(法然流)의 염불행자로서 극히 열렬한 실천력과 뛰어난 직접적이고 구체적인 전도방식을 가지고 넓고 깊이 대중의 마음 속에 염불의 씨앗을 전파하였다.

오늘날 남아있는 잇펜의 교설 중에는 중국 당대의 정토교의 조사 선도(善導)의 저서 『관경소』에 의해 칭명염불의 길을 설하고 있는 것이 주목된다. 잇펜은 출가의 초에 '수연(隨緣)'이라 불렸지만, 규슈 시미즈(淸水)의 가타이(華台) 아래에서 '지신(智眞)'으로 개명하였다. 그리고 아미타불의 본원타력에 신앙을 확립한 후, 스스로 '잇펜(一遍)'이라 이름하였다. 잇펜이란 나무아미타불의 명호를 의

---

418) 橘 俊道, 「一遍上人の念佛思想と時衆」 時宗教學研究所(日本), 平成 2年, p.44.
419) 渡邊喜勝, 『一遍智眞の宗敎論』 岩田書院, 1996, p.24.

미하는 것으로 보인다. 『잇펜어록』에는 "오직 '나무아미타불' 6자 외에 나의 신심(身心) 없고 일체중생에 널리 하여 명호 이것이 잇펜(一遍)이다."라는 구절이 있다. 또 "나무(南無)란 능귀(能歸)의 마음, 아미타불이란 소귀(所歸)의 행(行), 심행상응(心行相應)하는 일념을 왕생이라고 한다."고 하였다. '능귀의 마음'이란 귀의하는 중생의 마음, '소귀의 행'이란 귀의 받는 부처님의 기능을 나타낸다. 이들의 말을 돌이켜보면, 명호인 나무는 '일체중생=편(遍)'이고 아미타불은 귀의해야할 유일한 '부처님(佛)=일(一)'이다. 곧 '잇펜'이란 일체중생이 아미타불께 구원받은 모습, 나무아미타불의 명호를 나타낸다고 말해도 좋을 것이다.

2. 잇펜의 염불

잇펜(一遍)의 염불은 염불이 단순히 그 사람 개인의 구제만으로 끝나는 것이 아니라 일체중생의 구제로 연결됨으로써, 일체중생의 염불인 동시에 내 몸의 득탈(得脫)로 직결된다. 부처님과 나, 나와 일체중생이 하나로 융합된 염불, 이것이 '잇펜의 염불', 즉 '융통염불'이었던 것이다.

나무아미타불은 부처님의 대자비가 일체중생 −살아있는 모든 존재− 에 미치고, "산하초목에 부는 바람의 소리, 물결의 소리까지도 염불 아닌 것이 없다."(『一遍語錄』)는 말 그대로 법계를 하나로 한 염불의 대합창, 그것이 '잇펜의 염불'인 것이다.

잇펜이 신명을 버린 채 16년에 걸쳐 전국을 유행(遊行)했던 대여행은 실로 이러한 법계에 두루하는 염불의 대합창을 이 세상에 실현하기 위한, 그리하여 부처님이 서원하신 일체중생의 구제를 진실로 구현하기 위한 대봉사였다. 그는 만나는 한 사람 한 사람에게 빠짐없이 염불의 찰(札)을 건네주며 "부처님이 당신을 구해주신다고 약속하고 계십니다."라고 구원의 기쁨을 가르치고, 그 기쁨을 함께 '춤염불'이라고 하는 전신전영적(全身全靈的) 행동으로 표현하였다. 염불이 입에서 입으로 전해지고 춤(踊)의 굴레가 마을로부터 마을로 넓혀져 갔다. 그리하여 염불이 참으로 민중의 것이 되었고, 불교가 사회에 뿌리를 내렸다고 볼 수 있는 것이다.420)

3. 춤염불(踊念佛)

잇펜(一遍)은 염불이야말로 범부가 구원받는 단 하나의 도(道)이며, 그리고 그 구원은 염불하는 자가 일으키는 신심이나 행(行)에 의한 것이 아니라 오직 부처님이 열어주시는 대자비의 본원력(本願力)에 의한 것이라 했다. 그런 의미에서 행자의 신·불신(信·不信)을 막론하고, 오직 부처님의 본원에 몸을 맡기고 어린아이의 마음을 가지고 염불하기를 권하였다. 이후 나무아미타불의 찰(札)을 나누어주면서 사람들에게 염불을 권하며 산을 넘고 들판을 건너 이 마을에서 저 마을로 나라를 걷기를 무려 16년, 한곳에서 머물지 않는 편력의 생애를 보냈다. 사람들은 유행상인(遊行上人)이라 불렀다. 잇펜이 건네주는 염불의 찰(札)은 손안에 들어가는 작은 찰로 '나무아미타불 결정왕생육십만인(南無阿彌陀佛 決定往生六十萬人)'이라고 쓰여 있었다.

아미타여래의 본원은 염불하는 자는 반드시 정토를 받는다고 맹서하였다. 잇펜이 염불을 권하고 염불한 자에게 결정왕생 -미래는

---

420) 橘 俊道, 전게서, 平成 2年, pp.119~120.

반드시 정토에 갈 수 있다- 고 증명하는 찰을 주었던 근거가 여기에 있다. 이것을 시종(時宗)에서는 부산(賦算)이라 한다. 범부의 몸 그대로 정토왕생이 약속된, 곧 정토불퇴(淨土不退)의 보살과 한 무리가 될 수 있는 것이다. 이보다 고마운 일은 없었다. 유행상인의 찰을 사람들이 다투어 받은 이유도 그것이 극락정토행의 좌석 지정권이었기 때문이다. 아미타여래는 일체중생의 구제를 서원하였다. 따라서 잇펜도 일체중생에게 염불을 권하지 않으면 안된다. 찰(札)의 문자 60만인(人)은 일체중생을 나타낸다. 일체중생은 끝이 없으므로 일단 육십만인을 권하고 다시 육십만인을 반복하여 마침내는 일체중생에 미치게 하려고 하였다. 잇펜이 서(栖)라고 하는 생애를 보낸 것은 실로 미타 본원(本願)의 구원의 망(網)에 한 사람도 빠지는 일이 없도록 하겠다는 사명감에 의한 것이고, 이것을 '유행(遊行)'이라고 말하는 것이다.

  잇펜의 아우로 제자이기도 한 쇼카이(聖戒)의 그림 「잇펜성회(一遍聖繪)」를 보면, 다수의 사람들이 정원에서 둥근 원을 만들어 춤을 추고 잇펜은 가에서 표주박을 치고 춤을 추고 있다. 이것이 춤염불이다. 「성회」는 "죽마놀이의 동자도 이것을 흉내 내어 춤을 추고 다듬이질하는 여성도 이에 어울려 소리 불렀다."고 말하고 있다.

  잇펜의 염불은 "신·불신(信·不信)을 막론하고 정·부정(淨·不淨)에 거리낌 없이 오로지 부처님의 원(願)에 따라 무심으로 창하고, 나의 말하는 염불이 아니라 부처님과 함께하는 염불, 최후에는 그 나도 부처님도 사라지고 염불이 염불을 하는 나무아미타불이 되어 버리는 것"을 이상으로 하고 있다. 춤염불은 이 경지에서 나타나는 것이다. 잇펜(一遍)의 법어에 "나무아미타불과 한번 정직하게 귀명한 일념의 후는, 나도 내가 아니고 마음도 아미타불의 어심(御心)이며 몸의 진무(振舞)도 아미타불의 어진무(御振舞)이고 말도 아미타불의 말씀이므로, 살아있는 생명도 아미타불의 생명"이라는 구절이 있다. 일거수일투족이 불작불행(佛作佛行)인 것을 가르치고 있는 것이다.421)

4. 박염불(薄念佛)

1280년 가을 잇펜(一遍) 일행은 신농(信濃)의 젠코지(善光寺)로부터 오주(奧州)를 유행한다. 오주강자군(奧州江刺郡)은 잇펜의 조부인 가와노 츠신(河野 通信)이 '승구(承久)의 변(變)' 때에 후조익상황(後鳥羽上皇) 쪽에 편을 들어 이곳으로 유배를 받고 여기에서 한을 품고 객사한 곳이다. 잇펜은 조부의 묘를 찾아 독경염불하고 그 영(靈)을 위로하였다. 그리고 조부를 조문하는 노래를 읊었다. 잇펜의 영가(詠歌)는 조부의 망혼(亡魂)이 속히 생전의 망집(妄執)을 풀고 아미타불의 정토에 왕생하시기를 기원했는데, 현재 매년 8월 14일에 류코지(遊行寺)에서 행해지는 박염불회(薄念佛會)는 이 잇펜의 조부 츠신(通信)의 묘공양에서 비롯된 것이라 전해지고 있다.

박염불회(薄念佛會)는 먼저 본당(本堂) 내의 중앙에 억새(芒) 한 다발을 만들어 놓은 뒤에 시작되는데, 유행상인(遊行上人) 외 6인의 봉사하는 승려가 용약염불(踊躍念佛)과 똑같이 목에 꽹가리를 걸치고 이것을 치며 염불을 하면서 그 주위를 조용하게 천천히 세 번 돈다. 이때 염불에 따라 절도 있게 도는 것은 이 행사에서만 쓰이는 독특한 가락이다. 혹은 낮고 조용하게, 혹은 높고 명랑하게, 때로는 느슨하다가도 험하게 천변만화하며 참례자를 스스로 법열

---

421) 橘俊道, 전게서, 平成 2年, pp.121~123.

(法悅)의 경지로 이끌어간다. 지금은 8월 14일에 행해지지만 옛날에는 구력 7월 14일에 수행되었던 것을 보면, 우란분(盆)의 정령공양(精靈供養)의 하나였음을 알 수 있다.

유행에서 유행으로 생애를 보내는 유행상인은 사람이 돌아보지도 않는 길가의 오랜 무덤에는 반드시 염불회향하였다. 이렇듯 산야(山野)에 묻힌 돌아보지도 않는 일체 망혼(亡魂)들까지 모두 다 정토에 태어나도록 하겠다는 정신이 지금도 박염불(薄念佛)의 행사로 남아있는 것이다.422)

제3절 엔닌(円仁)의 참법

1. 서방참회법(西方懺悔法)

- 修行念佛三昧七日道場明懺悔方法(內題)

사토 테츠에이(佐藤哲英)에 의해서 아와타(粟田)의 청련원(靑蓮院) 보고(寶庫)에서 발견된 『서방참회법』 1권의 서책이 있다. 이 책은 『수행염불삼매칠일도량명참회방법』이란 이름으로, 일본의 『장서록(長西錄)』에 자각대사(慈覺大師: 円仁, 794~864)의 작품으로 기록되어 있다.423) 천태지의(智顗)의 『법화삼매참의』를 본떠서 만든 참회법의 형태를 갖고 있는데, 이것을 『서방참회법』이라 이름 지어 정토교화한 것은 선도(善導)의 영향에 의한 것이라고 한다. 본서는 겐신(源信) 사후 35년(1051)의 사본이기 때문에, 저술년차(年次)는 거슬러 올라갈 것으로 추정하고 있다.

---

422) 橘 俊道, 전게서, 平成 2年, pp.124~126.
423) 佐藤哲英著, 叡山淨土敎の硏究(p.104)

『서방참회법』은 선도의 『왕생예찬』에서 설하는 중야(中夜) 게에 나오는 「오회(五悔)의 글」(참회, 권청, 수희, 회향, 발원)과 「예참제공덕(禮懺諸功德)의 글」, 「삼귀례(三歸禮)의 글」의 전문을 인용하고 있다.(어구에 다소의 개변출몰이 있다.) 그리고 『관념법문』에서 설하는 「칠일칠야입도량염불삼매법」과의 관계도 깊어 직접 영향을 받은 것으로 보고 있다. 사토 테츠에이의 『예산정토교의 연구』424)에 기재되어 있는 『왕생예찬』의 「오회의 글」과 「삼귀례」, 「예참제공덕」의 제목의 글을 살펴보면 다음과 같다.

① 지심참회(至心懺悔)의 글
② 지심권청(至心勸請)의 글
③ 지심수희(至心隨喜)의 글
④ 지심회향(至心回向)의 글
⑤ 지심발원(至心發願)의 글
⑥ 예참제공덕(禮懺諸功德)의 글425)
⑦ 삼귀례(三歸禮)의 글426)

이상이 『왕생예찬』으로부터의 인용문이다. 여기에서 참회문의 말미를 보면 『왕생예찬』에서는 '지심귀명아미타불'로 쓰는 것을 '귀명례삼보'로 바꾸고, 또 「예참제공덕의 글」·「삼귀례」의 말미를 바꾸어 놓은 것이 보일 뿐, 선도의 『왕생예찬』의 글을 차용하고 있다. 그러므로 겐신(源信)과 거의 동시대의 서사본(書寫本)이 현존하는 것으로 볼 때, 당시의 천태종의 히에이산(比叡山)의 삼매참법의 행

---

424) 佐藤哲英著, 叡山淨土教の硏究(p.113)
425) 禮佛諸功德 願臨命終時 見無量壽佛 無邊功德身 我及余信者 既見彼佛已 願得離垢眼 住生安樂國 成無上菩提 發願竟 次禮三歸依
426) 歸佛得菩提 道心常不退 願共諸衆生 往生安樂國 歸法薩婆若 得大總持門 願共諸衆生 往生安樂國 歸僧息諍論 同心和合海 願共諸衆生 往生安樂國 願諸衆生等 三業清淨 奉持佛教 和南聖衆

의(行儀)에서 선도의 『왕생예찬』이 얼마나 중시되었는지를 알 수 있다.

한편 『관념법문(觀念法門)』과의 관계를 보면, 『왕생예찬』과 같이 요문(要文)의 직접 인용은 볼 수 없다. 하지만 『관념법문』이 관불삼매(觀佛三昧)와 염불삼매의 두 삼매를 수행함에 있어서 7일7야의 염불삼매의 행법을 설하는 것과 관련하여, 『서방참회법』은 7일간의 유좌유립(唯坐唯立)의 행을 설명하고 있으며, 또 불(佛)의 별상(別相)을 27로 나누어 관상(觀想)하는 것을 설하는 데 대해, 『서방참회법』은 경전에서 설하는 그대로 32상(相)을 설하고 있으며, 삼력가념(三力加念)에 대해서는 같은 내용을 설하는 등 『관념법문』의 영향을 받은 면이 보인다.427)

이와 같이 『서방참회법』에는 선도(善導)의 『왕생예찬』과 『관념법문』의 영향이 농후하게 보이지만 본서의 찬자는 분명하지 않다.428)

2. 오회염불법(五悔念佛法)

엔닌(円仁)은 입당구법(入唐求法)의 길에서 중국 오대산에 참배하고 법조선사(法照禪師)가 처음 불렀다고 하는 오회염불법을 이어받아, 귀국한 후에 히에이산(比叡山)에 상행삼매당(常行三昧堂)을 세워 이를 행하였다고 한다. 자각대사 엔닌이 법조선사의 오회염불법을 일본에 전한 것이다. 가마쿠라(鎌倉) 말기에 나타난 순창(舜昌)의 『술회초(述懷鈔)』429)에 의하면, "자각대사는 자신과 타

---

427) 佐藤哲英著, 『叡山淨土敎の硏究』 p.115 이하
428) 坪井俊映, 『法然淨土敎の硏究』 昭和 57年 隆文館, pp.67~71 참조.
429) 淨全續, 9권, p.105

인으로 하여금 극락정토에 태어나게 하기 위해서 부단염불(不斷念佛)을 수행하여 반드시 왕생의 인(因)을 열어 보리(菩提)에서 영원히 퇴전하지 않겠다고 원하고 염불전등(念佛傳燈)의 인성(引聲)을 보배못(寶池)의 물결에 조화하여 서방참법의 의칙을 칭명의 행으로 하였다. 서방참법에는 선도의 예찬, 약참회, 발원, 회향의 권문(權文)을 인용한다. 선도권화(善導勸化)의 염불에 의탁하여 이용하는 것이 분명하다."라고 하여 선도의 예찬, 약참회, 발원, 회향 등을 의용하는『서방참법』인 책이 있었던 것을 전하고 있다. 호넨(法然)의 문인 장서(長西)가 편찬한『정토의빙경론장소목록』(이하『長西錄』)에는 엔닌의 저작으로『아미타참법』1권,『상행삼매당행법』1권,『수행염불칠일도량참회방법』1권 등이 있었던 것으로 전하고 있다.

　히에이산에서 행해진 상행삼매(常行三昧)는 아미타불의 참법(懺法)으로, 미타의 명호를 창하고 인성(引聲)의『아미타경』을 행하여 죄장의 소멸과 정토왕생을 원하는 참회법이라고 하고 있다. 선도의『왕생예찬』은 지승(智昇)이 집록한『집제경예참의』에『왕생예찬』이라고 이름 붙여 전문에 집록하고, 예배참회의 행의(行儀)를 밝히는 것이라고 하고 있다. 이와 같이『왕생예찬』은 단지 부처님을 예배하고 찬탄하는 가찬(歌讚)만이 아니라, 육시(六時)의 참회행을 설하고 있는 것이다. 즉 처음의 일몰게(日沒偈)430)에는 '第一謹依大經釋迦佛勸禮讚阿彌陀佛十二光明求願往生 一十九拜當日沒時禮取中下懺悔亦得'이라고 하고, 이하 초야(初夜), 중야(中夜), 후야(後夜), 신조(晨朝)431), 일중(日中)의 도합 육시의 예찬게에는 모두 '참회동전후(懺悔同前後)'라 하여 참회행을 설할 뿐 아니라, 예

---

430)『往生禮讚』'日沒偈'(大正藏 47, p.439)
431) 晨朝: 六時의 하나, 즉 卯時를 말함.

배행 가운데 요약된 이참회(二懺悔)를 밝히고, 말미에는 광참회(廣懺悔)를 설하고 있다. 그리고 엄격한 삼품(三品)의 참회방법까지도 설하여 밝히고 있다.

제4절 아미타참법(阿彌陀懺法)

1. 아미타참법이란

전통적으로 일본 정토종에서 행하는 '아미타참법'은 아미타여래와 시방제불 등을 봉청하고 왕생정토를 염하여 예배참회하는 법회이다. 송나라 때의 준식(遵式)이 찬한 『왕생정토참원의』를 초략한 근행식(勤行式)으로, 동서(同書)의 십단(十段) 가운데 근행식 부분인 제4소향산화(燒香散華)·제5예청법(禮請法)·제7예불법·제8참회법·제9선요송법(旋遶誦法)으로 구성되어 있다.

제4소향산화는 「삼보례(三寶禮)」와 「원차향화운(願此香華雲)」의 문, 제5예청법은 '일심봉청(一心奉請)'으로 이어지는 14의 「봉청문」, 제7예불법은 봉청한 불보살 등에 '일심경례(一心敬禮)'하는 25의 예문 등을 그대로 인용하고 있다. 그리고 제9의 선요송법(旋遶誦法)은 『참원의』의 '나무불'을 '나무시방불'로 하는 외에는 같은 문장이다. 다만 제6찬탄법의 게문은 생략하고, 제8참회법은 5회(五悔)의 「발원」의 한 단만을 『관무량수경』의 문장으로 거의 전문을 쓰고 있다.[432]

법요(法要)의 구성은 '일심봉청'을 창한 뒤, 봉청한 불보살 등을 '일심경례'하여 '나무시방불' 등을 창하고 참회(五悔)하는 의례구조

---

432) 奈良弘元, 『初期叡山淨土敎の硏究』 春秋社, 2002, 아미타참법항

인데, 모두 한음(漢音)으로 창하고 있다. 식(式)의 순서는 삼보례, 시제중등(是諸衆等)의 문, 원차향화운의 문, 일심봉청의 문, 일심경 례의 문, 오회(五悔), 나무시방불의 문, 관무량수경, 삼귀의문, 백중 등청설(白衆等聽說)의 문장이다. 이와 같이 '아미타참법'은 『왕생 정토참원의』의 게문(偈文) 부분을 거의 원문 그대로 인용하고 있으 므로 『왕생정토참원의』을 법식화한 성명본(聲明本)이라 할 수 있다. 존초법친왕(尊超法親王)은 "미타참법은 천태자운준식대사(天台慈 雲遵式大師)의 작(作)이다."라고 말하고 있다.[433)]

2. 아미타참법의 엄수와 그 변천과정

증상사(增上寺)에서는 아미타참법을 엄수하고 있다. 이에 그 변 천과정을 요약하여 소개해 보기로 하겠다.

1710년 6대 도쿠가와 이에노루(德川家宣)는 부친 코우쥬(綱重) 의 청양원전33회어기칙회(淸揚院殿三十三回御忌勅會)에 지은원(知 恩院) 존통법친왕(尊統法親王)을 도사로 하여 아미타참법 등의 무 악법회를 엄수하였다. 1664년 태덕원전(台德院殿)의 33회기의 칙 회(勅會) 시에는 연산탑두(緣山塔頭) 12인에 의해서 성명(聲明)을 근행하였으나, 금번은 참법 등을 새로이 집행하게 되고 연산(緣山) 의 식중(式衆)이 아니라 교토(京都)의 6역탑두(六役塔頭) 가운데 경험이 있는 자가 담당하였다고 한다.[434)]

이 식의 순서는 '범찬(梵讚), 패(唄), 산화(散華), 도사창례(導 師唱禮: 미타참법 일심경례의 문구), 봉청, 참회권청(수희회향발원

---

433) 天保 5년 『月番日鑑』(月8·85, 79丁表) 48卷傳 15에는 慈覺大師의 古風을 사모하여 西方懺法을 행한 기술이 있다.
434) 『淸揚院殿三十三回御忌勅會記』

염불), 어도사시경(御導師始經: 『관무량수경』 佛身觀), 어도사공경(御導師恭敬: 歸依佛부터 願衆生 등의 문), 설게(說偈), 후패(後唄), 무악삼번(舞樂三番)'으로 되어 있다. 그러나 1715년의 토쇼구(東照宮) 백년어기(百年御忌)에는 '약참법(略懺法)'을 수행하고 있다.435) 삼보례와 17봉청문(十七奉請文) 가운데 전반의 7봉청문이 『일감(日鑑)』에 기재되어 있는데, 이 삼보례와 7봉청(七奉請)을 창하여 '약참법(略懺法)'이라 칭하고, '아미타참법'을 수행한 것으로 하고 있다.

1721년 5월에는 돈사어법사(頓寫御法事) 순서를 "불찬(佛讚), 합발(合鈸), 도사소향(導師燒香), 불명(佛名), 광참회(廣懺悔), 권청(勸請), 가타(伽陀),436) 돈사(頓寫)로 하고, 이 권청은 미타참법의 내의 권청삼단(勸請三段)이다."라고 정하고, 광참회(廣懺悔) 후의 권청은 『왕생예찬』의 약참회가 아니라 '아미타참법'의 권청의 단을 인용하고 있다.437)

1744년 제6대 도쿠가와 이에노루(德川家宣)의 문조원전(文照院殿) 33회기의 어경공양(御經供養)에는 이미 "가타(伽陀)·석장(錫杖)·패(唄)·산화(散花)·미타참법 후에 가타천하화순(後伽陀天下和順)"이라고 하여, 미타참법을 엄수하고 있다.438) 이어서 1747년 제6대 도쿠가와 이에노루(德川家宣), 1805년의 참법에 이어, 1814년에는 제56세 교예전해(敎譽典海)가 12월 6일부터 8일까지 '불명회(佛名會)'(삼천불명의 唱禮)를 미타참법으로 바꾸고 있다.439)

1834년 5월 18일, 지은원(知恩院) 존초법친왕(尊超法親王)은

---

435) 『月番日鑑』 월1·3 『增上寺日鑑』 2·85.
436) 伽陀란 長行으로 설하지 않고 바로 게송을 읊는 것을 말한다.
437) 同右 『增上寺日鑑』 2·238.
438) 同右 『增上寺日鑑』 5·309.
439) 『緣山志』 제10, 淨全19, 530.

증상사에서 '이검즉시(利劍卽是)'의 법문을 행하고, 19일에는 방중책려(坊中策勵)를 위해서 미타참법의 재흥을 발원하고, 7월 29일에는 증상사(增上寺) 방중(坊中)을 이끌고 '참법어법요식'을 어학전(御學殿)에서 엄수하고 있다.440) 이 '참법어법요식'은 유나가 2인으로, 고좌(高座) 앞에 유나좌(維那座)를 배치하는 특수한 법요 형태이다.

1859년의 『만다라당규정서(曼陀羅堂規定書)』에는 증상사산내만다라당(增上寺山內曼陀羅堂)에서 신덕원전(慎德院殿: 十二代將軍 德川家慶)의 보리를 위해서 매년 봄 '아미타참법'을 엄수해야한다고 기재하고 있다.441)

1895년에는 카네이슈도(金井秀道)가 『정토필추보고(淨土苾蒭寶庫)』(상권·제23)을 간행하고 '미타참법회'를 게재하고 있다. 명치 43년판의 『정토종법요집』 하권442)에는 '아미타참법'과 그 박사를 게재하고 있다. 『정토필추보고』와 다른 점은 참회의 단으로부터 석좌(夕座)라고 하여 2좌(二座)을 세운 법요를 하고 있다.

1911년, 7백년 어기대회(御忌大會)는 4월 9일~12일까지 초야에는 초야예찬의(初夜禮讚儀), 13일~14일의 오후 8시·초야에는 '아미타참법' 석좌(夕座)를 엄수하고 있다.443) 1924년 『예찬성명음보(禮讚聲明音譜)』에는 명치 43년판에 의거한 '아미타참법' 등의 오선음보화(五線音譜化)를 하고 현재 이에 의거하여 실제 창(唱)하고 있다.

1989년 증상사(增上寺)의 유예상인(酉譽上人) 550년원기에서는 다시 '아미타참법'에서 참회의 부분(五悔)을 생략하고 참법 중

---

440) 『月番日鑑』(月8 · 85, 83丁表)
441) 『規則類聚』6, 『增上寺資料集』 4 · 322.
442) 千葉滿定, 增上寺法務課, 1910년
443) 『大本山增上寺史 本文編』 554, 555.

에 참회의 부분을 "보위법계일체중생실원단제삼장지성참회(普爲法界一切衆生悉願斷除三障至誠懺悔)"라는 단일 행으로 하였다. 다만 1989년판의 『아미타참법』은 존초법친왕이 엄수하였을 때의 식 순서에 쓰인 것과 거의 같은 문장으로 되어 있다. 『왕생정토참원의』로부터 '아미타참법'으로 근행식화하고 조좌(朝座)와 석좌(夕座)의 2좌(二坐)로 세운 법요로 함으로써 700년어기(七百年御忌) 이후는 전반 부분을 생략하고, 근년에는 법요시간의 형편상 다시 간략화 되고 있다.

이러한 간략화는 첫째로 현행의 '아미타참법'이 단순히 시간배분에 의해 생략된 것일 수도 있지만, 「봉청」·「경례」·「오회(五悔)」를 생략함으로써 의례적으로 정토종적인 참법을 구현한 것으로도 볼 수 있다. 또 의례는 단순한 곡조로 반복하는 것은 도태되고 시각적으로나 선율적으로는 뛰어난 부분이 전승되는 경향이 있지만, '아미타참법'은 전좌(展坐)를 갖추고 한음(漢音)으로 창함으로써 위의가 복잡한 법요(法要)이기 때문에 의례를 중심으로 행하게 되었던 것으로 보인다. 즉 참법이기 때문에 참회의 문장을 중요시하면서 염불을 수행하였던 것이다.444)

---

444) 淨土宗, 『佛敎論叢』 第52號, 平成 19年, pp. 135~140. 발췌 참조.

:: 제2장 정토종의 참회멸죄론 ::

제1절 호넨(法然)의 참회와 멸죄

1. 『선택집(選擇集)』의 참회사상

　호넨(法然, 1133~1212)이 『왕생요집(往生要集)』에 인용된 선도(善導)의 '취행입신(就行立信)'의 문장을 자세히 살펴보고 '기(機)로서 회심(回心)하고, 잡행을 버리고 정행(正行)으로 돌아간 것'은 잘 알려져 있다. 삼학(三學)의 그릇이 되지 못한다고 서글퍼하고, 십악(十惡)·우치(愚癡)의 몸이라고 참회한 호넨(法然)은 『선택집』「삼심장(三心章)」에서 『관경소』와 『왕생예찬』의 '삼심석(三心釋)'의 전문을 인용하고 있다.
　그리고 『왕생요집석(往生要集釋)』에서는 『왕생요집』 '조념방법문(助念方法門)'에서 설하는 육법(六法)에 대하여 다음과 같이 논하고 있다.

> 1. 방처공구(方處供具) 2. 수행상모(修行相貌) 3. 대치나태(對治懈怠) 4. 지악수선(止惡修善) 5. 참회중죄(懺悔衆罪) 6. 대치마사(對治魔事). 이 육법(六法) 중에 제2, 제4의 이문(二門)으로서 왕생(往生)의 요(要)를 삼고 제1, 제3, 제5, 제6의 사문(四門)은 왕생(往生)의 요(要)가 아니므로 취하지 말고 버려야 한다.

　참회중죄(懺悔衆罪)에 대해서 무시하는 태도를 취하고 있는 것이다. 뿐만 아니라 호넨(法然)은 자신의 저작에 삼심석(三心釋)을 인용할 때에도 설하는 가운데 볼 수 있는 당위적 의미로 인용하고 있을 뿐, 신란(親鸞)과 같이 그 감춰진 의미를 실존적으로 해독하는 것은 볼 수 없다. 그러나『선택집』의 말미에서, "지금 염불의 요문(要文)을 좋아하여 염불의 요의(要義)를 논술하는 것은 오직 주어진 사명을 돌이켜보는 것이지만, 돌이켜보지 못하고 민첩하지 못함은 즉 무참무괴(無慚無愧)한 것이다."라고 겸손해하는 호넨의 말은『선택집』을 찬술한 그의 기본적인 자세를 나타내는 것이라고 볼 수 있다. 호넨에게 있어서도 선도(善導)와 마찬가지로 염불이 참회의 행(行)이었고, 염불을 떠나서 참회의 행은 있을 수 없었던 것이다. 어찌 보면 참회의 말이 없는 참회염불이라 할 수 있는 것이다.445).

2. 칭명(稱名)에 의한 멸죄

호넨(法然)에 있어서 참회의 의미는 멸죄(滅罪)에 의한 구원에 있다고 볼 수 있다. 정토경전에 나타나 있는 멸죄는 부처님의 광명, 문경(聞經), 염불 등에 의해 인정될 수 있지만, 선도와 같이 호넨 역시 오직 염불에 의한 멸죄를 강조하고 있다. 호넨은『선택본원염불집』제10장에서 앞서 지적한『관무량수경』(下品上生)의 문장과 선도의『관무량수경소』(散善義)의 해석을 받아들여 다음과 같이 논하고 있다.

> 나에게 이르기를 문경(聞經)의 선(善)은 이것은 본원(本願)이 아니다. 잡업(雜業)이기 때문에 화불(化佛)을 찬탄하지 않는다. 염불행은 본원의 정업(正業)이므로 화불을 찬탄한다. 더하여 문경과 염불은 멸죄의 많고 적음이 동일하지 않다. 관무량수경의 소(疏)에 이르기를, 묻되, 어째서

---

445) 坪井俊英,『法然浄土教の研究』pp.372~388. 幡谷明、전게서, p.17 참조.

문경십이부(聞經十二部)는 죄를 제거하는 것이 일천 겁(劫)인데 칭불(稱佛)은 일성(一聲)으로서 죄를 제거하는 것이 500만 겁(劫)인 것은 무슨 뜻인가? 답하되, 죄를 지은 사람은 장애가 무겁고 그 위에 사고(死苦)가 닥쳐오는 것이다. 선인(善人)이 많은 경을 설한다 하더라도 칭찬을 받으려고 하는 마음이 부산(浮散)한데 의하기 때문에 죄를 제하는 것이 좀 가볍고, 또 불명(佛名)은 하나이니 즉, 산(散)을 잘 섭수하여 가지고 마음을 주(住)케 한다. 또 정념으로 명호를 칭하라고 가르친다. 마음이 무거운데 의하므로 즉 능히 죄를 제하는 것도 다겁(多劫)이다.446)

칭명염불과 문경(聞經)을 비교하여 멸죄에 있어서 칭명염불이 훨씬 큰 역할을 한다는 것이다. 이론적으로는 칭명염불은 부처님의 본원의 정업(正業)이고, 문경(聞經)은 비본원(非本願)의 행이기 때문이라고 보았다. 또 실천면에서는 문경(聞經)은 마음을 하나에 집중하지 못하여 산란한 요소를 갖고 있으나, 칭명은 단지 일불(一佛)의 명호를 부르는 것이기 때문에 마음이 산란하지 않고, 그러므로 문경(聞經)의 마음은 가볍고 칭명염불의 마음은 무거워 죄를 멸하는 힘도 칭명염불이 수승하다는 것이다. 호넨은 『선택집』 제11장에서 다음과 같이 논한다.

> 하품하생(下品下生)은 이 오역중죄의 사람이다. 그런데 능히 오역죄를 제멸하는 것은 다른 행으로는 감당할 수 없는 것이요, 오직 염불의 힘만이 있어 능히 중죄를 멸하기에 감당할 수 있는 것이다. 그러므로 극악최하의 사람을 위해서 극선최상(極善最上)의 법을 설하는 바, 예를 들어 저 무명연원(無明淵源)의 병(病)은 중도부장(中道府藏)의 약이 없으면 능히 다스릴 수가 없는 것과 같다. 지금 이 오역(五逆)은 중병의 연원이다. 또 이 염불은 영약부장(靈藥府藏)이다. 이 약이 없으면 무엇으로 이 병을 고칠 것인가?447)

---

446) 『選択本願念仏集』, 土川勧学宗学興隆会刊, pp.87~88. 이하 『選択集』이라 한다.
447) 『選択集』 p.91

이와 같이 호넨은 극악최하의 인간을 극선최상의 염불로 구제하고자 했다. 즉 여기에 이르러 염불이야말로 최상의 멸죄작용을 갖는 것임을 강조하고 있는 것이다.

또 호넨은 「정여방(正如房)에게 보내는 편지」에서 이 칭명염불에 의한 멸죄작용의 초승성(超勝性)을 다음과 같이 논하고 있다.

> 태어나서부터 지금까지 단 한 번도 염불한 적이 없다. 그 밖의 선근(善根)도 전혀 쌓은 것이 없고 밤낮 살생만 하고 도적질해 감추는 사람과 같은 모든 죄만 짓고 세월을 보냈지만, 일념(一念)도 참회의 마음이 전혀 없이 살아온 사람이 임종을 맞이할 때에 선지식의 권유를 만나 단지 한 목소리로, '나무아미타불'을 부르는 것으로 50억겁 동안에 걸쳐 생사(生死)에 돌아야 할 죄를 멸하여 화불보살삼존(化佛菩薩三尊)의 내영(來迎)을 맞이하여 부처님의 명호를 부르기 때문에 죄가 멸하는 것이다. 내가 가서 그대를 맞이한다고 칭찬해 주고, 저 나라에 왕생한다고 한다. 또 오역죄라 하여, 현신(現身)으로 아버지를 죽이고 어머니를 죽이고 악심을 가지고 불신(佛身)을 손상시키고 모든 종(宗)을 파하고 이와 같이 무거운 죄를 짓고, 일념참회의 마음도 없는 그 죄에 의해 무간지옥에 떨어져 많은 겁(劫)을 보내고 고통을 받아야 할 사람이, 수명이 끝날 때에 선지식의 권유에 의해 '나무아미타불'이라고 열 번을 부르니 한 번에 각각 80억겁 동안 생사(生死)에 돌아야 할 죄를 멸하여 왕생은 한다고 말하고 계시기 때문에, 그와 같은 죄인조차도 단지 십성일성(十聲一聲)의 염불로서 반드시 왕생한다. 실로 부처님의 본원의 힘이 없고서는 이러한 일이 일어날 수가 없는 것이다. 본원이 허무하지 않다는 것은 이것으로도 믿어야 하는 것이다. 이것은 바로 불설(佛說)이다. 부처님의 말씀은 한 말씀도 틀림이 없다고 하기 때문에 오직 우러러 믿어야 하는 것이다.[448]

실로 칭명염불에 의한 멸죄의 공용(功用)을 설하고 있는 것이다. 명호의 공덕(萬德所歸의 名號)으로서 혹은 칭명염불에 기초한 부처님의 광명 작용을 받아들여야하는 것은 말할 필요도 없다. 그러

---

448) 『浄土宗全書』 9 pp.569~570

나 여기에서 인간의 칭명염불이라고 하는 종교행위를 인정한다고 하더라도 그것은 부처님 측의 명호에 의한 멸죄작용이라고 보는 것이 타당할 것이다. 이는 또한 부처님의 극악최하의 인간에 대한 구제를 보여준 것으로, 부처님의 구제의 극한을 보여준 것이라 할 수 있다.

3. 칭명(稱名)에 의한 참회

이와 같이 정토경전에서 설하고 있는 멸죄의 내용이나, 또 호넨(法然)이 강조하는 칭명염불에 의한 멸죄의 내용이나, 이들은 부처님의 인간구제의 작용으로서 혹은 인간죄업의 제멸작용(除滅作用: 淸淨化)으로서 인정될 수 있을 뿐, 인간의 주체적인 종교적 의식에 기초한 멸죄는 아니다. 다시 말해, 이들 멸죄작용은 인간의 종교의식의 내용과 직접 관련이 있는 것이 아니라 부처님 쪽의 일방적인 구제내용이라고 볼 수 있다. 최후의 임종에 '나무아미타불'이라고 일성(一聲), 십성(十聲)을 불렀다고 해도 그것은 인간의 의식면에서는 오히려 무자각하고 무의식의 내용에 가까운 것이라고 할 수 있다.

그리고 부처님 쪽에서 하는 멸죄작용이 부처님의 광명이나 명호에 의한 작용이라고 한다면, 참회의식은 그 부처님의 광명(光明)과 명호(名號)에 대한 자각이고 의식하는 것이라고 말 할 수 있다. 따라서 부처님의 명호를 부름으로써 부처님의 광명을 입는다고 하는 의식이 실로 참회의식의 내용이라고 할 수 있다. 부처님의 명호를 부름으로써 부처님의 광명을 입는다고 하는 것은 거기에 있는 그대로의 자신이 비추어져 나오게 되는 것이고[449], 자신의 죄업을 있는 그대로 의식하고 자각하는 것이기 때문이다.

참회의식이라는 것이 자신의 죄업을 있는 그대로 인정하고 그것을 고백하는 것이라고 한다면, 그 참회의식은 부처님의 명호를 불러 광명을 입는 것에 의해서 비로소 가능하게 될 것이다. 만일 칭명염불에 의해 참회의식이 생긴다고 한다면 '명호 → 광명 → 참회'라고 하는 실천구조는 다른 방법으로는 생길 수도 없고 또 논할 수도 없을 것이다.

인간의 죄업은 결코 관념이나 이념의 문제가 아니라 어디까지나 현실의 자기에 기초한 의식과 자각의 문제이다. 그 위에 더 말을 한다면, 인간의 죄업은 객관적인 인간에 있어서 관념의 문제로 취급될 성격의 것이 아니라 종교적인 경험의식의 문제이다. 지금 여기에서 말을 한다면, 칭명염불에 의해서 생기는 자신의 죄업심중(罪業深重)의 존재로서 파악되는 의식과 자각이야말로 그것이다. 그리고 그 내용이 칭명염불에 있어서의 참회의 의식이라고 볼 수 있으며, 그것을 부처님 쪽에서 말한다면 광명에 의한 멸죄작용이라고 할 수 있다. 즉 부처님 쪽에서 보면 멸죄작용이고, 인간 쪽에서 보면 인간죄업의 자각이며, 참회의식의 내용이라고 할 수 있는 것이다.

그런데 칭명염불에 의한 멸죄작용은 어디까지가 명호(名號)의 작용(공덕), 혹은 인간이 부르는 염불에 답하는 부처님의 광명의 작용으로서 인정될 수 있지만, 그것은 인간의 의식과 관련이 없는 사항이라고 볼 수 있다.

그러나 칭명염불에 의한 참회인 경우는 인간의 의식에 관련되는 사항이다. 그러나 호넨은 이 참회를 제일의적(第一義的)으로 논하

---

449) 幡谷明,「浄土教の倫理性—その研究序説として—」『佛教大学研究紀要』第57호 참조.

지 않았다는 것을 주의하지 않으면 안된다. 칭명염불을 하는 가운데 생기는 참회의 의식은 인정할 수 있다고 해도, 참회 그 자체를 제일의적으로 논하고 강조하지는 않았던 것이다. 여기에서 호넨의 참회에 대한 특이성을 찾아 볼 수가 있다.

호넨이 스승으로 삼은 선도는 『반주찬(般舟讚)』에서 말하기를, "일체 모든 것을 선업(善業)으로 돌려 생기는 이익이 있지만, 오로지 아미타불의 명호를 염하는 것만 같지 못하다. 염념의 칭명은 언제나 참회이다."450)라 하여 칭명에 의한 참회를 강조하고 있다.

그러나 선도는 또 다른 저작인 『왕생예찬』에서, "탐진 번뇌를 가지고 올 사이도 없이 수범수참(隨犯隨懺)하여 염(念)을 가로막고 시간을 가로막고 해를 가로 막을 수가 없으니, 항상 청정하게 하는 것을 또한 무간수(無間修)라고 한다."451)고 말한다. 여기에서도 염념칭명(念念稱名)에 의한 참회를 강조하고 있는 것으로 보이지만, 참회를 표면에 드러내고 있다.

이렇게 참회를 설명한 뒤에 이어서 광참회(廣懺悔)의 내용을 논하고 있는데, 이것은 어디까지나 참회를 적극적으로 강조하고 있는 내용이라 볼 수 있다.

이와 같이 호넨이 스승으로 삼은 선도에 있어서는 칭명염불에 의한 참회임에는 변함이 없다고 해도, 참회를 상당히 적극적으로 강조하고 있음을 부정할 수 없다. 그러나 선도의 사상을 그대로 계승한 것으로 보이는 호넨은 참회를 적극적으로 강조하고 있지 않다. 그것은 단순히 칭명염불의 일행(一行)을 강조한 나머지 참회가 겉으로 나타나지 않은 것이 아니라, 칭명염불 가운데 참회가 포함된다는 입장에 서 있음을 나타내는 것이라 볼 수 있다.

---

450) 『浄土宗全書』 4 p.538
451) 『浄土宗全書』 4 p.355

이와 같이 호넨이 칭명염불의 일행(一行)을 강조한 것은, 『선택집』에서 "염불을 선(先)으로 한다."고 하고, 또 『일매기청문(一枚起請文)』에서 "다만 오로지 염불해야 한다."고 한 데서도 알 수 있다. 또 명호(名號)의 '만덕소귀(萬德所歸)'를 논하고452) 다른 것을 논하지 않은 것에서도 미루어 알 수 있다.

4. 호넨의 참회의 요점

요컨대 참회의 의식(意識)이 인간의 죄업 소멸을 도모하는 청정화(淸淨化)의 작용을 갖고 그것이 윤리성으로서 인정될 수 있다는 것은 분명하다. 그 참회는 호넨에게 있어서는 제일의적(第一義的)으로 표면에 나오는 것이 아니라, 칭명염불 가운데서 생기는 윤리의식(참회)으로서 명호(名號)의 작용(공덕)으로서 인정되고 있다. 본래부터 그것은 부처님 쪽에서 하는 것으로 인간의 염불에 응답하는 광명에 의한 멸죄작용으로, 인간 쪽에서 하는 것은 부처님의 광명에 의해 비추어진 자신의 악업심중(惡業深重)의 존재를 자각하는 것이다. 이미 범한 죄업을 스스로 인정하고 고백하는(참회) 의식 그 자체라고 할 수 있는 것이다.

여기에서 칭명염불 가운데 볼 수 있는 참회의식으로서 자신의 내면을 청정화하는 염불행(念佛行)의 윤리성을 발견할 수가 있다. 부처님 쪽에서 하는 멸죄작용을 어디까지나 부처님 측의 것이라고 한다면 그것을 윤리성으로 인정할 수는 없다. 그러나 염불을 행하는 인간 쪽에서는 부처님의 멸죄작용을 받아들였다고 볼 수 있는 참회의식이야말로 커다란 윤리성을 갖는다고 인정할 수 있는 것이다.

---

452) 『選擇集』 p.31

그리고 여기에서 발견할 수 있는 참회의 의식은 호넨에게 있어서는 참회를 논하는 가운데서는 일단 부정되고 있는 것처럼 보이지만, 그 부정적인 내용은 칭명염불을 주장하는 가운데서 그 참회의 정신이 발견된다고 하는 것이다.453)

제2절 벤쵸(弁長)의 참회멸죄론

호넨(法然)과 그 문하의 참회관을 해명하는데 있어서 문제(門弟) 가운데 벤쵸(弁長, 1162~1238)와 쇼쿠(証空, 1177~1247)의 참회관을 살펴보기로 한다.

1. 오종증상연(五種增上緣)의 수용

호넨과 그 문하에 있어서 참회멸죄관을 고찰하는 경우에도 역시 선도(善導)의 『관념법문』의 '오종증상연'454)이 어떻게 수용되고 전개되고 있었는지를 살펴볼 필요가 있다. 『관념법문』에서는 아미타불을 칭념하여 정토를 원생(願生)하는 것이 현생에 연명(延命)이나 구횡(九橫)의 난을 피할 수가 있다고 설한다. 그 구체적인 내용에 대해서는 문답을 하여 현생(現生)과 후생(後生) 어느 것에 있어서나 대공덕의 이익을 받는 것을 보여주고 있다. 이 오종증상연에 대한 벤쵸(弁長)의 견해는 『정토종요집(淨土宗要集)』·『철선택집(徹選擇集)』 등에서 찾아볼 수 있다.

---

453) 佛教大学法然上人研究会編, 『法然上人研究』 隆文館, 東京, 昭和 50, pp.195~203 참조.
454) 滅罪, 護念, 見佛, 攝生, 証生增上緣의 5종을 말한다.

벤쵸(弁長)의 염불론의 특색은 불리불(不離佛), 치우불론(値遇佛論)인데 『철선택집』에서는 이 논증에 오종증상연과 삼연석(三緣釋)을 인용하고 있다. 즉 여래의 비모(悲母)에 대하여, 중생은 적자(赤子)이고 불모(佛母)의 가호를 받지 않으면 생사의 화택을 벗어날 수가 없다고 말한다. 선도는 칭명의 행자에 오종증상연과 삼연의(三緣義)를 지적하고 있지만 이것이야말로 칭명을 통하여 불리불의 뜻을 증거하는 것이라고 보고 있다.

또 『정토종요집』에서는 「염불유오종증상연사(念佛有五種增上緣事)」, 즉 염불에는 5종의 증상연[455]이 있다고 하는 1항목을 두어 논술하고 있는데, 오종의 증상연에 대해 누차 설명을 하고 있다. 멸죄, 호념 등에 대해서는 기존의 논술이 있지만 견불증상연(見佛增上緣)에 대해서 특히 상술하고 있다.

섭생증상연(攝生增上緣)은 인섭증상연(引攝增上緣)이라고도 하고, 부처님이 시방세계에 와서 극락으로 돌아가시는 의미이라고 하여 이것을 "사바와 극락 사이의 일(事)"이라고 말한다. 현세와 당래와의 2세에 미치는 이익인 것을 지적하고 있다. 또 증생증상연(証生增上緣)에 대해서는 "극락에 왕생하고 나서 부처님은 인섭(引攝)해 마쳤다는 생각 없이 인도하신다."고 하여 당래의 이익이라고 보고 있는 것이다.

2. 왕생업사(往生業事)의 결정

정토에의 왕생이 언제 결정되고 확정되는지는 정토를 원하는 자

---

455) 五種增上緣: 염불자의 5종 이익 즉 ① 滅罪(업장이 멸함) ② 護念得長命(불보살께 수호 받음) ③ 見佛(친견함) ④ 攝生(내세에 왕생함) ⑤ 證生(왕생의 보증)의 增上緣을 말함.

에게 있어서 가장 중대한 관심사의 하나이다. 염불자가 현세를 어떻게 살고 현실의 제 문제와 어떻게 관련되는 지를 분명히 하는 경우에도 이것은 중심 과제가 된다. 특히 벤쵸는 임종정념(臨終正念)을 중시했기 때문에 왕생의 가부 결정이 임종에 있다고 보았다. 임종이 좋은 사람은 왕생하였다고 알고 임종이 나쁜 것은 악도에 떨어졌다고 아는 것이다.456). 서방(西方) 염불자의 일대사인연은 명종 최후의 일념시의 용심(用心)이니, 정념(正念)에 주하여 염불하는 것을 왕생을 얻는다고 말하고, 정념이 흐트러져 염불하지 못하는 것은 왕생을 할 수 없다고 한다.457) 즉 임종의 선악이야말로 왕생의 결정을 좌우하는 것이다. 좋은 임종을 맞이하기 위해서는 임종에 흐트러짐 없이 정념에 주하는 것이 가장 중요한 것이다.

『염불명의집(念佛名義集)』에서는 3종의 염불을 설하고 있다. 즉 매일 1만부터 6만에 이르기까지 게으름 없이 하는 염불을 심상염불(尋常念佛), 도량을 장엄하고 1일~7일 등 날을 정하여 견불(見佛)을 기하여 수행하는 별시염불(別時念佛), 임종의 작법에 따라 염불하는 임종염불(臨終念佛)의 3종이 그것이다. 그러나 임종정념에 주하는 것이 중요하기 때문에 임종행의(臨終行儀)에 대해서도 상세하게 설명하고 염불자의 마음가짐을 설하고 있다. 또 벤쵸(弁長)는 번뇌가 만드는 몸에 있어서는 임종에 견불을 얻어 왕생한다고 주장한다. 이와 같이 왕생의 업사(業事)는 임종에서 정해지기에 이 최종 목적을 지향하여 칭명을 거듭할수록 멸죄, 호념, 견불 등의 이익도 증대한다고 말하는 것이다.

---

456) 『念佛名義集』『淨全』 10, p.380
457) 『淨土宗要集』『淨全』 10, p.210

3. 칭명멸죄론(稱名滅罪論)

관불(觀佛)이나 칭명에 의해서 중죄, 업장을 멸제한다는 멸죄사상은 정토교에서 일찍부터 주목되어 왔다. 『관무량수경』 하품(下品)에서는 임종의 칭명에 의해서 일생동안 악을 지은 자가 50억겁 혹은 80억겁 생사의 죄를 제한다고 설한다. 이에 대해 벤쵸(弁長) 또한 이 칭명멸죄를 설한다. 『정토종요집』에서는 별시의취(別時意取)의 항목을 두어 원행구족론(願行具足論)을 전개하고 있다.

금시염불지심(今時念佛至心)은 의업(意業)의 선행이며, 부처님의 명호를 칭함은 즉 어업(語業)의 선행이고, 합장예배함은 곧 신업(身業)의 선행이다. 이 삼업의 선행에 의해 능히 80억겁 생사의 중죄를 멸한다. 행원상부(行願相扶)로 곧 왕생한다.458) 신구의의 삼업은 모두 선행이기 때문에 능히 80억겁의 생사의 죄를 멸하고, 여기에 원행구족하여 왕생이 결정되는 것이다.

또 『철선택집』에서는 일체중생이 염불왕생함에 대해 7가지 이유를 열거하고 있다. 그 가운데 제6 마하연법(摩訶衍法: 至極大乘)을 설명하여, "소승의 가르침은 오역(五逆), 방법(謗法) 등의 중죄를 멸할 수는 없지만, 이 염불의 가르침은 대승 가운데서 능히 오역방법(五逆謗法) 등의 중죄를 멸하는 것을 밝힌다."459)라며, 오역죄(五逆罪)와 방법죄(謗法罪)의 멸죄를 설하는 것이다. 또 제7 비유에서는, 법장보살이 성불할 때 명호를 가지고 만드신 본원이기 때문에 일체중생의 죄를 멸하여 왕생케 한다고 설하며 정마니주(淨摩尼珠)에 비유하고 있다. 멸죄의 근거를 명호성취의 본원에서 구하는 것이다. 또 『염불명의집』에서는 다음과 같이 설하고 있다.

---

458) 『淨全』 10, p.150
459) 『淨全』 7, p.110

십악오역을 지은 사람도, 부처님의 정계(淨戒)를 어느 때 갑자기 파한 사람도 극락이 좋아서 미타의 명호를 조석으로 힘쓰는 것이 있으면 본원의 힘(本願力)이 강하여 죄멸하고 반드시 왕생할 것이다. 불력(佛力)이 강하고 법력(法力)이 세어 반드시 왕생할 것이다.

예컨대 십악오역의 사람이라도 극락을 원하여 조석칭명(朝夕稱名)을 힘쓰는 자는 본원력에 의해서 멸죄되어 왕생한다는 것이다. 이것은 또 끊임없는 칭명의 상속을 강조하고 그 칭명멸죄에 의해서 왕생한다고 설하고 있지만, 멸죄의 성립은 결국 본원력(本願力), 불력(佛力), 법력(法力)에 의한 것임을 밝히고 있는 것이다.

중생왕생의 행업으로서 염불의 타당성을 분명히 하는 논리가 불리불(不離佛), 치우불론(値遇佛論)이다. 불리불과 치리불(値離佛)은 동일의 의미를 나타낸다. 치우불(値遇佛)이란 어린아이가 어미를 떠나지 못하듯이 인지과위(因地果位)460)의 보살이 과지상위(果地上位)461)의 보살을 만나고 부처님을 떠나지 않는다는 의미이다. 법장보살이 초심으로부터 후심에 이르기까지 모든 불국(佛國)을 돌아 묘각구경(妙覺究竟)의 제불에 만나고 정불국토(淨佛國土) 성취중생(成就衆生)의 행을 익힌다. 그리고 제불의 인가를 얻어 칭명염불왕생의 본원을 성취하였던 것이다.

그러므로 이 칭명행은 심심(甚深)의 행이고 대보살의 비술(秘術), 불세존의 극지(極智)이다. 제불이 인정하는 최승행이기 때문에 멸죄의 뜻이 잘 성립되는 것이다. 일체제불이 공인한 심심행(甚深行)을 설하여 불교에 있어서의 칭명행의 위치를 명시하고 심심행(甚深行), 최승행(最勝行)이기 때문에 멸죄의 뜻이 잘 성립된다는 것이다.

---

460) 수행 중의 보살과 일정한 깨달음을 얻은 보살의 위계를 말함.
461) 因地의 반대로 깨달음을 얻은 상위의 보살을 말함.

4. 임종내영(臨終來迎)

　벤쵸(弁長)는 섭생증상연(攝生增上緣)을 인섭증생연(引攝增生緣)이라고도 하는데, "부처님이 사바에 와서 행자를 맞이하여 극락으로 돌아가시는" 임종내영의 이익을 의미한다고 보고 있다. 벤쵸는 특히 임종내영을 적극적으로 인정하는 입장에 선다.

> 염불은 임종정념현전(臨終正念現前)의 법이기 때문에 얻는 것이다. 다른 행(行)은 그렇지 않다. 그러므로 실(失)이다. 462)
> 다만 우러러 염불왕생의 행을 믿어 임종정념왕생극락을 원해야 한다. 흑백(黑白)도 알지 못하는 동자(童子)와 같고, 옳고 그름도 알지 못하는 무지(無智)의 자이니. 다만 염불왕생을 우러러 믿는다. 석가는 염불하여 왕생하라고 권하시고, 미타는 염불하라, 내영하리라고 말씀하셨다. 이 하나의 것을 믿어 다른 것은 알게 된다. 463)

　어느 것이나 임종의 정념이 중시되고 미타의 내영이 얘기되어 있는 것이다. 임종이 어지러워서는 염불을 할 수가 없다. 염불을 할 수가 없으면 왕생은 결정될 수 없다. 따라서 임종정념이 중시되는 것이다.

　임종정념에 주하여 내영의 이익을 받기 위해서, 평소부터 방심 없는 칭명전수(稱名專修)를 설하고 임종행의(臨終行儀) 할 것을 상세하게 설하고 있다. 즉 무상처(無常處)를 짓고, 도량을 씻어 깨끗이 하고, 부처님을 안치하고, 번(幡)과 화만(華鬘)을 걸고, 소향(燒香)·산화(散華)·헌등(献灯)하는 등의 불전을 장엄하고, 병자는 두북면서(頭北面西)로 누어 선지식을 모시고 죽을 때를 기다려야 하며, 주육오신(酒肉五辛)의 사람을 가까이 하지 말고, 애착이 깊

---

462) 『淨土宗要集』 『淨全』 10, p.148
463) 『淨土宗要集』 『淨全』 10, p.213

어지는 육친을 멀리하는 등의 환경을 정비하기 위해서 세심한 준비와 마음의 준비를 보여주는 것이다.

인간의 사연(死緣)은 무량하고 더욱이 범부이라면 민절사(悶節死)하는 사람도 있다. 벤쵸에 의하면 좋은 임종이란 평소의 병까지 고치고, 괴로워하지 않고 합장하여 잠자듯이 명종하는 것이다. 나쁜 임종이란 민절(悶絶), 전도(顚倒)하여 염불도 칭할 수 없는 죽음의 모습을 말하는 것이다. 임종에 있어서 선지식의 유무에 대해서는 만사(萬事)를 버려도 선지식을 청해야 한다고 한다. 예컨대 일향전수(一向專修)464)의 사람이라도 범부의 몸은 아직 번뇌를 끊지 못하고 번뇌, 죄장(罪障)에 구속되어 왕생의 마음을 내기 어렵고 착란하고 실념(失念)한다. 임종의 대도사인 선지식은 속으로는 삼보(三寶)를 염하고 겉으로는 병자를 권하여 죄장을 참회케 하고 용맹정진의 마음을 가지고 염불을 권진하여 왕생을 이루게 해야 한다.

또한 평소에 염불을 닦은 자라도 민절(悶絶), 전도(顚倒)하여 염불을 하기 어려운 경우도 있다. 이런 때일수록 명종의 일찰나가 좋아야 한다. 명종의 일찰나가 좋으면 왕생이 결정되기 때문이다.

살펴본 바와 같이 벤쵸는 임종행의(臨終行儀), 임종정념(臨終正念), 임종내영(臨終來迎)을 중시했다. 임종의 일념까지 종교적 실천에 힘쓰는 것이 범부성을 잘 극복하고 본원(本願)의 서원에 상호 응하여 내영의 이익을 만난다고 설한 것이다.465)

---

464) 오로지 칭명염불만을 닦는 것.
465) 淺井成海, 『法然とその門弟の敎義硏究』 永田之昌堂, 2004. p 500~520 참조.

제3절 쇼쿠(証空)의 참회멸죄론

1. 현세(現世)의 구원

쇼쿠(証空, 1177~1247)의 교학은 미타의 본원(本願)과 범부의 신심(信心)의 상응을 통하여 현세의 구원에 적극적이라는데 그 특징이 있다. 현세의 구원을 적극적으로 설함으로써 현세의 이익을 말하는 것이다. 쇼쿠(証空)의 현세이익론은 선도의 『관념법문』의 이익론을 전개시킨 것이다. 연명(延命), 제재(除災) 등의 세속적 이익도 결국은 5종의 종교적 이익으로 인도되고 자연히 얻게 되는 이익으로 보는 것이다. 이하 쇼쿠에 있어서의 멸죄와 호념(護念)에 따른 참회론을 중심으로 살펴보기로 한다.

2. 칭명염불멸죄설

『관무량수경』「하하품(下下品)」의 칭명멸죄의 글을 선도는 "법을 듣고 부처님을 염하여 현세의 이익을 입을 수가 있다."고 해석하는데,[466] 이를 쇼쿠는 다음과 같이 주석하고 있다.

> 멸죄는 현재 얻는바 이익으로 정해지는 것이다. 그 이유는 이 오역(五逆)의 죄인은 악업 때문에 결정코 지옥에 떨어져야 할 사람에게 정해지고 만다. 그런데 죄를 멸하여 결정코 왕생해야 할 사람으로 정해지면 현재에 그 이익을 얻게 되는 것이다.[467]

현재 염불멸죄의 이익을 받았기 때문에 당연히 지옥에 떨어져야

---
466) 『眞宗聖敎全書』 1. p.555.
467) 『散觀門義』(『西山全』 3, p.397. 『西山叢』 2, p.257)

할 악인이 왕생해야 할 몸으로 정해진 것이다. 현세의 이익으로서 멸죄에 주목하고 왕생정토의 중요한 요인인 것을 지적하고 있다. 선도를 이어받아 "멸죄는 현재에 얻는바 이익으로 정해지는 것이다."라고 멸죄의 현익론을 나타내는 것이다. 또 각 곳에서 염불멸죄를 논한다.

> 관문홍원(觀門弘願)에 귀의하여 염불이 심상응(心相應)하면 상속하여 끊임없다. 이 염념에 죄가 모두 없어진다. 그러므로 청정하다. 비유하면 물 위에 내리는 눈이 쌓이지 않는 것과 같다. 가령 작은 죄를 범해도 죄의 체(體)는 끊어지지 않는다고 하는 뜻이 되는 것이다.[468]
> 일체중생이 무시이래 육도에 윤회하여 죄장이 무량하다. 염불에 멸죄의 이익 없다는 것은, 왕생의 장애 다하기 어렵기 때문이다. 고로 먼저 멸죄를 밝히는 것이다.[469]

위와 같이 어느 것이나 염불멸죄를 강조하는 글이다. 염불에 의해서 멸죄의 이익을 얻으므로 여러 가지 장애를 없애고 왕생이 결정된다. 왕생의 업인(業因) 결정에 멸죄가 중요한 위치를 점하는 것이다.

그 위에 이 염불멸죄의 이익을 설하는 경우, 관문(觀門)으로부터 홍원(弘願)에 귀의한 불심상응(佛心相應)의 중생의 마음에 주목하여, 전심으로 염불하면 타력(他力)에 의해서 염념에 멸죄를 얻는다고 말하고 있다. 쇼쿠(証空)의 염불멸죄설에서는 본원상응(本願相應)의 신심이 중시되는 것이다. 번뇌의 몸이기 때문에 임종까지 죄를 범하지 않을 수 없지만, 본원상응의 때에 이미 죄체(罪体)가 멸한 것이기 때문에, 작은 죄를 범했어도 염념의 멸죄로 모든 죄가 없어지는 것이다. 마치 물 위에 내리는 눈이 차차로 꺼져 형태를 남기

---

468) 『序觀門義』(『西山全』 3, p.195. 『西山叢』 1, p.236)
469) 『觀念觀門義』(『西山全』 4, p.26. 『西山叢』 4, p.196)

지 않듯이, 작은 죄를 범해도 염념멸죄의 이익을 얻는다고 보는 것이다.

그러면 신심성취의 염불에 의해서 어떻게 멸죄가 성립되는 것일까. 어떠한 염불론에 의해서 멸죄의 이익을 말하는 것인가. 쇼쿠(証空)가 말하는 염불은 중생의 나무귀명(南無歸命)의 마음을 체득한 아미타불체(阿彌陀佛体)를 왕생의 행이라고 보는 불체즉행설(佛體卽行說)이므로470) 염불 그 자체에 위없는 공덕의 역용(力用)을 보고 멸죄를 말하는 것은 당연하지만, 그는 거기에다 정선(定善)471)과 산선(散善)472)을 통섭한 염불론을 전개하고 있다.

일심(一心)으로 본원을 염한다는 것은 지악수선(止惡修善)으로 돌아가는 것이다. 정토의 법문도 불교의 범주에 있기 때문에 범부의 몸이 염불로 멸죄되어 악을 폐하고 선을 닦는 몸이 되는 것이다. 염불에 의한 멸죄생선(滅罪生善)을 설하여, 염불이야말로 죄업을 벗어나는 요도(要道)임을 분명히 한 것이다. 따라서 염불에 정선(定善)과 산선(散善)의 역용을 인정한 것이다.

> 홍원(弘願)의 염불로 돌아가 삼심(三心)이 갖추어지면 들떠있는 산만한 마음 홀연히 없어져 생각을 쉬고 마음이 하나로 머무는 식려응심(息慮凝心)의 덕이 나타나니, 악을 없애고 선을 닦는 폐악수선의 뜻이 이루어져 많은 죄를 멸한다고 하는 것이다.473)

이상과 같이 염불의 본질을 밝혀 정선, 산선의 행을 나무아미타불에 통섭하여 절대선행이라고 보고 있는 것이다.

---

470) 淺井成海, 「証空の行について」『眞宗學』第41, 42 합병호
471) 잡념을 없애고 마음을 집중시켜 행하는 정토행.
472) 평상시의 마음 그대로 행하는 정토행.
473) 『散觀門義』(『西山全』 3, p.388)(『西山叢』 2, p.245)

3. 참회멸죄설

쇼쿠(証空)의 멸죄사상에는 참회멸죄설도 보이고 있다. 선도의 『관경소』나 『왕생예찬』은 참회멸죄를 설하고 있다. 『정선의(定善義)』474) 가운데 일상관석(日想觀釋)의 관상(觀想) 중에 "삼장(三障 : 黑障, 黃障, 白障)을 보면 무시이래 지은 죄를 참회해야 한다. 깊이 참괴하여 마음속 골수에 철하고 뼈를 깎아 자책해야한다."고 말한다. 또 『왕생예찬』에서는 요(要), 약(略), 광(廣)의 참회를 설한다. 여기에서도 무시이래에 범한 십악, 오역, 정법비방 등의 죄를 자책할 것을 강조하고 있다.

쇼쿠(証空)는 이러한 주장을 받아들여 독자적인 참회멸죄를 설하고 있다. 『정관문의(定觀門義)』 일상관석(日想觀釋)에서 참회의 문제를 다루고 있지만 참회의 원의는 참마(懺摩)이고, 번역하여 회과(悔過)라고 한다고 그 말의 뜻을 분명히 하고, 다시 "참회란 죄를 죄라고 알고 뉘우쳐 돌려버리는 뜻이다."475)라고 정의하고 있다.

특히 주목해야할 것은 행문(行門)의 참회와 관문(觀門)의 참회를 대비시킨 점이다. 행문의 참회는 어디까지나 자력에 의해서 자기의 죄를 자책하고 죄장의 소멸을 꾀하는 입장이다. 따라서 일시의 멸죄는 성립되기 어렵다. 이에 비해 관문의 참회는 홍원(弘願)에 귀의한 타력 작용에 의해 즉시 멸죄가 성립된다. 관문의 참회란 "범부가 죄가 있다고 알고 홍원에 귀의하면 타력에 의해서 죄장이 소멸하는 것이다.", "관문에 의해서 죄를 죄라고 아는 것과 같다."고 하듯이, 정선(定善)·산선(散善)의 교법에 인도되어 무시이래의 죄

---

474) 『관무량수경』을 주석한 善導의 四帖疏의 하나로 16관법 가운데 전 13관을 해설한 책
475) 『西山全』 3, p.217. 『西山叢』 2, p.19

를 자각하고 타력의 본원에 귀의하는 것이다.476) 교법에 인도되어 스스로의 죄장을 자각하고 자책하여 본원에 귀의할 때 타력 작용에 의해 멸죄가 성립된다. 이것은 신심을 성취하였을 때 멸죄가 성립된다고 하는 신심의 내용을 선도의 참회멸죄설을 받아들여서 분명히 한 것이다.

『예찬관문의(禮讚觀門義)』에서는 삼품참회의 행의(行儀)를 해석한 후에, 선도의 유루(流淚), 유혈(流血)의 참회법에 응할 수 없는 사람이라도 "진심철도(眞心徹到)하는 자는 삼품참회와 같다."는 주장에 주목하여 다음과 같이 말한다.

> 진심철도(眞心徹到)란 삼심구족(三心具足)의 다른 이름이다. 지성심(至誠心)이 있으면 반드시 심심(深心)이 갖추어진다. 자력, 타력을 분별하는 진심(眞心)이 있으면 반드시 타력에 귀의하는 심심이 있는 것이다. 불원(佛願)을 믿는 깊은 행이 있으면 범부의 왕생은 의심 없다. 신심이 결정되고 나면 선(善)은 모두 왕생의 인(因)이 되고, 악(惡)은 모두 멸한다는 것을 진심철도라고 하는 까닭이다. 그러므로 눈물을 흘리고 피를 흘리는 일은 없지만, 일체 모든 죄가 모두 멸하는 것이 위의 삼품참회와 같다고 하는 것이다.477)

이상과 같이 타력에 귀의하는 신심결정의 사람은 신심성취가 되면 생선멸악(生善滅惡)하기 때문에 참회의 행법을 하지 않아도 삼품의 행의(行儀)와 동등한 참회멸죄가 성립된다고 말한다. 멸죄의 이익은 염불을 행함으로서 얻어지는 이익이지만, 염불을 수행하는 행자의 신심에 주목하여 삼심구족의 사람은 자연히 참회의 마음이 생기고 멸죄의 이익을 얻는다고 하는 것이다. 또 다음과 같이 말한다.

---

476) 『西山全』 3, p.216
477) 『禮讚觀門義』(『西山全』 3, p.521. 『西山叢』 3, p.156)

위에 여러 가지 죄를 참회발로하는 것은 스스로의 공(功)을 믿어 멸하려고 하는 것이 아니다. 불력(佛力)을 청하여 죄를 멸하는 것이다. 선(善)을 이루려고 하는 뜻이기 때문에 아미타불에 귀명하여 타력에 의해 참회를 이루는 것을 이어서 나타내는 뜻이다.[478]

참회, 자책에 의해서 멸죄가 성립된다고 해도 어디까지나 불력(佛力)을 믿고 불력에 의해서 생선멸죄(生善滅罪)가 성립되기 때문에 타력의 참회를 강조한 것이다.[479]

---

478) 『禮讚觀門義』(『西山全』 3, p.527. 『西山叢』 3, p.164)
479) 淺井成海, 『法然とその門弟の敎義硏究』 永田文昌堂, 2004. pp.536~544. 참조.

:: 제3장 정토진종의 참회관 ::

제1절 신란(親鸞)과 진종(眞宗)의 참회

1. 진종교전에 있어서의 참회문의 인용

　신란(親鸞, 1173~1262)에게 있어서 참회의 용어를 살펴보면 먼저 진종교전(眞宗敎典) 중에는 진실오권(眞實五卷) 가운데는 볼 수 없고 화권(化卷)에 세 곳을 찾아볼 수 있다. 그것은 『왕생예찬』의 상중하의 삼품참회의 인용과 『안락집(安樂集)』의 내용을 인용 및 외교석(外敎釋)에서 논하고 있는 『지장십륜경』의 인용 등 세 곳이다. 그 밖에 참회를 개인적으로 해석하여 논하는 것이 두 곳이 있다. 하나는 『선도화찬(善導和讚)』에서 다음과 같이 『왕생예찬』의 내용의 뜻을 노래한 것이다.

　　진심철도(眞心徹到)하는 사람은 금강심(金剛心)이기 때문에 삼품참회하
　　는 사람과 같다고 종사(宗師)는 말씀하신다. 480)

　여기에서는 『왕생예찬』의 '진심철도'를 '금강심' 즉 신심(信心)으로서 노래하고 있는 것에 주의하지 않으면 안 된다. 즉 삼품참회는 신심(信心)의 내용에 포함되어 있는 것으로 노래하고 있는 것이다.
　또 하나는 『존호진상명문(尊號眞像銘文)』에 지영(智榮)의 '稱佛六字卽嘆佛 卽懺悔 卽發願廻向'의 찬문(讚文)을 다음과 같이 해석하고 있는 것이다.

---

480) 眞宗聖敎全書 2, p.510(이하 眞聖全)

'칭불육자(稱佛六字)'라고 하는 것은 아미타불의 여섯 자를 외는 것이다. '즉탄불(卽嘆佛)'이라고 하는 것은, 즉 나무아미타불을 외는 것은 부처님을 칭송하는 것이 되는 것이고, 또 '즉참회(卽懺悔)'라고 하는 것은 나무아미타불을 외는 것은 즉 무시(無始)로부터 요즈음의 죄업을 참회하는 것이 된다고 하는 것이다. '즉발원회향(卽發願廻向)'이라고 하는 것은 나무아미타불을 외는 것은 즉 안락정토에 왕생하고자 하는 것이고, 또 일체중생에게 이 공덕을 주게 되는 것이다.[481]

참회는 즉 이곳에 나오는 것이다. 여기서 주의할 것은 칭명(稱名)이 무시이래의 죄업을 참회하는 것이 된다고 하는 표현으로 말하고 있음과 동시에, "부처님을 칭송하는 것이 된다."고 하고, "안락정토에 왕생하게 된다고 생각하게 된다."라고 하여 참회를 칭명의 공덕으로서 탄불(嘆佛), 발원, 회향과 함께 논하고 있는 것이다.

2. 죄의식

이것을 좀 더 분명히 하기 위해서 신란에 있어서의 죄의 의식에 대하여 살펴보면, 첫째로 「정상말화찬(正像末和讚)(誡疑讚)」 등에서 볼 수 있는 것처럼 불지의혹(佛智疑惑)의 죄에 대해서는 이것을 엄하게 금하고 있는 것을 알 수 있다. 그러나 이 죄까지도, "불지(佛智)를 의심하는 죄는 무겁고, 이 마음을 확실히 안다면, 후회하는 마음을 중심으로 하여, 불지(佛智)의 불가사의를 의지해야 한다."[482]라 하여 부처님의 구원의 길로 이끌고 있는 것을 알 수 있다.

둘째로 유전윤회(流轉輪廻)의 죄라고 말하는 것과 같은 중생의

---

481) 眞聖全 2, p.587
482) 眞聖全 2, p.525

존재로서의 죄에 대하여, 이 죄는 본래 공(空)인 것이라고 하는 이해에서 "죄업은 본래부터 형태가 없으나, 망상전도(妄想顚倒)가 짓는 것이다."483) 등으로 논하는 식의 이해도 보이고 있지만, 그 위에 나아가 『담란찬(曇鸞讚)』에서는, "죄장(罪障)은 공덕의 체(體)로 된다. 얼음과 물의 관계와 같이. 얼음이 많으므로 물이 많고, 장애가 많으므로 덕(德)도 많다."484)라고 하고, 또 『유신초문의(唯信鈔文意)』에서는 '자연(自然)'을 해석하여 다음과 같이 논하고 있다.

> 자연이라고 하는 것은 그 상태로 되게 하는 것이고, 그 상태로 되게 하는 것은, 행자(行者)는 아무것도 도모하지 않았는데, 과거, 현재, 미래의 모든 죄를 선(善)으로 바뀌게 한다고 하는 것이다. 바뀐다고 하는 것은 죄(罪)를 심하게 다루지 않고서 선(善)하게 하는 것이고, 여러 가지 강물이 바다로 들어가면 즉 바닷물로 되는 것과 같다. 아미타의 원력을 믿으므로 여래의 공덕을 갖게 하기 때문에 그 상태로 되게 한다고 한다. 485)

이상과 같은 것들은 죄를 부처님의 구제와 관련지어 전죄(轉罪), 전악성선(轉惡成善)으로서 표현하고 있는 것이다. 이것은 참회의 분류에서 보면 이참(理懺)과 통하는 것으로도 볼 수 있지만 그러나 신란에게는 중생은 죄의 존재라고 하는 표현은 있어도 참회의 필요성, 중생 자신의 자각의 필요성을 강조하는 식의 직접적인 표현을 찾아보기가 힘든 것이다.

이것은 신란(親鸞)에게 있어서 죄는 광겁이래(曠劫已來), 무시이래의 죄이고, 중생 자신의 죄의 자각은 불완전한 것, 다시 말하면 중생의 죄는 부처님만이 알 수 있다고 하는 의식에 기초하여 성립되고 있다고 볼 수 있다. 더욱이 중생의 참회는 부처님의 구제 혹은

---

483) 『正像末和讚』(眞聖全 2, p.528)
484) 眞聖全 2, p.506
485) 眞聖全 2, p.623

신심 가운데 지양되어 있다고 볼 수가 있는 것이다. 이종심신(二種深信)의 기(機)의 심신(深信)도 '신지(信知)한다' 또는 '믿는다'이지 '신지(信知)해야 한다'나 '믿어야 한다'가 아니다. 그리고 그 전체가 '본원력회향(本願力廻向)의 신심(信心)'의 내용인 것이다. 이상으로 보건대 신란에 있어서는 중생의 죄의 자각에 기초한 참회는 적극적으로는 주장하지 않고, 신심(信心)의 내용으로 - 그것은 단순히 신심의 덕이라고 하기보다도 신심의 구조 가운데 - 로 지양되어 있다고 볼 수가 있을 것이다.486)

3. 신란의 회심(回心)

한편, 참회의 인간인 선도(善導)에 의해 찬술된 『관경소(觀經疏)』는 선도의 참회록이자 신앙고백서라고 해도 과언이 아니다. 『법사찬(法事讚)』에서 논하고 있는 '방법천제회심개왕(謗法闡提回心皆往)', 거기에 참회에 다다르는 구극의 입장이 있다.

신란(親鸞)에 있어서 좋은 인간인 호넨(法然)과의 만남에 의한 오직 한 번의 회심(回心)은 그 구도의 역정 위에서 결정적 의미를 갖는 일이었다. 회심은 진실과의 만남을 구하여 사는 인간에게 있어서, 그 존재의 모든 것을 건 결단에 의한 것이고, 거기에서 전념명종(前念命終) 후념즉생(後念卽生)이라고 하는 본원의 성취에 의해 불제자로서 새로이 태어나는 것을 말하고 있는 것이다. 현자(賢者) 호넨의 정토신앙의 믿음을 듣고 살아간 우독(愚禿)487)의 입장은 확실하게 숙업(宿業)의 대지488)에 뿌리를 내리고, 새싹이

---

486) 深川 宣暢, 「眞宗における懺悔の考察」 龍谷大學第20號, 昭和 60, pp.84~87
487) 憂禿은 親鸞의 別號이다.
488) 宿業의 大地란, 즉 우리 인간의 세세생생의 업장이 쌓여있는 마음의 세계를

돋는 대지로부터 한걸음도 떨어질 수가 없었다. 우리들이 신란의 저술에서 발견하는 것은 그 투철한 인간응시의 안목이고, 여래와 스승의 가르침의 빛에 의해 비추어진 인간에 있어서의 죄업(罪業)의 깊이이다.

신란(親鸞)은 『교행신증(敎行信証)』의 신권(信卷)에서 선도의 삼심석(三心釋)을 인용하고 있는데, 거기에서 독자적인 재해석을 하는 동시에 자리진실(自利眞實)에 관한 부분은 전부 화신토권(化身土卷)에 인용하는 엄밀한 태도를 가지고 임하고 있다. 그것은 신란에게 있어서 신심의 확고함을 말하고 있지만, 신란의 참회도를 고찰함에 있어 먼저 주목되는 것은, 선도의 삼심석(三心釋)을 기저로 하여 본원(本願)의 삼신(三信)을 은밀히 쓴 삼신석(三信釋)일 것이다. 선도의 삼심석(三心釋)은 홍원(弘願)의 법을 설하는『대무량수경』에 입각하여 『관무량수경』에 있어서의 요문(要門)의 삼심(三心)을 해독하고 자리(自利)와 타리(利他)의 진실을 변별한 것이었다.

신란(親鸞)은 그 선도의 입장을 계승하면서 선도와는 반대로 선도의 삼심석(三心釋)을 기초로 하여 그로부터 본원(本願)의 삼신(三信)을 추구하고 있다. 그리고 숙업(宿業)의 몸으로 참회를 하는 데 있어서 법장(法藏)의 대비회향(大悲回向)의 원심(願心)을 나타내는 것에서 신란교학의 특질을 찾아볼 수가 있다. 즉 신란은 일심귀명(一心歸命)의 신(信)이 우리들에게 일어나고 그것이 원생심(願生心)으로서 신(信) 그 자체를 자증(自證)하고 전개하여 가는 것을 삼일문답(三一問答)에서 열어 보이고 있다.

신란(親鸞)은 이 문답에서 무시시래의 유전(流轉)을 거듭하여 온 몸의 실상(實相)에 대한 내관(內觀)을 통해 그 유전의 인생을 본원

뜻하고 있다.

(本願)을 실현하는 장으로서 영겁의 수행을 쌓아온 법장(法藏)의 원심(願心)과의 만남을 확실하게 증명하고 있다.

4. 신란의 진면목 - 염불참회

신란(親鸞)은 『교행신증』 「화신토권본(化身土卷本)」에서 '전수잡심(專修雜心)'이라고 하는 20원(願)의 기(機)를 문제로 하여, 『왕생예찬』에서 설한 다음과 같은 구절 즉, "저 부처님의 은혜 보답할 생각도 없고 업행(業行)을 지어 경만심(輕慢心)을 낸다. 항상 명리(名利)와 더불어 상응하니 나와 남을 스스로 덮어 선지식과 친근하고 동행하지 아니하고 잡연(雜緣)을 가까이하여 자장장타(自障障他) 왕생정행(往生正行)의 고(苦)를 즐긴다."라고 하는 네 가지의 과실(四失)을 들어 다음과 같이 비탄해 하고 있다.

> 슬프도다. 구장범우(垢障凡愚) 스스로 무제이래(無際已來)로 조정문잡(助正間雜)하고 정산심잡(定散心雜)하니 고해를 벗어날 기약이 없다. 스스로 유전윤회(流轉輪回)를 건너고 미진겁(微塵劫)을 초과하여 자못 불원력(佛願力)에 귀의하고 대신해(大信海)에 들어 양가상차(良可傷嗟)하니 심히 슬프도다.

진문석, 하(眞門釋, 下)의 비탄은 별서(別序)에 「미정산자심혼금강진신(迷定散自心昏金剛眞信)」[489]이라고 논한 정토타류(淨土他流)의 기(機)에 대한 것인데, 진종(眞宗) 문도로서 비탄하지 않을 수 없는 신란의 헤아릴 수 없는 슬픔의 깊음을 나타내고 있다. 신란이 여래의 자연의 조치 앞에 철두철미하게 물음을 계속하지 않으면

---

489) 定善과 散善에 미혹하고 자신의 마음이 어두움에 金剛과 같은 참믿음이 간절하다는 의미

안 되었던 문제는 인간의 자력(自力)의 조치라고 하는 근원적인 죄장(罪障)이다. 그것은 불가사의한 여래의 원력자연(願力自然)에 대해서까지 그것을 실체적으로 사려분별하여 멈추지 않을 정도로 집요한 것으로서 몸에 배어 있는 것이다. 거기에 진실의 보토(報土)가 보이지 않고 무익하게 변지(邊地), 해만(懈慢), 의성태궁(疑城胎宮)이라고 하는 방편화토(方便化土)에 정체하고 폐쇄된 상태에 있어 무량광명토를 깨닫고 우러를 수가 없는 범부의 가엾은 상태가 있다. 신란은 그와 같은 상황을 깊이 보고 있으면서 거기에 오로지 "염불에는 무의(無義)를 가지고 의(義)로 한다."거나 또는 "정토종의 인간은 우자(愚者)로 돌아가 왕생한다."고 설하며, 생애 동안 배워 온 스승의 가르침으로 돌아가 우독(愚禿)의 대지(大地)에 사무쳐 살았다. 깊은 참회의 생각을 품은 우독(愚禿)의 이름은 말법 오탁악세를 살아가는 불제자의 자중(自重)에 찬 이름이기도 하다.

신란이 성도문(聖道門) 불교의 퇴폐를 기연으로 하여 저술한『정상말화찬(正像末和讚)』의 '우독비탄술회(愚禿悲歎述懷)'는 선도가 '지성심(至誠心)'을 주석한 문체의 해석을 통하여 탄이(歎異)490)의 정신을 분명히 한 것이다. 거기에서 우리들은 불제자로서의 참회와 비판 그리고 기원을 알아들을 수 있다. 또한『의혹죄과화찬(疑惑罪過和讚)』은『대무량수경』의 지혜단(智慧段)에 의해 불지의혹(佛智疑惑)의 죄과를 엄하게 훈계한 것인데, 거기에서도 신란은 깊은 참회와 진실한 믿음(信)의 획득을 구극적 관심사라고 하여 신란의 깊은 기원을 발견할 수가 있다. 참회의 성자 선도(善導)의 권화(勸化) 아래 생애에 걸쳐 참회에 철하여 산 신란은『왕생예찬』에서 설한 삼품참회의 문장을『교행신증』의「화신도권본」에 인용하고,『선

---

490) 歎異란 신란(親鸞)이 말한 淨土佛敎에 대한 참뜻을 사람들이 다르게 말하고 있음을 탄식한다고 하는 것으로, 이에 대한 저술로서『歎異抄』가 있다.

도화찬(善導和讚)』에서도 찬탄해 읊조리고 있다. 무참무괴(無慚無愧)의 이 몸이라고 하는 고백만큼 철저한 참회의 표현은 있을 수 없다. 거기에서 일생 악을 저지르는 범부로서 지옥필정(地獄必定)의 몸을 끝끝내 살아간 신란의 진면목을 접할 수가 있는 것이다. 신란은 그 지옥의 땅 밑바닥에서 염불의 믿음(信)으로 살았던 것이고, 거기에 "죄악도 업보(業報)를 느낄 수 없다.", "좋은 일도 나쁜 일도 업보(業報)에 맡기고 산다."고 말했던 무애인(無碍人)의 세계를 열고 있다. 신란에게 있어서 『존호진상명문(尊號眞像銘文)』에 "나무아미타불을 외는 것은 즉, 무시로부터 요즈음의 죄업을 참회하게 된다고 하시는 것이다."라고 설한 원력자연(願力自然)의 힘과 쓰임에 의한 염불이야말로 참회의 도(道)에 다름 아니었다.[491]

제2절 렌뇨(蓮如)의 『어문장(御文章)』과 참회

렌뇨(蓮如, 1415~1499)는 일본 정토진종(淨土眞宗)의 고승으로, 『어문장(御文章)』을 저술하였다. 그 『어문장』을 중심으로 렌뇨의 정토참회사상을 살펴보기로 하겠다.

1. 육자석(六字釋)

이것은 『오첩어문장(五帖御文章)』에 16통, 『첩외어문장』에 13통을 볼 수 있다. 오첩(五帖) 제13통[492])에 다음과 같이 말한다.

---

491) 大谷大学眞宗學會編, 親鸞教學 第57號, 1991. pp. 18~20 참조.
492) 『진종성교전(眞宗聖敎全)』 제3권 p.510~511

'나무아미타불'이라고 하는 문자는 그 수가 불과 여섯 자이므로 그렇게 공능(功能)이 있을 것이라고는 생각지 못한다. 그러나 이 육자의 명호 가운데는 무상심심(無上甚深)의 공덕이익이 광대하여 그에 짝할 것이 없다. 그러므로 신심(信心)을 취한다 해도 이 육자 가운데 담겨있다고 알아야 한다. 그리고 따로 신심이라 하여 육자 밖에 있는 것이 아니다. 처음에 이 '나무아미타불'의 육자를 선도(善導: 玄義分)는 해석하여 이르되, "나무라고 하는 것은 귀명(歸命)이다. 또 이것은 발원회향의 뜻이다. 아미타불이라고 하는 것은 그 행(行)이다. 이러한 뜻을 가지고 있기 때문에 반드시 왕생할 수 있다."고 했다. 그러면 이 해석의 마음을 어떻게 이해해야 하는가. 예컨대 우리들과 같은 악업번뇌의 몸이라 하더라도 일념으로 아미타불에 귀명하면 반드시 그 기(機)를 아시고서 도와주실 것이다. 그 귀명이라는 것은 즉 '도와주소서.' 하고 말하는 마음이다. 그러므로 일념으로 미타를 청하는 중생에게 위없는 큰 이익(大利)의 공덕을 안겨 주시는 것을 발원회향(發願廻向)이라고 한다. 이 발원회향의 대선(大善) 대공덕(大功德)을 우리들 중생에게 주시기 때문에 무시광겁(無始曠劫)으로부터 이 강건한 신체에 주어진 악업번뇌까지도 일시에 소멸하게 된다. 그러므로 우리들은 번뇌악업이 모두 다 사라져 이미 정정취(正定聚) 불퇴전(不退轉)을 말할 정도로 거기에 주(住)한다고 하는 것이다. 이 때문에 '나무아미타불'의 육자의 모습은 우리들이 극락에 왕생하게 되는 모습을 나타내는 것이라고 알려주신 것이다. 그러므로 안심(安心)이라고 하는 것이나, 신심(信心)이라고 하는 것도 이 명호(名號)인 육자의 마음을 더욱더 돈독히 하는 것을 타력(他力)의 대신심(大信心)을 얻은 사람이라고 하는 것이다. 이러한 수승한 도리가 있기 때문에 깊이 믿고 받드는 것이다.

2. 여인왕생(女人往生)

이것은 『오첩어문장(五帖御文章)』에 15통, 『첩외어문장(帖外御文章)』에 8통을 설하고 있다. 『어문장』 오첩(五帖)에는 제15통[493)에 다음과 같이 말하고 있다.

---

493) 『진성전(眞聖全)』 3, p.512.

대저 미타여래의 본원이라 하는 것은 어떠한 기(機)의 중생을 도와주시고, 또 어떻게 미타를 청하고, 어떻게 마음을 가지고 도와야할 것인가. 먼저 기(機)를 말하면 십악오역(十惡五逆)의 죄인이라 하거나, 오장(五障)·삼종(三從)의 여인이라 하더라도, 조금도 그 죄업의 심중(深重)에 마음까지 소홀해서는 안된다. 다만 타력의 대신심 하나로 진실의 극락왕생을 닦아야 하는 것이다.

렌뇨(蓮如)의 여인왕생사상에는 존각(存覺)의 『여인왕생문서(女人往生聞書)』494)가 커다란 영향을 미치고 있다. 즉 다음과 같이 말한다.

> 미타여래의 48원(四十八願) 가운데 제35원은 여인왕생의 원이다. 혹은 이것을 전여성남(轉女成男)의 원이라 하고, 혹은 또 문명전녀(聞名轉女)의 원이라 한다. … 제18의 염불왕생의 원에 남녀를 구별하지 않고 모두 포섭한다는 조항은 물론이지만, 거듭하여 이 원을 세우신 것은 여래의 대자대비의 구극이다. 그 이유는 여인은 장애가 무겁고 죄장이 깊어 따로 분명하게 여인에게 대하지 않으면 즉 의심을 할 것이기 때문에 특별히 원을 일으키신 것이다.

이것은 『무량수경』의 48원 중 제18원에 '시방중생'의 구제를 서원하고 있는데, 제35원에서 여인왕생의 원을 왜 설하고 있는 것인가 하는 물음에 대한 답이다. 그것은 여래의 대자대비의 궁극으로, 그 이유는 여성은 장애가 무겁고 죄가 깊기 때문이라고 한다. 그리하여 오장(五障)의 여신(女身)을 고쳐 만덕(萬德)의 불과(佛果)에 이르는 것을 경전의 해석에서 밝히고 있으므로 결코 의심해서는 안된다고 말하는 것이다.

이어서 정토삼부경 가운데서 『무량수경』 48원에 따라 제35원의 여인왕생의 원을 세워 여성의 구제를 설하고, 『관무량수경』에서 위

---

494) 『진성전(眞聖全)』 3, pp.109~119

제희 부인을 정기(正機)로 하여 염불왕생의 도를 설하며, 『아미타경』에서 선남선녀를 내어 염불의 기(機)가 남녀에 걸친 것을 보여주고 있다. 끝으로 여래의 자비는 일체중생에게 미치지만 특히 여인을 선(先)으로 하고, 정토의 기연(機緣)은 시방의 군류(群類)에 걸치지만 여인을 근본으로 한다고 하면서, 이번에 여인의 몸을 바꾸어 불도를 성취하는 사람은 초세(超世)의 본원(本願)을 믿고 일심으로 미타의 명호를 칭해야 한다고 권하고 있다.

3. 무상관(無常觀)

이것은 『오첩어문장』에 13통, 『첩외어문장』에 12통을 볼 수 있다. 『어문장』 오첩목(五帖目) 제16통에 다음과 같은 유명한 '백골(白骨)의 장'이 있다.[495]

> 대저 인간의 부생(浮生)의 모습을 곰곰이 관하건대, 모두 모아놓은 덧없는 것은 이 세상의 시중종(始中終)이 환영(幻影)과 같은 일기(一期)이다. 그러므로 아직 만년의 인간의 몸을 받았다는 말을 듣지 못하고 일생을 지내기가 쉽다. 지금에 이르러 누가 백년의 형체를 지킬 것인가. (염라왕이) 나를 노리는지 다른 사람을 노리는지, 오늘일지 내일일지도 모르고, 앞서가고 늦게 가는 사람이 본래 이슬, 나뭇잎의 이슬보다도 많다고 하는 것이다. 그러므로 아침에는 홍안(紅顏)이지만 저녁에는 백골이 되는 몸이다. 이미 무상(無常)의 바람이 불어 덮어씌우면 두 눈은 금세 감기고 하나의 생명 영원히 끊어지면 홍안은 덧없이 변하여 도리(桃李)의 채비를 없애며 덮어씌울 때는 육친권속(六親眷屬)이 모여 숨을 모아 비탄하지만 다시는 그 보람 있을 수가 없다. 그리하여 마침내 있어야 할 일이 아니라고 야외로 보내어 야반(夜半)의 연기로 없어지고 말면 다만 백골만이 남는 것이다. 아아! 라고 하는 것도 꽤 어리석은 짓이다. 인간의 덧없는 것은 노소부정(老少不定)의 경계이다. 그러므로 어떠한 사람일지라도 속

---

495) 『진성전(眞聖全)』 제3권 pp.513~514.

히 후생(後生)의 일대사(一大事)를 마음에 걸쳐놓고 아미타불을 깊이 청하여 믿게 하고 염불을 해야 하는 것이다. 아아, 저 건너, 저 건너.

이 '백골의 장'은 인간의 무상한 모습을 그대로 드러내고, 부세(浮世)의 모습을 깨닫고 속히 '후생의 일대사' 즉 영원한 생명의 문제를 깨닫고, 무상한 미계(迷界)에 상주의 오계(悟界)를 원하도록 인도한다. 그리고 그를 위해서는 아미타불의 본원을 믿고 염불해야 할 것을 권하고 있다.

이러한 렌뇨(蓮如)의 무상관은 고(苦)의 사실을 적극적으로 받아들이는 원리로서의 무상(無常)이다. 즉 그것은 "다만 인계(人界)의 생은 불과 일단의 부생(浮生)이다. 후생은 영생(永生)의 낙과(樂果)이다.(二帖目第七通)496) 인간은 부정(不定)의 경계이고 극락은 상주(常住)의 국토이다. 그러므로 정해지지 못한 인간으로 있는 것보다도 상주(常住)의 극락을 원해야 하는 것이다.(五帖目第十一通)497)

'부생(浮生)'이나 '부정의 경계'란 분단생사(分段生死)에 입각한 인생으로, 인생의 실체를 보되 보편적 '생명'을 깨닫지 못한 채 귀의처를 정하지 못한 미혹의 세계이다. 그에 비해 '영생'이나 '상주'는 무생(無生)의 생(生), 부사의 변역생사(變易生死)이고, 영원·보편인 무량수(無量壽)의 깨달음의 세계이다. 즉 '생명'의 실체를 보는 경계를 떠나 보편적 '생명'에 눈을 뜬 입장이다. 후생은 단지 실체적인 사후의 세계로 보지 않고 과거·현재·미래의 삼세를 꿰뚫은 영원·보편에 눈을 뜬 세계이다. 이러한 까닭에 '후생의 일대사'라고 하는 것이다.498)

---

496)『眞聖全』제3권 p.434.
497)『眞聖全』제3권 p.507.
498) 田代俊孝,『親鸞の 生と 死』pp.143~144

4. 평생업성(平生業成)

 '평생업성(平生業成)'이라고 하는 말은 현생(現生: 平生)에 생사를 넘어서는 정정취(正定聚) 즉 왕생정토를 결정한 무리에 드는 것을 말하고, 평상시에 사(死)의 문제를 피하지 않고 적극적으로 받아들이고 또 넘어가는 것을 가리킨다. 가쿠뇨(覺如)·존카쿠(存覺)·렌뇨(蓮如)는 타력신심이 결정되면 임종의 때가 아니라 평생 정토에 왕생하여 성불하는 업인(業因)이 완전히 성립하기 때문에 이것을 또 평생업성(平生業成: 業事成弁)이라고 말하고 있다.

 렌뇨(蓮如)는 24세 때인 1438년 『정토진요초(淨土眞要鈔)』를 부친 손뇨(存如)의 지시에 의해 서사했다. 그리고 『어문장』에 이 평생업성의 뜻을 강조하고 있는데, 『어문장』 일첩목제이통(一帖目第二通)[499]에 다음과 같이 말하고 있다.

> 이 신(信)을 얻은 계위를 『경(經)』(무량수경 권하)에서는 "즉득왕생 주불퇴전(卽得往生 住不退轉)"이라 하고, 『석(釋)』(왕생론주 권상 意)에서는 "일념발기 입정정지취(一念發起 入正定之聚)"라고 하였다. 이것이 곧 아미타불이 내영(來迎)함이 없는, 평생업성의 뜻이다.

 '출가발심의 장'이라고 하는 이 『어문장』에서는 신심을 얻은 계위를, '즉득왕생 주불퇴전 = 정정취(正定聚) = 불래영(不來迎) = 평생업성'으로 전석(轉釋)되고 있는데 이것은 같은 의미라고 한다. 또 『어문장』 일첩목제4통(一帖目第四通)은 '자문자답의 장'이라 하여 다섯 가지 문답을 말하고 있는데, 그 제일문답의 답을 보면 다음과 같다.

---

[499] 『眞聖全』 3, p.404.

당가(當家), 즉 정토진종(淨土眞宗)에서는 일념을 일으켜 평생업성(平生業成)이라 하여, 평생에 미타여래 본원에 의해 우리들을 도와주신다는 설명을 듣고 알 수 있었던 것은 숙선(宿善)의 개발에 의한 것이라고 알고 나서는 나의 힘이 아니었다는 것을 알았다. 불지(佛智), 즉 타력(他力)의 수여에 의해서 본원의 유래를 알게 되는 것이라고 알고 나니 즉, 평생업성의 뜻이다. 그러므로 평생업성이라는 것은 지금의 설법을 듣고 이해하여 왕생치정(往生治定)이라고 생각이 확정되는 계위를 일념발기 주정정취(一念發起 住正定聚)라거나 평생업성 또는 즉득왕생 주불퇴전(卽得往生 住不退轉)이라고도 하는 것이다.500)

자력(自力)이 아니라 불지(佛智)의 타력에 의해서 평생업성의 뜻을 말할 수 있다고 하고, 이 또한 '일념발기 주정정취 = 평생업성 = 즉득왕생'으로 바뀌어 해석되고 있는 것이다.

한편 렌뇨(蓮如)는 무상을 통하여 현생에 아집(我執)을 여의고 영원성·보편성에 눈을 떴다. 신란(親鸞)은 엄한 죄장(罪障)의 자각을 통하여 현생정정취(現生正定聚)의 뜻을 보여주고, 렌뇨(蓮如)는 깊은 무상의 자각을 통하여 평생업성(平生業成)의 뜻을 보여줌으로써 신란과 렌뇨는 함께 왕생정토와 현생(現生: 平生)의 관계를 설하고 있는 것이다. 렌뇨가 강조한 '후생(後生)의 일대사(一大事)'란 바로 '사(死)'를 통하여 진실한 '생(生)'을 깨닫는 것을 보여주고 있다. 즉 '신심획득(信心獲得)에 의한 후생의 일대사'란 왕생정토를 지향하는 우리들의 현재의 염불생활의 모습을 묻고 있는 것이다.501)

---

500) 『眞聖全』 3, p.406.
501) 林智康, 『蓮如敎學の硏究』 永田文昌堂, 1998. pp.36~61 참조.

:: 제4장 정토참회논서 ::

제1절 겐신(源信)의 『왕생요집(往生要集)』과 참회

1. 서

　겐신(源信, 942~1017)의 『왕생요집(往生要集)』(권중) 마지막 부분에는 정수염불(正修念佛)을 조성하는 방법을 설하는 가운데 참회중죄를 수록하고 있다. 거기에서는 용수(龍樹)의 『지도론』에 의해 참회발로가 중요하다는 것을 설명하고 아미타불에 대한 참회를 나타낸 후, 『심지관경(心地觀經)』에서의 이참(理懺)에 대해 주목하여, 다음과 같이 문답하고 있다.

> 문(問), 진관염불(眞觀念佛)이면 이미 멸죄(滅罪)인데 어찌하여 또 다시 이참회(理懺悔)를 닦는가.
> 답(答), 어떤 이가 이르기를 일일수(一一修)면 다만 의락(意樂)에 따를 뿐이라. 하물며 뭇 죄성(罪性)이 공(空)함을 보면 죄성 또한 있는 것이 없나니, 즉 이것이 진실로 염불삼매(念佛三昧)니라.

　그러나 겐신(源信)의 입장은 중생의 의락(意樂)에 따라야 할 것을 설하여, 반드시 이참(理懺)에 구애되지는 않는다. 그리고 "보살은 모름지기 주야육시(晝夜六時)에는 참회, 수희, 권청의 삼사(三事)를 닦아야 한다."라는 『지도론』의 내용을 인용한 후, "오념문(五念門) 중에 예배의 다음에 마땅히 이 삼사(三事)를 닦아야 한다."라고 기술하여 삼회(三悔)와 『정토론』의 오념문을 합쳐 놓고, 『십주론(十住論)』에 설명된 삼회(三悔)의 문장을 인용하고 있다. 이것으로 보면 겐신(源信)의 참회사상은 주로 용수의 『지도론』과 『십주론(十住論)』에 기초하여 『심지관경』에 의해 이참(理懺)을 궁극하면서 사참(事懺)에 의한 멸죄·복덕의 수득(修得)도 중시하고 있다는 것을 알 수 있다.

겐신(源信)은 일대불교를 구명하여 교계 내외에 큰 감화를 끼치면서 염불삼매에 전념한 천태불교의 거장이었다. 그 교학의 전체 내용을 이해하는 것은 쉽지 않지만 그 기저에 깊은 참회사상이 있었다는 것은 충분히 통찰할 수 있는 부분이다.502)

겐신에게 참회는 단순히 죄에 대한 참회로부터 인간의 존재 그 자체를 반성하는 것으로 승화되었다. 천태지의에 있어서도 참회는 중요한 수행법의 하나였으며, 사참(事懺)·이참(理懺) 등으로 불렸고, 또 오회(五悔) 등의 실천적 참회법 등도 중시되어 왔다. 담연(湛然)이나 선도(善導)는 상중하 삼품(三品)의 치열한 참회의 실천을 설하고 있다. 또한 법화삼매참의, 방등참법, 금광명참법 등과 같은 참법이 천태지의에서 폭넓게 행해졌고, 한국이나 일본에서도 예전부터 회과(悔過) 등의 각종 참회법이 많이 행해지고 있었다.

그중에서 일본 정토교의 선덕 겐신(源信)에게는 정토교의 신앙상 어떠한 참회가 자리매김하고 있었을까? 본론은 이 점에 대해서 명백히 살펴봄과 동시에 참회에 대해서 중요한 전개를 보이는 지의(智顗)나 선도(善導)와의 관계에 대해서도 살펴보기로 한다.

2. 『왕생요집』과 참회

겐신(源信)에게는 방대한 저술이 있지만 참회에 대해서 정리한

---

502) 幡谷 明, 『淨土教における懺悔道』 pp.16~17

내용은 의외로 적다. 즉, 『왕생요집(往生要集)』(제5)의 조념(助念) 방법 중에 제5 참회중죄(懺悔衆罪)와 『관심약요집(觀心略要集)』의 「십대문」 중의 제8 수공관행참회(修空觀行懺悔)의 한 단락 정도이다. 『관심약요집』에서 참회를 설하는 내용은 거의 『왕생요집』에서 설명하는 것과 궤를 같이 한다. 『왕생요집』에서 이관(理觀)적인 참회의 교의를 볼 수 있는데, 『관심약요집』에서도 공관(空觀)과 참회의 관계 등을 논하고 있는 것을 볼 수 있다. 겐신에게 있어서 참회의 입장을 볼 수 있는 자료는 『왕생요집』에서 그 개요를 거의 알 수 있다.

우선 『왕생요집』에서 볼 수 있는 참회 혹은 그것과 비슷한 용어의 사용례를 검토해 보면, 참회가 31회, 참괴와 회(悔)가 4회, 참(懺)이 3회, 회심·참괴·우회(憂悔)·자회(自悔)가 2회씩, 참(慚)·참(慙)·괴(愧)·위사(慰謝)·회근(悔根)·석회(惜悔)·치괴(恥愧)·참제(懺除)·회과(悔過)가 1회씩 쓰이고 있어 다양한 사용례를 볼 수 있다. 이 숫자에는 겐신이 인용한 「제경론소(諸經論疏)」의 용례도 같이 들어 있다. 통계로는 참회가 가장 많고, 다음은 광범위한 용어의 예가 보일 뿐 사용횟수는 많지 않다.

겐신에게 있어서 참회는 『왕생요집』에서 조념방법(助念方法) 중에 설명하고 있는바, "그물코가 하나뿐인 새(鳥) 그물로는 새를 잡을 수 없다. 만 가지 방법을 써서 관념(觀念)하고, 가장 중요한 왕생(往生)을 성취하라."503)고 하는 입장에서 참회행이 관념(觀念)을 이루기 위한 도움의 역할을 다하는 것으로 본 것이다.

그리고 겐신은 지의(智顗)의 『마하지관』(2上)에서 설명된 사참(事懺) 이참(理懺)의 입장을 받아들이고 『심지관경』 등을 인용하여 참회사상을 피력하고 있다. 일체의 죄성(罪性)은 본래 여(如)이

---

503) 大正藏 84, 57中

고, 일체의 죄상(罪相)은 본래 공(空)이며, 이 죄들이 본래 있는 것이 아니라 단지 망심(妄心)에 의해 일어난 것이기 때문에, 그 본래성을 관함으로 인하여 죄의 근본적인 곳으로부터 이것을 참회하는 이참(理懺)을 중시한다.

그러나 이참이 가장 수승한 방법이라 한다고 해도 그것을 직접 실천하는 것은 어렵기 때문에, 실제로 참회는 사참(事懺)에 의지하지 않으면 안 된다. 즉 본래 공(空)인 곳으로부터 인연에 의해 나타난 다양한 번뇌로 인해 행해지는 죄과를 참회하는 것이다. 따라서 조념방법(助念方法)에는 이 참회중죄를 설명하기 전에 지악수선(止惡修善)을 논하고 있다. 관념(觀念)을 이루는 것과 죄과(罪過)의 본래 공성(空性)이 자신에게 드러나는 것을 동시에 성취해야 하기 때문에, 범부의 실천으로서 새롭게 죄과를 저지르지 않도록 적극적으로 선(善)을 닦지 않으면 안되고, 또 이미 저지른 죄과에 대해서는 사참(事懺)의 실천으로 남겨두는 것이다. 사참을 통해 이참의 입장을 자신에게 드러냄으로써 관념을 이루는 도움으로서 참회가 자리매김하고 있다고 볼 수 있다.

부처님을 관념할 수 있다면 죄도 사라져 지악수선(止惡修善)의 실천이나 죄과를 반성하는 참회도 필요 없게 될 것이다. 그러나 겐신은 조념방법의 지악수선(止惡修善) 가운데 부처님을 관념할 수 있는 청정한 마음이 범부에게 일어나는 것은 하루 중 한두 번뿐이고, 흐리고 어지러운 마음을 계속 지니고 있기 때문에 지악수선(止惡修善)을 내세워 이를 실천하도록 하여 관념을 조성하려고 하는 것이라고 한다.

또한 진실로 부처님을 관념하는 것과 이참(理懺)과의 관계에 대해서도 중죄(衆罪)의 본성은 공(空)으로서 파악할 수 있는 것이 아니라고 관하는 것이 그대로 진실한 염불삼매라는 것을 설하고 있다.[504]

3. 참회와 멸죄

참회와 멸죄를 밀접한 관계로 설하고 있지만 겐신(源信)도 멸죄에 대해서는 상당히 자세히 설명하고 있다. 정리된 기록이라기보다 도처에 멸죄가 문제시 되어 있다. 정토행자에게 있어서 당면의 목표가 되는 것은 극락정토에 왕생하는 것이지만, 겐신은 정수염불(正修念佛)의 「회향문」에서 "멸죄생선(滅罪生善)하여 함께 극락에 태어나 보현(普賢)의 행원(行願)이 신속히 원만하여 자타(自他) 마찬가지로 무상보리(無上菩提)를 증득하여 미래제(未來際)가 다하도록 중생을 이익하게 한다."505)고 설하고 있다. 멸죄하지 않으면 왕생은 이룰 수 없다고 보아도 좋을 만큼 멸죄가 중요한 포인트를 차지하고 있는 것이다.

그런 만큼 겐신은 멸죄하는 방법도 다양하게 구하고 있다. 특히 『왕생요집』 도처에서 설하고 있는 멸죄의 항목을 들어 살펴보면, ①백호(白毫)를 관하는 것에 의한 멸죄, ②칭념에 의한 멸죄, ③칭명염불에 의한 멸죄, ④참회에 의한 멸죄, ⑤문명(聞名)에 의한 멸죄, ⑥칭찬예배에 의한 멸죄, ⑦보리심(菩提心)에 의한 멸죄, ⑧관상(觀相)에 의한 멸죄 등 멸죄를 위한 다양한 실천법을 논하고 있는 것이다. 특히 관상에 의한 멸죄에 대해서는 정수염불 가운데 「관찰문」의 별상관(別相觀)에서 42상(相)을 관상하는 하나하나에 멸죄를 설하고 있어 하나하나의 관상이 자신의 멸죄를 위해서 행해진 것으로 보아도 좋다.

그런데 당면문제인 참회와 멸죄에 대해서 멸죄는 도처에서 설하고 있지만, 참회와의 관계에서 논하고 있는 것에 대해서는, 예를 들

---

504) 大正藏 84, 64~65
505) 大正藏 84, 57上

어 중국의 선도(善導) 등과 비교해 볼 때 그 내용이 적다. 선도(善導)의 저서에는 참회의 말이 많이 인용되어 교의상의 특색 중 하나로 되어 있다. 그것은 왕생정토를 원생(願生)하는 것과 관계를 맺고 있어 흥미를 끄는 부분이 있다. 그러나 겐신에게 있어서는 참회보다도 멸죄에 중점을 두고 참회도 멸죄의 한 방법으로서 자리하고 있는 것이다.

4. 천태참법과의 비교

천태불교에는 참회의 구체적인 실천방법의 하나로 오회(五悔)가 있다. 지의(智顗)는 『법화삼매참의』나 『마하지관』 등에서 이것을 분명히 하고 있고, 근래 이 오회(五悔)도 해명할 수 있게 되었다[506]. 지의는 주로 용수의 『십주비바사론』을 중심으로 오회사상을 구성한 듯하다. 『국청백록(國淸百錄)』에 수록된 지의의 저술로 전해지는 「경례법(敬禮法)」에서 오회 가운데 '발원'을 제외한 사회(四悔)는 『십주비바사론』에서 설한 게송을 그대로 인용하고 있다.[507] 또한 『마하지관』이나 『법화삼매참의』에서도 표현은 다르지만 내용적으로는 『십주비바사론』을 받아들이고 있다. 다만 『법화삼매참의』의 발원법만은 정토교의 색채가 보이고, 다른 것과 달리 『마하지관』이 주장하는 것과의 관계에서 주목된다[508].

그러나 이와 같이 지의가 주장하는 참회의 구체적인 실천으로서 중시되고 있는 오회(五悔)가 겐신에게는 명확한 형태로 보이지 않는다. 중국불교에서는 지의나 선도가 중시하였고, 또 그 후의 전개

---

506) 塩入 良道, 「五悔の原始型としての三品経」 『天台学報』 21
507) 大正藏 46, 794下
508) 福原 隆善, 「五悔について」 印仏研, 28-2

에서도 송대부터 명대에 걸쳐서도 상당히 실천되었음에도 불구하고 일본에서는 오회가 그다지 행해지지 않았는데, 이는 겐신도 예외가 아니었다. 단지 겐신의 입장은 오회의 형태는 취하지 않았지만 별시(別時)의 참회로서 용수의 『대지도론』이나 『십주비바사론』에서 설하는 참회, 권청, 수희의 세 가지 사항을 수행해야 한다고 설하고 있다.509) 더욱이 그것은 정수염불(正修念佛)의 오념문(五念門)을 설하는 가운데 예배문의 뒤 찬탄문의 앞에 행하도록 규정하고 있다. 아미타불을 예배하고, 이어서 찬탄하기 전에 자신의 죄과를 참회하는 것이다.

『십주비바사론』의 참회의 게송을 인용하여 무시이래부터의 자신의 죄를 참회하고 이어서 그러한 자신을 안락하게 하기 위해서 아미타불을 권청하고, 그리고 아미타불의 가르침에 따라 얻을 수 있는 모든 복을 수희(隨喜)한다. 이와 같이 경과해서 오념문의 찬탄문에서, 중생으로 하여금 이렇게 존재하게 하는 아미타불을 찬탄하는 실천으로 결합시킨다. 즉, 겐신은 이 세 가지 사항을 예배와 찬탄을 결부시키는 실천방법으로서 자리매김한 것이었다. 이와 같이 오념문과 오회 가운데의 삼사(三事)를 관련시켜 실천체계를 논하고 있다.

이것은 선도에게 있어서 오념문과 삼심(三心)과 오회(五悔)를 관련시켜 입체적인 실천체계를 볼 수 있는 것과 서로 비슷하지만 내용은 전혀 다르다. 겐신에게 있어서 오회 중의 삼사(三事)에 대해서는 오념문 중에 편입시켜 넣고 있지만, 나머지 회향과 발원은 오념문 중의 회향문에서 논하고 있는 것이다.

그런데 겐신은 이참(理懺)으로 전개시키는 구체적인 참회법으로

---

509) 大正藏 84, 66上

조념방법(助念方法)의 참회중죄의 부분에는 "참법은 하나만이 아니다(懺法非一). 즐겁게 행함에 따라 닦는다(隨樂修之)."라든가 "의락(意樂)에 따라서"라는 식으로 말하며, 자신의 실천 가능한 범위에서 노력하는 것을 구하고 있다.『왕생요집』에는 곳곳에서 노력하라는 말이 보인다.

이상과 같이 겐신에게 참회는 특히 극락에 왕생하기 위해 필요한 멸죄의 다양한 방법 중에 하나로서 자리 잡고 있으며, 또한 지의(智顗)에게 보이는 구체적인 참회법으로서의 오회(五悔)는 형태를 바꿔 수용되어 전개되고 있다. 즉, 오념문의 예배문과 찬탄문 사이를 결합시키는 실천으로서 자리 잡고 있는 것이다. 그리고『마하지관』이나『심지관경』등에서 설하는 바에 의해 죄과(罪過)의 본성을 공(空)이라고 관하는 이참(理懺)을 이상으로 하면서도, 범부에게도 수행하기 쉬운 구체적인 사참(事懺)에 의해 관념을 이루도록 하는 점을 중시하고 있는 것을 알 수 있다[510].

제2절 료겐(良源)의『극락정토구품왕생의(極樂淨土九品往生儀)』

1. 정토왕생(淨土往生)

정토교자(淨土敎者)에 있어서 왕생은 중요한 목적이지만 자혜대사(慈慧大師) 료겐(良源, 912~985)의『극락정토구품왕생의』(이하『구품왕생의』로 약칭)도 아미타불 정토에의 왕생에 대하여 상세하게 설하고 있다. 이하『구품왕생의』에 있어서의 염불과 멸죄, 특히 오역죄를 범한 자의 왕생, 혹은 염불과 참회에 관한 멸죄(滅

---

510) 福原 隆善,「源信における懺悔」印仏研, 29-2, pp.294~297 참조

罪)의 문제 등을 중심으로 살펴보기로 하겠다.

아미타불 정토에 왕생하는 것을 목적으로 함에 있어서는 어떻게 하면 그것이 가능할까 하는 것을 먼저 인식하지 않으면 안되고, 더하여 그에 따른 실천을 행하지 않으면 안된다. 팔종(八宗)의 조(祖)로 불리는 용수(龍樹)는 불퇴(不退)를 획득하기 위해서 염불을 행해야 한다고 했으며, 세친(世親)은 오념문의 실천을, 선도(善導)는 오종정행(五種正行)의 실천 등을 규정하고 있다. 이에 반해 료겐(良源)의 『구품왕생의』는 『무량수경』에 특히 주목하여 선도와는 전혀 다른 정토교를 전개하고 있다.

『구품왕생의』에 의하면 경전의 문장에 따라 정토에 왕생하는 인(因)으로 되는 것은 자심불살계행(慈心不殺戒行)·독송대승경전(讀誦大乘經典)·육념(六念)·발보리심(發菩提心)·해제일의(解第一義)·효양봉사(孝養奉事)등을 들고 있다. 그밖에도 "의취(義趣)를 잘 이해하고 제일의(第一義)에서 마음 움직이지 않는 자, 깊이 인과를 믿고 대승을 존중하므로 정토에 태어나고 속히 묘각(妙覺)을 이룬다."511)라든지, "지계(持戒)의 자를 정토의 인(因)이라 한다."512)고 말하고 있어서, 이들을 왕생정토의 인으로 보고 있음을 알 수 있다. 육념(六念)에 대해서는 또 이것이 보리심의 근본이 되는 것이라고도 말한다.513) 상품생(上品生)일수록 이들 제인(諸因)을 만족하지 않으면 안된다. 그러나 그 가운데서도 "보리심은 정토보리의 강요(綱要)이다."라고 하여 보리심을 왕생정토의 정인(正因)이라 하고 있다.

---

511) 『淨土宗全書』(이하 『淨全』으로 약칭) 15 · 10上
512) 『淨全』 15 · 14下
513) 『淨全』 15 · 7下

2. 염불(念佛)의 강조

료겐(良源)은 염불의 뜻이 많다고 하면서도 육념(六念) 가운데 하나로 들고 있는데, 그 가운데서 염불이란 "염불의 행자, 일심으로 불의 공덕을 염한다."514)고 하고, 또 "불신(佛身) 가운데 여러 가지 공덕을 염(念)하는 것을 이름 지어 염불이라 한다."고 하듯이, 불신의 공덕에 생각(念)을 기울이는 것이라고 말하고 있다.

그러나 아미타불만이 아니라 제불이 공유하는 공덕이기는 하지만 "여성(余聖)에 비하여 즉 불공(不共)이라"고 하기 때문에 특별히 다음과 같은 부처님의 십력(十力)을 창한다고 한다. 즉 ①처비처지력(處非處智力) ②업이숙지력(業異熟智力) ③정려해탈등지등지잡염청정지력(靜慮解脫等持等至雜染淸淨智力) ④종종근지력(種種根智力) ⑤종종승해지력(種種勝解智力) ⑥종종계지력(種種界智力) ⑦변취행지력(偏趣行智力) ⑧숙주수념지력(宿住隨念智力) ⑨생사지력(生死智力) ⑩누진지력(漏盡智力)을 들고 있다.515)

3. 연화화생(蓮華化生)

료겐(良源)에 있어서 왕생정토는 경전에서 설하는 바에 따라 "부처님의 뒤를 따라서 탄지(彈指)의 순간처럼 저 국토에 왕생한다."516)라든지, "행자 스스로 보면 자금대(紫金台)에 앉아 합장차수(合掌叉手)하여 제불을 찬탄하고 일념 사이에 저 서방국토 칠보의 연못에 태어난다."517)고 말하고 있고, 앞의 문장의 할주(割註)

---

514) 『淨全』 15・4上
515) 『俱舍論』・『地持論』에서 설하고 있다.
516) 『淨全』 15 8下
517) 『淨全』 15 10上

에는 "탄지(彈指)의 순간처럼이라는 것은 왕생의 빠름을 밝힌다."고 한다. 그리고 그 정토에 왕생한다는 것에 대해서도 연화화생(蓮華化生)하는 것을 말하고 있다. 그러나 화생(化生)이라고 하는 것에 대하여 경전에서 말하는 화생은 지혜공덕이 수승한 보살이 성취할 수 있는 것으로, 하배(下輩)의 무리는 섭취할 수가 없다고 한다. 그럼에도 불구하고 "그러나 부모가 화합하지 아니하므로(않고 태어나므로) 화생(化生)이라 하고 이 뜻 또한 얻는다."518)라고 하여 역시 화생이 있음을 밝히고 있다. 이와 같은 왕생은 "전의 삼심(三心)과 후의 삼행(三行)에서 정진용맹하여 잘 수행함"으로서 가능하게 된다.

지성심(至誠心) 등의 삼심, 계행(戒行) 등의 삼행 등은 상품의 보살이 성불의 때에 구족하는 것이고, '중생이 정불국토(淨佛國土)를 성취한다.'고 하는 상구하화(上求下化)의 대승보살도를 행할 수 있는 자를 위한 것이라고 한다. 상품생(上品生)만큼 왕생정토의 조건도 강해지지만 그 과(果)도 높아지고 있다.

그러나 선(善)을 닦을 수가 없는 하품생(下品生)의 왕생은 어떻게 완수하는 것일까. 상생인(上生人)은 뭇 악(惡)을 지어 참괴하는 일 없고, 중생인(中生人)은 오계·팔계 및 구족계를 훼범하여 참괴하는 일 없고, 하생인(下生人)에 이르러서는 오역십악(五逆十惡)을 지어 대개 이들 왕생정토를 실천할 형편이 아니다. 그러나 하품생의 사람에 대해서는 왕생정토의 가능성이 인정되고 있다. 거기에서 하품생의 사람은 악을 지은데 대한 멸죄가 필요하게 된다. 료겐(良源)에 있어서는 미단악(未斷惡)의 왕생은 인정되지 않기 때문이다.

---

518) 『淨全』 15 33上. 然非父母和合故 亦名化生 此義亦得.

4. 죄장(罪障)의 소멸과 참회

그러면 평생에 여러 가지 악업을 지을 수밖에 없는 하품생의 사람은 어떻게 하여 멸죄하면 좋을까. 악(惡)을 끊지 못한 범부의 왕생을 인정하지 않는 료겐(良源)의『구품왕생의』에서 죄를 짓는 자는 더욱더 그렇지만, 이와 같은 사람의 왕생까지도 인정하려면 번뇌나 죄장의 소멸을 꾀하지 않으면 안된다. 왕생정토를 방해하는 번뇌나 죄장 가운데서 가장 큰 장애가 되는 것은 오역죄(五逆罪)일 것이다. 여기에서 오역(五逆)의 문제를 강하게 채용하는 것은 하품하생의 곳이다. 료겐(良源)은『관무량수경』의 설을 들고, 또『천태소』을 인용하여 오역자도 왕생할 수 있는 가능성을 인정하고 있다.519) 그리고 오역죄를 범한 자가 왕생할 수 있는지 없는지에 대해 두 가지의 뜻이 있음을 밝히고 있다. ①은 죄를 지은 것은 상하(上下)로 죄를 지은 것을 깊이 참회하는 상근(上根)은 왕생할 수 있지만 하근(下根)은 참회가 없기 때문에 불득생(不得生)이다. ②는 약행(約行)이고, 관불삼매의 정선(定善)을 닦으면 왕생이 가능하지만 나머지 선업(善業)은 산업(散業)으로서 오역죄까지는 멸제되지 않으므로 불득생이라고 한다.

료겐(良源)은 이 해석을 인용하고 또 의적(義寂)이나 회감(懷感)의 주석을 인용하고 있다. 그러나 하품하생 즉 오역십악의 죄를 지은 자도 부처님을 염함으로써 이를 승연(勝緣)으로 하여 왕생할 수가 있다고 하는『천태소』의 말을 인용하고 그 이유에 대하여 문답을 하고 있다.

그리고 이것은 숙세(宿世)의 선업이 강하면 대심(大心)을 가지

---

519)『淨全』15 215上

고 십념(十念)하면 왕생이 가능하다고 말하고 있다. 대심이 있으면 왕생이 가능하다고 하는 것은 그만큼 임종(臨終)이 중시되고 있는 것이고, 죄를 지은 자에 있어서는 또 그 이외에 구제받을 길도 없다. 그러나 임종에 아미타불의 명호를 칭하여 윤회의 죄를 멸하고 금세 정토에 왕생할 수 있는 것은 "저 여래의 생각하기 어려운 능력이다(彼如來難思力也)."520)고 말하고 있다. 즉 여래 측의 능력(力)에 의해 죄가 멸하여 없어진다고 하는 주목해야 할 말을 하고 있는 것이다. 이와 같이 료겐(良源)에 있어서는 특히 임종이라고 하는 피할 수 없는 체심(諦心)의 결단된 대심(大心)이 일어났을 때, 여래의 생각하기 어려운 능력이 행자의 십념(十念)과 하나로 되어 여기에서 멸죄가 성취됨과 동시에 왕생이라고 하는 정토신앙자의 목적이 성취된다고 보고 있는 것이다.

이상과 같이 『구품왕생의』에서는 왕생의 득부득(得不得)의 문제를, 특히 임종에 있어서의 체심결단(諦心決斷)이라고 하는 대심(大心)이 있어날 때 행자의 십념(十念)과 여래의 생각하기 어려운 능력이 일체화되어 왕생할 수 있음을 강조하고 있다. 그러나 문제는 임종에 있어서 멸죄가 성립되기 위해서는 참회가 없으면 안된다는 것이다.521)

---

520) 『淨全』15·28下
521) 福原隆善,「極樂淨土九品往生義'における念佛と滅罪」『叡山學院研究紀要』 제6호, 昭和 59, pp.205~214 참조.

제3절 에이칸(永觀)의 『왕생강식(往生講式)』

1. 강식일반(講式一般)

　대체로 강식(講式)이란 것은 그 이름이 보여주는 바와 같이 강회(講會)의 법식(法式)으로 보아도 된다. 법식이기는 하지만 거기에는 작가의 독창력이 선명하게 드러나 있어 문학적 가치가 높은 것이 있다. 그리고 강식의 중점이 항상 자타의 신행(信行)을 획책하는데 두어지고 있는 것이 주목된다. 그러나 에이칸(永觀, 1033~1111)의 『왕생강식(往生講式)』에서 보이는 강식의 역사는 극히 조기의 것에 속한다. 겐신(源信)에게는 육도강식(六道講式)·열반강식(涅槃講式)·자혜대사강식(慈慧大師講式)·보현강작법(普賢講作法) 1권 등이 있고, 이밖에 「장서록(長西錄)」에는 십락강작법(十樂講作法) 1권이 있다.
　이후 정토관계 강식만을 보면, 신겐(眞源)에게는 순차왕생강식(順次往生講式), 카쿠쇼(覺鑁)에게는 보리심강식(菩提心講式) 등이 있으며, 코벤(高辨)에게는 사리강식(舍利講式)·열반강식(涅槃講式)·광명진언강식(光明眞言講式)·오십오선지식강식(五十五善知識講式) 등이 있다. 기타 카쿠뇨(覺如)의 보은강식(報恩講式), 카쿠(存覺)의 사덕강식(謝德講式) 등도 있다.

2. 본서의 내용

　에이칸(永觀)의 『왕생강식(往生講式)』은 매월 15일에 수행하는 왕생강회(往生講會)의 법식을 기록한 것이다. 찬시(撰時)는 상세하지 않다. 방본(坊本)에서는 승력삼년임종중순(承曆三年林鐘中旬)의 작(作)이라 하고 있다. 내용이라고 해도 필경은 강식(講式)을 정한 것인데, 먼저 서쪽 벽에 아미타불의 영접의 상(像)을 안치한다. 다음에 향과 꽃 등의 전공(傳供)을 준비한다. 그리고 가송(歌頌)을 창하고 좌석에 앉는다. 다음에는 법용(法用), 표백(表白), 신분(神分), 권청(勸請)으로 순서하고 그 다음이 강연(講演)이다.

강연은 ①발보리심문, ②참회업장문, ③수희선근문, ④염불왕생문, ⑤찬탄극락문, ⑥인원과만문(因圓果滿門), ⑦회향공덕문의 7문으로, 강식의 안목은 여기에 있다. 그리고 각문의 끝에는 가송에 이어서 '나무서방극락화주대자대비아미타불'이라고 삼례(三禮)하고, 십념(十念)을 창하는 것으로 되어 있다.

강연이 끝나면 석존의 유교(遺敎)를 만나 왕생극락의 업(業)을 닦을 수 있게 된 것을 기뻐 수희하고, 그 광대한 자은(慈恩)을 보사(報謝)하는 가송을 창하고, 끝으로 '원이차공덕(願以此功德)'의 회향으로 끝난다. 그 문장은 고상하고 모두가 우아하며 건상(健爽)하여 참으로 강식 중에서 가장 뛰어나고 동시에 문학적 가치 또한 높다 할 수 있다. 이에 칠문(七門)이 모두 참회관련문이기는 하지만, 여기에서는 그 가운데 「참회업장문」만을 들어 소개하기로 하겠다.

3. 참회업장문(懺悔業障門)

참회업장(懺悔業障)522)이란 먼저 보리심을 발하면서 다음에 업장을 참회해야한다. 세상에 어느 누구인가 죄업을 외경하여 후세를 알지 못하고 멋대로 중죄를 짓는 것은 가장 어리석은 것이다. 『안락집』에 경(經)523)

---

522) 참회는 불교도덕실천상 중요한 항목으로 스스로 범한 죄의 용인(容認)을 청하는 것. 업장은 탐진치(貪瞋癡)에 의해 신구의(身口意)의 삼업으로 짓는 악업으로, 이것은 정도(正道)를 장폐(障蔽)하기 때문에 업장(業障)이라 한다.

을 인용하여 이르되, "사람이 일일일야(一日一夜)를 지남에 팔억사천만의 염(念)이 있다. 일념에 악을 일으키면 일생의 악신(惡身)을 얻으며, 십념(十念)에 악을 일으키면 십생(十生)의 악신(惡身)을 받고, 내지 천만억의 염(念) 또한 그러하다."고 하였다.

이와 같이 1일 악념(惡念)의 응보조차 또한 다 받기 어려운데 하물며 일생동안의 악업이랴. 항차 무시이래의 악업이랴. 슬프도다. 미래의 무궁한 생사출리(生死出離) 어느 때인가. 다행히 지금 대승참회의 법을 만나니 비롯함이 없는 죄장으로부터 시작하여 모두 다 참회해야 한다. 다만 업장(業障)의 해(年) 깊고 참회의 날(日) 낮아 각각 삼업(三業)에 정성을 다하여 이사(理事)의 참회를 닦아야 한다.

먼저 사(事)의 참회[524]란, 오체(五體)를 땅에 던져 전신에 땀을 흘리고 발로체읍(發露涕泣)하여 죄장을 참회하는 것이다. 다음에 이(理)의 참회[525]란 일체의 업장은 모두 망상으로부터 생기니 자성공(自性空)이고, 자성공이기 때문에 본래 불생(不生)이다. 이러한 관(觀)을 할 때 망상의 꿈을 깨고 보니 생사(生死)가 본래 없는 것[526]이고, 이슬 같은 중죄(衆罪)는 사라져버리니 윤회는 여기에 결코 없다. 돈증보리(頓證菩提)의 도(道), 이 이관(理觀)과 같은 것은 없다. 다만 이사(理事)의 참회에 감당하지 못하는 자는 일심(一心)으로 아미타불을 염해야 한다. 일념(一念)[527]의 사이에 능히 팔십억겁의 생사의 죄를 멸한다. 어찌 하물며 염념이랴. 이러하므로 항상 미타[528]를 염하는 자는 항상 참회를 수행하는 사

---

523) 정도삼매경(淨度三昧經)이다.
524) 작법(作法)으로 죄과를 고백참회하는 것. 즉 몸(身)으로는 예배공경하고 입(口)으로는 송경칭창(誦經稱唱)하고 뜻(意)으로는 여래의 성용(聖容)을 억념존상(憶念存想)하고 삼업은근(三業慇懃)하게 구애참회(求哀懺悔)하는 것.
525) 실상(實相)의 이(理)를 관하여 중죄를 제멸(除滅)하는 것.
526) 중생은 법계일여(法界一如)의 이(理)에 통달하지 못하고 인연가유(因緣假有)의 상(相)에 광혹(誑惑)되어 실유(實有)라고 집하여 혹업(惑業)을 짓는다. 그러므로 가유(假有)의 법에서 실유(實有)라고 집하여 짓는 업은 경(境)과 합하지 못하므로 실작(實作)이 아니고 실업(實業)없으니 생사(生死) 어찌 있으랴.
527) 『관무량수경』하품하생에 "나무아미타불이라 칭하라. 불명을 칭하기 때문에 염념 가운데서 팔십억겁 생사의 죄를 제한다."고 설한다. 선도대사가 『반주찬』에서 '일성칭념죄개제(一聲稱念罪皆除)'라고 한 것이다.
528) 『안락집』에는 "만일 일념으로 아미타불을 칭하면 즉 능히 팔십억 겁 생사의 죄를 제거하고, 일념 이미 그러하니 하물며 상념(常念)을 수(修)함이랴. 즉

랍이다. 지금 이들 참회의 힘으로 제자가 죄장으로부터 비롯하여 내지 일체 모든 유정(有情)의 업장을 모두 다 참회해야 한다. 그러므로 각각 용맹참회의 마음을 발하여 죄장을 참회하고 미타불을 예배하여 받들어야 한다. 가송(歌頌)에 이른다.529)

일체 모든 업장의 바다 모두 망상(妄想)으로부터 생기나니
만일 참회하고자 한다면 단좌하여 실상(實相)을 관하라.
중죄(衆罪)는 서리와 이슬 같아서
혜일(慧日)이 능히 소제(消除)한다.
이러하므로 실로 지심으로 육정근(六情根)530)을 참회하라.
원컨대 모든 중생과 함께 안락국에 왕생하리라. (2번)

다음에 예배

나무 서방극락회주 대자대비 아미타불(三禮十念)

이것은 항상 참회하는 사람(人)이다."라 했고, 또 『반주찬』에서는 "염념에 칭명(念念稱名)하면 항상 참회이다."라 했다.
529) 이 이송(二頌)은 『보현관경(普賢觀經)』에 나온다. 이것은 대승참회(大乘懺悔)이다.
530) 육정(六情)이란 육근(六根)이다. 근(根)에 정식(情識)이 있기 때문에 근(根)을 정(情)이라 이름한다.